KB062736

도시의
새로운
프런티어

도시의 새로운 프런티어
젠트리피케이션과 도시강탈

초판 1쇄 펴낸날 2019년 6월 25일

지은이 닐 스미스 **옮긴이** 김동완·김은혜·김현철·황성원
펴낸이 이건복 **펴낸곳** 도서출판 동녘

등록 제311-1980-01호 1980년 3월 25일
주소 (10881) 경기도 파주시 회동길 77-26
전화 영업 031-955-3000 편집 031-955-3005 **전송** 031-955-3009
블로그 www.dongnyok.com **전자우편** editor@dongnyok.com
인쇄·제본 영신사 **종이** 한서지업사

ISBN 978-89-7297-942-5 93330

• 이 책은 2017년도 정부재원(교육부)으로 한국연구재단 한국사회과학연구사업(SSK)의 지원을 받아 번역출간
 되었습니다(NRF-2017S1A3A2066514).
• 잘못 만들어진 책은 바꿔드립니다.
• 책값은 뒤표지에 쓰여 있습니다.
• 이 도서의 국립중앙도서관 출판시도서목록(CIP)은 서지정보유통지원시스템 홈페이지(http://seoji.nl.go.kr)와
 국가자료공동목록시스템(http://www.nl.go.kr/kolisnet)에서 이용하실 수 있습니다.(CIP제어번호: CIP2019022596)

도시의
새로운
프런티어

젠트리피케이션과
도시강탈

닐 스미스 지음
김동완·김은혜·김현철·황성원 옮김

동녘

일러두기

1. 단행본과 잡지는 《》 안에, 논문을 포함한 짧은 글과 영화 등은 〈〉 안에 넣어 표기했습니다.
2. 참고문헌 등의 출처를 표시하는 경우를 제외하면 [ ] 안의 주는 모두 옮긴이의 것입니다.

들어가는 글

프레더릭 잭슨 터너Frederick Jackson Turner는 1893년에 쓴 모범적인 에세이 〈미국사에서 프런티어의 의미The significance of the frontier in American history〉(1958 edn.)에서 이렇게 말한다.

> 미국은 하나의 선을 따라 전진하기만 하는 것이 아니라, 꾸준히 확장되는 프런티어 경계상의 원시적 상태로 회귀하기도 하고, 이런 지역을 새로 개발하기도 하면서 발전해왔다. 미국의 사회 발전은 이 프런티어에서 부단히 반복해서 시작되고 있다. 이 같은 발전 속에서 프런티어는 파도의 바깥 가장자리(야만과 문명의 접점)이다. …… 갈수록 많아지는 문명의 선들이 황야를 가로지르고 있다.

터너에게 프런티어의 확장, 그리고 황야와 야만의 후퇴는 드세고 비협조적인 자연에서 살 만한 공간을 만들기 위한 시도였다. 여기에는 공간적 확장과 물리적 세상의 점진적인 길들이기만 수반되는 것이 아니었다. 프런티어의 개발은 분명 이런 것들을 완성시켰지만, 터너에게 이는 미국이라는 국가의 독특한 성격을 규정하는 중요한 경험이기도 했다. 씩씩한 개척자들이 바깥 가장자리를 확장할 때마다 새로운 땅이 미국의 국토에 추가되었을 뿐만 아니라, 미국의 민주적 이상이라는 혈관에 새로운 피가 수혈되었다. 자연을 정복하면서 한 발짝씩 서쪽으로 나아간 새로운 물결들은 동쪽으로 충격파를 되돌려 보내 인간 본성의 민주화에 영향을 미쳤다.

서부의 평원과 산맥, 숲에 적용되던 황야와 프런티어의 이미지는 이런 장소들이 멀끔하게 문명화되고 난 20세기 하반기에는 미국 동부 도시에 더 많이 적용되었다. 전후 교외화suburbanization 경험의 일부로서, 미국 도시들은 '도시의 황야'로 인식되었다. 즉, 과거 미국 도시들은, 그리고 많은 경우 지금도 질병과 무질서, 범죄와 부패, 마약과 위험의 온상이다 (Warner, 1972). 실제로 이는 도심 지역의 '황폐'와 '쇠락', '사회적 병폐', 도시 생활의 '병리학'(간단히 말해 '쾌적하지 못한 도시')에 주안점을 두는 도시 이론가들이 1950~1960년대 내내 표출했던 중요한 공포였다(Banfield, 1968). 도시는 황야, 더 심한 경우에 '정글'(Long, 1971; Sternlieb, 1971; Castells, 1976)이 되었다. 이는 뉴스 매체나 사회과학의 서사보다 훨씬 생기를 띤 채 〈킹콩〉과 〈웨스트 사이드 스토리〉에서부터 〈워리어The Warriors〉, 〈암흑가의 투캅스Fort Apache, The Bronx〉에 이르기까지 할리우드 '도시 정글' 영화라는 한 장르의 주제를 이루기도 했다. 로버트 보러가드Robert Beauregard의 표현처럼 이 '몰락의 담론'은 도시를 대하는 태도를 지배하게 되었다 (Beauregard, 1993).

미국 문화에서 반도시성antiurbanism은 중요한 주제다. 지난 30년간 황야의 원체험과 유사한 양상을 따르며 공포는 낭만주의로, 황야라는 도시 이미지는 프런티어frontier로 서서히 바뀌었다. 17세기 뉴잉글랜드의 청교도들과 코튼 매더Cotton Mather[17~18세기에 뉴잉글랜드 청교도사회를 지배한 매더 집안에서 영향력이 가장 컸던 인물]는 숲이 칠흑 같은 악, 위험한 황야, 원시적인 장소라며 두려워했다. 하지만 점차 자본화된 인간 노동력을 통해 꾸준히 숲을 길들이고 탈바꿈시킨 결과, 터너의 프런티어라는 더 부드러운 이미지가 매더의 악마의 숲이라는 이미지를 분명히 계승하게 되었다. '자신 있는 정복'의 의미를 굴절시킨 '프런티어'에는 낙관주의와 확장에 대한 기대가 연결되어 있다. 따라서 20세기 미국 도시에서 도시 황야라는 이미지(궁지에 몰려 희망을 내려놓는 것)는 1960년대에 (폭넓게 확산된 봉기에도 불구하고) 도시 프런티어라는 환상으로 대체되기 시작했다. 이 같은 변화는 부분적으로 도시 재생 담론에서 유래했다고 볼 수 있지만(Abrams, 1965), 단독주택single-family house과 다세대주택 구역의 재개발rehabilitation이 갈수록 '도시 재생'을 계승하는 상징적 형태가 되면서 1970~1980년대에 더욱 강화되었다. 젠트리피케이션gentrification이라는 표현에는 프런티어 이미지에 대한 호소가 정확하게 담겨 있다. 도시 개척자, 도시 재정착민homesteader[원래는 서부개척시대에 공유지를 불하받아 정착한 사람들을 일컫는다], 도시 카우보이는 도시 프런티어의 새로운 민중영웅으로 떠올랐다. 1980년대에는 부동산 잡지들마저 젠트리피케이션이 진행되는 동네의 이곳저곳을 정찰하고, 수익이 될 만한 재투자를 위해 경관을 확인하는 동시에, 원주민들이 얼마나 친절한지 가정에 보고해주는 일을 하는 '도시 스카우트'에 대해 이야기했다. 낙천성이 조금 부족한 논평가들은 도심 지역의 마약 문화와 관련된 새로운 '도시 범법자' 집단이 등장했다며 비난하기도 한다.

  터너가 아메리카 원주민들의 존재를 인정하면서도 이들을 '야만적인 황야'의 일부에 포함시켰듯, 오늘날 도시 프런티어의 이미지는 도심 지역 인구를 그들이 속한 물리적인 환경을 구성하는 자연적 요소처럼 다룬다. 따라서 '도시 개척자'라는 표현은 아직 사회적으로 사람이 살지 못하는 도시를 암시한다는 점에서 '개척자'의 원래 개념만큼이나 오만하다. 아메리카 원주민들처럼 도시 노동계급들은 사회적 존재라기보다는 물리적 환경의 일부로 인식된다. 프런티어를 "야만과 문명의 접점"이라 부를 때 그는 이 점을 노골적으로 드러냈다. 1970~1980년대에 젠트리피케이션을 프런티어에서 벌어지는 일로 묘사하는 표현들은 그 정도로 노골적이지는 않았지만, 도심 인구에 대한 태도는 매한가지였다(Stratton, 1977).

유사점은 여기서 그치지 않는다. 프런티어의 경계가 지리상 서쪽으로 나아간 것은 터너에게 '국가 정신'의 구축과 관련이 있었다. 젠트리피케이션을 도시 르네상스의 최첨단으로 표현하는 광고에는 이와 동일한 정신적 희망이 드러난다. 가장 극단적인 시나리오에서는 새로운 도시 개척자가 국가를 구세계 문제들이 사라진 신세계로 이끄는 역할을 할 거라는 기대를 드러내기도 했다. 이는 점점 사그라드는 국가 정신을 위해 옛 사람들이 했던 일이었다. 연방의 한 보고서에 따르면 젠트리피케이션이 역사에 의지하는 것은 "최근 몇 년간 이어진 실망(베트남 전쟁, 워터게이트, 에너지 위기, 오염, 인플레이션, 높은 이자율 등) 때문에 과거의 성공을 재경험할 심리적 필요"와 관련이 있다(Advisory Council on Historic Preservation, 1980). 뒤에서 살펴보겠지만, 당시에 이는 실패한 진보주의에서 1990년대의 보복주의적 도시revanchist city로 가는 지름길이었다. 그 누구도 제임스 라우스James Rouse(볼티모어의 이너하버, 뉴욕의 사우스스트리트시포트, 보스턴의 패뉴얼홀처럼 관광객을 대상으로 한 번화가의 독특한 아케이드를 책임진 개발업자)를 젠트리피케이션의 존 웨인John Wayne으로 여겨야 한다고 진지하게 제안하지 않았지만, 그런 프로젝트들이 많은 번화가의 젠트리피케이션을 안정시키는 역할을 하는 한 이 제안은 프런티어 담론과 잘 들어맞을 것이다. 이제 가장 중요한 결론인데, 결국 프런티어 담론은 18~19세기 서부에서든, 20세기 말 도심 지역에서든 정복 과정을 합리화하는 기능을 한다.

터너가 서부 역사에 미친 영향은 여전히 대단하고, 그가 애국의 역사에 새겨놓은 자취는 간과하기 쉽지 않다. 하지만 새로운 '수정주의' 역사학자 세대가 프런티어의 역사를 다시 쓰기 시작했다. 퍼트리샤 넬슨 리머릭Patricia Nelson Limerick은 서부의 할리우드 역사를 바로잡는 글에서 프런티어 모티프를 현대 도시에 맞게 재평가하고 있다.

> 할리우드가 서부 역사에서 감정적 중심을 차지하고 싶었다면 부동산 영화를 찍었을 것이다. 존 웨인은 총잡이나 보안관이 아니라 측량사나 투기꾼, 재산권 전문 변호사 역할을 맡았을 것이다. 최후의 결전은 토지 등기소나 법정에서 이루어지고, 무기는 6연발총이 아니라 증서와 소송이 될 것이다(Limerick, 1987: 55).

이는 여러 면에서 젠트리피케이션 과정을 둘러싼 대단히 국가주의적인 글처럼 읽힐 수도 있다. 사실 당연한 이야기지만, 젠트리피케이션은 철저하게 국제적인 현상이다. 캐나다와 호주, 뉴질랜드와 유럽의 여러 도시에서 폭넓게 나타나며, 일본과 남아프리카공화국, 브라질에서는 좀 더 산발적으로 나타난다. (하지만) 프라하나 시드니, 혹은 토론토에서는 프런티어의 언어가 미국에서만큼 자동적으로 젠트리피케이션에 대한 이데올로기적 윤활유 역할을 하지 않는다. 그리고 세기말의 도시에 덧씌워진 이 프런티어 신화는 미국의 탄생을 분명하게 확인시켜준다. 프런티어 신화가 미국에서 좀 더 노골적으로 나타난다는 점은 의문의 여지가 없지만, 그래도 프런티어의 원체험이 미국의 전유물은 아니다. 첫째, 캔자스시티나 샌프란시스코에 거주하는 독일인들이나 중국인들에게 그랬듯, 프런티어의 경험은 스칸디나비아나 시실리의 잠재적 이민자들에게는 신세계의 진정한 화신이었다. 그러나 둘째, 유럽의 다른 식민지 전초기지들(호주나 케냐의 오지, 캐나다의 '북서 지역 프런티어' 혹은 인도와 파키스탄 등)은 서로 다르면서도 똑같이 강력한 프런티어와 계급, 인종과 지리의 묘약을 공유했고, 이를 통해 이들 지역은 유사한 이데올로기에 노출되었다. 그리고 마지막으로, 프런티어 모티프는 어쨌든 미국이 아닌 곳에서도 나타났다.

아마 가장 눈에 띄는 점은 런던에서 프런티어가 '전선frontline'이라는 명칭으로 등장한 것이리라. 1980년대 내내 런던(그리고 다른 영국 도시들)에서 경찰과 아프리카계 카리브해인들, 남아시아인들, 젊은 백인들의 충돌이 이어진 뒤 몇몇 동네에서 영역적인 선이 등장했다. 켄싱턴과 첼시의 올세인츠로드All Saints Road(Bailey 1990) 혹은 노팅힐이나 브릭스턴에 있는 것들과 같은 이런 전선들은 1970년대에 경찰의 급습을 대비한 방어선이자 경찰이 만든 전략적 '교두보'였다. 또한 1980년대에는 순식간에 반젠트리피케이션antigentrification의 경계가 되기도 했다. 전 메트로폴리탄 경찰청장 케네스 뉴먼Sir Kenneth Newman은 1980년대 초에 이 전선 전략을 경찰의 관점에서 바라보기 시작했고, 우익 성향의 유러피언애틀랜틱그룹European Atlantic Group(1954년 런던에서 설립된 정·재계 인사들의 친목모임)을 대상으로 한 강연에서 그 목적을 설명했다. 뉴먼은 "박탈당한 하층계급"을 양산한 책임이 있는 "다인종 공동체의 성장"을 언급하면서 "범죄와 무질서"가 나타나리라 예상했고, 런던에서 전선을 비롯한 11개의 "상징적 장소들"을 거론하며 이런 곳에서는 특수한 전술이 필요하다고 말했다. 각장소에 대해서는 "경찰이 해당 지역을 신속히 점거하고 통제력을 행사할수 있게 해주는 긴급사태 대책이 있었다"(Rose, 1989에서 인용).

일상적인 런던 생활의 문화적 허세 속에서는 프런티어 모티프가 대단히 익숙했다. 일각에서는 '도시의 카우보이'를 미국의 어떤 지역만큼이나 열광적으로 숭배하기도 했다. 로버트 예이츠Robert Yates는 이렇게 말한다. "네, 그건 런던 전역에서 절정이죠. 그리고 황야의 서부광들은 카우보이 모자를 쓰고 자기 말에 안장을 얹어놓고는 타워브리지가 텍사스인

척한답니다"(Yates, 1992). 코펜하겐에서는 젠트리피케이션이 완료된 한 동네에 "황야의 서부Wild West 바"가 문을 열었다. 1993년 5월 마스트리흐트 유럽연합 조약에 덴마크가 찬성표를 던진 뒤 이어진 폭동에서 여섯 명의 시위 참가자가 경찰의 총에 맞았던 동네였다. 시드니에서 부다페스트에 이르기까지 황야의 서부 바와 그 외 다른 프런티어의 상징들이 도시 근린의 젠트리피케이션을 적당히 윤색하고 장식한다. 아울러 젠트리파이어gentrifier들이 '새로운 라지'['통치'를 뜻하는 힌두어](M. Williams, 1982)가 되고, '북서부의 프런티어'가 완전히 새로운 상징적·정치적 의미를 갖게 된 런던에서(Wright, 1985: 216-248도 참조) 제국이라는 테마가 그랬듯, 이 모티프는 흔히 지역색이 반영된 이름을 내세우기도 한다. 이런 버전들까지 감안하면 젠트리피케이션의 국제주의는 좀 더 직접적으로 인정된다.

모든 이데올로기가 그렇듯, 젠트리피케이션을 도시의 새로운 프런티어로 여기는 데는 현실적이고 부분적이며 왜곡된 근거가 있다. 프런티어는 경제적·지리적·역사적 진보를 연상시키는 복합물을 상징하지만, 이러한 운명에 낙점된 사회적 개인주의는 매우 중요한 한 측면에서 신화다. 터너의 프런티어 선을 서부로 연장한 것은 각각의 개척자들이나 재정착민들, 강인한 개인주의자들이 아니라 은행과 철도, 주states, 그 외 자본의 집합적 원천이었다(Swierenga, 1968; Limerick, 1987). 이 기간에 경제적 팽창은 대체로 대륙 스케일로 이루어진 지리적 팽창을 통해 완성되었다.

오늘날에도 경제적 팽창과 지리적 팽창 간의 이러한 관계는 여전해서 아직도 프런티어 이미지가 효력을 발휘하는 바탕이 되지만, 관계의 형태는 매우 달라졌다. 오늘날의 경제적 팽창은 더 이상 순수하게 절대적인 지리적 팽창을 거쳐 일어나지 않는다. 오히려 이미 개발된 공간의 내적인 차별화와 관련된다. 이는 도시 스케일에서 젠트리피케이션이 교외화와 중요한 관계라는 의미다. 일반적인 공간의 생산, 그중에서도 특히 젠트리피케이션은 자본주의 사회의 고질적인 불균등 발전 사례에 속한다. 실제 프런티어가 그렇듯, 젠트리피케이션 프런티어는 용감무쌍한 개척자들의 실천보다는 자본의 집합적 소유자들이 펼치는 실천을 통해 작동한다. 이런 도시의 개척자들이 용맹하게 나아가는 곳은 대개 [자본의 집합적 소유자인] 은행, 부동산 개발업자, 크고 작은 대부업자, 유통기업, 국가가 이미 발 디딘 적이 있는 곳들이다.

이른바 세계화라는 맥락에서 국내 자본과 국제 자본은 모두 젠트리피케이션 프런티어를 포함하는 각자의 전 지구적 '프런티어'를 상대한다. 서로 다른 공간적 스케일의 이러한 연계, 그리고 국가적·국제적 확장에서 도시 개발의 중요성은 도시 기업유치지구Enterprise Zones를 지지하는 사람들의 열광적 언어에서 지극히 분명해졌다. 도시 기업유치지구는 1980년대에 대처Margaret Thatcher와 레이건Ronald Reagan 정부가 개척한 아이디어이자, 1990년대 도시 사유화 전략의 핵심이다. 스튜어트 버틀러 Stuart Butler(미국의 극우 싱크탱크 헤리티지 재단 소속의 영국 경제학자)의 말처럼 도시문제에 대한 이 같은 진단에서 도심 지역이 프런티어로 변신하게 된 것은 우연이 아니며, 이러한 이미지는 편리한 이데올로기 전달 수단을 넘어선다. 19세기 서구에서처럼, 세기말 도시의 새로운 프런티어의 구축은 경제적 재정복을 위한 정치지리적 전략이다.

오늘날 많은 도시 지역이 맞닥뜨린 문제의 최소한 일부는, 우리가 터너가 설명한 메커니즘(부단한 지역 개발과 새로운 아이디어의 혁신)을 도심 지역의 '프런티어'에 적용하지 못한 데 있다. …… 기업유치지구를 찬성하는 사람들은 프런티어의 절차를 도시 자체 내에서 진행할 수 있는 환경을 마련하려 한다(Butler, 1981:3).

이 책은 네 부분으로 구성된다. 도입부에서는 젠트리피케이션이 야기하는 사회적·정치적·경제적 갈등을 살펴본다. 1장에서는 뉴욕 로어이스트사이드Lower East Side에 있는 톰킨스스퀘어 공원Tompkins Square Park을 둘러싼 투쟁을 중점적으로 다루고, 1980년대의 가장 강력한 반젠트리피케이션 투쟁 중 하나가 동네를 어떻게 도시의 새로운 프런티어로 탈바꿈시켰는지 짚어본다. 2장에서는 젠트리피케이션의 짧은 역사와 오늘날의 논쟁을 살펴보고, 1990년대에도 지속되는 젠트리피케이션이 내가 '보복주의적 도시'라고 부르는 것에 기여하고 있다는 핵심적인 주장을 펼친다. 1부에서는 젠트리피케이션을 설명하는 데 도움이 되는 몇 가지 이론적인 갈래들을 종합한다. 3장이 주택시장과 국지적인 스케일에 중점을 둔다면, 4장은 전 지구적 스케일에 분명한 중점을 두고 불균등 발전에 관한 더 넓은 경제적 주장들을 다룬다. 5장은 계급과 젠더의 사회적 재구조화와 젠트리피케이션을 연결하는 몇 가지 주장들을 살펴본다. 2부에서는 필라델피아, 할렘, 부다페스트, 암스테르담, 파리의 사례연구들을 통해 전 지구적 사회경제의 변동과, 국지적인 젠트리피케이션 사례들 속 숱한 세부 사항들 간의 유동적인 상호연관성을 보여주고자 할 것이다. 여기서 나는 다양한 도시에서 다양한 시대에 벌어진 젠트리피케이션의 다채로운 굴곡들과 함께, 기존 노동계급 주민의 입장에서 본 젠트리피케이션 과정의 딜레마와 국가의 역할을 강조한다. 3부에서는 프런티어 모티프를 거꾸로 세우는 시도를 한다. 우리는 젠트리피케이션 프런티어를 실제 지도에 나타냄으로써 도시 개척이라는 화려한 문화적 수식이 에워싸고 있는 냉혹한 경제지리의 속내를 들여다볼 수 있다. 마지막 장은 세기말 도시, 특히 미국에서 부상하는 보복주의적인 도시성urbanism이 백인 상류계급으로부터 도시를 '훔쳐냈다'고 비난받는 다양한 인구집단들을 대상으로 복수심에 불타는 반동적인 적개심을 표출한다고 주장한다. 젠트리피케이션은 단순히 1980년대의 일탈이 아니며, 갈수록 이러한 보복주의의 일환, 그리고 도시를 재탈환하려는 노력의 일환으로 다시 부상하고 있다.

생각해보니 내가 처음으로 젠트리피케이션을 목격한 때는 에든버러 로즈스트리트의 보험 사무실에서 일하던 1972년 여름이었다. 매일 아침 나는 댈키스에서 79번 버스를 타고 에든버러로 향했고, 로즈스트리트의 절반 정도를 걸어서 사무실로 출근했다. 로즈스트리트는 위엄 있는 프린스가에서 조금 떨어져 있는 뒷길로, 몇몇 오래된 전통적인 펍이 있었고 우중충한 술집들은 좀 더 많았다. 로즈스트리트는 심지어 두어 곳의 매음굴이 있는 환락가로 오랜 명성을 간직하고 있었는데, 매음굴의 경우는 1970년대 초 다뉴브가로 도망치듯 옮겨갔다는 소문도 있긴 했다. 에든버러에서는 펍 순례자들을 위한 곳이라고 할 수 있었다. 내가 다니던 사무실은 구식 술집의 바닥에 널린 톱밥이나 싸구려 장식 같은 건 눈을 씻고도 찾아볼 수 없는 '더 갤로핑 메이저The Galloping Major'라는 새 술집 위에 있었다. 이 술집은 새로 문을 연 곳이었다. 이 집에서는 샐러드로 장식한 상당히 입맛 도는 점심을 내놨는데, 당시만 해도 대부분의 스코틀랜드 펍에서는 참신한 방식이었다. 며칠 뒤 나는 많은 바가 '현대화'되었음을 알아차렸다. 그리고 새로운 레스토랑 몇 곳도 생겼는데, 그곳들은 나에게 너무 비쌌다. 레스토랑은 별로 가지도 않긴 했지만 말이다. 비좁던 로즈스트리트는 위층 몇 군데가 보수 공사를 하면서 장비들 때문에 항상 길이 막히게 되었다.

당시만 해도 나는 이 문제를 별로 중요하게 생각하지 않았다. 몇 년 뒤 필라델피아에서 지리학과 학부생으로 도시 이론을 약간 배우고 난 다음에야 내가 본 것이 그저 하나의 패턴에 불과한 것이 아니라 극적인 사건이었음을 인식하기 시작했다. 내가 아는 모든 도시 이론(물론 그때만 해도 그렇게 많지 않았지만)이 내게 '젠트리피케이션'은 일어나면 안 된다고 말했다. 하지만 그건 필라델피아에서도, 에든버러에서도 일어났다. 대체 어떻게 된 걸까? 그 후 남은 1970년대의 몇 년 동안에도 비슷한 경험이 많았다. 나는 환경문제에 대한 통렬한 비판 의식을 담은 랜디 뉴먼Randy Newman의 노래 〈번 온 빅 리버Burn on big river〉를 들었고 사랑해 마지않았다. 하지만 1977년 클리블랜드에 갔을 때, 이 노래에 등장하는 쿠야호가 강 옆에 위치한 공공주택 지역의 술집 풍경은 이미 '헬스 엔젤스Hell's Angels'라 불리는 폭주족들과 최후의 항만 노동자들뿐 아니라 몇몇 여피[젊은 도시 전문직]들, 그리고 나 같은 학생들을 매료시키고 있었다. 나는 뭔가 불길한 일이 일어날 것 같다고 생각했다. 내 말을 미심쩍어하는 클리블랜드 출신 친구와 나는 이 도시가 10년 내에 상당한 젠트리피케이션을 겪게 될 거라는 예측을 두고 내기를 했다. 그 친구는 결국 돈은 주지 않았지만, 10년이 채 되기도 전에 마지못해 패배를 인정했다.

이 책의 에세이들은 다양한 젠트리피케이션의 경험들을 다루지만, 대부분 미국의 경험들이다. 사실 서너 장(특히 젠트리피케이션에 대한 정치적·문화적 저항을 다룬 결론 격의 주장들)은 뉴욕시에서 직접 겪은 경험들과 연구를 발판으로 삼고 있다. 이는 이 책의 주장들이 다른 맥락에도 적용되는가라는 문제를 분명히 제기한다. 나는 서로 상이한 국가, 지역, 도시, 심지어 동네의 맥락에 근본적으로 다른 젠트리피케이션의 경험이 존재한다는 지적을 수용하면서도, 이런 차이점들 사이에는 하나의 공통된 실타래가 대부분의 젠트리피케이션 경험들 사이를 구불구불 관통한다고 주장할 것이다. 뉴욕에서의 경험은 배울 점도, 다른 곳에 영감을 줄 만한 것도 많다. 루 리드Rou Reed는 ('뉴욕'이라는 앨범에 실린) 〈톰킨스스퀘어에서 만나요Meet You in Tompkins Square〉라는 노래를 통해 로어이스트사이드에 있는 그 공원을 둘러싼 폭력적 투쟁을, 많은 사람들이 즉각 인정할 만한 신흥

'보복주의적 도시'의 국제적 상징으로 만들었다.

이 책의 많은 장들은 다른 곳에서 먼저 발표한 에세이들을 수정하고 다시 편집한 것들이다. 일단 나의 공저자들에게 큰 빚을 졌다. 특히 7장에 실린 초기 할렘 연구를 함께했던 리처드 셰퍼Richard Schaffer, 그리고 8장의 원본을 공동 저술한 로라 리드Laura Reid와 베치 덩컨Betsy Duncan에게 특히 감사의 말을 전한다. 또한 9장에서 발표한 연구는 미국과학재단 연구지원금 no. SE-87-13043의 지원을 받았음을 밝힌다.

많은 사람들이 이 책의 다양한 측면들에 대해 논평해주었고, 여러 방식으로 기여해주었다. 다음 목록은 대단히 부분적이라서 지난 일을 다시 떠올리느라 어쩔 수 없이 빠뜨린 사람이 있다면 양해를 구한다. 로절린 도이치, 비노 엥겔스, 수전 페인스타인, 데이비드 하비, 커트 홀랜더, 론 호르바스, 안드레아 카츠, 할 켄디그, 레스 킬마틴, 래리 크놉, 미키 로리아, 쉐일라 무어, 다마리스 로즈, 크리스 톨루즈, 마이클 소르킨, 이다 서서, 레일라 버랄, 피터 윌리엄스, 샤론 주킨. 많은 이들이 자신들의 도시에서 벌어지는 젠트리피케이션을 열성적으로 소개해주었고, 내 시야를 넓히는 데 도움을 주었다. 비노 엥겔스, 론 호르바스, 저넬 앨리슨, 루스 핀처, 마이크 웨버, 블레어 배드콕, 주디트 티마르, 비올라 젠타이, 졸탄 코박스, 에드 소자, 헬가 라이트너, 에릭 셰퍼드, 얀 반 비셉, 존 플로거, 앤 헤일라, 알랭 프레드, 에릭 클라크, 켄 그리고 바렌 올위그, 스틴 포크.

지도와 삽화 작업을 해준 마이크 시겔, 그리고 여러 단계에서 훌륭하게 연구를 지원해준 류시 길모어, 말라 에머리, 애니 제이드먼, 그리고 특히 타마르 루덴버그에게 감사의 말을 전한다. 이 책이 어느 정도라도 일관성을 갖게 된 건 모두 이들 덕분이다.

내 젠트리피케이션 연구에서 특히 몇몇 사람들이 중요한 역할을 해주었다. 로만 사이브리우스키는 젠트리피케이션 연구 초기 단계에서 매우 관대하게 자신의 시간과 아이디어, 지원을 아끼지 않았고, 이 책에 한 장의 사진도 기부해주었다. 브리어블 홀콤은 (그녀가 신임하는 익명의 심사위원이 내 초창기 연구 몇 가지에 대해 작성한 의견서 사본들을 포함해) 항상 내가 관심을 가질 만한 것을 보여주며 동료로서 관대함과 지원도 아끼지 않았다. 밥 보르가드는 나와 의견이 다를 때마저도 어떤 식으로든 혼신의 힘을 다해 이야기할 시간을 항상 만들었다. 밥 레이크, 수전 페인스타인, 그리고 밥 보르가드는 가장 끈끈한 동료들이었다.

에릭 클라크는 지원자인 동시에 확고한 비판가였다. 나는 논문을 통해, 그리고 개인적으로 그의 주장에서 많은 것을 배웠고, 그의 관대함에서 큰 도움을 받았다. 얀 반 비셉은 1990년에 나를 위트레흐트로 초청했고, 거기서 내가 더 넓은 맥락의 젠트리피케이션에 대해 생각해보도록 시간과 공간을 제공했다. 곧 그는 '유럽의 젠트리피케이션'에 대한 이틀짜리 학술대회를 조직했고, 대회 둘째 날에 내게 (젠트리피케이션이라고는 찾아볼 수 없는) 간척지대를 둘러보라며 자신의 차를 재빨리 빌려주었다. 전 지구적인 관점을 고집하던 나의 훼방을 제거한 뒤 유럽 젠트리피케이션 의제를 펼쳐내기 위해서였다. 이건 공정한 교환이지 절대 강탈이 아니다. 악을 쓰듯 울어대는 첫 번째 허리케인과 함께 위트레흐트에 도착했던 크리스 햄닛은 오랜 친구이자 젠트리피케이션 토론에 활기를 불어넣는 장난기 충만한 반대 측 인사다.

나는 조 도허티에게 각별한 감사의 말을 전하지 않을 수 없다. 공부하는 동안, 특히 감수성이 예민했던 시기에 나는 중서부의 새로운 저장목초 기술의 확산을 연구하겠다는 열정적인 생각을 품었었는데, 그가 젠트리피케이션은 내가 물고 늘어질 만한 주제라면서 부드럽고 끈기 있게 안내해주지 않았더라면 나는 전원지리학자가 되었을 것이다. 같은 맥락에서 나는 데이터를 요청한 내 편지에 절대 답해주지 않음으로써 조의 조언에 더욱 설득력을 더해준 미국 농림부의 관료(이름은 까먹었다)에게도 감사의 말을 전한다. 조는 루스 글래스Ruth Glass가 '젠트리피케이션'이라는 용어를 만들 때 수행한 역할에 대해 내게 환기시켜준 사람이기도 하다.

릭 슈뢰더, 도 호지슨, 팀 브레넌, 데이비드 하비, 헤이디 살먼, 델피나 에바 하비, 루시 길모어, 크레이그 길모어, 샐리 마스턴은 젠트리피케이션에 대한 관심을 뛰어넘어 많은 영향력을 행사했고, 지원을 아끼지 않았으며, 동지애를 보여준 친구들이다. 사실 나는 그다지 확신이 없었음에도 이들은 늘 젠트리피케이션 이후에도 삶이 지속된다는 점을 내게 상기시켜준다.

신디 카츠는 내가 젠트리피케이션에 대해 알았던 기간만큼이나 오래 알고 지냈지만, 뉴욕시 경찰이 1989년 12월 매섭도록 추운 날에 톰킨스스퀘어 공원에서 노숙자들을 처음으로 폭력적으로 퇴거시키던 날 이후부터 신디와 젠트리피케이션은 내 삶에서 떼려야 뗄 수 없을 정도로 함께 엮여 들어갔다. 나는 그녀와 함께 젠트리피케이션 이후의 세상을, 젠트리피케이션을 가능하게 만드는 모든 경제적·정치적 착취 이후의 세상을, 그러니까 새로운 정치의 사적인 생장生長을 보고 싶다.

마지막으로, 1974년 스코틀랜드 댈키스에서 필라델피아로 오면서 고향과 거리가 생겼다. 이 책이 있으니 이제 뭔가를 돌려줄 수 있을 것 같다. 댈키스에는 젠트리피케이션이 그렇게 들이닥친 것 같지는 않지만, 댈키스의 사람들 대부분은 젠트리피케이션의 폭넓은 정치를 충분히 이해할 것이다. 따라서 이 책을 나의 어머니와 아버지인 낸시와 론 스미스에게 바치고 싶다. 이들은 내가 집을 떠나 교육을 받도록, 그것도 정치적인 교육을 받도록 든든한 울타리가 되어주었다. 그들은 내가 모든 곳에서 젠트리피케이션에 맞서 싸우는 사람들과 함께 이 책을 나누게 된 것을 영예로 여기리라고 생각한다.

차례

1장

'B가의 계급투쟁'

로어이스트사이드, 황야의 서부

1988년 8월 6일 저녁, 뉴욕시 로어이스트사이드의 작은 녹지인 톰킨스 스퀘어 공원의 경계를 따라 폭동이 일어났다. 폭동은 한쪽에는 경찰이, 다른 한쪽에는 젠트리피케이션 반대 시위대, 펑크족, 주거 활동가, 공원 거주자, 예술가, 토요일 밤을 화끈하게 즐기던 사람들, 로어이스트사이드 거주자들이 대치한 가운데 밤새 이어졌다. 이 전투는 갈수록 늘어나는 공원의 노숙자들과, 밤늦게까지 음악을 틀고 노는 십 대들, 공원을 마약 거래처로 활용하는 사람들을 몰아낸다는 구실로 뉴욕시가 새벽 1시부터 통행금지령을 시행하려는 데 따른 것이었다. 하지만 많은 지역 주민들과 공원 이용자들은 이 조치를 다르게 받아들였다. 뉴욕시는 로어이스트사이드에서 이미 걷잡을 수 없게 된 젠트리피케이션을 활성화하기 위해 공원을 길들이고 순화시키려 한 것이다. 공원 개방을 요구하는 그 토요일 밤 시위에서 가장 커다란 현수막에는 "젠트리피케이션은 계급전쟁!"이라고 적혀 있었다. 시위대는 "계급전쟁, 계급전쟁, 여피 쓰레기들 꺼져라!"라는 구호를 외쳤다. 한 연사는 "여피와 부동산 거물들이 톰킨스스퀘어 공원 사람들에게 전쟁을 선포했다"고 말했다. "이 망할 공원은 누구 거? 이 망할 공원은 우리 거"라는 슬로건이 반복되었다. 늘 차분한 어조를 유지하는 《뉴욕 타임스》마저 8월 10일 자 헤드라인 "B가를 따라 계급전쟁이 분출되다"에서 같은 문제의식을 드러냈다(Wines, 1988).

사실 1988년 8월 6일 톰킨스스퀘어 공원에서 시위를 점화한 건 다름 아닌 경찰의 도발이었다. 우주복 같은 진압복을 입고 배지 번호를 가린 경찰들은 자정도 되기 전에 공원에 있던 모든 사람들을 강제로 퇴거시킨 뒤, 공원 경계에 늘어선 시위대와 지역 주민들에게 곤봉 세례를 퍼붓거나 [제정러시아 때 노동쟁의 등에 출동하던] 코사크 기병처럼 날뛰었다.

경찰들은 이해할 수 없는 증오심에 가득 차서 이상하리만치 미쳐 날뛰었다. 이들은 별로 크지도 않은 시위를 오히려 동네 곳곳으로 키워서, 공원 근처에는 와본 적도 없는 수백 명을 도발했다. 이들은 헬리콥터 한 대를 불렀고, 나중에는 경찰 450명을 동원했다. …… 경찰들은 히스테리 상태였다. 한 경찰관은 신호등 앞에 서 있던 택시로 미친 듯이 달려가더니 "여기서 꺼지라고, 이 얼간이 자식 ……"이라며 소리를 질러댔다. 이들은 이스트빌리지의 거리를 기병이 진격하듯 돌아다녔고 헬리콥터는 공중에서 선회비행을 했으며, 일요일 신문을 사려고 밖에 나왔던 사람들은 겁에 질려 1번가로 내달렸다(Carr, 1988: 10).

결국 새벽 4시가 조금 지나서 경찰은 "수치스럽게 후퇴"했고, 환희에 찬 시위대는 춤과 환호로 승리를 축하하며 공원에 다시 들어갔다. 몇몇 시위대는 경찰 바리케이드를 이용해 크리스토도라 콘도미니엄의 유리와 황동으로 된 문을 들이받았다. B가 쪽에서 공원과 맞닿아 있던 이 콘도미니엄은 이 동네에서 미움받는 젠트리피케이션의 상징이었기 때문

이다(Ferguson, 1988; Gevirtz, 1988).[1]

폭동 며칠 후 시위대는 훨씬 야심찬 저항의 정치지리를 발 빠르게 채택했다. 이들은 "모든 곳이 톰킨스스퀘어"라는 슬로건 아래 경찰을 조롱하고 공원의 해방을 축하했다. 그러는 동안 에드워드 코흐Edward Koch 시장은 톰킨스스퀘어 공원을 '오수 구덩이'로 묘사하기 시작했고, 시위대를 '아나키스트'로 몰아세웠다. 뉴욕경찰협회Patrolmen's Benevolent Association 회장은 자신의 경찰 고객들을 옹호하며 열정적으로 시시콜콜한 사항들까지 끄집어냈다. 그의 말에 따르면 폭동의 원인은 "사회적 기생충, 약물 중독자, 스킨헤드, 공산주의자들", 즉 "인간 말종들의 밥맛없는 조합"이었다. 그 후 며칠 동안 뉴욕시의 민간인 불만사항 검토위원회Civilian Complaint Review Board로 경찰의 야만성에 대한 121건의 불만이 접수되었고, 지역의 비디오 예술가인 클레이턴 패터슨Clayton Patterson이 만든 4시간짜리 비디오테이프를 주된 근거로 17명의 경찰관이 '직권남용'으로 출두명령을 받았다. 결국 이 중 6명이 기소되었지만, 유죄판결을 받은 사람은 아무도 없었다. 시 경찰청장은 소수의 경찰관들이 '경험 부족'으로 다소 '과도하게 흥분'했던 것 같다고만 인정했을 뿐, 피해자들에게 책임을 돌리는 공식 입장에는 변함이 없었다(Gevirtz, 1988; Pitt, 1989).

1988년 8월 폭동이 있기 전, 공식 주택시장의 사적인 공간과 공적인 공간에서 퇴거당한 50여 명의 노숙자들이 공원을 정기적인 잠자리로 이용하기 시작했다. 이후 몇 달 동안 느슨하게 조직된 반젠트리피케이션 및 무단점거 운동이 지역의 다른 주택운동 집단들과 관계를 형성하기 시작하면서 공원에 자리 잡은 퇴거자들의 수가 늘어났다. 그리고 톰킨스스퀘어 공원의 새롭게 "해방된 공간"에 이끌린 몇몇 퇴거자들 역시 조직을 갖추기 시작했다. 하지만 뉴욕시 역시 천천히 전열을 가다듬었다. (1988년 폭동 이후 폐기된) 뉴욕시 공원 전역에 대한 통행금지령이 점진적으로 재개되었다. 톰킨스스퀘어 공원 이용에 관한 새로운 규정들이 천천히 이행되었고, 무단점거자들이 차지한 로어이스트사이드의 몇몇 건물은 1989년 5월에 철거되었으며, 같은 해 7월에는 경찰의 급습으로 공원 거주자들의 텐트와 판잣집, 소지품들이 훼손되었다. 그즈음 공원에는 하룻밤에 평균 300명 정도의 퇴거민들이 있었는데, 최소한 4분의 3은 남성이었고, 아프리카계 미국인이 대다수였다. 물론 백인도 적지 않았고, 라틴계, 아메리카 원주민, 카리브해 출신들도 일부 있었다. 1989년 12월 14일에는 공원에 머물던 노숙자 전원이 혹한의 추위 속에 공원에서 쫓겨났고, 이들의 소지품과 50채의 판잣집은 위생국의 줄지어 선 쓰레기차 속으로 사라졌다.

뻔뻔하기 짝이 없는 공원관리국장 헨리 J. 스턴Henry J. Stern은 뉴욕시의 쉼터 시스템이 노숙자 4분의 1밖에 수용하지 못한다는 사실은 언급하지도 않고, 이런 추위에 "노숙자들이 밖에서 자도록 내버려두는 것은 무책임하다"고 설명했다. 사실상 뉴욕시가 퇴거당한 사람들에게 제공하는 것은 '지원 센터' 정도에 불과했는데, 어떤 설명에 따르면 그건 "볼로냐 샌드위치를 나눠주는 구호소"일 뿐이었다(Weinberg, 1990). 공원에서 쫓겨난 많은 사람들이 지역의 무단점거 집단에 흡수되었고, 동네에 캠프를 차린 사람들도 있었지만 다시 발 빠르게 톰킨스스퀘어로 돌아갔다. 1990년 1월 이른바 진보적인 성향의 데이비드 딩킨스David Dinkins 시장의 행정부는 공원을 결국 탈환할 수 있다는 자신감으로 충만해서 '재건 계획'을 발표했다. 같은 해 여름, 북쪽 끝에 있던 농구 코트는 철거된 후 더 엄격한 출입통제시설을 갖춰 다시 지어졌다. 철망으로 된 울타리가 새로 만들어진 어린이 놀이터를 에워쌌고, 공원 규정은 더욱 엄격하게 이행되었다. 시 기관들 역시 퇴거를 강행하기 위해 젠트리피케이션 반대운동을 진두지휘하는 무단점유자들을 더욱 가혹하게 괴롭혔다. 하지만 겨울이 끝날 무렵, 뉴욕시의 퇴거자들은 공원으로 더 많이 되돌아왔고, 반영구적인 구조물을 다시 짓기 시작했다.

1991년 5월, 공원은 "주거는 인권"이라는 슬로건 아래 기념 콘서트를 개최했고, 이를 매년 5월마다 정기행사로 개최하려 했다. 그런데 이 행사 때문에 공원 이용자들과 더 심한 충돌이 일어났다. 시위대가 공원을 점거한 지도 거의 3년이 지난 시점이었고, 톰킨스스퀘어에는 100여 동의 판잣집과 텐트 같은 구조물이 있었는데, 딩킨스 행정부가 이를 옮기기로 결정한 것이다. 당국은 결국 200~300명 정도의 공원 거주자들을 퇴거시키고, 1991년 6월 3일 오전 5시에 공원을 폐쇄했다. 딩킨스 시장은 '노숙자들'이 톰킨스스퀘어를 지역사회로부터 '빼앗아갔다'고 주장하면서 "공원은 공원이지 주거지가 아니다"라고 선언했다(Kifner, 1991에서 인용). 약 2.5미터 높이의 철책선이 세워졌고, 정복경찰과 사복경찰 50여 명으로 이루어진 패거리가 상설 경비 임무를 위해 선발되었으며(이 숫자는 처음 며칠과 시위가 진행되는 동안 수백 명으로 늘어났다), 230만 달러짜리 재건축이 거의 눈 깜짝할 사이에 시작되었다. 사실 공원 출입구 세 곳은 열린 상태였고, 경비가 삼엄했다. 두 개의 출입구는 어린이 전용 놀이터로 통하는 곳이었으며(성인 동반자도 들어갈 수 있었다), 크리스토도라 콘도미니엄 반대편에 있는 다른 한 출입구는 애견공원으로 통하는 곳이었다. 《빌리지 보이스Village Voice》의 기자 세라 퍼거슨Sarah Ferguson은 공원 폐쇄가 "시가 노숙자 인구를 제대로 다루지 못한 실패를 상징하게 된" 점거에 '조종弔鐘'을 울렸다고 말했다(Ferguson, 1991b). 공원에서 쫓겨난 사람들에게는 그 어떤 대안적인 주거지도 제공되지 않았고, 그래서 사람들은 다시 지역의 무단점유지로 옮겨가거나 도시 속으로 서서히 스며들었다. 공원 동쪽의 공터에는 일련의 판자촌이 형성되었고, 사람들은 현직 시장과 대공황기의 '후버빌Hooverville'[대공황기 노숙자들이 만든 판자촌. 대통령의 책임을 부각하려는 의도에서 붙인 이름이다]에 빗대어 재빨리 '딩킨스빌'이라는 이름을 갖다 붙였다. 하나의 장소라기보다는 공동체들로 이루어진 집합체에 가까웠던 딩킨스빌은 보푸타츠와나[남아프리카공화국이 인종분리정책에 따라 흑인들을 황무지로 쫓아낸 뒤 독립시켰다가, 인종분리정책이 사라진 뒤 다시 남아프리카공화국에 합병시킨 일종의 괴뢰국]와 비슷하게 대단히 난감한 위상을 차지했다. 브루클린 다리, 맨해튼 다리, 윌리엄스버그 다리 아래에 있던 기존의 판자촌들은 더 확대되었다.

미국에서 가장 전투적인 젠트리피케이션 투쟁 현장(그러나 Mitchell, 1995a도 참조)이었던 톰킨스스퀘어 공원의 4만 제곱미터짜리 땅은 졸지에 도시 '프런티어'에 아로새겨진 새로운 도시성의 상징이 되었다. 전후 교외가 팽창하는 동안 노동계급에게 떠넘겨지고, 소수 인종과 종족의 지정 거주지로서 빈민과 실업자에게 내맡겨졌던 도심 지역의 이 공원이 갑자기 다시 값지고 수익성 있는 곳으로 둔갑한 것이다. 이 새로운 도시성은 1980년대 이후 정치적·경제적·문화적·지리적 구분선을 따라 폭넓고 극적인 도시 재양극화의 형태로 나타났고, 이는 그보다 더 큰 맥락에서 벌어지고 있는 전 지구적 변동과 뗄 수 없는 관계에 있다. 1960년대와 1970년대 이후 진행된 체계적인 젠트리피케이션은 더 넓은 일련의 전 지구적 전환, 즉 1980년대의 전 지구적 경제성장, 선진 자본주의 국가에서 국가와 도시 경제가 서비스·오락·소비 중심으로 재편되는 현상, 그리고 세계도시·국가도시·광역도시라는 전 지구적 위계의 등장에 대한 대응일 뿐 아니라 여기에 기여한 요인이기도 하다(Sassen, 1991). 이 같은 변화로 인해 일부 부동산 업계의 틈새에 자리 잡은 비교적 주변적인 관심사였던 젠트리피케이션이 도시 변화의 활력소로 탈바꿈했다.

이런 움직임이 가장 두드러지게 나타난 곳은 로어이스트사이드였다. 이 동네를 지칭하는 여러 명칭마저 갈등의 기운을 뿜어낸다. 로어이스트사이드는 푸에르토리코 사투리로 '로이사이다Loisaida'라고 하지만, 20세기 초 이 지역에서 주류를 이루던 가난한 이민자들과 역사적 거리감을 두고 싶어 안달하는 부동산 중개업자들과 예술계 젠트리파이어들은 휴스턴가 위쪽 동네를 '이스트빌리지'라고 부르는 걸 더 좋아한다. 남쪽으로는 월스트리트 금융지구와 차이나타운, 서쪽으로는 그리니치빌리지와 소호, 북쪽으로는 그래머시 공원, 동쪽으로는 이스트강East River 사이에 둘러싸인 로어이스트사이드(그림 1-1 참조)는 다른 어떤 지역보다 이러한 정치적 대립의 압력을 크게 느끼고 있다.

1950년대 이후로 대단히 다양해지고 있지만, 그중에서도 라틴계 비중이 높아지고 있는 이 지역은 1980년대에는 흔히 '새로운 프런티어'로 묘사되었다(Levin, 1983). 이 표현 속에는 부동산 투자자들을 위한 투기의 기회와 길거리에서 일상적으로 위험에 처할 수 있는 위태로움이 뒤섞여 있다. 지역 작가들의 표현에 따르면 로어이스트사이드는 "도시의 짜임새가 닳아서 약해지고 찢어져서 벌어지고 있는 프런티어"(Rose and Texier, 1988: xi)이거나 "인디언의 나라, 살육과 코카인의 땅"(Charyn, 1985: 7)이다. 이 지역을 좋아하는 사람이든 싫어하는 사람이든 이 '프런티어'의 이미지는 거부하지 못했다. 한 기자는 1988년 경찰 폭동이 발발한 뒤 "이 동네가 천천히, 그리고 가차 없이 젠트리피케이션을 겪으면서 공원은 저항의 거점이자 최후의 은유적 방어 장소가 되었다"고 전했다(Carr, 1988: 17). 몇 주 후 〈새러데이 나이트 라이브Saturday Night Live〉는 프런티어의 요새를 배경으로 한 어느 촌극에서 [남북전쟁에서 북군으로 활약하며 인디언과 싸운] 커스터 장군의 이미지를 분명하게 사용했다. (코흐 시장을 상징하는) 커스터는 교전 상대인 날아오르는 독수리 추장을 자신의 집무실로 맞으면서 이렇게 묻는다. "그래서 로어이스트사이드 쪽은 요즘 어떤가요?"

'인디언 나라'는 사회적·정치적·경제적으로 빠르고 극심하게 양극

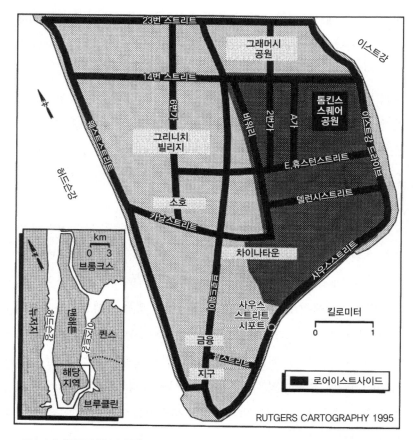

그림 1-1 뉴욕의 로어이스트사이드

화되고 있다. 1980년대 내내 아파트 임대료는 천정부지로 치솟았고, 노숙자의 수도 함께 폭증했다. 호화 콘도 건축이 기록적인 수준으로 이루어졌지만, 공공주택 공급은 축소되었다. 가까운 월스트리트는 호황을 맞아 수백만에서 수천만 달러를 받는 연봉자들이 생겨났지만, 미숙련 실업자들은 늘어났다. 가난은 여성과 라틴계 미국인, 아프리카계 미국인에게 점점 집중된 반면, 사회 서비스들은 대폭 삭감되었다. 그리고 1980년대의 보수주의는 도시 곳곳에서 인종주의적 폭력을 다시 분출시켰다. 1990년대 초 경제가 심각하게 침체되면서 임대료가 안정되었지만, 실업자는 폭증했다. 1990년대 후반에는 젠트리피케이션과 개발이 다시 고개를 들면서 1980년대의 양극화가 더욱 악화될 상황에 이르렀다.

톰킨스스퀘어는 로어이스트사이드 심장부 깊숙이 자리하고 있다. 7번 스트리트를 따라가다 보면 그 남쪽 끝에서 공원을 굽어보는 주거용 건물들로 이루어진 길쭉한 구역이 나온다. 대부분은 위태로운 화재 대피용 계단이 장식처럼 매달려 있는, 19세기 후반에 엘리베이터 없이 지어진 5층이나 6층짜리 다세대주택이지만, 우울한 느낌을 주는 현대적인 황백색의 더 큰 건물도 하나 끼어 있다. 서쪽으로 A가를 따라 늘어선 다세대주택들은 이보다 더 나을 것도 없지만, 많은 골목길과 담뱃가게, 우크라이나 식당, 폴란드 식당, 고급 카페, 유행을 좇는 바들, 식료품점, 과자점, 나이트클럽이 뒤섞인 풍경 덕분에 이곳은 공원에서 가장 생기 넘치는 지역으로 자리 잡았다. 10번 스트리트를 따라 있는 북쪽 끝에는 일찌감치 1970년대에 젠트리피케이션을 겪은 1840~1850년대의 연립주택들이 위풍당당하게 늘어서 있다. 동쪽으로 다세대주택들과, 19세기 중반에 지어진 세인트브리지드 교회St. Brigid's Church, 그리고 악명 높은 크리스토도라 건물(1928년에 건축된 이래로 이 지역의 스카이라인을 점령하고 있는 16층짜리 벽돌 덩어리)이 늘어선 B가는 좀 더 일관성이 없고 어지러운 모양새다.

상당히 괜찮은데도 일반적으로 과소평가를 받는 편인 미국 건축가협회 안내 책자는 이렇게 개탄한다. "이 지역이 재건축되는 날 원숙함이 돋보이는 이 공원은 신의 선물이 될 것이다"(Willensky and White, 1988: 163). 사실 공원 자체는 상당히 평범한 편이다. 굽이치는 십자형 보도들이 둥근 화관 모양을 이루고 있으며, 그 위에 커다란 플라타너스들과 살아남은 몇몇 느릅나무들이 그늘을 드리운다. 도보에는 시멘트 벤치들이 길게 늘어서 있었는데, 노숙자들이 잠을 자지 못하도록 공원 재건축 공사를 할 때 연철 막대로 한 사람씩 자리를 나눠놓은 나무 벤치로 바뀌었다. 공원의 북단에는 핸드볼 코트와 농구 코트, 어린이 놀이터와 애견 놀이터가 있다. 남단에는 1960년대에 퍼그스Fugs와 그레이트풀데드Grateful Dead 같은 그룹들이 공연을 하고 1980년대에는 노동절 시위와 연례 위그스톡 퍼레이드Wigstock Parade가 개최되던 음악당이 있다. 재건축되기 전에는 낮이면 공원은 체스를 두는 우크라이나 남자들과 마약을 파는 젊은이들, 걸어서 출퇴근하는 여피들, 대형 휴대용 카세트를 틀고 노는 몇 안 남은 펑크족들, 아기를 유모차에 태우고 나온 푸에르토리코 여성들, 개를 산책시키러 나온 주민들, 놀이터의 아이들로 공원이 가득 차곤 했다. 1988년 이후부터는 순찰차를 탄 경찰들과 사진작가들이 등장했고, 아직은 갈등이 있지만 이 '해방된' 공간의 상대적 안전에 매료된 퇴거자 집단도 점점 늘어났다. 텐트, 마분지, 나무, 밝은 파란색 방수포, 그 외 쓰레기통에서 찾아낸, 잠자리가 될 만한 모든 종류의 재료들로 만든 노숙자 캠프는 1991년 6월 이전에 이미 급성장했다. 마약 중독자들은 보통 남쪽 끝에 있는 일명 '크랙 골목'에 몰렸고, 대체로 일을 하며 돈을 버는 사람들은 동쪽에서 하나의 집단을 형성했으며, 자메이카 라스타파리안Rastafarian〔자메이카의 옛 황제를 숭배하는 일종의 종교집단〕들은 A가에 더 가까운 '절제의 분수대' 주변에서 어울렸다. 정치운동가들과 무단점거 운동가들이 모이는 음악당은 비가 올 때 비를 피하는 곳이 되기도 했다. 이 음악당은 재건축하면서 허물어졌다.

지저분하면서도 편안함을 주고, 자유와 에너지가 넘치지만 경찰이 작전을 수행하지만 않으면 위험할 일도 거의 없는 톰킨스스퀘어는, 제인 제이컵스Jane Jacobs가 그 유명한 반모더니즘적인 책《미국 대도시의 죽음과 삶The Death and Life of Great American Cities》(1961)에서 중요한 쟁점으로 채택한 동네 공원의 사례라고 할 수 있다. 톰킨스스퀘어에서 '프런티어'의 물리적 특성은 거의 찾아볼 수 없지만, 계급갈등이나 경찰 폭동은 별로 낯설지 않다. 원래 습지가 많은 '황무지'였던 그곳에서 최초로 쫓겨난 사람들은 아마 맨해토스Manhattoes였을 것이다. 1626년에 이들은 천 쪼가리 몇 장과 유리구슬을 받고 맨해튼 섬을 빼앗겼다. 이 습지는 모피상이자 자본가였던 존 제이컵 애스터John Jacob Astor가 시에 기증한 뒤 배수 공사를 거쳐 1834년에 공원이 되었는데, 전직 뉴욕 주지사이자 1817~1825년에 미국 부통령으로 재직한 대니얼 톰킨스Daniel Tompkins의 이름을 따서 공원 이름을 지었다. 톰킨스스퀘어 공원이 1850년대와 남북전쟁 내내 군대의 연병장으로 징발된 점은 서민들에게 분명 실망스러운 일이었지만, 만들어지자마자 노동자들과 실업자들의 전통적인 대중집회 장소로 자리 잡아왔다.

저항의 공간이라는 이 공원의 상징적 힘은, 1873년 재난에 가까운 장기 공황으로 사상 초유의 많은 노동자와 가족이 직장과 집에서 쫓겨난 후 분명하게 드러났다. 뉴욕시의 자선기관들은 거의 마비되다시피 했고, 기업들의 로비를 받은 시 정부는 구호대책을 강구하지 않았다. "어쨌든 구호라는 개념 자체에 대한 강한 이데올로기적 거부감과, 실업이라는 고초는 노동계급을 상대할 때 필수적이고 효과적인 규율수단이라는 믿음이 있었다"(Slotkin, 1985: 338). 1874년 1월 13일 톰킨스스퀘어에서는 한 시위 행진이 조직되었는데, 노동역사가 필립 포너Philip Foner는 당시 상황을 이렇게 설명한다.

선두의 행진대오가 톰킨스스퀘어에 들어왔을 때, 뉴욕 시민들은 뉴욕 시에서 개최된 가장 큰 규모의 노동집회를 목격하고 있었다. 시위대를 상대로 연설할 줄 알았던 시장은 마음을 바꾸었고, 마지막 순간 경찰은 시위를 불허했다. 하지만 노동자들에게는 미리 어떤 경고도 해주지 않았다. 남자들, 여자들, 어린이들은 헤이브마이어William Frederick Havemeyer 시장이 실업자들을 위한 구호대책을 발표하리라는 기대를 품고 톰킨스스퀘어로 행진했다. 시위대가 공원을 가득 메우자 경찰은 이들을 공격했다. 혹자는 "경찰 곤봉들이 춤을 추었다"고 표현했다. "여성들과 아이들이 사방에서 비명을 질렀다. 이 중 많은 이들이 출입구로 우르르 몰리면서 넘어져 다른 사람들의 발에 짓밟혔다. 길거리에서는 기마경찰들이 구경꾼을 쫓아가 무자비하게 곤봉 세례를 퍼부었다(Foner, 1978: 448).

최초의 곤봉 공격이 시작된 지 1시간도 되지 않았을 때 "톰킨스스퀘어 공원에서는 지금 폭동이 진행 중"이라는 헤드라인이 찍힌《뉴욕 그래픽New York Graphic》특별판이 길거리에 뿌려졌다(Gutman, 1965: 55).

경찰 폭동 이후 뉴욕 언론은 1988년의 시장이 좋아했을 만한 각본을 제시했다.《월드World》는 행진 참가자들을 '공산주의자'라고 규탄하고, '코뮌의 붉은 유령들'을 불러냈다. 이를 통해 톰킨스스퀘어에서 벌어진 도시군중에 대한 탄압을, 커스터 장군이 사우스 다코타의 흉포한 수Sioux족을 상대로 벌인 영웅적인 블랙힐스 토벌에 꾸준히 빗대었다. 1874년에는 톰킨스스퀘어 공원을 '프런티어'로 표현하는 것이 기이한 일이었지만(Slotkin, 1985), 1980년대가 되자 이는 향수를 불러일으키면서도 자연스러워 보이는 묘사로 자리 잡았다.

로어이스트사이드의 운명은 항상 국제적인 사건들과 얽혀 있었다. 이후 몇 십년간 유럽의 노동자와 농민 수십만 명이 이주하면서 로어이스트사이드의 정치 투쟁은 더욱 격화되었고, 이곳을 타락한 환경으로 묘사하는 언론의 행태는 갈수록 심해졌다. 1910년경 이 지역의 다세대주택에는 54만여 명이 밀집해 살면서 일자리와 주택을 두고 경쟁을 벌였다.

의류 노동자, 항만 노동자, 인쇄공, 비숙련공, 숙련공, 소매상인, 종업원, 공공 부문 노동자, 작가, 그리고 언제 폭발할지 알 수 없는 공산주의자, 트로츠키주의자, 아나키스트, 여성 참정권운동가, 정치와 투쟁에 투신한 진보적인 지식인이 그런 사람들이었다. 뒤이은 경기침체로 많은 이들이 일자리를 잃었고, 포악한 사장, 위험한 노동조건, 노동자 권리의 부재는 대대적으로 노조 결성을 이끌어냈다. 그리고 집주인들은 어느 때보다 능숙하게 임대료를 갈취했다. 1911년의 트라이앵글 화재(작업장의 문을 걸어 잠가버리는 착취형 공장에 감금된 로어이스트사이드의 여성 의류 노동자 146명이 화재에 휩싸이자 도로 아래로 뛰어내려 목숨을 잃은 사건)와 함께 시작된 10년은, 악명 높은 로어이스트사이드를 상대로 국가의 지원을 등에 업은 정치적 테러가 물밀듯 밀어닥쳤던 팔머 급습Palmer Raids[급진적인 좌파, 특히 아나키스트들을 상대로 자행된 일련의 일제단속. 유명한 좌파 지도자들을 포함해 500여 명의 외국 시민권자들이 추방당했다]과 함께 막을 내렸다. 1920년대에는 교외가 성장하면서 로어이스트사이드의 집주인들이 자신들의 건물을 황폐하게 방치했고, 많은 거주자들은 능력만 되면 자본을 따라 교외로 빠져나갔다.

중산층 개혁가들은 다른 공원들과 마찬가지로 톰킨스스퀘어를, 밀도 높은 개척지와 변동성 큰 사회 환경을 위해 필요한 '안전판'이라고 여기게 되었다. 1874년 폭동 이후 공원은 더욱 통제하기 쉬운 공간을 만들어내겠다는 속내를 빤히 드러내며 재설계되었고, 19세기의 마지막 10년 동안 개혁과 금주 운동에 힘입어 운동장과 분수대가 만들어졌다. 공원을 둘러싼 경합은 성쇠를 되풀이했지만, 대공황기에 로버트 모시스Robert Moses가 공원을 재설계하는 동안 다시금 고조되었다. 그리고 20년 뒤 공원관리국이 야구장 딸린 공원 땅을 빼앗으려 할 때도 다시 한번 갈등이 재개되었지만, 지역의 시위대로 인해 이 재설계는 방향이 전환되었고, 공원관리국의 시도는 실패로 돌아갔다(Reaven and Houck, 1994). 1950년대에는 비트 세대Beat Generation 시인들에게, 1960년대에는 이른바 반체제 문화에 거처를 제공한 공원과 그 주변은, 1967년 "잔디밭에 들어가지 마시오" 팻말에 반발해 공원 곳곳에 널브러진 히피들을 경찰이 공격하면서 다시 한번 투쟁의 현장이 되었다.

톰킨스스퀘어 공원은 그 평범한 겉모습과 다르게 이렇듯 격정적인 역사를 간직하고 있었고, 따라서 젠트리피케이션에 저항하는 '최후의 보루'로 맞춤한 장소가 되었다.

프런티어 신화의 구축

롤랑 바르트Roland Barthes는 "신화는 사물의 역사적 특성이 유실됨으로써 구축된다"고 말한 바 있다(Barthes, 1972: 129). 리처드 슬로킨Richard Slotkin은 신화가 그 역사적 맥락에서 의미를 떼어낼 뿐 아니라 역사에 상호적인 영향을 미친다고, 즉 "역사는 클리셰가 된다"고 풀어서 설명했다(Slotkin, 1985: 16, 21-32). 여기에는 신화가 사물의 지리적 특성이 유실됨으로써 구축된다는 당연한 결론을 덧붙여야 한다. 탈영역화 역시 신화 만들기에서 중요하다. 신화를 구성하는 지리에서 더 많은 사건들이 탈각될수록 신화는 더욱 강력해진다. 지리 역시 클리셰가 된다.

젠트리피케이션의 사회적 의미는 점점 프런티어 신화의 언어를 통해 구축되고 있으며, 얼핏 보면 이런 식으로 언어와 경관을 전유하는 것은 그저 재미있고 순수해 보일 수도 있다. 신문은 습관적으로 도시 '재정착민들'의 용기를, 새로운 정착자들의 모험심과 강인한 개인주의를, 〈스타트렉Star Trek〉 식으로 표현하면 그 어떤 (백인) 사람도 가본 적이 없는 곳으로 향하는 용감한 '도시 개척자들'을 극찬한다. 교외의 한 커플은 고상한

《뉴요커》의 지면을 빌려 "우린 하급lower이스트사이드['로어이스트사이드'
에서 'Lower'는 원래 대문자가 들어간 고유명사지만, 여기서는 소문자를 사용했다]에서
살 곳을 찾고 있어요"라고 고백한다.

> 러들로스트리트. 우리가 아는 사람들 중에는 아무도 여기서 살 생각을
> 하지 않아요. 우리가 아는 누구도 러들로스트리트라는 이름조차 들어보
> 지 못했어요. 언젠가 이 동네는 우리가 뉴욕에 대해 뭐라도 알게 되기 전의
> 빌리지 같은 모습이 될지도 몰라요. …… 우린 (어머니께) 여기로 내려와 사
> 는 건 일종의 도시 개척 같은 거라고 설명하면서 대견스럽게 여겨야 한다
> 고 말씀드렸어요. 우린 휴스턴가를 건너는 걸 로키산맥을 넘는 개척자에
> 비유해요("Ludlow Street", 1988).

타임스스퀘어에서 서쪽으로 두 블록 떨어진 곳에 '아모리 콘도미니
엄'이 들어선 뒤《뉴욕 타임스》의 부동산 기사(1983년 3월 27일)는 "황야의
서부 길들이기"를 선언한다.

> 개척자들이 자신의 일을 마쳤다. 웨스트 42번 스트리트는 길들여지고
> 교화되고 광이 내짐으로써 뉴욕 전역에서 가장 흥미롭고 신선하며 가장
> 에너지 넘치는 새로운 동네가 되었다. …… 가장 영리한 구매자들이 보기
> 에 42번가의 서쪽 길을 따라 토지가격이 급등하고 있다. (결국 어떤 동네가 대
> 박을 칠지 부동산 업계 사람들이 모른다면 누가 알겠는가?)

1980년대 이후로 젠트리피케이션을 겪고 있는 뉴욕시는 새로운 프
런티어로서 낙관적인 기운을 한껏 뿜어내고 있었다. 적대적이던 경관은
재생되고 정화되었으며, 중산층 감성이 다시 주입되었다. 부동산 가격은

치솟았고, 여피들은 돈을 써댔으며, 엘리트의 고상함은 개성의 대량 생산을 통해 대중화되었다. 그렇다면 싫어할 이유가 있을까? 이런 이미지 안에서 실제 프런티어의 모순들은 완전히 뿌리 뽑히지 못한 채 매끈히 단장되어 용납할 만한 관례로 자리 잡았다. 옛 서부의 경우처럼 이 새로운 프런티어는 목가적인 동시에 위험하고, 낭만적인 동시에 냉혹하다. 〈크로커다일 던디Crocodile' Dundee〉[1986년에 개봉된 호주의 코미디 영화]부터 〈재회의 거리Bright Lights, Big City〉[1988년에 개봉된 미국의 영화]에 이르기까지, 도시의 삶을 위험한 환경과 적대적인 원주민, 그리고 문명의 끝에서의 자기 발견으로 충만한 카우보이 우화로 그리는 영화들이 하나의 장르를 이룰 정도다. 이 카우보이들은 도시의 황야를 길들이면서 소녀를 얻지만, 동시에 처음으로 내면의 자아를 발견하고 순화시킨다. 〈크로커다일 던디〉의 마지막 장면에서 배우 폴 호건Paul Hogan은 지하철 인파의 머리와 어깨 위를 호주 양치기 개처럼 기어가면서 뉴욕을 받아들인다(그리고 뉴욕은 그를 받아들인다). 대도시에서는 밝은 불빛이 도처에 있다 보니 마이클 J. 폭스Michael J. Fox[〈재회의 거리〉 남자 주인공]는 용기를 북돋는 서쪽의 석양을 향해 말을 타고 들어가면서 우화를 마무리하지는 못하고, 휴스턴강과 맨해튼의 재건된 금융지구 뒤로 밝게 떠오르는 새 태양을 바라본다. 초창기 프런티어의 명백한 운명은 대도시에 상호적인 이상향의 은혜를 베풀어주는 것이다.

여기서 사물의 지리적·역사적 특성들은 모두 사라지고, 이 새로운 도시의 프런티어 신화에 클리셰가 넘쳐나다 보니 경관 속에 신화가 뒤섞여 있다는 사실마저 알아차리지 못할 수도 있다. 이는 단순히 신화의 힘을 증명하는 것이긴 하지만, 항상 이런 식은 아니다. 1874년 톰킨스스퀘어 행진 참가자들과 아메리카 원주민 수족Sioux의 유사성은 아무리 좋게 보려 해도 애매모호하다. 또 신화의 역사가 워낙 역사가 짧아서 이렇듯 완전히 다른 세계들을 통합할 만한 이데올로기적 무게를 감당하지 못한다. 하지만 뉴욕과 황야의 서부 사이에 있는 실제 거리와 개념상 거리는 꾸준히 좁혀지는 중이다. 어쩌면 초기 도시에서 프런티어의 가장 우상파괴적인 사건은 커스터 장군의 블랙힐스 작전 몇 년 뒤 오지였던 센트럴파크 웨스트에 강인하고 우아하나 외딴 주거용 건물을 세우고 '더 다코타 아파트'라는 이름을 붙인 일이었을 것이다. 그러나 한 세기가 지났을 때, 즉 초기의 프런티어뿐 아니라 그 어떤 사회적·물리적·지리적 관계도 남아 있지 않은 환경에서 맨해튼을 에워싼 아파트 붐에서는 '몬태나', '콜로라도', '사바나', '뉴웨스트' 같은 이름들이 이미 빼곡하게 들어찬 건물들 사이를 비집고 들어왔다. 그 도상학적 불일치에 대해서는 한마디 언급도 없이 말이다. 역사와 지리가 서부로 가버리자 신화는 동부에 자리 잡았지만, 신화 그 자체가 도시 환경에 길들여지는 데는 시간이 걸렸다.

도시의 새로운 프런티어라는 모티프에는 건조 환경built environment의 물리적 탈바꿈과 계급·인종 측면에서 도시공간의 재각인, 그리고 그보다 더 넓은 차원의 기호학 암호가 들어 있다. 프런티어는 장소이기도 하지만 스타일이기도 하다. 1980년대에는 텍사스-멕시코식 음식점이 유행했고, 사막 장식이 도처에 넘쳐났으며, 멋진 카우보이가 인기를 끌었는데, 이 모두가 소비의 동일한 도시경관 속에 짜여졌다.《뉴욕 타임스》 일요 매거진 의류광고(1989년 8월 6일)는 그 영향을 적나라하게 보여준다.

도시의 카우보이에게는 작은 프런티어가 오래 지속된다. 스카프부터 부츠까지 화려한 장식들이 중요하다. …… 서부가 패션에 미친 영향은 소떼에 찍힌 낙인과 대단히 비슷하다. 너무 튀지는 않지만 눈길을 사로잡기에는 충분하다. 도시인들에게 그건 악센트를 뜻한다. 검은 레깅스에 술이 달린 자켓, 가느다란 세로 줄무늬 정장에 짧은 양모코트, 아무데나 잘 어울리는 편인 도마뱀 가죽 부츠 같은 것들 말이다. 이 조합이 의심스럽다면 거울을 향해 성큼 다가서라. "이거야"라는 말이 절로 나온다면 당신은 이미 먼 길을 와버린 것이다.

유행하는 프런티어의 키치적인 제품들을 내놓는 뉴욕의 고급 부티크들은 소호SoHo에 몰려 있는데, 예술가들의 다락방과 조신한 갤러리들이 모여 있는 이곳은 1960년대 말과 1970년대에 젠트리피케이션이 진행되어 1980년대에 전례 없는 호황을 구가했다. 소호의 서쪽과 남서쪽 끝은 로어이스트사이드와 맞닿아 있다. 여기서 '프런티어'는 때로 철학을 열망한다. 그린가의 조나Zona 상점은 나바호의 러그들과 "오토미 인디언의 천연 수피 편지지," 산타페 보석, 테라코타 도자기, "풍부한 수확철 색감을 띤 롬복 바구니", 끈 넥타이를 판매한다. 조나는 진품에 집착한다. 모든 '작품'에는 숫자가 매겨지고 '컬렉션' 목록집이 만들어지기도 했다. 금색 종이에 글씨를 돋을새김해 일부러 소박하게 만든 작고 평범한 표지판에는 이 가게가 뉴에이지의 정신지상주의를 넘어서는 '개인적인' 공예친화적 철학을 담아낸다고 적혀 있다.

전자제품과 첨단기술이 날로 넘쳐나는 시대에는 질감과 감각을 예찬하는 제품들로 우리 삶의 균형을 맞추는 일이 더욱 절실합니다. 우리는 고객을 단순한 소비자가 아닌 자원으로 여깁니다. 우리를 인도하는 것은, 정보는 에너지이고 변화는 꾸준히 이어진다는 믿음입니다. 저희 공간을 찾아주셔서 감사합니다.

우스터가에 있는 아메리카나 웨스트는 더욱 순수한 사막의 외양을 추구한다. 문밖 인도에는 도끼와 깃털 달린 머리장식을 완비한 귀족적인 인디언 추장이 보초를 서고 있다. 창을 통해 볼 수 있는 전시 공간에는 표백된 500달러짜리 버팔로 머리가 놓여 있고, 가게 안에는 롱혼과 소가죽으로 만든 소파들과 의자들이 있다. 가게이자 갤러리인 이 아메리카나 웨스트는 천진난만한 야만인, 조지아 오키프Georgia O'Keeffe 풍의 사막 풍경, 암각화와 그림문자, 채찍과 박차 같은 다양한 이미지들을 판매한다. 선인장과 코요테(비록 모두 가짜긴 하지만)가 곳곳에 널려 있고, 네온이 들어오는 프리클리 페어[선인장의 일종]는 350달러에 살 수 있다. 아메리카나 웨스트는 앞 유리에 "남서부의 진화하는 풍경. 디자이너 환영함 …… 도시 깍쟁이 전용 아님"이라는 글씨를 써 붙여놓고 자신들의 고유한 테마는 도시와 사막을 넘나드는 문화지리라고 선언한다.

프런티어가 항상 미국적인 것도, 남성적인 것도 아니다. 상점 '꿈의 거리La Rue des Reves'에서는 취사선택한 정글을 테마로 삼는다. 표범 코트(당연히 모조품이다), 영양가죽 치마, 알프스 산양 블라우스는 슬그머니 옷걸이에서 빠져나와 계산대로 향할 것처럼 살아 있는 느낌을 준다. 정글과 비슷하게 장식한 천정에는 패션 액세서리들이 덩굴처럼 늘어져 있다. 고릴라 인형과 살아 있는 앵무새 몇 마리가 분위기를 더욱 돋운다. 꿈의 거리는 어쩌면 "너무 과했는지도" 모르지만(이곳은 1980년대 말 주식시장 붕괴의 피해자가 되었다), 그 테마는 부티크들뿐 아니라 의류 체인에도 살아남아 있다. 바나나 리퍼블릭에서는 고객들이 코끼리가 그려진 갈색 종이 가방에 자신들이 구입한 사파리 제품들을 담아간다. 한편 은색 스크린에는 〈아웃 오브 아프리카〉나 〈안개 속의 고릴라〉 같은 영화들이 아프리카 오지를 개척하는 백인의 모습을 강조하는데, 여기에는 남성 영웅뿐 아니라 이에 대응하는 여성 영웅도 있다는 점에서 차이를 보여준다. 중산층 백인 여성들이 젠트리피케이션에서 중요한 역할을 맡게 되면서 초창기 프런티어에서 여성들의 존재감이 재발견되고 재창조되었다. 이런 맥락에서 디자이너 랠프 로런Ralph Lauren은 '사파리 여인'을 중심으로 한 컬렉션으로 1990년대를 시작했다. 그는 낭만과 향수를 불러일으키는 초창기 환경주의가 자신을 이런 컬렉션으로 이끌었다고 설명한다. "나는 오늘날 경이로운 많은 것들이 종적을 감추고 있다고 생각해요. 우린 그걸 돌봐야 합니다." 자수가 들어간 모기장이 늘어져 있는 사주식four-poster 마호가니 침대, 승마바지, 인조 상아, 얼룩말 무늬의 패턴이 장식된 '잔지바르Zanzibar' 침실에 둘러싸인 로런의 '사파리 여인'은 아무래도 그녀 자신이 멸종위기종처럼 보인다. '로런'은 브롱크스 태생이고 원래 이름은 랠프 리프시츠였지만, 이제는 브롱크스 절반 크기의 콜로라도 목장에 안락하게 자리를 잡았다. 한 번도 아프리카에 가본 적은 없지만("어떨 땐 안 가보는 게 더 나을 때도 있어요"), 우리의 도시 판타지 안에서, 그리고 이 판타지를 위해 아프리카를 잘 재현할 수 있다는 자신감에 충만해 있다. "난 이런 품위 있는 세상이 있고 우리가 그것을 만질 수 있다는 사실을 환기시키려 해요. 어제를 돌아보지 말자고요. 우리는 손에 넣을 수 있어요. 전에 본 영화를 현실로 만들고 싶은가요? 바로 여기 있답니다."(Brown, 1990).

아프리카는 기근과 전쟁에 휩싸여 국제 자본에 의한 개발이 별로 이루어지지 않았는데도, 서구 소비자들의 판타지 속에서 상품으로 재탄생했다. 이번에는 특권층이자 멸종위기에 처한 백인들의 전유물이 되긴 했지만 말이다. 어느 논평가의 표현대로 사파리 컬렉션은 "동아프리카의 사장님 느낌, [독립국가인] 짐바브웨보다는 [영국 식민지였던] 로디지아 느낌이 난다"(Brown, 1990). 로런의 아프리카는 젠트리피케이션이 이루어진 도시에서 빠져나와 편안히 쉴 수 있는 시골집이다. 로런의 아프리카는 도시를 황야에서 되찾아오고, 세상을 다시 소유한다는(동네부터 시작해 점점 세상을 재식민화한다는) 전 지구적 판타지를 품은 백인 상류계급 정착자들이 다시 지도를 그리기 위한 장식 도구들을 제공한다.

42

자연 역시 도시 프런티어 위에 재서술된다. (원래는 자연의 역사화로 등장하게 된) 프런티어 신화는 이제 도시 역사의 자연화로서 재적용된다. 탐욕스러운 경제적 팽창은 사막과 우림을 파괴하고 있지만, 도시의 새로운 프런티어는 자연친화적이다. "(로런의 사파리) 컬렉션에 사용된 모든 목재는 필리핀에서 재배된 것으로, 멸종위기종이 아닙니다"(Brown, 1990). 로어이스트사이드 남단의 사우스스트리트시포트에 지점을 두고 지도와 지구본, 포경문학 선집과 망원경, 위험한 파충류에 대한 책, 탐험과 정복 이야기를 판매하는 네이처 컴퍼니는 이런 자연화된 도시사의 극치를 보여준다. 이 가게의 염치없는 자연숭배와 도시적인 모든 것의 세심한 배제는 경합 대상인 도시의 역사를 굴절시키는 감쪽같은 눈속임 수단이다(N. Smith, 1996b). 도시의 새로운 프런티어는 자연과의 관계를 긍정하지만, 그것을 만들어낸 사회사와 투쟁, 지리를 인멸시켜버린다.

슬로킨에 따르면 19세기와 거기에 연관된 이데올로기는 "서구 국가들의 '근대화'에 수반된 사회적 갈등에 의해 만들어졌다." 그 토대는 "신세계에서 진행되는 자본주의 발전의 위험한 결과들을 인정하지 않으려는 욕망"이며, "이는 사회적 갈등을 신화의 세계로 대체 혹은 굴절시킨다는 뜻이다"(Slotkin, 1985: 33, 47). 도시에서 프런티어는 1863년의 뉴욕 드래프트 폭동[남북전쟁 중에 연방의 징병법에 반대해 발발한 폭동], 1877년의 철도 파업, 1874년의 톰킨스스퀘어 폭동 같은 사건에서 부글거리는 도시계급전쟁을 위한 안전밸브를 뜻했다. 슬로킨의 결론에 따르면 프런티어에서 벌어진 '스펙터클한 폭력'은 도시를 구원하는 효과를 발휘했다. 즉, 이는 "대도시 안에서 발발하도록 내버려둔다면 세속적인 붕괴를 초래할 수도 있는 민간의 계급전쟁에 대한 대안"이었다(Slotkin, 1985: 375). 신문 기사에서 극단적이지만 도시 내 사건들과 별반 다르지 않은 일들로 표현되는, 도시 대중의 추악한 부패를 돋보기로 들여다보듯 샅샅이 파헤치는 프런티어의 르포르타주는 동부의 도시들을 외부 위협에 맞서 사회적 통합과 조화를 지키는 전형으로 여겼다. 도시의 사회갈등은 부정된다기보다는 외부화되었고, 누구든 이 지배적인 도시의 조화를 교란하는 사람은 외부의 적에 비견될 만큼 비정상적 행위를 하는 것이었다.

오늘날에도 프런티어 이데올로기는 사회적 갈등을 신화의 영역으로 이동시키는 동시에, 일단의 계급특정적·인종특정적 사회규범들을 재차 부각시킨다. 한 존경받는 학자가 자기도 모르게 터너의 관점을 그대로 되풀이해서 주장한 바에 따르면(반대 의견을 중얼거린 게 아니라), 동네를 젠트리피케이션하는 것은 "사회적 규범에 굴복하면 동네의 장점이 강화된다"는 것을 인정하는 '시민계급'과, 행동과 태도를 통해 "민법과 형법이 불완전하게 적시한 것들을 넘어서는 규범들은 결코 받아들이지 않겠다"는 입장을 드러내는 '비시민계급'을 결합시키는 것으로 이해해야 한다. 그러면 동네는 "시민적인 혹은 비시민적인 행동이 지배하는 정도에 따라" 분류될 수도 있다(Clay, 1979a: 37-38).

따라서 프런티어의 이미지는 단순히 장식을 위한 것도, 순진무구한 것도 아니며, 상당한 이데올로기적 무게를 담고 있다. 젠트리피케이션이 노동계급 공동체를 오염시키고, 가난한 세대를 내몰며, 동네 전체를 부르주아 집단 거주지로 전환시키는 한, 프런티어 이데올로기는 사회적 차별과 배제가 자연스럽고 불가피하다고 합리화한다. 빈민과 노동계급은 '비시민'으로, 영웅적인 경계에서 그릇된 방향에 서 있는 야만인이자 공산주의자로 간단히 치부된다. 프런티어 이미지의 본질과 결과는 야생의 도시를 길들이는 것이며, 완전히 새로운, 그래서 도전적인 절차들을 안전한 이데올로기적 초점으로 사회화하는 것이다. 이처럼 프런티어 이데올로기는 도시의 심장부에서 터무니없는 방종을 정당화한다.

로이사이다를 팔다

프런티어는 장소에 따라 다른 형태를 취한다. 프런티어는 장소를 만들듯 장소에 적응하기 때문이다. 하지만 프런티어의 경계는 도처에 다양한 방식으로 존재한다.《월스트리트 저널》의 한 기자는 1980년대가 끝날 무렵 '인디언 거주지구'에서 정찬을 먹는 상황을 다음과 같이 묘사했다.

> 정찬을 즐기고 싶다면 '버나드'라고 불리는 C가의 새로운 레스토랑이 제공하는 '오가닉 프렌치 퀴진'이 있다. 반투명 유리창은 정찬을 즐기는 사람들이 18달러짜리 송아리 엉덩잇살을 야금야금 먹는 동안 길 건너편에 있는 불탄 다세대주택들을 시야에서 차단해준다(Rickelfs, 1988).

뒤에서 보겠지만, 이는 오스만Georges-Eugène Haussmann에 의해 근대화된 파리에서 살았던 시인 보들레르Charles Baudelaire를 연상시킨다. 그 동네의 빈민, 불량배, 노숙자는 이미 반투명창이 없어도 눈에 띄지 않았다는 점을 기억해둘 필요가 있다. 이런 사람들이 쫓겨난 불탄 건물의 골격만이 편안한 식사의 방해요소가 될 뿐이다.

로어이스트사이드에서는 두 개의 산업이 1980년대에 등장한 도시의 새로운 프런티어를 특징지었다. 물론 가장 중요한 업종은 부동산 산업이다. 부동산 업계는 명망 있고 안전하며 문화적 수준과 임대료가 높은 그리니치빌리지와 지리적으로 가깝다는 점을 이용하기 위해 로어이스트사이드의 북쪽 지역에 '이스트빌리지'라는 이름을 붙였다. 그다음으로는 도시의 폐허를 어마어마하게 멋진 곳으로 바꿔놓은 문화 산업(미술 거래상과 후원자, 갤러리 소유주와 예술가, 디자이너와 비평가, 작가와 공연자)이 있다. 1980년대에는 문화와 부동산 산업이 맨해튼의 자투리 공간을 서쪽에서

치고 들어왔다. 미술비평가 월터 로빈슨Walter Robinson과 카를로 매코믹 Carlo McCormick(Robinson and McCormick, 1984)의 표현처럼 젠트리피케이션과 예술은 "D가를 향해 어슬렁거리며" 손잡고 들어왔다. 구역이 하나둘, 건물이 하나둘 잠식되면서 결국 이 지역은 약간의 위험을 양념처럼 가미한 화려하고 세련된 경관으로 탈바꿈했다.

이 동네의 거친 성격은 사실 매력에 보탬이 되었다. 미술비평가들이 개최한 '슬럼예술 미니 페스티벌'은 로어이스트사이드에서만 가능했다. 예술가들이 "게토의 기초 재료(어디에나 있는 벽돌)"를 소중하게 여긴 곳도 이곳뿐이었다. 그리고 예술계 인사들이 태평하게 "게토문화의 생동감에 사로잡혔다"고 인정할 만한 곳도 여기뿐이다(Moufarrege, 1982, 1984). '펀 Fun'(재미)이라는 갤러리와 '사랑이 이 하루를 구한다'라는 이름의 소품점, '뿔라의 땅'(버니언의 휴식과 고요의 땅)이라는 바를 따라 '민간인의 전쟁'과 '가상의 요새'(둘 다 갤러리다), '시내의 베이루트'(바), 그리고 '중간지대'라는 미술전시회가 이어졌다. 향수를 자아내는 로어이스트사이드의 절충주의가 무엇을 가리키든 간에 프런티어의 위험은 예술 그 자체를 파고들었다. '정글의 법칙'은 이 새로운 예술계, 로빈슨과 매코믹(Robinson and McCormick, 1984: 138, 156)의 표현에 따르면 '야만적인 에너지'를 따르는 예술계를 지배했다. 때로 거리에서 탈선행위를 일삼으며 도시의 '원주민'을 검은색으로 그리는 신원시주의neoprimitivism 예술은 사실상 이러한 '야만적 에너지'의 핵심 테마였다.

로절린 도이치Rosalyn Deutsche와 카라 라이언Cara Ryan은 〈젠트리피케이션의 예술The fine art of gentrification〉이라는 고전적인 논문에서 예술과 부동산간의 이런 관계를 가장 통찰력 있게 비평했다(Deutsche and Ryan, 1984). 이들은 젠트리피케이션과 예술의 공모는 결코 단순한 우연이 아니며, "예술계 기득권층의 전적인 지원 속에 구축된 것"임을 보여준다. 이들은

'이스트빌리지'의 등장과 예술계 내 신표현주의의 승승장구를 연결 지으며, 아무리 로어이스트사이드의 예술이 반문화적 태도를 취하고 있다 해도 정치적 자기성찰을 총체적으로 외면하는 모습은 로어이스트사이드의 예술이 지배문화를 재생산하는 데 그칠 뿐임을 보여준다고 주장한다. 1980년대에는 예술이 유례를 찾을 수 없을 만큼 상업화되면서 문화와 정치의 미학화가 곳곳에서 나타났다. 기차를 장식하던 그라피티가 갤러리로 입성하는가 하면, 거리를 떠돌던 가장 터무니없는 펑크와 뉴웨이브 스타일이 《뉴욕 타임스》의 전면광고로 빠르게 자리를 옮겼다. 언론들은 새로운 예술 현장의 화려함(최소한 일부가 보기에는)에 대해 떠들어대기 시작했고, 이 젊은 예술가 세대는 아메리칸 익스프레스 골드카드를 긁으며 살아간다(Bernstein, 1990).

사회적·정치적 맥락을 무시하고 기득권에 의존하는 전위 예술가들은 극도로 모순적인 위치에 놓이게 되었다. 문화 산업과 아직 꿈이 있는 대다수 예술가들 사이의 '브로커' 기능을 맡게 된 것이다. 여기서 로어이스트사이드의 갤러리가 중요한 역할을 했다. 서민들의 야심과 재능, 기득권의 돈이 모일 수 있는 장소가 되어준 것이다(Owens, 1984: 162 – 163).[2] 문화 산업은 이 동네를 문화의 메카로 재현하고 후원하면서 관광객들과 소비자, 갤러리 구경꾼, 예술 후원자, 잠재적인 이민자를 끌어들였고, 이는 젠트리피케이션에 기름을 부었다. 물론 모든 예술가들이 기다렸다는 듯 문화계 기득권층에 들러붙지는 않았다. 예술계의 상당한 반골 집단이 1980년대에 이 동네의 양대 산업을 성장시킨 가격 상승과 상업화 속에서도 살아남았다. 사실 톰킨스스퀘어 폭동 이후 정확히 젠트리피케이션과 경찰, 예술 산업을 겨냥한 정치행동이 만개했다. 일부 예술가들은 무단점거 운동가와 주택운동가로 활동했으며, 길거리나 다소 주변적인 갤러리 공간에는 체제전복적인 예술이 포스터, 조각, 그라피티로 전시되었다(예를 들어 Castrucci et al., 1992 참조).

부동산 산업의 입장에서 보면, 예술은 이국적이지만 유순한 위험의 거짓된 겉치레를 굴절시켜 이 동네를 길들였다. 부동산 업계는 이스트빌리지를 개천에서 자수성가한 용으로 묘사했다. 예술은 이 동네에 판매 가능한 '개성'을 선사했고, 이 지역을 하나의 부동산 상품으로 묶어주었으며, 수요를 만들어냈다. 일각에서는 "최근 이스트빌리지에서 만개하고 있는 보헤미안적 정서는 뉴욕 부동산 역사의 한 에피소드로도, 다시 말해 로어 맨해튼의 마지막 슬럼에 있는 예술가들이 젠트리피케이션을 하도록 만든 힘의 전개로도 독해할 수 있다"고 주장하기도 했다(Robinson and McCormick, 1984: 135).

그러나 1987년부터 예술과 부동산의 정략결혼은 틀어지기 시작했고, 임대료 통제에서 자유로운 건물주들이 임대료를 어마어마하게 올리면서 갤러리들이 줄지어 문을 닫았다. 많은 사람들이 이런 건물주들(그중 다수가 우편 사서함만 두고 운영되는 익명의 기획사들이다)은 1980년대 초 갤러리와 예술가들을 유인해 해당 지역을 광고하고 임대료를 치솟게 만들고자 인위적으로 낮은 임대료를 제시했을 것이라고 짐작한다. 멋들어지게 성공을 거둔 이들은 첫 5년 계약이 만료되자 임대료를 가혹하리만치 올렸다. 이제 이 동네에는 70곳에 달하는 갤러리들로 포화상태가 되었고, 예술적·경제적 경쟁이 살인적 수준에 이르렀으며, 1987년 주식시장 붕괴와 함께 금융 침체가 뒤따랐다. 1번가는 누가 봐도 '시내의 베이루트'가 아니었고, 많은 예술적·경제적 판타지들이 밑바닥으로 추락했다. 많은 갤러리들이 문을 닫았다. 가장 성공한 축들은 역시 젠트리피케이션 자본이 전열을 가다듬고 있는 소호로 서둘러 떠나갔고, (경제적으로) 그보다 못한 곳들은 다리 건너 브루클린의 윌리엄스버그로 넘어가기도 했다. 부동산 산업이 건드리지 않았던 로어이스트사이드의 많은 예술가들 또한 다른 놀잇감을 찾아낸 문화 엘리트들로부터 곧 버림받았다(Bernstein, 1990).
이는 문화 산업 전체가 이 동네의 이미지와 부동산 시장의 근본적 변화를
진두지휘한 이후의 일이긴 하지만 말이다.

　어떤 예술가들은 자신들이 활성화하는 데 기여한 바로 그 젠트리피
케이션 과정의 희생자가 되었고, 어떤 예술가들은 이 과정에 적극적으로
반대했다는 점은 예술계 내에서 논쟁을 일으켰다(Owens, 1984: 162－163;
Deutsche and Ryan, 1984: 104; Bowler and McBurney, 1989). 의도했든 아니든 간
에 문화 산업과 부동산 산업은 함께 손잡고 로어이스트사이드를 새로운
장소로, 색다르고 독특한 장소이자 하나의 현상으로, 전위적 패션의 극
점으로 바꿔놓았다. 마치 부동산 산업이 '이스트빌리지'를 구분하자마자
아무나 거주할 수 없는 동네라는 희소성이 만들어진 것처럼, 패션과 유
행은 문화적 희소성을 창조해냈다. 좋은 예술과 좋은 장소는 뒤섞인다.
그리고 좋은 장소는 돈을 뜻한다.

이윤을 위한 개척

로어이스트사이드는 거대한 경기순환과 연관된 몇 단계의 급속한 개발
을 거쳤고, 이런 역사를 통해 오늘날의 건조 환경이 만들어졌다.
1820~1840년대의 초기 건물들도 몇 개 남아 있긴 하지만, 대체로 이주
자들인 노동계급을 수용하기 위해 1850년대와 남북전쟁 기간 동안 지어
진 직사각형의 (방들이 기차칸처럼 연결된) '기차식' 다세대주택들이 더 일반
적이다. 제이콥 리스Jacob Riis가 1901년에 쓴《나머지 절반은 어떻게 살고
있나How the Other Half Lives》(Riis, 1971 edn.)는 이런 다세대주택을 생생하게
그려냈다. 1877년 이후 15년 동안 경제가 성장하고 이민자들이 늘어나

면서 이 지역은 가장 밀도 있는 건설 호황을 경험했다. 사실상 비어 있던 모든 땅이 '아령형' 다세대주택으로 개발되었는데, 전통적인 직사각형의 기차식 다세대주택을 지을 때 구조물 사이에 아령 모양의 통풍공간을 두어야 한다는 법이 생기면서 붙여진 이름이다. 1893년 경기침체로 이러한 건설 호황이 사실상 막을 내릴 무렵, 뉴욕시 주택의 약 60%가 이러한 아령형 다세대주택이었고, 도시 전역에 최소 3만 채가 자리한 이런 주택에서 아직 사람들이 살고 있었는데, 사실상 로어이스트사이드에 가장 밀집해 있었다(G. Wright, 1981: 123). 그다음 건설 호황은 1898년에 시작되었으며, 도시 변두리에 집중되었다. 로어이스트사이드에는 '신규법에 따른' 다세대주택 몇 채가 생겨났지만(1901년 이후 설계기준 개선을 요구하는 새법이 만들어지면서), 이 지역의 많은 건물주들은 이미 지독하게 많은 사람들이 살고 있는 자신들의 건물을 유지·보수하고 수리하는 일을 등한시한 채 투자를 중단하기 시작했다.

뉴욕의 지배계급은 로어이스트사이드를 길들여 제멋대로인 노동계급으로부터 되찾아올 방법을 오랫동안 모색해왔다. 연방정부가 유럽 이민자들을 강력히 억제한 지 불과 5년 만에, 록펠러 재단의 후원을 등에 업은 광역계획협회Regional Plan Association가 로어이스트사이드에 대한 기묘한 구상을 제시했다. 1929년의 뉴욕광역계획에서는 기존의 인구집단을 밀어내고 '상류층 주거지'와 모던한 가게, 이스트강의 요트 정박지를 재건하며, 로어이스트 고속도로 시스템과 인근 월스트리트의 연계를 강화할 수 있도록 물리적으로 재개발하는 등의 방안을 분명하게 제시했다.

이런 규모와 성격의 공사가 한 지구에서 시작되는 순간, 그곳이 얼마나 지저분한 곳이었든 간에 당장 인근 부동산의 질이 향상되기 시작하고, 이 현상은 모든 방향으로 퍼져나갈 것이다. 새로운 고객층을 맞을 만반의 준비를 갖춘 새 상점들이 문을 열게 될 것이고, 근처의 거리들은 더 깨끗해질 것이며, 부동산 가격은 상승할 것이다. …… 조금만 지나면 다른 아파트 건물들이 들어설 것이고, 시간이 더 흐르고 나면 이스트사이드의 성격은 완전히 바뀔 것이다(Gottlieb, 1982에서 인용; Fitch, 1993도 참조).

1929년 주식시장이 붕괴하고 대공황과 제2차 세계대전이 뒤이어 온 데다가, 전후에 교외가 유례를 찾을 수 없을 정도로 확장되고 뉴욕시가 재정위기에 처하면서, 재투자를 통해 로어이스트사이드를 상류층의 안식처로 재건축하겠다는 계획은 빛을 잃었다. 1930년대 말과 1960년대 초 사이에 다양한 슬럼 정비 및 저소득층 주거 프로젝트가 시작되었지만, 자본 철회가 결부되면서 이런 정책들은 흔히 로어이스트사이드와 다른 유사한 동네들을 초토화하는 장기적인 경제적·사회적 과정들을 강화하는 결과를 낳았다. 전후 기간에는 투자 중단과 유기, 철거와 영업용 창고화 같은 치명적인 반도시적 주요 전략들이 로어이스트사이드를 무차별 포격지대 같은 것으로 탈바꿈시켰다. 특히 타격이 컸던 곳은 하우스턴가의 남쪽 지역과 A가와 D가 사이의 알파벳시티부터 그 동쪽 지역이었다. 여기서 이루어진 도시 재생은 투자 중단의 잔해 속에서 가난한 주민, 그중에서도 특히 라틴계 주민들의 게토화를 더욱 강화할 뿐이었다.

이후로도 약 50년간 투자 중단과 황폐화, 쇠락이 지속된 후에야 1929년의 계획이 이행되기 시작했다. 1970년대 말에 여피들과 예술가들이 폐허 속에서 세심한 선별 작업을 시작했을 때도, 다른 모든 사람들은 밖으로 이동하고 있었다. 로어이스트사이드의 인구는 1910년에 50만여 명으로 절정에 달했지만, 이후 70년간 40만 명에 가까운 주민들이 빠져나갔다. 1970년대에도 3만 명이 줄어들어서 1980년에는 약 15만 5000명 정도밖에 되지 않았다. 부동산 투자 중단과 유기가 가장 심했던 하우스턴가와 10번가, B가와 D가에 둘러싸인 로이사이다의 심장부(이른바 알파벳시티)에서는 인구가 67.3%로 감소하는 비정상적인 상황이 발생하기도 했다. 이 지역의 가계중위소득은 8782달러로 1980년 뉴욕시 전체 수치의 63%에 불과했고, 이 지역의 29개 인구조사 표준구역 중 23개 지역에서 빈곤선 이하로 살아가는 가정의 수가 증가했다. 알파벳시티에 남은 사람들은 빈민들이었다. 남아 있는 인구의 59%가 빈곤선 이하에서 생존했다. 1970년대 말 여피들과 예술가들이 의도적으로 이주해서 살기 시작한 동네는 할렘을 빼면 맨해튼에서 가장 빈곤한 곳이었다. 1980년대에 이 동네는 사실상 인구수가 반전되면서 1990년 인구조사에서는 16만 1617명이 거주하는 것으로 기록되었다.

부동산가치가 하락하면서 1970년대와 1980년대에도 한동안 인구가 하락했다. 이스트 10번 스트리트의 270번지를 예로 들어보자. 톰킨스스퀘어 공원에서 서쪽으로 반 구역 떨어진 이곳에는 1번가와 A가 사이로 다 허물어져가지만 여전히 사람이 살고 있는 5층짜리 아령형 다세대주택이 있었다. 투자 중단이 절정에 이르렀던 1976년, 이 건물에서 손을 떼고 싶어 하던 건물주는 건물을 팔아버렸다. 가격은 체납된 부동산세를 제외하면 겨우 5706달러였다. 그런데 1980년대 초에 이 건물은 4만 달러에 다시 판매되었고, 8개월 뒤에는 13만 달러에 달했다. 1981년 9월에는 다시 뉴저지의 한 부동산 회사에 20만 2600달러에 팔렸다. 2년이 채 안 되는 시간에 보수도 하지 않은 건물 가격이 다섯 배나 뛴 것이다 (Gottlieb, 1982).

이는 그렇게 이례적인 일도 아니었다. 톰킨스스퀘어 공원과 맞닿아 있는 16층짜리 크리스토도라 건물, 즉 이제는 젠트리피케이션 반대 투쟁의 상징과도 같은 그 건물 역시 유사한 투자 중단과 재투자의 순환을 겪었다. 1928년에 사회복지관으로 지어진 크리스토도라는 1947년 130만 달러에 뉴욕시에 매각되었다. 뉴욕시를 위해 여러 기능으로 사용되던 건물은 결국 [극좌 성향의 흑인조직인] 블랙팬서와 [라틴계 급진조직인] 영로즈 같은 곳들을 입주시켜 지역 문화센터와 호스텔로 자리 잡게 되었다. 1960년대 말에 이르러 낡고 황폐해진 건물은 1975년 경매에 나왔지만, 아무도 입찰하지 않았다. 그 후 브루클린의 개발업자 조지 자페George Jaffee에게 6만 2500달러에 팔렸다. 자페가 크리스토도라를 저소득층 주거지로 개조하기 위해 연방 지원금을 알아보다가 결국 아무런 소득을 거두지 못하는 동안, 황폐한 건물은 문이 용접된 채로 단단히 밀봉되어 5년 동안 그대로 있었다. 1980년 자페는 건물에 대해 알아보기 시작했다. 용접공을 불러 입구를 열고 건물을 자세히 조사했고, 20~80만 달러짜리 매매 제안이 나타나기 시작했다. 결국 자페는 1983년에 건물을 또 다른 개발업자 해리 스카이델Harry Sky dell에게 130만 달러에 팔았고, 해리 스카이델은 다시 1년 뒤 이 건물을 300만 달러에 뺑 튀겨 전매했다가 나중에 다른 개발업자 새뮤얼 글래서Samuel Glasser와 합작 투자하는 형태로 건물을 되찾았다. 스카이델과 글래서는 크리스토도라를 보수했고, 1986년에 86세대짜리 콘도미니엄 아파트로 출시했다. 별도의 엘리베이터와 테라스 세 개, 벽난로 두 개가 딸린 일반 콘도미니엄 4배 면적의 펜트하우스는 1987년에 120만 달러에 매물로 나왔다(Unger, 1984; DePalma, 1988).

이스트 10번 스트리트 270번지와 크리스토도라, 그리고 로어이스트사이드의 다른 건물 수백 채에서 다른 무엇보다 활기를 찾은 것은 부동산 수익이다. 1988년에 재단장한 톰킨스 코트는 침실 한 개짜리 집을 "1987년 금융 붕괴 할인가"인 13만 9000달러에서 20만 9000달러 사이에, 침실 두 개짜리 집을 23만 9000달러에서 32만 9000달러 사이에 내놓았다. 이 중 가장 저렴한 집을 얻으려면 가구의 연소득이 6만 5000달러는 되어야 했고, 가장 비싼 집은 가구소득이 16만 달러는 되어야 했다. 아무리 작은 원룸형 스튜디오라 해도 4만 달러 이하의 소득으로는 어림없었다. 새로 단장한 또 다른 다세대주택으로부터 몇 구역 떨어진 곳에서는 협동조합형 주택 17채가 매매되었는데, 침실 두 개짜리 집은 23만 5000달러에서 49만 7800달러 사이였다(Shaman, 1988). 후자의 경우 주택담보대출과 유지비만 매달 5000달러에 육박했다. 이 아파트에서 두 달간 내야 하는 돈은 이 동네의 중위 연소득보다 많았다. 1990년대 초에 이르러서야 매매가가 눈에 띄게 하락하기 시작했는데, 시장 최고가는 15~25%나 떨어졌지만, 그보다 낮게 형성되는 임대료는 그만큼 떨어지지 않았다.

상업용 부동산의 임대료와 판매가는 어떤 종류의 임대료 통제도 받지 않았기에 훨씬 빠르게 상승했다. 건물주들이 무차별적으로 임대료를 올리면서 오랫동안 영업하던 소규모 상점들은 어쩔 수 없이 문을 닫았다. 1957년부터 2번가의 명물이었던 마리아 피도로데키Maria Pidhorodecky의 이탈리아-우크라이나 식당 '오치디아'는 임대인이 65제곱미터짜리 공간의 임대료를 950달러에서 5000달러로 올릴 수 있게 된 1980년대 중반에 문을 닫았다(Unger, 1984).

언론인 마틴 고틀립Martin Gottlieb은 로어이스트사이드 부동산 시장에 대해 조사하다가 지대격차rent gap의 결과를 직접 밝혀냈다(3장 참조). 가령 이스트 10번 스트리트 270번지에서는 건물과 토지를 합한 판매가가 5년 반 동안 5706달러에서 20만 2600달러로 치솟았지만, 시의 재산세 사정인들에 따르면 건물 자체의 가치는 사실상 2만 6000달러에서 1만 8000달러로 하락했다. 그리고 이는 전형적인 결과에 속한다. 아무리 시장과의 관계에서 건물이 구조적으로 저평가된다는 점을 감안하더라도, 토지가 건물보다 훨씬 많은 가치를 갖는다. 부동산 자본주의의 비뚤어진 합리성은 건물 소유주와 개발업자가 부동산을 착취하고 건물을 파괴하면 이중으로 보상해준다. 1차로 이들은 수리와 유지에 들어갈 돈을 아낄 수 있고, 2차로 사실상 건물을 파괴하며 지대격차를 형성함으로써 새로운 자본 재투자의 순환이 가능한 조건과 기회를 스스로 만들어낸다. 이윤 때문에 자본의 부족을 유발한 이들이 이제는 똑같은 목적으로 이 동네에 몰려들면서 이번에는 스스로를 시민의식 있는 영웅으로, 다른 누구도 모험을 시도하지 않으려는 곳에서 위험을 감수하는 개척자로, 훌륭한 서민들을 위해 일하는 새 도시 건설자로 묘사하고 있다. 고틀립의 표현에 따르면 시장이 이런 식으로 알아서 역전된 것은 "로어이스트사이드의 건물주가 (자기가 부동산에서 짜낸) 우유를 마실 수 있게 되었고, 이를 스스로 인식하게 되었음"을 뜻한다(Gottlieb, 1982).

젠트리피케이션의 경제지리는 무작위가 아니다. 개발업자들은 싹수가 보이는 슬럼의 심장부에 그냥 뛰어드는 것이 아니라 조금씩 야금야금 차지한다. 재정적인 조심스러움은 강인한 개척자 정신을 누그러뜨린다. 개발업자들은 프런티어가 어디에 있는지 구역마다 생생하게 감지한다. 이들은 헨우드Doug Henwood(Henwood, 1988: 10)의 표현에 따르면 "전략적으로 설정한 몇몇 사치의 전초기지"를 세우며 외곽에서 안으로 들어간다. 이들은 먼저, 한쪽에는 부동산 가격이 높은 안전한 동네가 있고 다른 한쪽에는 가능성이 상대적으로 높지만 투자가 중단된 슬럼이 있는 황금 해안을 '개척'한다. 그리고 프런티어에는 일련의 교두보와 방어 가능한 경계를 마련한다. 경제지리는 이런 식으로 도시 개척 전략을 수립한다.

프런티어 신화가 젠트리피케이션과 강제이주의 폭력성을 합리화하기 위해 날조된 것이라면, 신화가 매달려 있는 일상의 프런티어는 기업주의적 착취의 냉혹한 부산물이다. 따라서 그 노골적인 사회적·문화적 현실이 무엇이든 간에 프런티어의 언어는 날것의 경제적 현실을 위장한다. 은행과 다른 금융기관들이 한때 빨간 선으로 표시했던 지역들이 1980년대에는 '녹색선'으로 그려지게 되었다. 대출 담당자들은 노동자와 소수자가 거주하는 동네에 빨간 선이 그어진 옛날 지도를 치우고, 당당하게 녹색선이 둘러진 새 지도를 갖다놓으라는 지시를 받는다. 녹색선 안의 동네에는 대출을 최대한 많이 해주라는 것이다. 다른 곳들처럼 로어이스트사이드에서 도시의 새로운 프런티어는 수익성의 프런티어다. 젠트리피케이션이 진행 중인 동네에서는 다른 무엇보다 이윤율이 다시 활기를 띠고 있다. 하지만 새로 유입된 여피들이 자신의 문과 창문에 금속 막대를 세우고, 거실에서 길거리가 보이지 않게 창문을 막아버리고, 현관 입구 계단에 울타리를 치고 '자신들의' 공원에서 바람직하지 못한 것들을 내쫓아버리자 많은 노동계급 동네들은 급격하게 활기를 잃고 있다.

1980년대에 로어이스트사이드를 침략한 부동산 카우보이들이 예술을 통해서 자신들의 경제적 목표에 낭만적 색채를 입혔다면, 좀 더 따분한 일, 즉 토지를 탈환하고 원주민들을 진압하는 일에는 시 정부의 기사들을 이용했다. 뉴욕시는 주택정책과 마약 단속, 그리고 특히 공원 전략에서 기존 주민들에게 기본적인 서비스와 생활 여건을 제공하는 데 관심을 기울이기보다는, 많은 지역 주민들을 몰아내고 부동산 개발 기회에 보조금을 지급하는 데 전력투구했다. 1982년에 한 컨설턴트가 발표한 보고서 〈이스트빌리지의 투자 기회 분석An Analysis of Investment Opportunities in the East Village〉은 뉴욕시의 전략을 정확히 포착했다.

시는 이제 조세 기반을 강화하고 재활성 과정에 힘을 보태기 위해 시가 소유한 재산들을 경매에 부치고, 젠트리피케이션이 진행 중인 지역의 프로젝트들을 후원함으로써 중산층의 귀환에 조력할 준비가 되어 있다는 분명한 신호를 보내고 있다(Oreo Construction Services, 1982).

뉴욕시의 주요 자원은 주로 부동산세를 체납한 민간 건물주들로부터 압류한 '대물' 재산들이었다. 1980년대 초 주택보존개발국은 로어이스트사이드에서 이러한 건물 200여 채와 비슷한 수의 공터를 보유하고 있었다. 코흐 행정부는 이 중 16곳을 통해 처음으로 젠트리피케이션이라는 부동산 광풍 속에 의미 있게 뛰어들었는데, 이때 예술가들이 그 수단이 되었다. 1981년 8월 1일 주택보존개발국은 예술가 주택보유 프로그램의 제안서를 공모했고, 그 이듬해 16채의 건물에 120세대의 주거지를 마련하는 개·보수 프로젝트를 발표했다. 각 주거지의 비용은 약 5만 달러였고, 입주 대상은 최소 2만 4000달러를 버는 예술가들이었다. 시장은 이들의 계획이 "공동체의 힘과 활력을 쇄신하는 것"이라고 선언했고, 700만 달러짜리 프로그램을 실행할 주체로 다섯 개의 예술가 집단과 두 곳의 개발업체가 선발되었다(Bennetts, 1982).

하지만 지역사회의 많은 이들이 예술가 주택보유 프로그램에 반대할 정도로 이견이 만만치 않았다. 30여 곳의 로이사이다 주택조직과 지역조직이 모인 합동기획의회Joint Planning Council는 버려진 건물들뿐 아니라, 지역 내 소비를 위해 그만큼 값진 자원에 대한 보수도 이루어져야 한다고 주장했다. 시의원인 미리엄 프리들랜더Miriam Friedlander는 이 계획이 "젠트리피케이션을 위한 위장에 불과하다"고 보았다. "이 주택에서 진짜 이윤을 얻는 사람은 그걸 보수하는 개발업자들이다." 실제로 주택보존개발국장은 이 프로젝트가 "동네 전체의 활력을 다시 북돋을 수 있는 자극제"가 되리라는 크나큰 희망을 표출했다. 시의 계획을 지지하는 예술가들은 자신들이 노동계급의 일원으로서 정상적인 사람들이라고 묘사했으며, 이미 맨해튼에서 크게 밀려난 경험이 있고, 다른 사람들만큼이나 주택이 필요한 집단이라고 여겼지만, 예술가들 내에서도 이 동네를 젠트리피케이션 하기 위해 예술가들을 이용하는 데 반대하는 움직임('사회적 책임을 생각하는 예술가들Artists for Social Responsibility')이 일었다. 주택보존개발국과 시장, 그리고 예술가 주택보유 프로그램은 결국 240만 달러의 초기 공공자금 제공을 거절한 시 예산위원회City Board of Estimates 앞에서 무릎을 꿇었다(Carroll, 1983).

하지만 예술가 주택보유 프로그램은 더 큰 경매 프로그램을 위한 몸풀기에 불과했다. 주택보존개발국이 대물 재산을 이용해 시 전역에서 젠트리피케이션을 추진할 채비를 하고 있었기 때문이다. 합동기획의회는 자체적인 지역사회 기반 계획을 제안해 주도권을 잡기로 결정했고, 1984년 시가 소유한 모든 공터와 부동산을 중·저소득층 주거지로 사용하며, 기존 저소득층 주거지를 말살하는 투기를 통제하도록 제안했다. 시는 이들의 제안을 무시하고 '교차보조' 프로그램을 들고 다시 나타났다. 주택보존개발국이 경매를 통해서든 감정가로든 시 소유의 재산을 개발업자들에게 판매하는 대신, 새로 단장하거나 지은 집의 약 20%는 시장가격을 감당할 능력이 없는 세입자들을 위해 떼어놓자는 것이었다. 그리고 여기에 참여하는 개발업자들은 세금 감면을 받게 된다. 처음에 일부 지역사회의 집단들은 이 프로그램을 잠정적으로 지지했고, 시장시세주택과 정부보조주택의 비율을 50 대 50으로 조정하려는 곳도 있었지만, 공공주택을 최소한으로 지으려는 꼼수라며 이 아이디어 자체를 거부한 곳도 있었다.

그러나 프로그램의 실제 의도가 명백해지면서 반대는 점점 고조되었다. 1988년에 시는 레프락 기구Lefrak Organization(국가적인 차원에서 활동하는 거대 개발업체)가 수어드 공원Seward Park 현장 공사를 맡을 거라고 발표했다. 수어드 공원 현장은 1967년에 빈민 주거지 도시 재생사업이 진행되면서 아프리카계 미국인과 라틴계 미국인이 대다수를 차지했던 빈민 1800명이 강제이주를 당한 곳이었다. 이들은 같은 자리에 들어설 새 아파트를 약속받았지만, 20년이 지나도록 재생사업은 진행되지 않았다. 이 현장의 사용료는 1달러였으므로 레프락은 99년 임대를 하면서 1년에 1달러의 사용료만 내면 되는 것이었다. 이 계획에 따르면 레프락은 1200채의 아파트를 짓는데, 이 중 400채는 시장가격의 콘도미니엄이고, 640채는 2만 5000달러에서 4만 8000달러를 버는 '중간소득' 가구에 800~1200달러에 임대할 예정이며, 나머지 160채는 1만 5000달러에서 2만 5000달러를 버는 '평범한 소득'의 가구에 제공될 것이다. 저소득층을 고려한 아파트는 사실상 아예 배정되지 않았다. 게다가 20년이 지나면 모든 임대 아파트는 레프락에게 다시 귀속되어 럭셔리 협동조합 아파트로 개방된 시장에 진출하게 된다. 그리고 레프락은 32년간 과세를 경감받고, 2000만 달러에 달하는 시 보조금도 받는다. 1967년 세입자 몇몇을 대리하는 변호사들이 레프락의 콘도를 상대로 집단 소송을 제기했다. 한 주택 변호사는 이 계획을 "저소득층 동네에 들어선 고소득층 여피 주거지"라고 묘사했다. "그리고 그 목적은 핫한 새 부동산 시장을 만들어내는 것이다"(Glazer, 1988; Reiss, 1988). 프로젝트는 시와 '양해각서'까지 체결했지만, 경기침체가 악화되면서 정부보조주택의 개발을 시장에 맡기는 것이 얼마나 어리석은 일인지 백일하에 드러나기 시작했다. 레프락은 프로젝트를 폐기했다. 하지만 시가 레프락에게 그 동네에서 정부보조주택 20%를 짓도록 요구할 의사가 전혀 없다는 사실이 이미 분명해진 뒤였다. 물론 정부보조주택은 지리적으로 이동이 가능하기 때문에 지역사회 운동가들과 같이 '교차보조' 프로그램을 아직 꿰뚫어보지 못한 사람들은 젠트리피케이션의 환영에 언제든 현혹될 수 있었다.

시는 예술가 주택 프로그램과 교차보조안을 가지고 로어이스트사이드를 향한 경제적 돌격을 이끌었지만, 동시에 젠트리피케이션에 유리한 분위기를 조성하기도 했다. 젠트리피케이션 프런티어를 방해할 수도 있는 '원주민들'의 거리를 정화하려는 노력에서 1984년 1월 급소 작전 Operation Pressure Point이 시작된 것이다. 18개월간 로어이스트사이드 전역에서 약 1만 4000건의 마약 단속이 이루어졌고, 《뉴욕 타임스》는 "급소 작전 덕분에 마약 투약처 대신 아트갤러리들이 들어서고 있다"며 흡족해했다. 하지만 잡범들은 금새 풀려났고, 실세들은 전혀 검거되지 않았으며, 급소를 풀어주자 거리의 판매상들이 다시 돌아왔다.

시는 급소 작전과 함께, 더 넓은 젠트리피케이션 전략의 일환으로 공원에 대한 공격을 조직했다. 개발업자 윌리엄 제켄도르프 주니어William Zeckendorf Jr.가 14번 스트리트와 브로드웨이의 28층짜리 럭셔리 제켄도르프 타워(향후 로어이스트사이드를 급습할 의도가 담긴 '요새' 개발지)를 세우기 위해 대대적인 감세와 용도지구 변경을 얻어냈을 때, 시는 이미 전략적인 지원안을 내놓은 상태였다.[3] 이 계획은 인근 유니온스퀘어 공원에서 노숙자를 비롯한 "사회적으로 바람직하지 못한 사람들"을 쫓아냈고, 2년에 걸친 360만 달러짜리 개·보수가 시작되었다. 코흐 시장은 1984년 봄, 개·보수의 개시를 선언하면서 오히려 피해자들에게 책임을 전가해 제켄도르프에 들어가는 보조금을 정당화했다. "먼저 폭력배들이 설치더니, 그 다음에는 강도들이 설쳤고, 그 다음에는 마약쟁이들이 설쳤는데, 이젠 우리가 이들을 몰아내게 되었습니다"(Carmody, 1984에서 인용). 새로 조성된 공원은 초기에는 반짝이는 방부제에 담긴 채 제켄도르프 콘도의 앞쪽을 보완해주었다. 나무의 일부를 솎아냈고, 담장을 허물었으며, 산책로를 넓히고, 남쪽 끝에는 개방형 광장을 조성했는데, 이 모든 것이 감시와 통제에 유리한 넓은 시야를 확보해주었다. 모서리가 날카롭게 살아 있는 밝고 새로운 석조물이 비바람과 발길에 닳아버린 회색 돌판을 대신했고, 재래시장은 말쑥하게 다시 태어났으며, 공원의 기념물들은 존재하지도 않는 과거에 대한 향수를 자아내며 깨끗하게 씻겼고, 광을 내 '복원'

되었다. 녹색으로 변한 동상에 산소제거처리를 해서 화려하게 반짝이는 구릿빛을 다시 복원시키려는 노력 역시, 뉴욕시의 역사에서 노숙과 빈곤의 흔적을 없애려는 시도였다. 로절린 도이치의 결론처럼, 물리적인 개발 현장을 아름답게 치장하는 것은 유니온스퀘어의 '재활성화'를 추진한 이윤 동기와 불가분의 관계로 얽혀 있다(Deutsche, 1986: 80, 85–86).

경찰이 순찰을 돌고 쫓겨났던 사람들이 다시 돌아오면서 공원은 결국 프런티어의 가장자리로 되돌아가다시피 했다. 그래서 유니온스퀘어 공원의 젠트리피케이션은 기대에 별로 부응하지 못했지만, 시 당국은 이에 굴하지 않았다. 시의 노력은 남쪽에 있는 빌리지의 워싱턴스퀘어 공원으로 옮겨갔고, 유니온스퀘어 공원에서처럼 여기서도 가장자리 울타리와 통행금지시간이 생겨났으며, 경찰 순찰이 강화되었다. 그 후 1988년에 동쪽의 톰킨스스퀘어 공원으로 넘어온 것이었다. '복원' 이후 통행금지시간과 폐쇄를 활용하는 뉴욕시의 전통적인 공원 젠트리피케이션 전략은 8월의 경찰 폭동에서 절정에 달한 여름 시위로 (잠시나마) 무산되었다.

"처음보다 더 야만적인 두 번째 물결"[4]:
새로운 (전 지구적) 인디언 전쟁?

《뉴욕New York》은 1980년대 초에 젠트리피케이션이 한창 유행하자 이렇게 논평했다. "주거난에 시달리는 뉴욕 시민들에게 일종의 전시戰時 사고방식이 자리 잡고 있는 듯하다"(Wiseman, 1983). 특히 로어이스트사이드의 최근 도시 변화는, 젠트리피케이션이 완료되면 불안한 마음에 노숙자들의 가난을 보이지 않게 통제하고 엘리트들의 화려한 소비로 치장된 도시가 들어서게 되리라는 사실을 폭로한다. 경제성장의 정도에 따라 속도가 달라지기는 했지만, 젠트리피케이션 프런티어가 이 동네에서 저 동네로 유유히 흘러 다니는 동안 과거 이 도시의 노동계급은 국제적인 자본순환으로 끌려들어갔다. 로어이스트사이드의 예술이 런던과 파리에 전시되는 동안 이 동네 가장 값비싼 콘도들의 광고가《타임》과《르몽드》에 실리기도 했다.

　젠트리피케이션은 계급적인 도시 정복을 예고한다. 도시의 새로운 개척자들은 도시에서 노동계급의 지리와 역사를 말끔히 씻어내려 한다. 이들은 도시의 지리를 재창조하는 동시에, 그 사회사에 대해 도시의 새로운 미래를 한발 앞서 정당화하기 위한 수단으로 재서술한다. 슬럼의 다세대주택들은 역사적인 브라운스톤이 되고, 건물 바깥은 모래로 장식해 오래된 미래 같은 분위기를 연출한다. 인테리어도 이와 비슷하게 개조한다. "맨벽돌로 된 벽과 노출된 목재들이 회반죽을 바르지 못한 슬럼의 빈곤이 아니라 문화적인 안목을 뜻하게 되면서" "내부의 세속적인 금욕주의가 공공연한 자랑이 되고 있다"(Jager, 1986: 79-80, 83, 85). 원래 있던 구조물을 물리적으로 말소하는 것은 사회사와 지리를 말소하는 것과 같다. 만일 과거를 완전히 파괴하지 않는 경우가 있다면, 이는 입맛에 맞게 과거를 개조함으로써(계급색과 인종색을 희석시켜) 재탄생시키려는 것이다.

　노동계급 공동체의 호전성이나 집요함, 혹은 투자 중단과 극심한 황폐함 때문에 이런 고상한 재건축이 물거품이 될 것 같을 때는 계급 옆에 다른 수단들을 가지런히 병렬할 수 있다. 불결함, 가난, 퇴거의 폭력을 세련된 분위기로 승화하는 것이다. 그리고 새롭게 형성되는 계급 양극화에 대해 한쪽 계급의 폭력성을 비난하거나 머지않아 폭력 사태를 몰고 올 것으로 이해하기보다는 흥미진진한 일로 미화한다.

　도시를 재식민화하려는 노력은 체계적인 퇴거와 관련된다. 뉴욕시

정부는 도심 지역에 남아 있는 것들을 젠트리피케이션하기 위해 다양한 계획서와 태스크 포스 보고서를 작성했지만, 퇴거자들을 재정착시키려는 계획서는 한 번도 제출하지 않았다. 이는 이 프로그램의 실상을 적나라하게 보여준다. 시 공무원들은 젠트리피케이션과 강제이주 사이에 아무 관계도 없다고 부정하면서 젠트리피케이션이 노숙자를 양산할 가능성을 인정하지 않는다. 로어이스트사이드의 한 스텐실 예술가의 말을 빌리면, 공공정책은 집이 있는 사람들이 "노숙자를 보지 않고 지낼 수 있게" 하는 데 중점을 둔다. 1929년의 로어이스트사이드 지역계획은 최소한 솔직하기라도 했다.

> 교체란 오래 살았던 많은 세입자들이 사라지고, 비싼 땅에 들어선 모던한 건축물이 요구하는 더 높은 임대료를 감당할 수 있는 다른 사람들의 유입을 뜻하게 될 것이다. 머지않아 경제적인 힘만으로도 이스트사이드 인구의 성격이 크게 바뀔 것이다(Gottlieb, 1982: 16에서 인용).

한 개발업자는 새로운 프런티어의 폭력을 이렇게 정당화한다. "우리에게 그에 대한 책임을 지우는 것은, 휴스턴의 고층 건물 개발업자에게 100년 전 인디언이 쫓겨난 데 대한 책임을 묻는 것과 같다"(Unger, 1984: 41에서 인용). 버몬트주 벌링턴에서 한 식당 주인은 "이런 사람들"을 눈에 띄지 않도록 만드는 일을 진지하게 고민하기도 했다. 젠트리피케이션이 완료된 뒤 바닥에는 호박돌이 깔렸고, 고급 양품점으로 가득한 처치스트리트 마켓 플레이스에 자리 잡은 루닉의 올드월드 카페Leunig's Old World Café의 주인은 손님들을 "공포로 몰아넣는" 노숙자들에게 참을 수 없는 분노를 품게 되었다고 말한다. 그는 노숙자들에게 오리건주 포틀랜드로 가는 편도 티켓을 제공하기 위해 그곳 식당 주인들과 다른 지역 상인들의 기부를 받아 '자 서쪽으로!'라는 이름의 조직을 만들었다.

노숙이 완전히 불법이 되길 소망하며 노숙자들을 보이지 않는 곳으로 보내버리기 위해 더 심한 짓을 한 사람들도 있었다.

> 길에 쓰레기를 버리는 게 불법이면 솔직히 …… 길에서 잠을 자는 것도 불법이어야 한다. 따라서 이런 사람들을 다른 곳으로 보내는 것은 공공질서와 위생 차원의 단순한 문제일 뿐이다. 이들을 체포하지 말고 눈에 띄지 않는 곳으로 보내버려야 한다(George Will, Marcuse, 1988: 70에서 인용).

이런 종류의 복수심은 약 100년 전 프리드리히 엥겔스Friedrich Engels가 했던 그 유명한 경고에 무게를 더할 뿐이다.

> 부르주아지가 주택 문제를 해결하는 방법은 하나뿐이다. …… 자본주의적 생산양식이 매일 밤 우리 노동자들을 감금하는 악명 높은 구덩이와 지하실, 질병을 배양하는 장소들을 없애버리지 않고, **그저 다른 곳으로 옮겨버리는 것이다**(Engels, 1975 edn., 71, 73-74; 강조는 원저자).

번화가의 부르주아지 놀이터로 빠르게 바뀌는 사적 공간들뿐 아니라 공적 공간에서도 쫓겨난 소수자들, 실업자들, 그리고 노동계급 중에서도 가장 빈곤한 사람들에게는 대대적인 강제이주의 운명이 놓여 있다. 한때 도심 지역의 섬 같은 곳에 고립되었던 이들은 갈수록 도시 주변부의 지정 거주지로 무리지어 이동하고 있다. 말하자면, 뉴욕의 주택보존개발국은 내무부[연방정부에서 인디언 문제는 내무부가 맡는다]에, 사회보장국Social Security Administration은 연방의 인디언 사무국Bureau of Indian Affairs에 해당하고, 라틴계 미국인, 아프리카계 미국인, 그 외 소수자들은 새로운 인디언이다. 인디언 학살과 다를 바 없는 맹렬한 젠트리피케이션이 시작될 무렵, 선견지명이 있었던 이스트빌리지의 한 개발업자는 젠트리피케이션이 D가를 향해 빠르게 진행되는 가운데 새로운 젠트리피케이션 프런티어가 퇴거자들에게는 어떤 의미일지에 대해 냉소를 띠며 직설적으로 이렇게 말했다. "다 쫓겨나겠지. 구명장비를 쥐어주고 동쪽 강으로 밀어버릴 거야"(Gottlieb, 1982: 13에서 인용).

　젠트리피케이션에 영향을 미치는 극적인 변화들은 대단히 국지적인 경험으로 이어진다. 로어이스트사이드는 북쪽으로 약 4.8킬로미터 떨어진 곳에 위치한 어퍼이스트사이드의 상류층 귀족들로부터 동떨어진 세상이다. 로어이스트사이드 안에서도 C가는 1번가와 대단히 다른 장소다. 하지만 새로운 도시성의 형태를 빚어내는 과정과 힘은 지역적인 만큼 전 지구적이기도 하다. 이 새로운 도시에서 젠트리피케이션과 노숙은 무엇보다 자본의 탐욕으로 아로새겨진 새로운 전 지구적 질서의 특수한 소우주다. 세상 곳곳에서 대체로 유사한 과정을 거쳐 도시가 재형성되고 있을 뿐 아니라, 이 세상 자체가 이런 국지적인 지역들에 극적인 영향을 미친다. 크리스틴 코프튜치Kristin Koptiuch(Koptiuch, 1991: 87-89)는 젠트리피케이션 프런티어가 '제국의 프런티어'이기도 하다고 말한다. 이 과정에 기름을 끼얹는 부동산 시장에는 국제적 자본이 차고 넘칠 뿐만 아니라, 국제 이주는 새로운 도시 경제와 관련된 많은 전문직과 관리직에 노동력을(머물 장소가 필요한 노동력을) 제공한다. 심지어 국제 이주는 신新경제를 위해 서비스 노동자를 제공한다. 가령 뉴욕에서는 청과상이 주로 한국인이고, 젠트리피케이션이 완료된 건물에서 일하는 배관공은 이탈리아인일 때가 많으며, 목수는 폴란드인들이고 젠트리파이어들의 집과 아이들을 돌봐주는 가사 노동자와 보육 노동자는 엘살바도르, 바베이도스, 그 밖의 다른 카리브해 지역 출신들이다.

미국 자본은 시장을 개방시키고, 지역경제를 흔들어놓았으며, 자원을 수탈한다. 그리고 토지에서 쫓겨난 사람들과 '평화유지군'으로 바다에 내보내진 모든 나라의 이민자들이 이 도시에 와 있다(Sassen, 1988). 이같은 전 지구적 이동은 돌고 돌아 결국 미국 도시의 '제3세계화'를 초래하고(Franco, 1985; Koptiuch, 1991), 이는 길거리의 억압적인 감시 강화와 범죄 증가의 위협과 결합해, 그것이 처음 자극한 바로 그 젠트리피케이션에 야만적 공격을 감행한다는 인상을 준다. 신디 카츠Cindi Katz는 아이들이 사회화되는 방식의 혼란에 대한 연구에서, 한 농업 프로젝트가 등장하게 된 수단의 들판과 뉴욕의 거리 사이에 분명한 유사성이 있음을 보여준다(Katz, 1991a, 1991b). 중심부의 '원시적인' 조건들은 한번에 주변으로 내보내지지만, 주변부의 그런 조건들은 중심부에 다시 자리를 잡는다. 코프튜치는 "공상과학 영화의 플롯을 따온 것같이 초기 여행기에서 각색되었던 황야의 프런티어들은 그렇게 멀리 보내졌는데, 갑자기 우리 한가운데서 폭발하는 바람에 뒤통수를 맞고 깜짝 놀랐다"고 썼다(Koptiuch, 1991). 동부에 있는 도시들로 귀환한 것은 옛 서부의 인디언 전쟁만이 아니라 미국 중심의 세계 질서를 둘러싼 새로운 전 지구적 전쟁들이었다.

도시의 새로운 사회지리가 탄생하고 있지만, 그 과정이 평화로울 것이라고 기대한다면 어리석은 생각이다. 이미 아프리카계 미국인 다수는 백인 젠트리피케이션을 통해 워싱턴 DC(아마 미국에서 인종 분리가 가장 심한 도시일 것이다)를 수복하려는 시도를 '더 플랜'으로 일컫는다. 젠트리피케이션이 진행 중인 런던의 도크랜드와 이스트엔드에서 일자리를 잃은 노동계급의 자녀들로 구성된 한 아나키스트 조직은 톰킨스스퀘어의 슬로건을 영국식으로 바꿔 "여피들을 강탈하자"라고 외치며 강도짓을 '여피세금'으로 정당화한다. 집과 지역사회가 새로운 프런티어로 전환되면서, 인디언의 습격에 대비해 마차로 둥글게 진을 짜듯 준비 태세에 들어가면

무슨 일이 닥치게 될지 분명할 때가 많다. 프런티어의 폭력은 도시의 거리를 활보하는 기병대의 진격, 공식적인 범죄율의 상승, '원주민들'을 상대로 자행되는 경찰의 폭행과 인종주의와 함께 찾아온다. "눈에 띠지 않는 곳으로" 보내버리기 위해 잠든 노숙자들이 있는 곳에 주기적으로 불을 지르기도 하고, 1989년 맨해튼의 세입자 운동가였던 브루스 베일리 Bruce Bailey를 살해하는 방식으로 표출되기도 한다. 베일리의 훼손된 시신은 브롱크스에서 쓰레기 봉지에 담긴 채 발견되었고, 경찰은 공개적으로 성난 집주인들에게 혐의를 두었지만, 기소된 사람은 아무도 없었다. 곧 이어질 젠트리피케이션의 물결이 최초의 젠트리피케이션에 비해 더 문명화된 새로운 도시 질서로 이어지리라고 낙관하기란 어려울 성싶다.

2장

젠트리피케이션은
추잡한 단어인가?

1985년 12월 23일 아침,《뉴욕 타임스》의 독자들은 가장 눈에 띄는 광고란에서 젠트리피케이션을 찬미하는 기사형 광고를 발견했다. 몇 해 전에 이 신문은 오피니언란의 오른쪽 하단을 '모빌'이라는 회사에 팔기 시작했고, 모빌사는 이 란을 조직된 전 지구적 자본주의의 사회적·문화적 장점을 찬미하는 데 이용했다. 1980년대 중반, 뉴욕 부동산 시장에 불이 붙으면서 젠트리피케이션은 점점 사람들의 임대료와 주거, 공동체의 위협으로 인식되었고, 돈만 있으면 얼마든지 손에 넣을 수 있는《뉴욕 타임스》독자란의 이데올로기 선전장은 더 이상 모빌사만 전유할 수 없게 되었다. 뉴욕 시민들 앞에서 젠트리피케이션을 방어하기 위해 이 지면을 구매한 사람들은 '뉴욕부동산위원회The Real Estate Board of New York, Inc.'였다. 광고는 "뉴욕 시민들이 사용하는 용어 중에서 '젠트리피케이션'만큼 감정이 실린 단어는 없다"며 말문을 연다. 부동산위원회는 젠트리피케이션의 의미가 사람마다 다르게 이해된다고 인정하면서도 "단순하게 보면 젠트리피케이션은 일반적으로 민간투자가 유입되면서 한 동네의 부동산과 소매업이 개선되는 것"이라고 밝혔다. 광고는 젠트리피케이션이 다양성에 기여해 도시를 거대한 모자이크처럼 만들어내고 "동네와 삶이 꽃피게 만든다"고 주장했다. 만일 민간 시장이 한 동네를 '재활성화'하다가 어쩔 수 없이 약간의 강제이주가 일어날 경우 "우리는 중·저소득층을 위한 주택 건설과 활성화를 촉진하는 공공정책, 그리고 임대료가 싼 골목길 같은 곳에 소매업을 허용하는 용도구역 개정으로 이를 해결해야 한다"고 부동산위원회는 제언한다. 이들의 결론은 이렇다. "우리 역시 뉴욕에서 가장 큰 희망은 가정과 기업, 그리고 장기적으로 이들을 필요로 하는 동네에 기꺼이 헌신하는 대출기관에 있다고 믿는다. 뉴욕의 가장 큰 희망은 젠트리피케이션이다." 이는 충격적인 선언이었는데, 그 뻔한 이데올로기적 논조 때문이 아니라 그런 발언이 이루어졌다는 사실 자체 때문이었다. 막강한 뉴욕부동산위원회(뉴욕시 부동산 개발업자들을 위한 최대 로비단체로, 부동산 업계의 이익을 증진하기 위한 일종의 상공회의소 같은 곳이다)는 어쩌다 이렇게 수세적인 입장에서 자신들의 주요 관심사 중 하나를 재정의하기 위해《뉴욕 타임스》에 광고를 싣는 지경이 되었을까? 젠트리피케이션은 어째서 이렇듯 논쟁적인 사안이 되어, 지지자들이 '가족'과 민간 시장, 즉 전적으로 이데올로기적인 보완물까지 내세워 방어해야 하는 지경이 되었을까?

나는 침대에 앉아 이 광고를 읽으면서 10년 만에 얼마나 많은 변화가 일어났는지 떠올려보았다. 내가 1976년 필라델피아에서 젠트리피케이션에 대한 연구를 시작한 것은, 학부생 신분으로 스코틀랜드 작은 마을에 머무르던 당시 미국을 방문했을 때였다. 그 시절에 나는 모든 사람들(친구, 동료 학생, 교수, 가까운 지인, 파티에서 만난 대화 상대)에게 이 난해한 학술 용어가 정확히 무슨 뜻인지 설명해야 했다. 나는 젠트리피케이션이란 도심 지역의 가난한 노동계급 동네(과거에는 투자가 중단되고 중산층이 대거 탈출

했던 동네)에 민간 자본, 중산층 주택 구매자, 세입자가 유입되면서 새롭게 단장되는 과정이라고 말문을 열곤 했다. 가장 가난한 노동계급 동네들이 변신하고 있다. 자본과 상류층 신사들이 돌아오고, 그 후에는 상황이 썩 좋지만은 않게 돌아간다. 보통 그 정도에서 대화가 마무리되곤 했지만, 때로 "젠트리피케이션은 훌륭한 아이디어로군요, 당신이 그런 생각을 한 거예요?"라는 감탄으로 이어지기도 했다.

그런데 채 10년도 되지 않아 1950년대 후반과 1960년대 초반부터 많은 도시에서 한창 진행되던 젠트리피케이션 과정은 그 악명에 발목이 잡히고 만다. 시드니부터 함부르크, 토론토에서 도쿄에 이르기까지, 활동가와 세입자, 그리고 일반인은 이제 젠트리피케이션이 무엇인지, 자신들의 일상생활에 어떤 영향을 미치는지 정확히 알게 되었다. 대부분의 20세기 도시 이론들이 중심적인 도심 지역의 운명이라고 생각했던 현상이 극적으로, 하지만 예기치 못하게 역전된 것이 바로 젠트리피케이션이라는 인식도 늘어갔다. 신문, 대중 잡지, 학술지, 길거리에서 젠트리피케이션을 둘러싼 공개적 논쟁이 워낙 뜨겁게 벌어지다 보니, 젠트리피케이션 물결이 가장 세찬 순간에 자신들의 젠트리피케이션을 수호할 의무감을 느낀 도시의 개발업자들이 《뉴욕 타임스》의 가장 인기 있는 광고란을 구매한 것이었다.

'젠트리피케이션'이라는 표현은 거역할 수 없는 것으로 판명되었다. 젠트리피케이션의 과정과 그 영향권에 있는 가난한 거주자들에게 미칠 해로운 영향을 폭넓게 반대하는 사람들, 심지어는 그저 의혹의 시선을 거두지 못하는 이들조차, 이 새로운 단어가 많은 핵심적인 도심 지역의 사회지리에서 진행 중인 변화의 계급적 측면을 정확히 포착한다고 여겼다. 그보다 우호적인 많은 사람들은 '젠트리피케이션'의 계급적·인종적 함의를 누그러뜨리는 수단으로 ('근린 리사이클링', '개선', '르네상스' 같은) 더

온건한 용어에 의지했지만, '젠트리피케이션'이라는 표현에 담긴 낙관적 외양, 근대화의 감각, 쇄신, 백인 중간계급에 의한 도시 정화에 매료된 사람들도 많았다. 결국 전후에 선진 자본주의 사회 전역에서 '사회병리학', 병충해, 부패, 황폐화, 투자 중단 같은 수사들이 중심도시에 적용되는 경우가 많아졌다. 이 같은 '쇠락의 담론'(Beauregard, 1993)은 어쩌면 그 쇠락과 게토화의 경험에 걸맞게 미국에서 가장 극심했지만, 그럼에도 폭넓은 적용 가능성과 호소력이 있었다.

재활성화, 리사이클링, 개선, 르네상스 같은 표현들은 그 영향을 받은 동네가 젠트리피케이션 이전에는 다소 활기가 떨어졌거나 문화적으로 빈사 상태였다는 암시를 준다. 이는 때로 사실이지만, 새로 유입된 중산층이 길거리 풍경을 멸시하고 집 안의 식사실과 침실에 틀어박혀 지내면서 매우 활기 넘치던 노동계급 동네가 젠트리피케이션을 통해 문화적으로 활기를 잃는 경우도 흔하다. '도시 개척자' 개념이 현대 도시에 적용될 경우, 미국 서부에 있었던 원래의 '개척자' 개념만큼이나 모욕적이다. 그때처럼 지금도, 개척되고 있는 지역에는 아무도, 즉 최소한 의식할 만큼 가치 있는 사람은 아무도 살지 않는다는 뜻이기 때문이다. 호주에서는 이 과정을 트렌디피케이션trendification이라고 하고, 다른 새로운 이주자들을 '힙주아지hipeoisie'['힙스터hipster'와 '부르주아지bourgeoisie'의 합성어]라고 하는 곳도 있다. '젠트리피케이션'은 이 과정의 분명한 계급적 성격을 드러내고, 따라서 실제로 유입되는 사람들은 엄밀한 의미에서 '젠트리'가 아니라 중산층 백인 전문직들이긴 하지만 말이다.

문헌을 통해 충분히 알 수 있다시피, '젠트리피케이션'은 저명한 사회학자 루스 글래스Ruth Glass가 1964년 런던에서 만든 말이다. 글래스에 따르면 젠트리피케이션의 고전적 정의와 설명은 다음과 같다.

런던의 많은 노동계급 구역들이 하나하나 중간계급(중상층과 중하층)에 의해 침략당하고 있다. 허름하고 수수한 마구간 집과 (1층과 2층에 방이 각각 두 개씩 있는) 오두막은 임대계약이 만료되자 중간계급에 넘어갔고, 우아하고 값비싼 주거지로 탄생했다. 과거에 혹은 최근까지도 그다지 높은 평가를 받지 못했던 (하숙집이나 다세대주택으로 사용하던) 커다란 빅토리아식 집들은 다시 한번 업그레이드되었다. …… 이런 '젠트리피케이션' 과정이 한 지역에서 시작되면 원래 살던 노동계급 거주자들은 깡그리, 혹은 대부분이 다른 곳으로 밀려나고, 이는 해당 지역의 사회적 성격이 통째로 바뀔 때까지 급속도로 진행된다(Glass, 1964:xviii).

글래스의 신조어에 분명하게 담긴 비판적인 의도는 이 단어가 일상 용어로 자리 잡으면서 폭넓게 받아들여졌다. 개발업자, 집주인, 부동산위원회가 젠트리피케이션의 계급적이고 인종적인 색채를 해소할 수 있는 중립적 느낌의 완곡한 표현을 아무리 정력적으로 홍보해도 이러한 비판적 의도를 누그러뜨리지는 못했다. 단어를 매장하는 데 실패한 부동산위원회는 1985년의 광고와 함께 이를 재정의하고, 이 단어에서 감정을 덜어내 단어 자체를 젠트리피케이션하는 방법을 모색했다. 그리고 이들에게는 동지가 있었다. 부동산위원회의 광고가 실리기 불과 두 달 전, 부동산 자본의 열렬한 수호자이자 후원자인 뉴욕시 상원의원 알폰세 다마토Alfonse D'Amato는 할렘의 한 커다란 젠트리피케이션 프로젝트 기공 현장에서 마주친 시위대를 향해 젠트리피케이션은 "일하는 사람들을 위한 주거 마련"과 같다고 성질을 내며 대응했다.

하지만 '젠트리피케이션'은 그 특징이 워낙 엄청났기 때문에 곳곳에서 (때로 충격적인 방식으로) 그 어휘와 의미가 도용되곤 했다. 가령 약 9000년 전 정착형 농업이 수렵채집자들의 앞길을 막아가며 유럽으로 뻗어나가게 된 새로운 고생물학 증거에 대해 한 신문 기사는 어느 영국 학자의 말을 인용하며 이렇게 설명했다. "진보의 길에 서 있었던 수렵채집자들은 '동쪽에서 밀려오는 젠트리피케이션(혹은 심지어 여피화) 과정에 시달렸다'"(Stevens. 1991). 어쩌면 모든 새로운 역사를 젠트리피케이션이 진행 중인 뉴욕의 '이스트빌리지'의 경험에 우겨넣는 것은 상상력이 부족하기 때문일 수 있다.

> '역사'가 새로운 가까운 과거를 추월할 때 이는 항상 안도감을 준다. 역사가 하는 한 가지 일은 …… 경험을 소독해 안전하고 메마르게 만드는 것이다. …… 경험은 영원한 젠트리피케이션을 거친다. 과거, 추잡하고 흥미진진하며 위험하고 불편하며 실제적인 과거의 모든 부분이 점점 이스트빌리지로 바뀌어간다("Notes and comment", 1984: 39; Lowenthal, 1986: xxv도 참조).

'젠트리피케이션'의 상징적 힘은 이런 종류의 의미의 일반화가 어쩔 수 없음을 뜻한다. 하지만 이런 일반화는 아무리 비판적인 맥락에서 이루어져도 독을 피해가지 못한다. 모든 은유가 그렇듯 '젠트리피케이션'은 완전히 다른 경험과 사건을 크게 (혹은 그렇게 크지 않게) 굴절시키는 데 사용될 수 있다. 하지만 그러고 나면 '젠트리피케이션' 자체는 그 은유의 전용에 의해 다시 굴절된다. '젠트리피케이션'이 근대적인 재생의 '영원한' 불가피성과 과거의 혁신을 상징할 정도로 일반화되다 보니, 오늘날 진행되는 젠트리피케이션의 치열한 계급·인종 정치는 흐려진다. 현시점에서 젠트리피케이션에 대한 반대는 '진보'에 대한 수렵채집자의 거부처럼 단박에 기각될 수 있다. 실제로 젠트리피케이션이 나타나면서 가난해지거나 쫓겨나거나 노숙자가 된 사람들에게 젠트리피케이션은 진정으로 추잡한 단어이며, 계속 추잡한 단어여야 한다.

젠트리피케이션의 간략한 역사

젠트리피케이션은 전후 선진 자본주의 도시에서 출현한 것으로 볼 수 있지만, 그전에도 이미 중요한 전조가 있었다. 샤를 보들레르Charles Baudelaire는 자신의 유명한 시 〈빈자의 눈〉에서 원형적인 젠트리피케이션 서사를 사랑과 멀어짐의 시로 승화했다. 이 시의 화자는 오스만 남작이 한창 파리의 노동계급 지역을 파괴하고 기념비적으로 도시를 재건하던 1850년대 말과 1860년대 초(Pinkney, 1972 참조)의 인물로, 연인에게 자신이 어째서 그녀와 멀어졌다고 느끼는지 설명하려 한다. 그는 처음 설치된 가스등이 밝게 켜진 '휘황찬란한' 카페 바깥 자리에 그녀와 함께 앉아 있었던 최근의 일을 회상한다. 사냥개와 사냥매, "머리에 과일과 파이, 사냥감을 한 무더기 이고 있는 님프와 여신들", "폭식을 자극하는 모든 역사와 신화"의 사치품들과 같은 과시적인 모조 예술품들로 장식된 내부는 별로 매력적이지 않았다. 카페는 아직 돌무더기들이 흩어져 있는 새로운 대로의 모퉁이에 있었고, 이 연인들이 서로의 눈을 들여다보며 황홀해할 때, 후줄근한 차림의 가난한 가족(아버지와 아들, 그리고 아기)이 이들 앞에 멈춰서서 휘둥그레진 눈으로 소비의 스펙터클을 응시한다. 실제로는 아무도 말을 하지 않았지만, 꼭 "정말 아름답다!"고 말하는 것 같다. "하지만 여긴 우리 같은 사람은 들어갈 수 없는 데지." 화자는 "우리 앞에 놓인 술잔과 유리병이 우리의 목마름을 채우기에는 너무 큰 것 같아서 약간의 수치심을" 느끼고, 잠시 "빈자의 눈"과 공감으로 연결된다. 그러고 난 뒤 그는 "오, 내 사랑, 거기에서 내 생각을 읽기 위해" 연인의 눈을 다시 들여다본다. 하지만 그가 그녀의 눈에서 본 것은 공감이 아니라 혐오감뿐이었다. 그녀는 이렇게 화를 터뜨린다. "그 엄청나게 휘둥그런 눈을 한 사람들은 참을 수가 없어! 매니저에게 그 사람들 좀 여기서 치워버리라고 말해주

지 않겠어?"(Baudelaire, 1947 edn. no. 26)

마샬 버먼Marshall Berman(Berman, 1982: 148-150)은 파리의 이 같은 초기 부르주아화embourgeoisement(Gaillard, 1977; Harvey, 1985a도 참조)를 부르주아 근대성의 등장과 동일시하면서, 이 시를 통해 '거리의 근대성'에 대한 자신의 논의를 소개한다. 당시에는 영국해협 건너편에서도 이와 동일한 관계가 형성되었다. 파크Robert Park와 버제스E. Burgess(Park et al. 1925)가 시카고의 도시 구조에 관한 영향력 있는 '동심원' 모델을 개발하기 80년 전, 프리드리히 엥겔스는 맨체스터를 이와 유사한 방식으로 일반화했다.

> 맨체스터의 중심부에는 길이와 폭이 약 0.8킬로미터 정도 되고 대부분 사무실과 창고로만 구성된 다소 확장된 상업지구가 있다. 이 지구의 전역에는 사람이 거의 살지 않는다. …… 엄청난 교통량이 집중된 몇 개의 주요 도로가 이 지구를 가로지르고 있으며, 도로에는 눈부신 상점들이 늘어서 있다. …… 이 상업지구를 빼면 엄밀한 의미에서 모든 맨체스터는 상업지구를 둘러싸고 허리띠처럼 뻗어 있는, 평균 폭 2.4킬로미터 정도의 순수한 노동자 구역으로 구성되어 있다. 이 허리띠 너머 바깥에는 중상층 부르주아지들이 살고 있다(Engels, 1975 edn.: 84-85).

엥겔스는 이 도시지리의 사회적 영향을, 특히 외곽에 거주하는 "부유한 남성과 여성의 눈"에서 "더러움과 참혹함"을 효율적으로 은폐하는 작업을 예리하게 감지했다. 하지만 그는 19세기 중반 영국의 이른바 '개선' 역시 목격했다. 개선 과정을 설명하기 위해 그가 선택한 용어는 '오스만'이었다. "내가 사용하는 '오스만'이라는 용어는 단순히 파리 시민 오스만의, 특히 보나파르트적인 방식만을 의미하지 않는다"고 그는 설명한다. 파리 시장이었던 오스만은 "바리케이드 투쟁을 어렵게 만들려는" 전략적 목표 아래, 또한 "파리를 순수하고 단순한 럭셔리 도시로" 전환하기 위해 "다닥다닥 붙어 있는 노동자 구역을 가로지르는 대로를 건설하고, 대로 양쪽에 거대하고 화려한 건물들을 도열시켰다"(Engels, 1975 edn.: 71). 그는 이것이 좀 더 일반적인 과정이라고 말한다.

'오스만'이란 이제 일반화된, 대도시의 노동자 지역에, 특히 핵심부에 자리한 노동자 지역에 틈을 만드는 관행을 뜻한다. 이 관행이 공중보건과 미화를 고려한 것인지, 중심부에 거대한 사업용 부지를 입지시켜야 한다는 요구나 교통의 필요 때문에 나타나게 된 것인지는 중요하지 않다. …… 이유야 어떻든 간에 결과는 어디서나 동일하다. 이 무지막지한 성공에 대한 부르주아지의 자기예찬이 넘실대는 가운데, 가장 물의를 일으키던 골목과 도로는 종적을 감춘다(Engels, 1975 edn.: 71).

앞서 있었던 젠트리피케이션 사례들이 언급되기도 했다. 가령 로만 사이브리우스키Roman Cybriwsky는 1685년 낭트의 한 다세대주택에 살던 어느 가족의 강제이주를 묘사한 19세기 그림을 제시한다. 1598년에 헨리 4세가 서명한 낭트의 칙령은 가난한 위그노 사람들에게 주거에 대한 접근권 같은 몇 가지 권리를 보장해주었지만, 약 100년 뒤 루이 14세가 칙령을 철회하자, 집주인과 상인, 부유한 시민이 발 벗고 나서 대대적인 강제이주를 일으켰다(Cybriwsky, 1980). 현대의 젠트리피케이션에 좀 더 가까운 것은 19세기 중반에 등장했는데, 이를 '부르주아화', '오스만', '개선' 같은 이름으로 부르기도 한다. 엥겔스의 용어는 별로 '일반적'이지 않았고 가끔씩 눈에 띄었는데, 분명 유럽 내로 국한되었다. 북미와 호주 등지 도시에서는 동네 전체에서 투자 철회가 일어나는 역사를 찾아보기 힘들었기 때문이다. 엥겔스가 맨체스터를 처음으로 관찰했을 때 시카고는 불

〈낭트칙령 이후의 박해Persecuation after the Edict of Nantes〉(Jules Girardet, 1885)

과 10년밖에 안 된 도시였고, 1870년까지도 호주에서는 도시가 거의 개발되지 않았다. 북미에서 젠트리피케이션에 가장 비견될 만한 일을 꼽는다면, 목조 건물이 주를 이루던 한 세대가 순식간에 허물어지고 그 자리에 벽돌 건물이 들어섰다가, 다시 (최소한 역사가 더 오래된 동부 해안 도시들에서) 이 벽돌 건물들도 철거된 뒤 더 큰 다세대주택이나 단독주택이 들어설 공간이 만들어진 과정일 것이다. 하지만 이런 재개발은 도시의 외형적인 지리적 확장의 중요한 일부일 뿐, 젠트리피케이션의 경우처럼 공간

적 재집중이 아니기 때문에 이를 젠트리피케이션으로 여기는 건 문제가
있다.

1930~1940년대에도 젠트리피케이션은 간헐적으로만 일어났는데,
이 시기에 미국에서도 젠트리피케이션의 전조라고 할 만한 경험들이 나
타나기 시작했다. 하지만 [빈민에 대한] 진보주의적 죄책감이 얽혀 있어, 그
정취는 아직도 다분히 유럽적이면서 귀족적이었다. 모린 다우드Maureen
Dowd가 최근에 쓴 회고록에는 그 정서가 잘 포착되어 있다. 다우드는 귀
족 집안의 여주인 같은 느낌을 주는 역사학자 수전 메리 올솝Susan Mary
Alsop의 눈으로, 워싱턴 DC에서 젠트리피케이션이 가장 많이 이루어진
동네인 조지타운을 상기시킨다.

> 그들은 많은 흑인이 거주하는 낡은 노동계급 동네인 조지타운을 젠트
> 리피케이션 했다. 올솝 부인이 잡지 《타운과 컨트리》에서 말했듯 "흑인들
> 은 집 관리를 아주 잘했다. 1930~1940년대에 우리는 집을 그렇게 싼 값에
> 구매하고 이들을 쫓아낸 것에 대해 모두 끔찍한 죄책감을 느꼈다." 신사적
> 인 젠트리와 품위 있는 여주인들은 1970년대를 거치며 사라져갔다(Dowd,
> 1993:46).

보스턴의 (부유층 주거지인) 비컨힐에서도 비슷한 장면이 연출되었다.
지역적 색채가 달랐고, 또 런던의 경우 상류사회가 결코 런던의 많은 동
네에 대한 권리를 동일한 방식으로 포기하지 않았지만 말이다.

그렇다면 이 모든 경험들이 전후에 본격적으로 시작된 젠트리피케이
션 과정의 '전조'인 이유는 무엇일까? 그 답은 1950년대에 시작된 중심
도심 지역의 재건축과 재활성화의 규모, 그리고 조직적인 성격에 있다.
19세기 런던과 파리의 경험은 부르주아가 위협적인 노동계급을 겨냥해

도시를 통제하려고 계급정치와, 재건축을 통해 이윤을 남기려는 경제주기에 따른 기회가 복합적으로 작용해 나타난 독특한 사건이었다. '개선'은 분명 일부 다른 도시(가령 에든버러, 베를린, 마드리드)에서도 더 작은 규모로 방식을 달리해 반복되었지만, 런던과 파리가 그랬듯 이들 도시의 경험은 역사적으로 독자적인 사건들이었다. 20세기 초 몇십 년 동안 런던에서는 체계적인 '개선'이 전혀 일어나지 않았고, 같은 기간 파리에서도 도시경관을 체계적으로 바꾸는 부르주아화가 지속되지 않았다. 20세기 중반에 발생한 젠트리피케이션의 경우 워낙 산발적이어서 다수의 대도시에서는 이 과정이 눈에 띄지 않았다. 당시 젠트리피케이션은 더욱 거대한 도시지리적 과정의 예외에 더 가까웠다. 조지타운과 비컨힐에서와 마찬가지로 그 행위자들은 일반적으로 극소수 사회계층 출신이었고, 많은 경우 워낙 부유해서 도시 토지시장의 단순한 규칙 같은 것들을 거들먹거리며 조롱하거나, 최소한 지역 토지시장을 자신들의 입맛에 맞게 바꿀 수 있었다.

이 모든 것이 전후부터 바뀌기 시작했는데, '젠트리피케이션'이라는 단어가 1960년대 초에 생겨난 것은 우연이 아니다. 젠트리피케이션이 초기적 형태의 반문화와 연결되었던 뉴욕 그리니치빌리지에서, 지속적인 투자 중단과 임대 규제 완화, 남유럽 이민자들의 유입, 중간계급 주거 행동 집단의 등장이 공모해 젠트리피케이션을 이끈 시드니의 글리브(B. Engles, 1989)에서, 이런 과정이 상대적으로 분산적이었던 런던 이즐링턴에서, 북미·유럽·호주의 대도시 수십 곳에서 젠트리피케이션이 일어나기 시작했다. 그리고 이 과정은 더 이상 대도시에 국한되지 않았다. 1976년 한 연구는 인구 5만 명이 넘는 미국 260개 도시 중 절반 가까이가 젠트리피케이션을 겪는다는 결론을 내렸다(Urban Land Institute, 1976). 루스 글래스가 이 용어를 만들어낸 지 12년밖에 안 되었을 때 이미 뉴욕, 런던, 파리뿐 아니라 브리즈번과 던디, 브레멘과 랭커스터, 필라델피아도 젠트리피케이션을 겪고 있었다.

오늘날 젠트리피케이션은 선진 자본주의 사회의 핵심적인 도심 지역 어디서나 볼 수 있다. 노동계급의 투지와 노동정치의 상징이자 근거지인 글래스고 같은, 젠트리피케이션이 별로 일어날 것 같지 않은 도시 역시 공격적인 지방정부가 '유럽문화도시'로 채택되기 위해 추진한 과정에서 1990년까지 충분한 젠트리피케이션을 경험했다(Jack, 1984; Boyle, 1991). 미국의 경우는 피츠버그와 호보컨이 여기에 해당할 것이다. 도쿄에서는 한때 예술가와 지식인이 모여들었던 신주쿠 중심가가 미친 부동산 시장의 한가운데서 젠트리피케이션의 '고전적 전장'이 되었다(Ranard, 1991). 파리의 몽파르나스도 사정이 비슷했다. 1989년 이후 고삐 풀린 부동산 시장에 대한 프라하의 대응은 거의 부다페스트 크기에 달하는 지역을 젠트리피케이션 하는 데 열을 올리는 것이었고(Sýkora, 1993), 마드리드에서는 프랑코Francisco Franco의 파시즘이 종식되고 도시 정부가 상대적으로 민주화되면서 재투자의 길이 열렸다(Vázquez, 1992). 코펜하겐 수변에 있는 크리스티아니아의 실험적인 '자유도시' 주위 크리스티안하운 지역에서(Nitten, 1992), 그리고 알함브라와 인접한 그라나다 뒷거리에서 젠트리피케이션은 관광과 밀접한 관계 속에 진행된다. 가장 발전된 대륙(북미, 유럽, 오스트랄라시아) 바깥에서도 이 과정이 진행되기 시작했다. 요하네스버그의 경우 1994년 4월에 아프리카민족회의가 선출된 이후 새로운 종류의 '백인 탈출'이 이어지면서 1980년대의 젠트리피케이션(Steinberg et al., 1992)이 상당히 주춤해지긴 했지만, 스텔렌보스 같은 작은 도시에도 영향을 미쳤다(Swart, 1987). 상파울루에서는 토지에 대한 투자 중단이 대단히 다른 양상으로 이루어졌다(Castillo, 1993). 그러나 개·보수와 재투자가 소소하게 일어나는 타투아피 지구는, 중심업무지구로 출근하지만 하르딘처럼 명성이 자자한 핵심 주거지의 치솟는 가격을 더 이상 감당할 수 없는 소규모 자영업자들과 전문직들을 수용한다. 기초 서비스를 위해 사용할 수 있는 토지가 희소해지면서 이런 재개발은 많은 경우 '수직화'와 관련된다(Aparecida, 1994). 좀 더 일반적으로 보면, 상파울루와 리우데자네이루 주변 '중간 구역'에서는 중간계급을 위한 개발과 재개발이 이루어지고 있다(Queiroz and Correa, 1995: 377-379).

젠트리피케이션은 1960년대 이후 폭넓은 경험으로 자리 잡았을 뿐만 아니라, 더 넓은 차원의 도시 과정과 전 지구적 과정에 체계적으로 통합되었으며, 이는 초기에 개별적으로 진행되던 '지점별 재활성화'의 경험과 차별성을 만들어냈다. 루스 글래스가 1960년대 초 런던에서 관찰한 과정, 혹은 심지어 같은 기간 필라델피아의 소사이어티힐이 계획적으로 재조성되었던 과정이 토지와 주택시장에서 다소 고립적인 개발을 상징했다면, 그 후로 변화가 일어났다. 1970년대에 이르러 젠트리피케이션은 훨씬 거대한 도시 재구조화에서 없으면 안 되는 요소로 자리 잡았다. 선진 자본주의 사회의 많은 도시 경제에서 제조업 일자리가 극적으로 감소하고, 생산자 서비스와 전문직 고용이 그만큼 증가하며 이른바 'FIRE'(금융, 보험, 부동산) 일자리가 확대되면서 도시지리 전체는 그에 따른 재구조화를 경험했다. 미국의 콘도미니엄과 협동조합 주택으로의 전환, 런던의 보유조건 변화, 중심도시의 호화 주거시설에 대한 국제 자본의 투자는 더 큰 일단의 변동을 구성하는 주거상 요인으로 자리 잡게 되었다. 이러한 큰 변동이 런던의 카나리워프(A. Smith, 1989)와 뉴욕의 배터리파크시티(Fainstein, 1994)에서는 사무실 호황을 일으켰고, 시드니의 달링하버와 오슬로의 아케르브뤼게 등지에서 오락용 경관과 소매업 경관을 창출했다. 중앙정부 기관과 규제를 통한 전통적 보호가 많이 사라진 상태에서 도시들이 전 지구적 시장의 경제에 직면하는 가운데, 이 같은 경제적 변화에는 종종 정치적 변화가 동반되었다. 스웨덴 같은 사회민주주의 체제의 보루에서마저 규제 완화, 주택과 도시 서비스의 사유화, 복지 서비스의 해체(간단히 말해 공적 기능들의 재시장화)가 빠르게 이어졌다. 이런 맥락에서 젠트리피케이션은 새롭게 등장한 '글로벌 도시'(Sassen, 1991)의 상징으로 떠올랐지만, 경제적·정치적·지리적 재구조화를 겪는 국가의 중심부와 지역의 중심부에서도 똑같이 나타났다(M. P. Smith, 1984; Castells, 1985; Beauregard, 1989).

　　이런 측면에서 무엇을 젠트리피케이션으로 생각할지 자체에 중대한 변화가 일어났다. 1960년대 초에는 루스 글래스가 차용했던, 주거지 재활성화라는 남다르고 전문화된 언어로 젠트리피케이션을 사고하는 것이 합리적이었다면, 오늘날에는 더 이상 그렇지 않다. 나는 내 연구에서 처음부터 (기존 주거지의 재활성화와 관련된) 젠트리피케이션과 완전히 새로운 건축이 결부된 재개발을 엄격히 구분했고(N. Smith, 1979a), 젠트리피케이션이 대규모 도시 재생과 구분될 때는 이런 구분이 의미가 있었다. 하지만 이제는 유용하지 않다고 느낀다. 사실 1979년에도 이런 구분을 하기에는 약간 늦은 감이 있었다. 사회지리의 변화라는 더 큰 맥락에서 보았을 때, 19세기 주거지의 재활성화, 새로운 콘도미니엄타워의 건설, 지역 안팎의 관광객을 끌어들이기 위한 축제시장 개막, 와인바(그리고 온갖 것을 다 파는 부티크) 급증, 전문직 수천 명을 고용한 모던한/포스트모던한 사무용 건물의 건설을 어떻게 적절히 구분할 수 있을까?(가령 A. Smith, 1989 참조) 이는 어쨌든 볼티모어 시내나 에든버러 중심부, 시드니 수변, 미니애폴리스 강변에 새로 조성된 경관들을 묘사한 것이다. 젠트리피케이션은 더 이상 주택시장 내에서 나타나는 협소하고 돌발적인 기현상이 아니라, 핵심 도시의 경관을 둘러싼 계급적 재구성이라는 훨씬 더 큰 욕망을 주거로 드러낸 첨단 현상이 되었다. 젠트리피케이션의 항목에서 재개발을 배제한다면, 그리고 도시의 젠트리피케이션이 더 큰 재구조화에 연결되지 않고 오래된 도시의 고풍스러운 마구간 집과 골목길에 누적된 고상한 역사를 복원하는 데 국한된다고 가정한다면 이는 시대착오적인 태도일 것이다(Smith and Williams, 1986).

나는 20세기 말에 젠트리피케이션이 도처에 존재하고, 이것이 도시의 경제적·정치적·지리적 재구조화라는 근본적인 과정과 직접적으로 연결되어 있음을 강조해왔지만, 맥락을 의식해서 이런 관점을 누그러뜨리는 것이 중요하다고 생각한다. 도시 재투자의 초점이 지리적으로 일부 역전되었다고 해서 이를 정반대, 즉 교외의 종말로 해석하는 것은 어리석기 때문이다. 교외화와 젠트리피케이션은 분명 서로 연결되어 있다. 19세기 혹은 그 이후까지 이어진 도시경관의 극적인 교외화는 자본축적을 위한 대안적인 지리적 장소를 제공했고, 이로써 중심부에서 상대적으로 투자 중단이 일어나게 만들었다(이런 현상이 가장 두드러진 곳은 미국이었다). 하지만 젠트리피케이션이 등장하면서 동시대의 교외화가 위축되었다는 신호는 어디에도 없다. 오히려 정반대다. 젠트리피케이션의 새로운 경관들을 중심도시로 인도한 것과 동일한 도시 재구조화의 힘들이 교외 또한 탈바꿈시켜왔다. 사무실, 유통업, 오락, 호텔 기능의 재집중화에는 그에 상응하는 탈집중화가 동반되었다. 그리고 이 탈집중화는 자체적인 도시 중심부가 딸려 있고 기능적으로 훨씬 더 통합된 교외를 만들어냈는데, 혹자는 이를 주변도시edge cities라고 부른다(Garreau, 1991). 교외의 발달은 경제적 확장과 수축의 순환에 영향을 받기 때문에 1970년대 이후에는 대부분의 장소에서 변동성이 커졌지만, 대도시의 지리적 형성에서 교외화는 아직도 젠트리피케이션보다 더 강력한 힘을 상징한다.

그러나 1960~1990년대에 교외화를 향한 학술적·정치적 비판이 달아오르면서 많은 사람들이 정당하건 아니건 간에 젠트리피케이션을 도시의 미래를 둘러싼 비범한 낙천성의 표현으로 받아들이게 되었다. 1960년대에 일어난 도시 봉기와 사회운동에도 불구하고 젠트리피케이션은 한 번도 예측해보지 못한 색다른 도시경관을, 단박에 상징적인 의미를 갖게 된 새로운 도시 과정의 집합을 상징하게 되었다. 젠트리피케이션을 둘러싼 논란은 신·구도시공간을 둘러싼 투쟁일 뿐만 아니라, 도시의 미래를 결정하는 상징적 정치권력을 둘러싼 투쟁을 의미했다. 이러한 논란은 거리에서와 마찬가지로 신문 지면에서도 격렬히 불붙었고, 뉴욕부동산위원회처럼 젠트리피케이션을 옹호하려는 움직임이 있을 때마다 젠트리피케이션이 야기하는 강제이주와 임대료 인상, 근린 변화에 대한 공격이 이어졌다(가령 Barry and Derevlany, 1987 참조). 좀 더 고리타분한 지면인 학술지와 학술서에서도 젠트리피케이션을 둘러싼 논란이 펼쳐졌다.

젠트리피케이션 논쟁: 젠트리피케이션 이론인가, 이론의 젠트리피케이션인가?

젠트리피케이션의 등장은 1980년대 초 이래로 학계에서도 상당히 활발한 논쟁을 일으켰다. 크리스 햄닛Chris Hamnett은 여기에 몇 가지 중요한 이유가 있다고 주장했다. 첫째, 앞서 밝혔다시피 젠트리피케이션은 "오늘날 대도시 재구조화의 중요한 '첨단' 중 하나"이자 진기한 과정들의 집합이다(Hamnett, 1991: 174). 둘째, 젠트리피케이션이 거의 강제이주로 이어지다 보니 적절한 도시정책에 대한 문제를 제기할 수밖에 없다. 셋째, 젠트리피케이션은 시카고학파의 전통적인 이론들, 사회생태학 전통 혹은 전후 계량주의 도시경제학파에 분명하게 도전장을 내민다(가령 Alonso, 1964 참조). 이런 전통에서는 '도시로의 회귀'를 적절히 예측할 수 없었다.

마지막으로 젠트리피케이션은 문화와 개인의 선택, 소비와 소비자 수요를 강조하는 측, 그리고 사회적 생산의 구조를 바꾸는 추동력과 자본, 계급의 중요성을 강조하는 측 사이의 "이념적·이데올로기적 주요 싸움터"가 되었다(Hamnett, 1991: 173-174).

이런 논쟁에는 상당한 시간과 지면이 소모되었지만, 앞서 나온 다양한 이유들이 암시하듯 여기에는 상당한 판돈이 걸려 있었다. 햄닛은 마지막 이유(젠트리피케이션은 이론적인 싸움터일 뿐만 아니라 치열한 이데올로기적 싸움터이기도 하다는 인정)가 어쩌면 가장 중요할지 모른다고 정확하게 주장한다. 특히 미국에서 이루어진 초창기 젠트리피케이션 연구 중에는 전후 도시 이론의 암묵적 가정을 고수하는 사례연구가 많았다(Lipton, 1977; Laska and Spain, 1980). 특히 이런 연구들은 '동네의 변화' 전반에 대해 주로 어떤 사람들이 유입되고 어떤 사람들이 유출되는지의 측면에서 언급하는 '소비 측' 설명을 채택했다. 이와 다른 대안적인 설명들은 젠트리피케이션을 활성화하는 국가의 역할(Hamnett, 1973)과 재건축에서 자본을 선택적으로 조달하는 데 있어 금융기관들의 중요성을 강조했다(Williams, 1976, 1978). 이 같은 생산 측의 설명들은 자본의 투자 중단에 대한 고려와 젠트리피케이션의 기회를 확립하는 데 있어 투자 중단의 역할, '지대격차' 이론의 제안, '불균등 발전'이라는 더 넓은 이론적 관점에서 젠트리피케이션이 차지하는 위상을 통해 더 많이 자극받았다(N. Smith, 1979a, 1982). 동시에 소비 측 주장의 단순함은, 소비를 중간계급 이데올로기와 '후기 산업사회'라는 더 넓은 맥락에서 이해하려는 노력으로 대체되었다(Ley, 1978, 1980).

이러한 이론적 다툼에는 정치적 다툼이 포개져 있었다. 많은 보수 측 인사들이 젠트리피케이션은 일시적이고 대수롭지 않은 과정이라며 간단히 일축하긴 했지만, 도시 관련 문헌에서 다소 보수적인 인사들도 때로는 소비 측 주장을 내세우곤 했다(Berry, 1985; Sternlieb and Hughes, 1983). 후기산업도시의 도래와 슬럼 동네의 재활성화를 전반적으로 반기면서도 사회적 비용에 대해서는 개탄하는 정치적 진보주의자들은, 그보다 더 자주 소비 측 입장을 들먹였다. 이들이 계급에 중점을 둘 때 역사의 주체라며 떠들어대는 건 중간계급, 그것도 신중간계급이었다. 반면 생산 측 설명은 마르크스주의를 비롯한 급진적인 사회이론의 지지자들이 전개하는 경우가 더 일반적이었는데, 이들에게 젠트리피케이션은 주거상으로 나타나는 자본투자의 양상과 리듬을 비롯해서, 다양한 방식으로 꾸준히 반복되고 재발명되는 도시의 넓은 계급지리를 보여주는 증상과도 같았다.

1980년대에 지속된 논쟁의 소용돌이는 1990년대까지 이어졌다. 소비 측 설명은 생산 측 설명과 날을 세웠고, 젠트리피케이션의 자본주의적 근원보다는 문화적 근원을 내세웠다. 또한 젠트리피케이션을 설명하는 한 요인으로서 여성의 사회적 지위 변화가 갖는 중요성에 대한 탐색이 이루어졌고, 지대격차가 규명되었으며(3장 참조), 지대격차 이론이 거부되었다가 재고된 뒤 다시 서술되었고, '젠트리파이어'에 대한 설명이 이루어졌으며, 젠트리피케이션의 이데올로기를 둘러싼 비판이 진행되었다. 여기서 활기 넘치고 복잡하며, 때로 생산적이지 못했던 주장과 반대 주장들을 검토할 생각은 없다.[1] 나 역시 논쟁의 참여자로서 논쟁 과정에 대해 대단히 분명한 입장이 있지만, 내가 보기에 1980년대 중반쯤에는 이런 상충되는 설명 사이에 약간의 화해가 이루어졌던 것 같다. 소비나 생산에 국한된 협소한 설명 방식은 현실과의 관련성이 떨어진다는 것이 나의 주장이었다(데이비드 레이David Ley를 비롯한 많은 사람들의 주장이었다고도 생각한다)(Smith and Williams, 1986; Ley, 1986). 마찬가지로 샤론 주킨Sharon Zukin이 개척한 바로 그 방식(Zukin, 1982, 1987)에 따라 문화적 설명과 자본 중심

퇴거의 예술: 뉴욕 로어이스트사이드 ABC No Rio에서 개최된
예술 전시

적 설명을 통합하는 것이 중요하다. 좀 더 통합적인 접근법에 대한 이 같
은 요청과 그 외 다른 사람들의 요청(Lees, 1994)에 힘을 보탠 것은 서로 다
른 설명 방식의 상호 보완성을 인정하자는 클라크E. Clark의 호소(Clark,
1991, 1994)였다. 하지만 상태가 바뀌긴 했어도 원래의 이론적·정치적 단
층선은 아직도 많이 남아 있다. 실제로 이는 최근에 도시 이론에서 포스
트모더니즘이 유행하면서 재확인되기도 했다.

보들레르와 엥겔스, 버먼(Baudelaire, Engels and Berman, 1982) 모두가 파
리의 오스만화를 자본주의적 근대성의 중요한 계기로 인식했다면, 우리

는 젠트리피케이션 속에서 포스트모더니티를 규명하는 지리를 찾을 수 있을까? 1970년대 이후의 도시 및 경제적 재구조화를 정치와 경제에 대한 포드주의적 조절에서 포스트포드주의적 조절로의, 좀 더 경직된 축적 양식에서 유연한 양식으로의 변화로 설명하는 것이 정확한지, 심지어 유용한지에 대해서는 상당한 논쟁이 있다(가령 Gertler, 1988; Reid, 1995 참조). 같은 맥락에서 경제적 영역의 이러한 유연성과 문화적 측면에서 포스트모더니즘 등장의 관계 역시 논쟁의 대상이다(Harvey, 1989). 일부 이론가들은 이런 식으로 자신들의 문화적 관심을 경제적 주장과 연결 짓고 싶지는 않을 테지만, 젠트리피케이션을 포스트모던한 도시성으로 인식해야 한다고 다양한 방식으로 주장해왔다(Mills, 1988; Caulfield, 1994; Boyle, 1995). 이런 이론가들에게는 젠트리피케이션에 내재한 경제적 변동과 문화적 변동의 관계, 새로운 도시지리를 만들어내는 그 관계를 진전시키는 문제가 크게 중요하지 않다. 그보다 이들의 관점에서 문화는 사실상 경제학을 대체하고, 주체는 가장 협소한 철학적 개별주의로 추출할 수 있다(Hamnett, 1992). 젠트리피케이션은 새로운 중간계급의 개인적 행동의 표현으로, 경제학에 대한 문화의 개별적인 승리로 재구성된다. 이런 문화적 결정론을 통해서만, 그리고 '젠트리파이어들'에게 주체의 지위를 대대적이고 무비판적으로 할당해야만 콜필드Jon Caulfield처럼 젠트리피케이션이 '해방적인 실천'이자 '도시의 비판정신과 자유의 공간'을 표현한다며 칭송할 수 있다(Caulfield, 1989: 628).

이는 분명 푸코Michel Foucault의 인기가 하늘 높은 줄 모르기 때문이다. "그것이 움직인다면 정치적임에, 그것도 해방적임에 틀림없다." 만일 젠트리피케이션이 해방적인 정치적 실천이라면, 노동계급에 적대적인 정치적 행동이라고 보지 않을 수 없다. 포스트모던한 도시성의 이 같은 극단적 형태는 분명 젠트리피케이션 이론보다는 이론의 젠트리피케이션에 더 많이 기여했다.

주체의 위치성에 대한 포스트모더니즘과 포스트구조주의의 관심은 사회·정치·문화 담론에서 보편적 주체를 '탈중심화'하려는 대단히 유용하고 필수적인 수단으로서 시작되었다. 하지만 일부 논의에서 포스트모더니즘의 방향 전환은 결국 제자리걸음만 하는 꼴이 되었다. 포스트모더니즘이 이제껏 결여된 도시 변화의 문화적 측면에 대한 진지한 분석의 산파 역할을 했다는 데는 의심의 여지가 없다. 젠트리피케이션을 포스트모더니즘의 관점에서 기술하면서, 많은 이들이 '포스트모던한 도시성'에 대해 주체의 중심을 저자 자신으로 급진적으로 재설정하는 수단으로 여기게 되었다.[2] 이 같은 탈중심화 작업을 통해 우리는 저자가 저 위 어딘가가 아니라 이 세상 속에 있다는 사실을 배우게 되었고, 저자 속에 있는 세상을 들여다볼 용기를 얻게 되었지만, 다소 반동적 색채의 포스트모더니즘이 이 같은 상황을 뒤집고 있다. 그것은 바로 '우리가 세상'이라는 주장이다. 밥 피치Bob Fitch는 이 상황을 가장 잘 묘사하고 있다.

포스트모던한 분위기의 영향 덕분에 좌파는 새로운 정치적 문법을 생성해냈다. 정치 주체는 바뀌었다. 더 이상 대중, 노동자, 민중이 아닌 그들이 정치 주체다. 오늘날은 그게 우리다. 정치 활동의 주체가 된 것은 좌파 지식인 자신들이다. 중요한 것은 그들의 관심사가 아니라 우리의 관심사다(Fitch, 1988:19).

포스트모던한 도시성을 좀 더 극단적으로 주창하는 쪽에서는 젠트리피케이션이 야기하는 퇴거와 임대료 바가지, 강제이주와 노숙, 폭력 등과 같은 계급착취와 계급학대를 자행하는 관행에 반대하기는커녕, 엉뚱하게도 노동계급을 젠트리화gentrify한다. 자신의 '행동주의'가 대단히 한

가한 소리가 되어버렸음을 알게 된 중간계급 저자들은 그 행동주의에 대해 젠트리피케이션 자체를 마법과 같이 설명하고 정당화하기 위한 수단으로 절박하게 재탄생시킨다. 주체성은 중간계급(해방적인 경건함으로 장식한)에 안전하게 이전되고, 노동계급은 지워진다.

나는 이 책의 글들을 통해 나의 정치적 비판들은 이른바 문화적 전환 그 자체가 아니라 기회주의적인 포스트모더니즘을 겨냥하고 있음을 분명히 밝히고 싶다. 젠트리피케이션을 설명할 때 문화적 설명은 대단히 중요하지만, 문화 분석에도 여러 종류가 있다(Mitchell, 1995b). 문화 분석은 '이 세상 속에서'도 일어나며, 우리의 문화적 영역에서 젠트리피케이션의 폭력성을 누락시키는 것은 계급적·인종적 특권을 지닌 사람만이 누릴 수 있는 정치적 호사다.

1969년에 사회학자 마틴 니콜라우스Martin Nicolaus가 내놓은 한 가지 참신한 제안은 늘 내게 영감을 준다. 객관주의에 맞서 싸우며 1960년대 주류 사회학의 시선에서 벗어나려 애썼던 니콜라우스는 사회문화 연구의 대안적인 상을 제시했다. 연구의 출발점에 있는 사회적 지위를 암시하기보다는 적극적으로 드러내자는 것이다.

그 절차를 뒤집어보면 어떨까? 1000명의 체계적인 연구자들이 권력과 부를 가진 자들의 습관과 문제, 행동과 결정을 매일 세심하게 조사하고, 시간 단위로 헤집어 분석한 뒤 상호 참조한다. 그리고 표로 정리해 15세 고등학교 중퇴자도 이해할 수 있도록, 그래서 부모가 세 들어 살고 있는 집의 소유주의 행동을 예측해 그 행동을 조작하고 통제할 수 있도록 저렴한 대중용 잡지 100개에 그 결과를 공개하는 글을 싣는다면 어떨까?

젠트리피케이션 연구가 이른바 젠트리파이어(전체 그림의 일부에 불과한)에 초점을 맞추다 보니, 내가 보기에 이 같은 안목은 탁월한 출발점을 제시하는 듯하다.

보복주의적 도시

1980년대가 저물어가고 조지 부시George Bush 대통령이 미국 대중에게 "더 친절하고 신사적인 국가"를 약속하면서, 미국의 도시들은 완전히 정반대의 방향을 향했다. 젠트리피케이션이 도시에 대한 중간계급적 낙관성을 선두에서 이끌었다면, 1980년대 호황의 종말과 그로 인해 10년간 이어진 복지·사회 서비스 예산 감축과 사유화, 탈규제는 도시의 미래를 다시 우울하게 채색하고 있다(Fitch, 1993). 이것으로는 충분하지 않았는지 1960년대 이후 진보주의에 대한 대중 담론상의 격렬한 반발과, 뉴딜과 그 직후인 전후postwar 시기에 시작된 사회정책 구조에 대한 전면적 공격이 심각한 경제위기와 정부의 위축에 가세했다. 소수자와 노동계급, 여성과 환경 법안, 게이와 레즈비언, 이민자를 상대로 한 보복이 점점 대중 담론의 공통분모로 자리 잡았다. 이런 반발 중에서도 가장 눈에 띄는 수단은 차별철폐 조치와 이민정책에 대한 공격, 게이와 노숙자에 대한 길거리 폭력, 여성주의에 대한 공격, 정치적 올바름과 다문화주의에 반대하는 대중운동이었다. 요컨대 1990년대에는 보복주의적 도시revanchist city라고 할 만한 것이 등장하기 시작했다(N. Smith, 1996a).

프랑스어로 'revanche'는 '복수'를 뜻하고, '보복주의revanchists'는 19세기의 마지막 30년간 프랑스에서 조직된 정치운동을 일컫는다. 제2공화정의 진보주의 확대와 비스마르크에 대한 수치스러운 패배, 그리고 최후의 일격이 된 파리 코뮌(1870~1871년에 파리 노동자들이 비스마르크에게 패배한 나폴레옹 3세 정부를 쓸어내고 3개월간 도시를 장악한 사건) 때문에 분노가 극에 달한 보복주의자들은 노동계급과 권위가 실추된 귀족 모두를 상대로 복수와 반동의 움직임을 조직했다. 폴 드룰레드Paul Deroulede와 애국자연맹 Ligue des Patriotes을 중심으로 조직된 이 운동은 민족주의적이면서도 호전적이었지만, '전통적 가치'에도 폭넓게 호소했다. "드룰레드에게 진정한 프랑스, 즉 명예와 가족, 군대와 (새로운 제3) 공화정의 단순한 미덕을 신봉하는 선하고 정직한 남자들의 프랑스 …… 는 분명 앞길을 헤쳐 나갈 것이다"(Rutkoff, 1981:23). 이는 포퓰리즘적인 민족주의를 발판으로 조직되어 반동성과 복수심으로 프랑스를 탈환하는 데 전력투구하는 우익운동이었다.

19세기 말과 20세기 말의 세기말적 분위기의 유사성을 과장할 필요도 없지만, 이를 무시해서도 안 된다. 지금의 세기말(사실상 천 년의 끝)에는 1960~1970년대의 '진보주의'와 자본의 약탈 양자 모두에 대한 폭넓은, 복수심에 기반을 둔 우익의 반동이 존재한다. 이는 근본주의적인 종교와 하이데거적인 장소에 대한 낭만 등 다양한 형태를 띤다. 장소의 '전통적인' 정체성들이 전 지구적 자본에 의해 가장 위협받는 시기이기 때문이다. 특히 미국에서는 대중문화와 공식 정치에서 새로운 보복주의가 서서히 표출되고 있다. 1994년에 선출된 깅그리치 의회, 백인우월주의 무장단체의 등장, 패트릭 뷰캐넌Patrick Buchanan의 악의적인 반코포라티스트 anti-corporatist적 우익 포퓰리즘, 반이민 캠페인을 둘러싼 강렬한 감정, 차별철폐 조치의 수혜자들에게 복수해야 한다는 주장 모두가 이 방향을 가리킨다.

세기말 보복주의적 도시의 복수심은 여러 면에서 젠트리피케이션을 미래 도시의 청사진으로 내세웠다. 1980년대 초에는 불황이 닥쳐도 젠트리피케이션이 별로 수그러들지 않는 곳이 많았다면(Ley, 1992), 1980년대 말과 1990년대 초의 더 큰 침체는 많은 곳의 젠트리피케이션 활동을 심각하게 위축시켰다. 이는 많은 논평가들이 역젠트리피케이션 degengrification을 예측할 정도였다. 뉴욕의 도널드 트럼프Donald Trump나 런던의 고드프리 브래드먼Godfrey Bradman 같은 유명 개발업자들과, 카나리워프와 배터리파크시티를 모두 건설한 다국적 개발업체 올림피아앤드요크Olympia and York의 파산은 1990년대 초 부동산 위기의 심각성을 일깨워주었다(Fainstein, 1994:61). '역젠트리피케이션'이라는 표현이 처음 등장한 곳은 1989~1993년에 소규모 건물주와 개발업자, 주변부의 부동산 중개인, 그 외 젠트리피케이션 관련 업종이 가차 없이 털린 맨해튼이었다. 하지만 실제로는 훨씬 일반적인 과정이었다. 카나리워프가 파산한 뒤 런던의 도크랜드는 "유럽 최대의 주거지 중 하나를 떠맡게 되었다. 매매되지 않은 개발지들은 침체기 동안 나무판으로 막아놓아야 했다"(McGhie, 1994). 젠트리피케이션 활동이 위축되었는데도 불구하고 사회적 서비스들이 부실해졌기 때문에 많은 이들이 노숙과 실업, 어쩔 수 없는 무단점거를 면치 못했다.

하지만 역젠트리피케이션이라는 표현이 암시하듯, 1990년대 초 경제위기가 젠트리피케이션의 영속적 종말을 불러왔다고 생각한다면 오산이다. 올림피아앤드요크와 도널드 트럼프 모두 구조조정을 실시했고(올림피아앤드요크는 파산에서 벗어나기 위해 사우디아라비아의 왈리드 빈 탈랄Walid bin Talal 왕자와 협력 관계를 구축했고, 도널드 트럼프는 공격적인 재기를 위해 규모를 축소했다), 젠트리피케이션은 1990년대 중반 많은 도시경관에 다시 등장했다. 1990년대 초의 불황은 1980년대보다 더 정신 차리고 젠트리피케이션 과정을 치밀하게 계산하자는 경제학의 주장을 다시 확인시켜주었을 뿐이다. '역젠트리피케이션'이라는 표현은 추잡한 단어 하나를 둘러싼 공적 담론을 재정의하거나 아주 말살해버리는 한편, 이를 촉발한 과정을 재개할 초석을 놓기 위한 또 하나의 계책에 불과하다고 볼 수 있다.

1990년대 말에 다시 시작된 젠트리피케이션이 보복주의적 도시를 저지하리는 생각 역시 오산이다. 실상은 그와 정반대다. 톰킨스스퀘어 공원과 뉴욕의 로어이스트사이드가 최근 겪었던 일들이 보여주듯, 젠트리피케이션은 보복주의적 도시에서 빼놓을 수 없는 일부가 되었다. 그리고 미국은 어떤 면에서 새로운 도시 보복주의의 가장 강렬한 경험이고, 훨씬 다양한 곳에서 이와 유사한 일들이 벌어지는 중이다. 마거릿 대처는 영국에서 공공주택과 사회 서비스를 유례없이 축소하기 위해 정치적 발판을 준비했다. 웨스트민스터와 원즈워스 같은 런던의 핵심적 자치구 몇 곳은 노동당에 투표하는 공공임대주택 세입자들을 몰아내고 토리당에 투표하는 여피들을 유입시키기 위해 공공주택의 사유화를 활성화했다는 의심을 사기도 했는데, 젠트리피케이션은 이때 그들이 사용했던 중요한 정치 전략이었다. 그 결과는 잉글랜드와 웨일스의 1990년 5월 지방 선거에서 극적으로 가시화되었다. 한 논평가는 이렇게 말하기도 했다. "때로는 런던이 장갑 뒤집히듯 뒤집히는 것 같다. 토리당 투표자들은 교외, 노동당 투표자들은 도심이라는 지역 구도가 깨지고 토리당 투표자들이 도시 중심지를 재탈환하면서 노동당 투표자들을 주변으로 내몬다"(Linton, 1990). 실제로 이런 정치적 역전 현상이 워낙 두드러져서 어느 작가는 이를 '런던 효과'라고 부르기도 했다(Hamnett, 1990).

1991년 4월 런던 스탬퍼드힐에서 일련의 새벽 공습으로 수백 명의 무단점거자들이 퇴거당한 사건은, 같은 해 6월 뉴욕의 톰킨스스퀘어 공원에서 노숙자 300명이 퇴거당한 사건에 비해 훨씬 평화적이긴 했다. 그렇다고 영국이 미국보다 늘 평화적인 것은 아니었다. 3년 전 런던 해크니 자치구에서는 경찰과 많은 무단점거자들이 격렬한 전투를 벌였다. 그리고 1991년 8월 파리에서는 반쯤 지어진 국립도서관 근처에서 경찰이 무

불릿스페이스: 로어이스트사이드에 있는 예술가들의 무단점거공간

단점거자들을 몰아내기 위해 과도한 폭력을 행사하기도 했다. 전혀 다른 세 도시에서 4개월 동안 다른 양상의 공격이 세 번 있었지만, 이를 관통하는 주제는 동일했다. 암스테르담의 경우는 무단점거 운동과 이를 진압하는 공격이 훨씬 오랫동안 더욱 폭력적인 양상을 띠었다. 이들 도시와 그외 무수한 도시에서 지속된 투쟁 가운데, 젠트리피케이션과 보복주의적 도시는 후기자본주의 도시의 재구조화된 도시지리 안에서 결합점을 찾아낸다. 모든 갈등과 상황의 세부 사항은 다를 수 있지만, 여기에 기여한 과정과 조건은 공통점을 넓게 공유한다.

파리와 런던, 암스테르담과 뉴욕의 무단점거자들과 노숙운동가들은 각자의 실천에서 자신들이 단일한 투쟁을 하고 있음을 완벽할 정도로 분명히 보여주었다. 중간계급을 위한 도시 낙관론의 상실이 곧바로 새로운 도시 보복주의로 이어졌다면, 젠트리피케이션의 재개는 보복주의적 도시를 더 깊이 갈라놓으며 고착시킬 것이다. 이중도시 혹은 분열된 도시에 대한 꾸준한 경고(Fainstein et a1., 1992; Mollenkopf and Castells, 1991)는 바로 이런 보복주의적 도시가 도시의 새로운 프런티어를 더 어둡고 위험한 곳으로 만들리라는 것을 분명하게 예언하고 있다. 무단점거자들과 노숙자들에게는 승리보다 패배가 더 많겠지만, 결코 주택을 쟁취하기 위한 투쟁을 갑자기 포기하지는 않을 것이다.

1부

젠트리피케이션
이론을 향하여

3장

국지적인 논의들

'소비자 주권'에서 지대격차로

많은 도시들이 전후 한동안 지속적인 퇴보를 이어가다가, 엄선된 중심부 도심 지역에서 젠트리피케이션을 경험하기 시작했다. 1950년대에 처음으로 런던과 뉴욕에서 가장 두드러졌던 회복의 조짐들은 1960년대에 상승세를 탔고, 1970년대에 이르러 폭넓은 젠트리피케이션 흐름으로 성장해 유럽과 북미, 호주의 더 크고 오래된 많은 도시에 영향을 미치게 되었다. 젠트리피케이션은 신축에 비해 새로운 주거 지역 조성에서 차지하는 비중이 일부에 불과하지만, 젠트리피케이션이 벌어지는 지구와 동네에서 그 과정은 대단히 중요하다. 그리고 이는 20세기의 마지막 25년 동안 도시 문화와 도시 미래를 재고하는 데 대단히 강력한 영향을 미쳤다.

젠트리피케이션은 도시의 새로운 프런티어를 전면에 부각해왔다. 젠트리피케이션의 포괄적 원인과 결과는 사회적·정치적·경제적·문화적 변동이 복잡하게 중첩된 곳에 뿌리를 두고 있으며, 건조 환경 안팎을 넘나드는 복잡한 자본의 이동성이 이 과정의 핵심에 있다는 것이 나의 주장이다. 문화적 낙관론에 가려졌지만, 도시의 새로운 프런티어는 단연 경제적 창작물이기도 하다. 젠트리피케이션의 원인과 결과는 스케일 측면에서도 복잡하다. 이 과정은 동네 스케일에서는 대단히 명백한 것이지만, 전 지구적 재구조화에서 빼놓을 수 없는 하나의 차원을 대변하기도 한다. 이 장에서는 동네 스케일로 젠트리피케이션을 설명하는 데 집중하고, 4장에서는 전 지구적 차원의 논의를 펼칠 것이다.

소비자 주권의 한계

젠트리피케이션이 급증하면서 관련 문헌 역시 크게 늘었다. 이런 문헌의 다수는 진행 중인 과정이나 그 효과, 즉 사회경제적·문화적 특성들, 새로운 도시 이민자들의 윤곽, 강제이주, 국가의 역할, 도시의 이익, 공동체의 창조와 파괴에 관심을 둔다. 최소한 초기에는 이 과정을 역사적으로 설명하거나, 효과보다는 원인을 탐구하려는 시도가 거의 없었다. 그보다는 현상적인 설명이 대단히 당연시되었는데, 이는 크게 문화적 설명과 경제적 설명 두 범주로 나뉜다.

　　젠트리피케이션 이론가들 사이에서는 주로 전문직에 종사하는 젊은 중간계급이 생활양식을 바꾸었다는 생각이 인기를 끌고 있다. 가령 그레고리 립턴Gregory Lipton에 따르면 이런 변화들은 "교외 단독주택의 상대적 호감을 감소시킬 정도로" 상당했다(Lipton, 1977: 146). 따라서 출산율이 떨어지고 만혼이 늘며 이혼율이 급증하는 추세와 함께, 젊은 주택 구매자와 임대자는 교외를 중심으로 돌아가는 부모들의 빛바랜 꿈 대신 도시를 중심으로 돌아가는 새로운 꿈을 꾸기 시작했다. 게이 젠트리피케이션의 경우, 사회적으로 특징적인 공동체에 대한 수요를 강조한 이들도 있었지만(Winders, 1978; Lauria and Knopp, 1985), 이를 좀 더 일반적인 주장으로 확장하는 이들도 있다. 데이비드 레이에 따르면, 화이트칼라 서비스 직종이 블루칼라 생산직 직종을 대체하게 된 현대의 '후기산업도시'에서 이는 노동보다는 소비와 편의시설에 대한 강조로 이어진다. 소비양식이 생산양식을 주도하게 된 것이다. "생산보다는 소비의 가치가 중심도시의 토지 이용 결정을 주도한다"(Ley, 1978: 11; 1980). 사람들은 젠트리피케이션이 이러한 소비를 새롭게 강조한 결과라고 설명한다. 이는 새로운 사회적 소비체제를 위한 새로운 도시지리를 대변한다. 좀 더 최근에는, 앞서 있었던 이런 종류의 문화적 설명들에 젠트리피케이션을 포스트모더니티 혹은 (좀 더 극단적인 경우에) 포스트모더니즘의 도시적 발현으로 다루려는 경향이 더해졌다(Mills, 1988; Caulfield, 1994).

이런 문화적 설명을 두고, 또는 이에 적대적인 입장에서 밀접하게 관련된 일련의 경제적 주장들이 제기되었다. 전후 도시에서 신축주택의 비용이 급속하게 치솟고, 이런 신축주택이 도심에서 점점 멀어지면서 도심지역이나 핵심 도시의 재활성화가 경제적으로 더욱 성공 가능성을 띠게 된다. 비슷한 수준의 새로운 주택을 짓는 것보다 적은 비용으로 낡은 부동산과 택지를 구입해 재활성화할 수 있게 된 것이다. 게다가 1970년대에는 많은 연구자가 높은 경제적 통근 비용(자가용 가솔린 비용 상승과 대중교통 요금 상승)과 직장 근접성의 경제적 편익을 강조했다.

이런 관행적인 가정들은 결코 상호 배타적이지 않다. 이런 가정들은 때로 함께 언급되며, 한 가지 중요한 측면에서 공통된 관점을 공유한다. 그것은 바로 소비자의 선호와, 이런 선호를 충족하는 데 제약이 되는 것들을 강조한다는 점이다. 전후 신고전경제학에서 비롯된 주거용 토지 사용 이론이라는 더 넓은 흐름도 소비자 주권에 대한 이 같은 가정을 공유한다(Alonso, 1964; Muth, 1969; Mills, 1972). 이들 이론에 따르면, 교외화는 공간에 대한 선호를 반영하고 교통을 비롯한 여러 제약들이 줄어들면서 그

비용을 감당할 능력이 증대되었기 때문에 가능해졌다. 따라서 젠트리피케이션은 선호의 변화 혹은 어떤 선호를 충족할지(충족할 수 있을지)를 판가름하는 제약들의 변화가 빚어낸 결과로 설명된다. 그러므로 매체와 학술 문헌에서, 특히 교외화가 대단히 묵직한 문화적 상징을 갖게 된 미국에서 젠트리피케이션은 "도시로 복귀하는 움직임"으로 비춰지게 되었다.

이런 가정은 나중에 민간 시장에서 좀 더 자발적·보편적으로 나타나게 된 (아직도 공적 보조금이 들어가긴 하지만) 젠트리피케이션에만 적용된 것이 아니라, (상당한 국가원조로 1959년 이후에 완성된) 필라델피아의 소사이어티힐 같은 초창기 젠트리피케이션 프로젝트에도 그대로 적용되었다(6장 참조). 모두가 교외에서 되돌아온 중상계급의 인생 여정을 상징하게 되었다. 하지만 젠트리파이어들이 꿈에서 깨어난 교외 거주자들이라는 일반적 가정은 틀렸는지도 모른다. 일찍이 1966년 허버트 갠스Herbert Gans는 "도시 재생 프로젝트가 실제로 얼마나 많은 교외 거주자들을 도시로 되돌려 보냈는지에 대한 연구"가 부재하다며 개탄했고, 학계에서는 이후 몇 년간 이에 대한 연구가 시작되었다.

따라서 이 장의 첫 부분에서는 '도시로의 회귀'로 표현되는, 전통적인 소비자 주권 가정에 도전하기 위해 필라델피아 소사이어티힐에 대한 경험적 정보를 제시한다. 그다음 절에서는 도시 환경의 형성과 재형성에서 자본투자의 중요성을 검토하고, 투자 중단(도시 변화를 결정하는 데 중요하지만 흔히 간과해왔던 요인)을 분석한다. 마지막으로 이 주제들을 엮어 젠트리피케이션을 설명할 수 있는 '지대격차' 가정을 제안한다.

교외에서 돌아오다?

윌리엄 펜William Penn[영국의 신대륙 개척자. 필라델피아를 건설하고 총독이 됨]이 17세기에 '성스러운 실험'을 했던 장소인 소사이어티힐은 19세기까지 필라델피아 젠트리gentry[협소하게는 봉건제 시기 귀족보다 낮은 영국의 지주계급을 뜻하지만, 느슨하게 귀족을 포함한 상류층 전반을 의미할 수도 있다]의 안식처였다. 하지만 산업화와 더불어 도시가 성장하면서 인기가 떨어졌고, 중간계급이 늘어나면서 젠트리들은 리튼하우스스퀘어 서쪽으로, 그리고 스쿨길강 건너 웨스트 필라델피아와 북서쪽의 새로운 교외로 움직였다. 19세기 말에 이르자 소사이어티힐은 빠르게 쇠락했고, 사실상 '슬럼' 동네로 치부되었다(Baltzell, 1958). 하지만 1950년대에 새롭게 등장한 도시 행정부가 재생을 둘러싼 귀족적 야망에 동조했으며, 1959년 도시 재생계획이 이행되었다. 소사이어티힐은 10년도 안 되어 환골탈태했다. 소사이어티힐에는 다시 도시의 중간계급과 중상계급, 심지어 일부 상층계급 구성원들이 들어와 살기 시작했고, 17년 뒤에는 200주년 광고에 "미국에서 가장 역사성이 두드러지는 평방마일"로 묘사되었다. 재활성화에 대한 열광에 주목한 소설가 너대니얼 버트Nathanial Burt는 초기 미국의 많은 젠트리피케이션 프로젝트에 깃든 엘리트 색채를 포착해냈다.

> 결국 낡은 집을 리모델링하는 것은 올드 필라델피아에서 사람들이 가장 좋아하는 실내 스포츠다. 그리고 리모델링을 통해 의식적으로 도시 부활이라는 대의에 봉사하는 것은 상류계급 중에서도 맨 위에 있는 샴페인 같은 사람들에게나 가능한 일이었다(Burt, 1963: 556-557).

이 실내 스포츠가 인기를 얻으면서 필라델피아에서는 "소사이어티힐에 있는 중심도시로 상류계급들이 되돌아갔다"는 이야기가 전설처럼 전해져온다(Wold, 1975:325). 버트는 당시로서는 참신한 도시 홍보조의 언어로 유창하게 설명한다.

> 소사이어티힐의 르네상스는 …… 100년 동안 잠들어 있던 필라델피아를 흔들어 깨운 거대한 그림의 한 조각에 불과하다. 이 르네상스는 필라델피아를 완전히 탈바꿈시키겠다고 약속한다. 소사이어티힐로의 귀환이 상당한 비중을 차지하는 이러한 움직임을 보통 필라델피아 르네상스라고 한다(Burt, 1963:539).

사실 1962년 6월까지 재활성화를 위해 부동산을 구매한 가구 중에서 교외 출신자는 3분의 1도 되지 않았다(Greenfield and Co., 1964:192).[1] 하지만 주택을 재활성화한 최초의 사람들이 1960년에 일을 시작했기 때문에, 사람들은 해당 지역이 더 많이 알려지고 소사이어티힐 주소를 갖는 것이 욕망의 대상이 되면 교외 출신자들의 비중이 크게 늘어나리라고 예상했다. 하지만 1962년 이후에는 공식 데이터가 수집되지 않았다. 표 3-1은

표 3-1 필라델피아 소사이어티힐 재활성화 주역들의 이전 거주지

연도	1964	1965	1966	1969	1972	1975	합계	이전 거주지별 비중
주소 변화 없음	5	3	1	1	1	0	11	11%
도시 내 다른 곳	9	17	25	9	12	1	73	72%
교외	0	7	4	2	1	0	14	14%
표준대도시지구 바깥	0	0	0	0	2	0	2	2%
미확인	0	0	2	0	0	0	2	2%
합계	14	27	32	12	16	1	102	100%

자료: Redevelopment Authority of Philadelphia case files.

필라델피아 재개발청Redevelopment Authority of Philadelphia이 보유한 서류에서 표본으로 추출한 데이터를 보여주는데, 프로젝트가 처음으로 시행된 15년의 시간이 대부분이 포함되어 있으며, 재개발사업은 이 기간에 사실상 완료되었다. 이 표에서 다루는 표본은 재활성화된 주거지의 17%에 해당한다.

교외에서 소사이어티힐로 되돌아온 젠트리파이어는 얼마 되지 않는(14%) 듯하다. 그에 비해 시 경계 안의 다른 곳에서 소사이어티힐로 온 사람은 72%였다. 이 72%에 달하는 집단을 통계적으로 쪼개보면, 과거에 소사이어티힐에서 살았던 사람이 37%, 부유층이 좋아하는 리튼하우스 스퀘어 지구 출신이 19%였다. 나머지는 체스트넛힐, 마운트에어리, 스프루스힐 같은 중간계급과 상류계급 동네 출신이었다. 이는 젠트리피케이션이 교외로부터의 귀환이라기보다는 중상계급 백인 주거지를 도심으로 재집중·재통합하고 있음을 시사하는 것으로 보인다. 립턴(Lipton, 1977)이 조사한 몇몇 도시에서도 이와 유사한 통합의 패턴을 관찰할 수 있다. 교외에서 귀환한 사람의 비중을 둘러싼 볼티모어와 워싱턴 DC의 추가 데이터는 소사이어티힐 데이터를 뒷받침한다(표 3-2 참조). 유럽에 대해서도, 코티C. Cortie 등은 암스테르담 요르단 지구의 젠트리피케이션

표 3-2 세 도시 재활성화 주역들의 이전 거주지

도시	도시 거주자	교외 거주자
필라델피아 소사이어티힐	72%	14%
볼티모어 재정착용지	65.2%	27%
워싱턴 DC 마운트플레전트	67%	18%
워싱턴 DC 캐피톨힐	72%	15%

자료: Baltimore City Department of Housing and Community Development, 1977; Gale, 1976, 1977.

과 관련해 '도시로의 귀환'을 입증하는 증거를 거의 찾지 못했다(Cortie et al., 1982; 8장 참조).

필라델피아를 비롯한 여러 도시에서 일종의 '도시 르네상스'가 1950~1960년대에 시작되었다고 볼 수 있지만, 교외에서 상당수의 중간계급이 돌아오면서 불붙게 된 것은 아니었다. 심지어 1980년대에 젠트리피케이션이 절정에 이르렀을 때도 교외의 팽창은 빠르게 진행되었다. 이는 젠트리피케이션을 경제적 제약 때문에 소비자의 선택이 바뀐 결과로 바라보는 전통적인 문화적·경제적 설명 방식에 의혹을 제기한다. 소비자의 선택이 중요하지 않다는 말이 아니다. 어떤 젠트리피케이션의 경우, 1950년대 이후 몇십 년간 교육과 전문 훈련을 위해 도시로 옮겨와 살았지만 부모들처럼 교외로 이주하지 않고 도시에 남아 모여지내면서 젠트리피케이션의 수요를 증대시킨 젊은층과 관련이 있을 수 있다. 소비자 선택이라는 하나의 차원은 여전히 존재하지만, 소비자 주권을 통해 젠트리피케이션을 확실히 설명하기는 더 어렵다. 문제는 젠트리피케이션이 단지 북미의 현상이 아니라 1950~1960년대 유럽과 호주에도 등장했고 (가령 Glass, 1964; Pitt, 1977; Kending, 1979; Williams, 1984b, 1986 참조), 이런 곳에서는 앞선 중간계급(그리고 사실상 노동계급) 교외화의 정도와 경험, 그리고 교외와 도심 지역의 관계가 북미와는 상당히 다르다는 데 있다. 후기산업도시에 대한 레이의 좀 더 일반적인 사회적 가설만이 소비 중심의 접근법을 유지하면서도 그 과정을 국제적으로 설명할 만큼 폭넓지만, 이 관점을 수용할 경우 상당히 파격적인 함의가 도출된다. 만일 문화적 선택과 소비자 선호를 통해 정말 젠트리피케이션을 설명할 수 있다면, 이는 개인의 선호가 국가적으로뿐 아니라 국제적으로도 변한다는 뜻(이는 인간의 본성과 문화적 개성에 대한 암울한 관점이다)이거나, 소비자 선호를 통해 드러나는 개성을 지워버릴 만큼 지배적인 제약이 막강하다는 뜻이다. 그리고 만일 후자가 사실일 경우, 소비자 선호라는 개념은 모순을 피할 수 없다. 애초 개별 소비 선호의 관점에서 생각했던 과정에 대해 이제는 중간계급의 문화적 일차원성에서 기인하다고(여전히 암울한 관점이다) 설명해야 하기 때문이다. 따라서 소비에 대한 초점이 이론적 유용성을 띠려면 개별 선호가 아니라 집합적인 사회적 선호를 살펴야 한다.

전통적인 도시 경제 이론의 바탕에 있는 이론들과 가정들에 대한 폭넓은 비판은 이제 많은 사람들에게 익숙하다(Ball, 1979; Harvey, 1973; Roweis and Scott, 1981). 여기서 나는 젠트리피케이션으로 이어지는 동네의 변화에 적용된, 신고전이론의 한 가지 특수한 측면을 고찰하려 한다. 여러 사람이 있지만, 그중에서도 브라이언 베리Brian Berry는 '필터링' 모델에 기대어 도심 지역 주택시장에 나타나는 변화를 설명하려 한다. 이 모델에 따르면 신축 주거지는 일반적으로 더 협소했던 이전 주거지를 더 가난한 세대에게 넘기고 교외 주변부로 이주했던 더 부유한 세대가 점유한다. 이런 식으로 그럭저럭 괜찮은 수준의 주거지는 '걸러져' 저소득 가정에게 돌아가고, 최악의 주거지는 시장에서 낙오해 유기나 철거를 면치 못한다(Berry, 1980: 16; Lowry, 1960). 이 필터링 모델은 이런 '필터링'이 실제로 노동계급에게 '괜찮은' 주거지를 보장해주는지의 문제는 완전히 무시한 채, 소비자 주권의 효과를 역사적 사실로 만들어버린다. 이 모델은 사람들이 더 넓은 주거공간에 대한 선호를 비롯해 일단의 소비자 선호가 있으며, 따라서 공간에 대한 비용을 지불할 능력이 크면 클수록 더 큰 공간을 구매할 것이라고 가정한다. 그리고 더 작고 볼품없는 공간은 지불 능력이 적은 사람들에게 남겨진다. 그 외에도 여러 요인이 주택의 공급뿐 아니라 수요에도 분명 영향을 미치지만, 필연적인 소득 제한과 이 같은 공간에 대한 선호는 신고전이론의 관점에서 도시 개발을 다루는 데 기초가 된다.

젠트리피케이션은 이런 기초 가정들과 모순된다. 젠트리피케이션에서는 이른바 필터링이 정반대 방향으로 작동하고, 공간 자체에 대한 선호가 주거지 개발 과정을 끌어간다는 생각과도 상충되는 것으로 보인다. 이는 이론에서 그러한 가정을 분리시켜야 한다는 뜻이거나, 이른바 '외부 요인'과 소득 제약이 크게 바뀌어 더 넓은 공간에 대한 선호가 비현실적이고 실행 불가능해졌다는 뜻이다. 이 때문에 젠트리피케이션은 예외, 즉 우연하고 비정상적인 사건, 외인성 요인들의 독특한 조합이 빚어낸 돌발적 결과가 되어버렸다. 하지만 현실에서 젠트리피케이션은 그렇게 비정상적이지 않다. 애초부터 그것이 불가능하다고 가정한 이론의 관점에서 보았을 때만 비정상적이다. 젠트리피케이션의 경험은 신고전 도시 이론의 한계를 잘 보여준다. 젠트리피케이션 과정을 설명하려면 이러한 이론을 폐기하고, 특별한 외부 요인들을 근거로 피상적으로 설명해야 하기 때문이다. 하지만 요인들을 나열하는 것이 설명은 아니다. 신고전 도시 이론은 교외화를 설명한다고 주장하지만, 교외화에서 젠트리피케이션, 그리고 도심 지역 젠트리피케이션으로 이어지는 역사적 연속성은 결코 설명하지 못한다. 베리는 다음과 같은 결론을 통해 이러한 역사적 연속성이 필요함을 (하지만 결여되어 있음을) 암시적으로 인정한다.

인센티브의 재구조화는 제2차 세계대전 이후 주택 소유의 증대와 그에 따른 도시 형태의 변화에 중요한 역할을 했다. 이동성이 높은 시장 시스템에서는 상대 가격의 변화만큼 변화를 효과적으로 이끌어내는 것은 없다는 점에서, 또 다른 재구조화를 고안해 다른 방향으로 유도하는 것도 생각해볼 만하다. 그러니까 방법은 있다. 의지가 있는지 없는지는 또 다른 문제다. 민주적 다원주의라는 조건하에서는 이익집단의 정치가 판을 치고, 이런 정치의 정상 상태는 "여느 때와 다름없기" 때문이다. 대공황과 제2차 세계대전 이후 나타난 과감한 변화들은 중대한 위기에 대한 대응이었다. 계몽된 리더십이 가장 낮은 수준의 공통분모를 목표로 삼는 정치의 정상적 업무를 이길 수 있는 때는 위기 상황뿐이기 때문이다. 나는 그만한 위기가 발생해야 불가피한 도심 지역 재활성화가 상당한 규모로 일어날 수 있다고 생각한다(Berry, 1980: 27-28).

젠트리피케이션을 낙관론적으로 지지하는 사람들과 마찬가지로, 베리도 이런 식으로 젠트리피케이션이 자유의지에 따라 발생했다고 설명한다.

많은 젠트리피케이션 연구에 내포된 신고전주의적 가정을 둘러싼 이같은 비판은 완전하지 못하다. 하지만 이런 비판은 젠트리피케이션 과정에 대한 더 넓은 차원의 개념화가 필요함을 암시한다. 소비자로서 젠트리파이어는 이 과정에 참여하는 많은 행위자 중 하나에 불과하기 때문이다. 건설업자와 개발업자, 건물주와 주택담보 임대업자, 정부 기관, 부동산업자 같은 생산자로서 젠트리파이어들의 역할은 무시하면서 젠트리파이어의 선호만으로 젠트리피케이션을 설명하는 건 너무 협소하다. 더 넓은 젠트리피케이션 이론은 소비자뿐 아니라 생산자의 역할 역시 고려해야 하며, 이것이 이루어지면 소비자 선호보다는 생산의 필요(특히 이윤을 내야 할 필요)가 젠트리피케이션 이면의 더 결정적 인센티브로 나타나게 될 것이다. 소비가 생산의 자동적인 결과라거나 소비자 선호는 생산에서 완전히 수동적인 효과라는 순진한 소리를 하는 것이 아니다. 만일 그렇다면 이는 신고전 도시 이론과 마찬가지로 한쪽으로 치우친 생산자 주권 이론이 될 것이다. 그보다는 생산과 소비가 공생관계이며, 다만 이때의 공생은 이윤에 목마른 자본의 움직임이 지배적인 공생이다. 젠트리피케이션이 이루어진 주거지에 대한 소비자 선호와 수요가 광고를 통해 창출될 수 있고, 실제로 창출된다는 점은 누가 봐도 분명하다. 소사이어티힐 같은 초기 프로젝트에서마저 이 프로젝트를 선전하기 위해 매디슨가의 한 회사가 고용되었다(Old Philadelphia Development Corporation, 1970). 이들은 실제 젠트리피케이션 과정을 촉발하는 데, 즉 어째서 애초에 젠트리피케이션이 일어났는지 설명하는 데 그 중요도가 부차적이지만, 소비자 선호와 수요는 재활성화된 지역의 최종 형태와 성격(가령 소아이어티힐과, 런던 도크랜드 혹은 브리즈번 스프링힐의 차이)을 결정하는 데 가장 중요하다.

이른바 '도시 르네상스'는 문화적 힘보다는 경제적 힘에 더 많은 자극을 받았다. 도심 지역의 어떤 구조물을 재활성화하기로 결정할 때는 한 가지 소비자 선호, 즉 주택 구매에 건전하게 재정을 투자할 필요가 다른 모든 것을 능가하는 경향이 있다. 젠트리파이어들이 이런 선호를 두드러지게 표출하든 아니든 이는 근본적인 문제다. 금전적 손실이 예상된다면 아무도 재활성화를 고려하지 않을 것이기 때문이다. 따라서 젠트리피케이션 이론은 어째서 어떤 동네를 재개발하는 것은 수익성 있지만, 다른 곳은 그렇지 않은지 설명할 수 있어야 한다. 수익성의 조건은 무엇인가? 젠트리피케이션의 조건이 무르익은 지역들이 어째서 그런 상태에 이르게 되었는지는 마땅히 설명이 필요한 일임에도 불구하고, 소비자 주권론은 이를 그저 당연시한다.

대안적인 설명이라면 건조 환경에 대한 자본투자가 이루어지는 더 넓은 역사적·구조적 맥락과 이런 투자가 도시 개발에서 맡고 있는 역할에 대한 더 세밀한 이해를 가능하게 해 줄 것이다.

건조 환경에 대한 투자

자본주의 경제에서 토지와 그 위에 세워진 건조물은 상품이 되었다. 이

상품에는 나의 논의에서 특히 중요한 의미가 있는 세 가지 특징이 있다.

첫째, 사유재산권은 소유주에게 토지와 건조물에 대한 독점에 가까운 통제권과, 공간을 어떤 식으로 사용할지에 대한 독점적 통제권을 부여한다. 분명 용도구역제와 토지수용권, 그 외 정부 규제는 토지 소유주가 토지에 대해 휘두르는 통제권에 상당한 제약을 가하지만, 북미·유럽·호주의 자본주의 경제에서 이런 제약은 토지의 이전과 이용을 지배하는 기초 제도인 시장을 대체할 만큼 충분히 가혹하지 않다. 이런 조건에서 경제적 입지의 지리를 조직하는 수단으로서 지대round rent가 중요성을 띠게 된다.

둘째, 토지와 건조물은 공간에 고정되지만, 그 가치는 결코 고정되지 않는다. 토지 위의 건조물은 그 가치에 미치는 모든 정상적 영향에 좌우되지만, 여기에는 한 가지 중요한 차이가 있다. 먼저 한 뙈기의 땅에 지어진 건조물의 가치는 그 주변 토지상에서와 마찬가지로 건물주가 요구할 수 있는 지대에 영향을 미친다. 또한 토지와 그 위의 건물은 분리 불가능하기 때문에 건물주가 바뀔 때의 가격은 지대 수준도 반영한다. 한편 한 뙈기의 땅은 그 위에 지어진 건조물과 달리 "사용 잠재력을 지속시키기 위해 유지·보수를 필요로 하지 않는다"(Harvey, 1973: 158-159).

셋째, 토지는 영구적이지만 그 위에 만들어진 건조물은 그렇지 않다. 다만 일반적으로 가치의 측면에서나 물리적인 측면에서 회전 기간이 대단히 길다. 대부분의 건물은 최소한 25년 동안 물리적 부식으로 쓰지 못할 일이 없고, 보통은 그보다 훨씬 오래간다. 그리고 경제적 측면에서 (회계와는 반대로) 어떤 건물의 가치를 모두 뽑아내려면 그만큼 오랜 시간이 걸릴 수 있다. 여기서 우리는 몇 가지를 도출할 수 있다. 충분히 발달한 자본주의 경제에서는 건조 환경에 투자하기 위해 초기 비용이 많이 든다. 따라서 금융 제도는 도시 토지시장에서 중요한 역할을 할 것이다(Harvey,

1973: 159). 또한 자본 감가상각의 패턴은 어떤 건물의 판매가가 지대 수준을 반영하는지 여부와 반영 정도를 판가름하는 데 중요한 변수가 될 것이다. 이런 점들은 투자와 투자 중단의 패턴을 이해하는 데 가장 중요하게 작용할 것이다.

경제에서 이윤은 성공의 척도이며, 경쟁은 성공 또는 실패를 성장이나 붕괴로 탈바꿈시키는 메커니즘이다. 모든 개별 기업들은 더 많은 양의 자본을 축적해 수익성 있는 곳에 투자하려면 더 많은 이윤을 추구해야 한다. 그렇지 않으면 더 우수한 생산 기법을 감당할 능력이 사라지고, 경쟁자들에게 뒤처진다. 이는 파산 아니면 더 큰 기업으로의 병합으로 귀결된다. 더 많은 이윤에 대한 이런 추구는 전체 경제 규모에서 장기적 경제성장의 필요로 나타난다. 안정이 곧 성장이다. 특히 경제의 다른 영역에서 경제성장이 지체되거나 이윤율이 낮을 때, 수익성을 노리는 많은 투자가 건조 환경으로 옮겨가게 된다. 교외화의 경험에서 이는 특히 분명하게 드러난다. 제자리에서의 확대가 아닌 공간적 확대는 꾸준한 자본 축적의 필요에 대한 대응이었다(Walker, 1977; Harvey, 1978). 하지만 교외화는 건조 환경에 대한 투자의 양면성을 잘 보여준다. 건조 환경에 대한 투자는 자본축적의 수단이지만, 동시에 더 심화된 축적의 장애물이 될 수 있기 때문이다. 건조 환경에 대한 투자를 축적의 장애물로 만드는 것은 앞서 언급한 특징들, 즉 공간에 대한 독점에 가까운 통제와 투자의 고정성, 그리고 긴 회전 기간이다. 토지 소유주가 행사하는 독점에 가까운 공간 통제는 새로운 개발을 위해 토지를 파는 것을 방해할 수 있다. 투자의 고정성은 새로운 투자가 어쩌면 더 모험에 가까운 다른 장소에서 일어날 수밖에 없게 만들고, 투자된 자본이 그 경제적 생을 마감할 때까지 새로운 투자가 일어나지 못하게 한다. 회전 기간이 짧은 다른 경제 부문에서 충분히 수익을 얻을 수 있다면, 회전 기간이 긴 건조 환경에 대한 투자는 잘 일어나지 않을 수 있다. 초기 산업도시는 19세기 후반에 접어들어 바로 이런 장벽에 직면했고, 결국 제자리 개발보다는 교외 개발을 유도했다.

　19세기에는 대부분의 도시에서 토지의 가치가 고전적 원뿔형에 가까운 모습을 보였다. 도시 중심부가 가장 높고, 주변부로 갈수록 점점 하락하는 모양이었던 것이다. 이 같은 원뿔형 지대 구조는 유럽에서 명확하게 나타났다(Whitehand, 1987: 30-70). 하지만 북미와 호주에서 가장 전형적인 예를 찾을 수 있다. 북미와 호주에서는 산업화가 맨땅까지는 아니더라도 최소한 개발된 지 얼마 안 된 도시 구조의 맥락에서 발생했기 때문이다. 또한 두 곳은 시장이 국가 규제로부터 더 자유로웠다. 물론 이는 호머 호이트Homer Hoyt가 시카고에서 발견한 패턴이다(Hoyt, 1933). 도시 개발이 지속되면서 토지가치의 변화 형태는 바깥으로, 그리고 위로 더욱 늘어났다. 중심부의 토지가치는 꾸준히 증대된 반면, 원뿔의 아랫 부분이 더 넓어진 것이다. 토지가치는 경제의 장기적 순환과 함께 변화하는 경향을 보이는데, 자본축적이 특히 빠른 시기에는 가장 급속하게 증대되며, 경기가 침체되었을 때는 일시적으로 하락한다. 또한 화이트핸드J. Whitehand가 글래스고에 대해 설명했듯(Whitehand, 1987: 50), 이런 외형적 성장의 주기가 서로 다르면 건조 환경 건설의 종류와 원천이 달라질 수 있다. 교외화는 토지, 건축물, 교통 등에 대한 상당한 자본투자에 의지했기 때문에, 그 순환의 흐름을 따르는 경향을 보였다. 생산활동의 규모를 확대할 필요에 직면했지만, 원래 있던 곳에서는 확대할 능력이 안 되거나 여러 이유에서 그럴 의사가 없는 산업들은 도시 밖으로 뛰쳐나갔다. 광범위한 공간적 확대의 가능성이 어느 곳보다 높고, 상대적으로 가격이 저렴한 토지가치 원뿔의 아랫부분으로 이동한 것이다. 이미 건설된 지역을 사실상 재생시키고 재개발한다는 대안은 민간 자본이 수행하기에는 너무 비용이 많이 드는 일이었고, 따라서 산업자본은 점점 새로운 교외로 옮겨갔다.

미국에서 이런 산업자본의 움직임은 유럽의 더 크고 오래된 도시 중심부보다는 다소 늦게, 1893~1897년의 극심한 불황을 겪고 난 뒤에 본격적으로 시작되었다. 이와 함께 주거지 건설을 위해 상당량의 자본이 교외로 옮겨갔고, 이는 한동안 지속되었다. 이미 잘 발달된 도시에서 건설자본의 이 같은 지리적 재집중이 중심업무지구에서는 예외였는데, 중심업무지구의 경우 사무용 고층 건물 개발은 1920년대에 이르러 시작되었다. 사실 도심 지역은 수익이 더 높은 교외로 옮겨가는 이 같은 자본의 움직임에 부정적 영향을 받았다. 투자 위험은 높고 투자율은 낮다 보니 투자자들이 관심을 두지 않았고, 투자 중단까지 더해지면서 도심 지역에서는 오랜 쇠락의 시기, 새로운 자본투자가 부재하는 시기가 시작되었다. 1933년 한 논평가의 말을 빌리면 다음과 같다.

간단한 사실은, 도시는 유례없는 방식으로 꾸준히 팽창하고 이로써 현시점에서 많은 재정적 곤란함을 일으키고 있지만, 중심부의 상업 지역과 경공업 지역(그리고 노동자 주거지구)은 확장을 멈추었고, 어떤 경우에는 과거에 부분적으로 점유한 경계에서 물러날 조짐을 매우 분명하게 보이고 있다는 점이다(Wright, 1933: 417).

그 결과 도심 지역의 토지가치는 일반적으로 중심업무지구와 교외에 비해 낮았고, 그래서 1920년대 말 호이트는 시카고에서 "중심지구와 밖에 있는 주거지 사이에서 토지가치곡선의 계곡"이 새롭게 형성된 것을 규명할 수 있었다(그림 3-1 참조). 이 계곡은 "건물이 대부분 40년이 넘었고 거주자들의 임대료 지불 능력이 가장 낮은 구역의 위치를 보여준

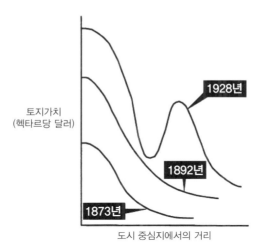

토지가치
(헥타르당 달러)

1928년

1892년

1873년

도시 중심지에서의 거리

그림 3-1 시카고의 지대 형태와 토지가치계곡의 진화(Hoyt, 1933를 참고함)

다"(Hoyt, 1933: 356-358). 호이트는 이 특이점(원뿔형 임대료 구조에서 명백한 탈선)에 주목해 골몰했지만, 곧 다른 주제로 넘어가버렸다. 사실 1940~1960년대까지 대부분의 교외화가 이어지던 수십 년 동안 토지가치곡선상의 이 계곡은, 생산적인 자본투자가 계속 이루어지지 않으면서 더욱 깊고 넓어졌다. 1960년대 말에 이르러 이 계곡은 시카고에서는 폭이 10킬로미터에 달했고(McDonald and Bowman, 1979), 뉴욕시에서도 크기가 비슷했다(Heilbrun, 1974: 110-111). 그 외 다른 도시에서 얻은 증거를 바탕으로 판단했을 때, 이 같은 자본가치의 감소와 그로 인한 토지가치계곡의 확대는 미국에서 대부분 오래된 도시에서 일어났다(Davis, 1965; Edel and Sclar, 1975). 이는 교외로 떠난 중간계급들이 전후에 갑자기 '문제'라며 떠들어대기 시작한 슬럼과 게토를 양산했다.

젠트리피케이션 이론은 도심 지역에서 일어난 자본가치 감소의 역사적 과정과, 이런 가치 감소가 수익성 있는 재투자의 가능성을 만들어내는 정확한 과정을 설명해야 할 것이다. 여기서 핵심은 토지가치와 부동산가치의 관계다. 하지만 현재 상태에서는 이런 개념들이 충분히 정제되지 않았다. 호이트에게 토지가치는 미개발 필지의 가격과 이를 사용하는 데서 창출될 것으로 기대되는 미래 소득을 복합적으로 일컫는 범주였다. 여기서 이 필지가 어떤 유형으로 사용될지에 대해서는 단순한 추정만 있었다. 반면 부동산가치는 일반적으로 어떤 건물이 판매되는 가격을 의미하는 것으로 여겨지기 때문에, 여기에는 토지가치가 포함된다. 토지가치와 건물가치의 관계를 좀 더 자세하게 파헤치려면 이 두 척도를 서로 별개이면서도 연관된 네 가지 범주들로 분해할 필요가 있다. 토지가치와 부동산가치라는 포괄적인 개념하에서는 이 네 범주(주택가치, 판매가, 실현된 지대, 잠재적 지대)가 완전히든 부분적으로든 모호하고, 서로 구분되지 않는다.

주택가치

소비자 선호를 강조하는 신고전경제 이론은, 그에 걸맞게 가격은 공급과 수요 조건의 결과라고 설명한다. 하지만 앞서 제기했듯, 젠트리피케이션 이면을 가장 크게 주도하는 것이 생산적 투자로 높은 수익을 얻고자 하는 것이라면, 구체적인 생산비용(최종 제품의 공급뿐 아니라 양)이 가격을 결정하는 데 중요한 역할을 할 것이다. 따라서 신고전이론과는 반대로, 주택의 가치를 그 가격과 분리할 필요가 있다. 나는 고전 정치경제학자들(스미스Adam Smith, 리카도David Ricardo)과 그 이후에 등장한 마르크스Karl Marx를 따라 노동가치론, 즉 상품의 가치는 이를 생산하는 데 요구되는 사회적 필요노동력의 양으로 측정된다는 입장을 수용한다. 오직 시장에서만 가치는 가격으로 전환된다. 그리고 주택의 가격에는 그 가치가 반영되지만, 이

둘은 기계적으로 등치되지 못한다. (가치와 달리) 가격은 공급과 수요 조건에도 직접적 영향을 받기 때문이다. 따라서 가치에 대한 고려(상품을 만드는 데 들어간 사회적 필요노동력의 양)는 가격등락의 수준을 결정한다. 주택의 경우 상황은 더 복잡한데, 개별 주택들은 재판매되기 위해 시장에 주기적으로 되돌아가기 때문이다. 따라서 주택의 가치는 더 많은 가치 추가를 통한 재가치화 속도, 사용을 통한 감가상각 속도에도 좌우될 것이다. 여기서 더 많은 가치 추가란 유지·교체·확장 등을 위해 더 많은 노동이 투여되는 경우를 말한다.

판매가

판매가가 주택의 가치뿐 아니라 임대를 위한 추가 요소들까지 대변하다 보니 주택은 복잡할 수밖에 없다. 토지는 일반적으로 그 안에 들어 있는 구조물과 함께 판매되기 때문이다. 토지의 가격은 엄밀한 의미에서 상품 가치의 경우처럼 거기에 적용된 노동력의 양을 반영하지 않기 때문에, 여기서는 토지의 가치보다는 지대에 대해 이야기하는 게 더 낫다.

실현된 지대

지대ground rent는 토지 소유주가 그 토지를 사용하는 사람에게 청구하는 것이다. 이는 생산자가 현장에서 원가 이상으로 만들어낸 잉여가치의 축소분을 나타낸다. 실현된 지대capitalized ground rent란 현재 토지 사용에서 토지 소유주가 전유한 실제 지대의 양이다. 임대업자가 자기 소유의 토지 위에서 서비스를 만들어내는 임대주택의 경우 생산과 소유가 결합되어 있고, 따라서 지대는 아무리 실존하더라도 훨씬 추상적인 범주가 되어버린다. 임대업자의 실현된 지대는 주로 세입자가 지불하는 주택 임대료의 형태로 되돌아온다. 실소유자 점유의 경우에 지대는 건물을 매각했을 때만 실현되어 판매가의 일부로 나타난다. 따라서 가격과 가치의 등식을 생각해보면, '판매가 = 주택의 가치 + 실현된 지대'라고 할 수 있다.

잠재적 지대

현재 토지 사용에서 어떤 지역이나 동네는 일정량의 지대를 실현할 수 있다. 입지상의 이유로 보통 이런 지역은 토지를 다른 방식으로 사용할 경우 더 많은 양의 지대를 실현할 수도 있다. 잠재적 지대란 어떤 토지를 "최고로, 그리고 최상으로 사용"(계획가의 표현을 빌리면)했을 때 혹은 최소한 더 높게, 더 잘 사용했을 때 실현할 수 있는 지대의 양을 말한다. 이 개념은 젠트리피케이션을 설명할 때 특히 중요하다.

　이런 개념들이 있으면 어떤 동네를 젠트리피케이션에 적당하게 만드는 그 역사적 과정을 개괄할 수 있다.

도심 지역에서 자본의 가치 하락

도심 지역 근린의 물리적 쇠락과 경제적 가치 하락은 토지주택시장이 작동하면서 나타난 절대적으로 논리적이고 '합리적인' 결과다. 그렇다고 해서 이것이 자연스럽다는 뜻은 결코 아니다. 시장 자체는 사회적 산물이기 때문이다. 근린의 쇠퇴는 전혀 불가피하지 않다. 이는,

　　　　인식 가능한 민간/공공투자 결정의 결과다. …… 어떤 동네의 운명을

좌우하는 자리에 앉아 있는 나폴레옹 같은 사람은 어디에도 없지만, 부동산 업계에서 투자 행위자와 개발 행위자들이 상당한 통제력을 행사하고, 이 양대 주체는 워낙 통합적으로 움직이기 때문에 이들의 의사결정은 하나의 대응을 넘어 사실상 시장을 쥐락펴락한다(Bradford and Rubinowitz, 1975:79).

다음에는 제도와 행위자, 이와 관련된 경제적 힘의 측면에서 도심 지역 근린의 역사적 쇠락을 설명하기 위한 다소 도식적인 시도를 할 것이다. 이런 식의 설명은 전통적인 '필터링' 이론을 생산의 입장에서 바로잡은 것이라고 볼 수도 있다. 이를 위해서는 다양한 쇠락의 단계를 특징짓는 몇 가지 두드러진 과정들을 규명할 필요가 있지만, 그렇다고 이런 과정들이 모든 근린이 경험하는 바를 단정적으로 설명한다는 뜻은 아니다. 쇠락의 일상적 동학은 복잡하고, 특히 집주인과 세입자의 관계에 대해서는 다른 곳에서도 상당히 세밀하게 검토된 바가 있다(Stegman, 1972). 하지만 이 같은 도식은 각 근린들의 구체적 경험을 이해할 수 있는 일반적인 설명의 틀을 제시하려는 의도를 담고 있다. 일단 여기서는 해당 근린들이 주택의 연한과 질의 측면에서 상대적으로 동질적이라고 가정할 텐데, 실제로 이는 재개발을 겪는 지역에서 공통적으로 볼 수 있는 현상이다.

신축과 1차 사용주기

어떤 근린이 새로 만들어졌을 때 주택 가격은 그 자리에 들어선 구조물의 가치, 토지 소유주가 상승시킨 지대enhanced ground rent를 반영한다. 1차 사용주기 동안 도시 개발이 바깥으로 이어지면서 지대는 상승하는 경향을 보이고, 주택가치는 떨어지더라도 아주 천천히 하락하기 시작할 것이다.

따라서 판매가는 상승한다. 하지만 지속되던 근린주택의 가치 하락은 결국 빨라질 수 있는데, 여기에는 세 가지, 즉 노동 생산성의 향상, 뒤떨어진 스타일, 물리적 마모가 원인으로 작용하게 된다. 노동 생산성의 향상은 주로 노동과정 조직방식의 변화와 기술 혁신의 결과다. 이 같은 향상이 이루어지면 전보다 낮은 가치로 유사한 건축물을 만들어낼 수 있다. 최근에 이런 향상 사례는 무수히 나타나고 있지만, 두 가지만 꼽자면 현장 건설 대신 공장에서 부품들을 조립하는 것과 트러스 프레임 공사를 들 수 있다. 뒤떨어진 스타일은 주택시장 내에서 꾸준히 가치 하락을 자극하는 요인으로서는 부차적이며, 오히려 가끔은 사람들이 새로운 스타일보다는 예전 스타일을 더 많이 찾기도 하므로 주택 가격을 상승시킬 수도 있다. 물리적 마모 역시 주택의 가치에 영향을 미치지만, 여기서는 주택이 가치를 유지하려면 규칙적으로 시행해야 하는 소소한 수리(가령 문과 창틀에 페인트칠을 하고 인테리어 장식을 하는 것), 이보다는 드물지만 경비가 더 많이 들어가는 큰 수리(가령 배관이나 전기 시스템 교체), 그리고 건물을 견실하게 유지하는 데 없어서는 안 될 구조적 수리(가령 지붕 교체나, 썩어서 푸석푸석해진 마룻바닥 교체)를 구분할 필요가 있다. 한 번의 사용주기가 지나고 난 뒤 부동산의 가치가 하락한다는 사실은 규칙적이고 소소한 수리뿐 아니라 상당한 투자가 필요한 일련의 더 큰 수리가 절실하게 필요하다는 뜻이다. 가치가 하락한 노후 주택은 신규 주택에 비해 가격이 하락하겠지만, 이 전체적인 감소의 폭은 지대가 그동안 얼마나 변했는지에 좌우될 것이다.

임대업자와 실수요자

분명 많은 동네에서 부동산 소유주들은 별 문제 없이 큰돈을 들여 집을 수리하고 동네의 주택가치를 유지하거나 증대한다. 이런 지역들은 안정적이다. 그런데 첫 번째 단계의 가치 하락을 경험한 실수요자들의 주택이 모여 있는 곳이 있다. 수리를 하지 않으면 집값이 곧 떨어지리라는 사실을 의식한 집주인들은 살던 집을 팔고 더 안전하게 투자할 수 있는 곳에서 새 집을 알아볼 수도 있다. 첫 번째 사용주기 혹은 그다음 사용주기가 끝난 뒤, 이 동네는 수리가 이루어지지 않을 경우 다른 사람에게 임대되는 집이 늘어나는 경향을 보인다. 그리고 이렇게 다른 사람에게 자신의 집을 임대한 사람들은 실수요자와는 다른 목적으로 건물을 사용하기 때문에, 유지 역시 다른 방식으로 하게 될 것이다. 주택시장에서 실수요자들은 소비자이자 투자자다. 투자자로서 이들의 1차 수익은 구매가와 판매가의 차이라는 형태로 발생한다. 반면 임대업자는 주로 임대료의 형태로 수익을 얻기 때문에, 상황에 따라 임대료만 받을 수 있으면 수리해야 할 유인이 상대적으로 적을 수 있다. 그렇다고 해서 임대업자들이 한결같이 자기 소유의 부동산을 제대로 관리하지 못한다는 뜻은 아니다. 새 아파트 단지나 오래되었더라도 수요가 많은 주거지는 대단히 잘 관리하는 경향이 있다. 하지만 이라 로리Ira Lowry가 보여주었다시피 "관리 부실은 침체되는 시장에 대한 임대업자의 대단히 합리적인 반응이다" (Lowry, 1960: 367). 그리고 실수요자가 임대업자로 바뀌는 것은 보통 시장 침체와 연결되어 있기 때문에 어느 정도의 관리 부실은 예측 가능하다.

임대주택의 관리가 부실하면 거기에 들어가야 하는 자본을 다른 곳에 자유롭게 투자할 수 있다. 다른 도시의 부동산에 투자할 수도 있고, 개발업자들의 자본을 따라 교외로 나갈 수도 있으며, 완전히 다른 경제 부문에 투자할 수도 있다. 하지만 어떤 동네에서 관리 부실이 지속되면, 임대업자는 자신의 부동산을 팔기가 어려워질 수 있다. 특히 규모가 큰 금융기관들은 주택담보대출을 잘 해주지 않으려 할 수 있기 때문이다. 그러면 판매는 더 줄어들고 임대업자는 더 많은 비용을 써야 하는 상황에 처한다. 그러므로 이 지역에서는 지금의 수익 흐름을 유지하는 데 필요한 것 이상으로 투자할 유인이 훨씬 적어진다. 이 같은 쇠락의 패턴은 더 질 좋은 주거지가 부족해져 임대료 상승이 가능해지고, 돈을 들여 유지·보수해서 본전을 뽑을 수 있을 만한 상황이 되어야만 반전될 수 있다. 그렇지 않을 경우 이 지역은 자본의 순유출만 일어나게 될 것이다. 처음에는 임대업자의 입장에서도 아직 지켜야 할 투자가 상당하기 때문에 이런 순유출은 크지 않을 것이다. 이런 조건에서는 개별 임대업자나 실수요자가 자신 역시 일조한 경제적 쇠락에 맞서 싸우기란 대단히 어렵다. 주택 가치가 하락하고 이 지역의 실현된 지대 수준이 잠재적 지대 수준 이하로 하락하게 된다(그림 3-2 참조). 자신의 부동산을 부실하게 관리하지 않았던 개인은 임대료를 그 동네의 평균보다 더 높게 매길 수밖에 없지만, 그러면서도 지대를 완전히 실현시켜줄 수 있는, 소득이 평균 이상인 세입자가 들어오리라는 희망을 크게 품지도 못한다. 이것이 바로 지대 구조

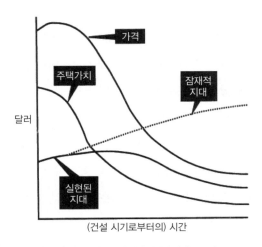

그림 3-2 가치 하락 사이클과 지대격차의 진화

를 관통하며 작동하는 그 유명한 '근린효과'다.

블록버스팅과 블로아웃

어떤 동네는 이런 임대주택으로 전환하지 않을 수도 있는데, 이 경우에는 상대적으로 안정이 이어지거나, 쇠락이 완만하게 지속될 것이다. 후자의 경우 실수요자들은 시장 전략 때문이 아니라 재정적 문제 때문이긴 하지만, 자신의 집을 부실하게 관리할 수도 있다. 블록버스팅blockbusting의 경우에는 이런 쇠락이 심해진다. 부동산 중개인들이 판매가가 하락하는 백인 동네에서 인종주의 정서를 이용해 상대적으로 집을 싸게 구입한 뒤, 첫 집을 가지려고 애쓰는 아프리카계 미국인이나 라틴계 미국인 등의 '소수 인종' 가정에 재판매하는 것을 블록버스팅이라 한다. 로런티L. Laurenti의 연구가 보여주듯 부동산의 가치는 보통 블록버스팅이 일어나기 전부터 하락세를 나타내며, 단순히 소유자의 인종 구성이 변한다고 해서 하락하지는 않는다(Laurenti, 1960). 하지만 블록버스팅이 한번 일어나면 주택가치의 하락은 가속화되는데, 이는 단지 주택시장의 인종주의 때문만은 아니다. 주택 판매가가 부풀려지다 보니, 새로 들어온 가구에서 집의 유지·보수에 들어갈 비용을 대면서 주택담보대출금까지 상환해야 되므로 자원이 쪼들리게 되기 때문이다. 이와 유사한 블로아웃blowout이라는 과정은 부동산 중개인의 손을 빌리지 않고 진행된다. 하비 등(Harvey et al., 1972; Harvey, 1973: 173도 참조)은 1960년대에 볼티모어 주택시장에서 진행된 이 블로아웃 과정을 설명하면서, 슬럼이 도심 지역 바깥으로 뻗어나간다는 점(토지가치계곡이 넓어짐), 그 결과 훨씬 바깥에 섬처럼 자리한 안전한 중상계급 주거지보다 안쪽에 있는 아직 건강한 동네들이 슬럼과 중상계급 주거지 사이에 끼어버렸다는 점을 지적한다. 따라서 이렇게 사이에 낀 동네의 실수요자들은 주로 임대업자들에게 자신들의 집을 팔고 교외로 이주할 가능성이 높다.

특별경계지역 지정

주택이 부실하게 관리되면 자본의 가치는 더욱 떨어지고 임대업자의 몫이 줄어들기 때문에 투자 중단이 더욱 적극적으로 일어난다. 주택가치와 실현된 지대가 하락하면서 판매가도 더욱 떨어지게 된다. 임대업자의 투자 중단에는 금융기관의 똑같이 '합리적인' 투자 중단이 동반된다. 이런 금융기관들은 이 지역에 더 이상 주택담보대출을 해주지 않는다. 적은 계약금으로 낮은 이자에 대출을 해주던 큰 금융기관들은, 압류 가능성이 낮고 부동산가치가 하락할 위험이 적은 교외에서 더 높은 수익을 얻을 수 있음을 알게 된다. 도심 지역에서 이들의 역할은 고위험 대출을 전문으로 하는, 규모가 더 작고 흔히 지역적으로 활동하는 조직에게 처음으로 넘어간다. 큰 금융기관들이 특별경계지역으로 설정redlining한 곳들은 연방주택관리청Federal Housing Administration이 보증을 서는 대출을 받을 수도 있다. 이 역시 사실상 교외로 제한되어 있긴 하지만 말이다. 연방주택관리청의 대출은 원래 쇠락을 방지할 의도에서 마련된 것이지만, 곳곳에서 쇠락에 기여하기도 했다(Bradford and Rubinowitz, 1975: 82). 주택담보대출 특별경계지역뿐만 아니라 자택 소유 보험회사들이 하는 특별경계지역 설정도 있는데(Squires et al., 1991), 이는 경제적 투자 중단을 더욱 가속화한다. 이 단계에서 대출이 발생할 경우 해당 부동산의 주인이 바뀔 수는 있지만, 유지·보수에 재투자가 촉진되는 것과는 무관하며, 따라서 쇠락의 과정을 그저 매끄럽게 만들 수 있다. 결국 주택담보대출 보험회사들이 해당 지역을 거부할 경우, 중·소규모 투자자들 역시 그곳에는 투자하지 않게 된다.

　기물파손행위vandalism는 주택의 가치 하락을 더욱 가속화해, 특히 세입자가 아직 들어오지 않아 부동산이 일시적으로 비어 있을 때 문제가 된다(Stegman, 1972: 60). 하지만 어떤 건물에 사람이 들어와 살고 있더라도, 관리가 제대로 이루어지지 않거나 체계적으로 쥐어짜서 사용하는 중일 때는 기물파손행위가 가치 하락에 기여할 수도 있다. 뉴욕에서든(Salins, 1981), 그보다는 흔하지 않지만 런던에서든(Counsell, 1992), 이 단계에 이르면 기물파손은 사실상 임대업자의 전략이다. 이 단계에서는 임대할 수 있는 단위의 수를 늘리기 위해 구조물을 분할하는 일이 흔하게 일어난다. 임대업자는 구조물을 분할함으로써 마지막 몇 년 동안 해당 건물의 사용(과 수익성)을 극대화하고 싶어 한다. 하지만 결국 이들은 수리를 거부하고 건물에서 임대료를 뽑아내는 데 필요한 비용만(그것도 대단히 산발적으로) 지불하면서 투자를 완전히 중단하게 될 것이다.

유기

임대업자들이 더 이상 필요한 비용(공과금과 세금)을 회수할 수 있을 만큼의 임대료를 걷을 수 없게 되면 건물은 버려진다. 이는 동네 규모에서 나타나는 현상이다. 이와 달리 안정된 동네에서 고립된 부동산을 버려두는 일은 흔하지 않다. 버려진 주택들은 많은 경우 구조상으로는 건전한데, 이는 역설적이다. 하지만 이런 건물들이 버려지는 것은 단순히 사용할 수 없어서가 아니라 수익성 있게 사용할 수 없기 때문이다. 이 쇠락의 단계에서는 임대업자들이 불을 질러 자기 부동산을 소실시킨 뒤 목돈의 보험금을 타고자 하는 인센티브가 발생한다.

젠트리피케이션: 지대격차

앞 절에서는 1960~1970년대에 일반적으로 '필터링'이라고 잘못 일컬었던 과정을 개괄적으로 그려보았다. 이는 주택시장에서 일반적인 과정으로, 많은 근린에 영향을 미친다. 프리드리히J.Friedrichs가 독일과 미국의 비교연구를 통해 명백히 보여주었듯(Friedrichs, 1993), 이 현상은 미국 도시에서 가장 완결적으로, 그리고 가장 두드러지게 나타나지만, 그렇다고 해서 미국만의 현상은 아니다. 하지만 같은 이유에서 이 같은 가치 하락의 순환은 모든 근린에서 정확히 똑같은 방식으로 발생하지도, 결코 보편적이지도 않다. 여기서 이러한 과정 전반에 대해 군이 설명한 것은, 일반적으로 젠트리피케이션이 바로 이런 순환에 뒤이어 나타나기 때문이다. 이런 과정이 완전하게 일어나야만 젠트리피케이션이 이어질 수 있는 것은 아니지만 말이다. 또 이런 쇠락을 불가피하다고 여길 필요도 없다. 로리가 상당히 정확하게 지적했듯 '필터링'은 단순히 "시간의 가차 없는 흐름" 때문만이 아니라 '인간 행위' 때문이기도 하다(Lowry, 1960: 370). 이전 절에서는 이런 행위자 중 일부가 누구인지, 그리고 이들이 창출하고 동시에 대응하는 시장의 힘이 어떤 것인지 보여주었다. 또한 앞 절에서는 필터링의 기저에 깔려 있는 실재적 메커니즘이 도심 지역의 주거지에 투자된 자본의 가치 하락임을 보여주기도 했다. 이 같은 가치 하락은 자본의 재평가revaluation(젠트리피케이션)를 합리적인 시장 대응으로 만드는 실재적인 경제조건을 창출한다. 여기서 핵심은 내가 '지대격차'라고 일컫는 것이다.

'지대격차'는 잠재적 지대 수준과 현재의 토지 사용하에서 실현된 실제 지대 사이의 차이를 말한다(그림 3-2 참조). 지대격차는 주로 (실현할 수 있는 지대의 비중을 감소시키는) 자본의 가치절하에 의해, 또 (역사적으로 도심 지역에서 잠재적 지대 수준을 상승시켜온) 꾸준한 도시 개발과 확장에 의해 발생한다. 호이트가 1928년에 토지가치를 관찰하면서 발견했던 계곡(그림 3-1 참조)은 지대격차가 발달하면서 나타난 결과라고 이해할 수 있다. 이 격차가 나타나야만 재투자를 기대할 수 있는데, 현재 용도로 모든 혹은 대부분의 지대를 실현하는 데 성공할 경우, 재개발에서 얻을 수 있는 경제적 이익은 거의 없기 때문이다. 필터링과 근린 쇠락이 진행되면 지대격차는 벌어진다. 개발업자가 건물을 싸게 구매하고, 재활성화에 참여한 건축업자에게 수익금과 비용을 지불할 수 있으며, 주택담보대출과 건축 융자의 이자를 낼 수 있고, 개발업자에게 만족스러운 수익을 남기는 판매가로 최종 결과물을 판매할 수 있을 만큼 격차가 충분히 벌어졌을 때, 젠트리피케이션이 일어난다. 이제야 완전한 지대 혹은 지대의 큰 덩어리가 실현된 것이다. 이 동네는 이렇게 '재순환'되어 새로운 사용주기에 들어간다.

여기서 우리는 투자 중단에서 비롯된 자본의 가치 하락 주기를 가지고 지대격차의 등장을 설명하는 광범위한 상황에 초점을 맞추고 있다. 그런데 실현된 지대가 가치 하락 때문에 밀려 내려가는 대신, 잠재적 지대가 갑자기 밀려 올라가서 지대격차가 다른 방식으로 벌어지는 상황도 생각해볼 수 있다. 가령 빠르고 지속적인 인플레이션이 나타났다거나, 토지시장에 대한 엄격한 규제 때문에 잠재적 지대가 낮게 유지되다가 규제가 철폐된 경우 이런 상황이 나타날 수 있다. 암스테르담과 부다페스트의 젠트리피케이션에서는 이런 요인들이 지대격차를 만들어내는 데 상당히 기여한 것으로 볼 수 있다(8장 참조).

지대격차가 충분히 벌어지면 토지와 주택시장의 여러 행위자 중 누구든 주어진 동네에서 젠트리피케이션을 촉발할 수 있다. 그리고 우리는 여기서 다시 생산과 소비의 관계로 되돌아간다. 경험적인 증거에 따르면, 젠트리피케이션은 신고전경제학자들이 사랑해 마지않는 개별 소비자 선호가 작동함으로써가 아니라, 근린 수준에서 어떤 형태의 집합적인 사회적 실천에 의해 촉발되는 경우가 흔한 것으로 보이기 때문이다. 가령 미국에서는 국가가 도시 재생 프로젝트의 연장선상에서 많은 초기 젠트리피케이션을 발의했고, 요즘에는 그 역할이 줄어들긴 했지만 여전히 젠트리피케이션에 대한 국가 보조금과 후원은 중요하다. 요즘에는 민간 시장 젠트리피케이션과 더불어 하나 이상의 금융기관이 오래된 특별경계지역 설정 정책을 뒤집고 한 동네를 적극 공략해 건축 융자와 주택담보대출의 잠재적 시장으로 만드는 것이 더 일반적이다. 공백이 긴 이러한 자금원이 다시 등장하지 않으면 이 세상 모든 소비자 선호는 아무런 의미가 없어질 것이다. 다시 말해 어떤 형태로든 주택담보대출 자본은 전제조건이다. 물론 이 주택담보대출 자본은 자신의 선호를 실행하려는 의지를 지닌 소비자가 대출을 해야 한다. 하지만 이런 선호는 사회적으로 만들어질 수 있으며, 실제로도 상당히 그렇다. 금융기관들과 함께 일반적으로 전문적인 개발업자들이 젠트리피케이션 이면의 집합적 주도권을 쥐고 움직인다. 보통 개발업자는 재활성화와 판매를 위해 하나의 동네에서 부동산 한 채를 구입하지 않고 가치가 하락된 부동산의 상당 비중을 사들인다. 이미 젠트리피케이션이 진행된 지역과 가까운 동네에서는 젠트리피케이션 초기에 이러한 집합적 자본이 우세하지 않은 예외의 상황이 상당히 나타나기도 한다. 그런 곳에서는 사실 재활성화를 촉발하는 데 보통 개별 젠트리파이어들의 역할이 대단히 중요하다. 하지만 이들이 재활성화를 결심하게 되는 것은 우선 젠트리피케이션을 시작한 동네의 결과가 나타난 뒤인데, 이는 이들 마음에서 가장 중요한 것은 건전한 재정투자임을 뜻한다. 그리고 이들은 여전히 의지가 있는 기관으로부터 주택담보대출 자금을 받아야 한다.

근린의 사용주기를 순환시키는 데는 보통 세 종류의 개발업자들이 움직인다. ① 부동산을 구매해 재개발한 뒤 재판매해 이윤을 남기는 전문적인 개발업자, ② 부동산을 구매해 재개발한 뒤 완료되면 거주하는 실수요형 개발업자, ③ 재활성화가 완료되면 세입자에게 임대하는 임대형 개발업자다.[2] 투자에 대한 개발업자의 수익은 완성된 부동산의 판매가 일부로 나타나고, 임대형 개발업자에게는 주택 임대료의 형태로도 나타난다. 판매를 통해 얻을 수 있는 수익은 강화된 지대의 실현과, 생산자본에 대한 이윤(이는 건축업자의 이윤과는 상당히 다르다)이라는 별개의 두 가지 수익으로 구성된다. 중요한 것은 전문적인 개발업자와 임대형 개발업자이지만(대중적인 이미지와는 달리 소사이어티힐에서 단연 다수는 이들이었다), 실수요형 개발업자의 경우 그 어떤 주택 건축 부문에서보다 재활성화에 적극적이다. 토지가 이미 개발되고, 얽히고설킨 재산권 문제가 어느 정도 정리가 된 뒤여도 전문적인 개발업자가 충분한 토지와 부동산을 모아 가치 있는 일을 벌이기란 항상 쉽지만은 않다. 임대형 개발업자라 해도 동시에, 혹은 연속적으로 여러 개의 부동산을 재활성화하는 경향이 있다. 실소유형 개발업자들은 건설 산업에서는 보통 비효율적인 행위자지만, 가치가 떨어진 동네에서는 어지러운 부동산 재산권 문제 때문에 재활성화에 알맞은 매개자가 바로 이들이다.

이런 관점에서 보았을 때 젠트리피케이션은 우연한 사건도, 불가피한 필터링 과정의 불가해한 역전 현상도 아니다. 오히려 이는 예측 가능하다. 19세기 도심 지역 근린의 자본가치절하는, 20세기 전반부에 지속된 도시 성장과 결합해 수익성 있는 재투자가 가능한 조건을 만들어냈다. 만일 이런 젠트리피케이션의 지대격차 이론이 맞다면, 이러한 격차가 가장 크고 최대의 수익을 낼 수 있는 곳, 다시 말해 도시 중심지와 인접한 동네, 그리고 일련의 가치 하락이 거의 끝나가는 동네에서 재활성화가 시작된다고 예상할 수도 있다. 하지만 이는 과도한 예상일 수도 있다. 경험적으로 젠트리피케이션은, 최소한 초기 단계에서는 실제로 도시 중심지와 딱 붙어 나타나는 경향이 있긴 하지만, 특정 근린에서 젠트리피케이션의 직접적 원인은 워낙 많기 때문에 쇠락의 수준이 젠트리피케이션의 경향과 상관관계를 가지기는 힘들다. 또한 이러한 이론은 초기 지역들의 순환이 다시 시작될 경우, 개발업자들이 이보다 낮지만 여전히 상당한 수익을 내는 다른 지역들(혹은 재투자의 장애물이 적은 지역들)을 물색하게 된다는 암시도 준다. 여기에는 도시 중심부에서 아주 먼 지역과, 쇠락이 그렇게 많이 진행되지 않은 지역들이 해당될 수도 있다. 그러므로 필라델피아의 경우, 소사이어티힐의 뒤를 잇는 새로운 '핫스팟'으로 사우스스트리트와 페어마운트, 퀸빌리지가 떠올랐고(Cybriwsky, 1978; Levy, 1978), 구역별로 지원금을 할당하는 필라델피아시의 선별 정책 때문에 니어노스필라델피아와 웨스트필라델피아의 다른 지역들이 미래 재투자의 유력 후보가 되었다.

초기 재활성화 계획에서 국가의 역할은 눈여겨볼 만하다. 국가는 부동산을 '공정시장가치'로 모아서 매입해 낮게 평가된 가격으로 개발업자들에게 되돌려줌으로써 자본평가절하 마지막 단계의 비용을 짊어졌고, 이로써 재활성화나 재개발이 일어나지 않았다면 불가능했을 높은 수익을 개발업자들이 거둘 수 있게 만들었다. 이제는 국가가 이런 부동산가치 산정에 이전보다 더 적게 간여하기 때문에, 개발업자들은 아직 완전히 평가절하되지 않은 자본을 평가절하하는 비용을 확실히 흡수할 수 있다. 다시 말해 이들은 부동산을 재활성화하는 데 상대적으로 높은 가격을 지불하면서도 합리적인 수익을 얻을 수 있다. 따라서 도시 재생이 그 어떤 사회적·정치적 실패를 야기하더라도(그리고 물론 이런 실패는 많았다) 국가는 민간 시장 재활성화를 고무하는 폭넓은 조건을 마련했기 때문에 경제적 측면에서는 사실상 성공했다고 볼 수 있다.

결론: 자본의 도시회귀 움직임

젠트리피케이션은 토지와 주택시장의 구조적 산물이다. 자본은 수익률
이 가장 높은 곳으로 흐르고, 교외를 향하는 자본의 움직임은 도심 지역
자본의 꾸준한 평가절하와 더불어 결국 지대격차를 만들어낸다. 이 격차
가 충분히 커질 경우 재활성화(또는 이 경우에 재개발)는 다른 곳에서 얻을
수 있는 수익률에 도전할 수 있게 되고, 그러면 자본이 도시 안으로 다시
흘러들어오게 된다. 젠트리피케이션은 도시로의 회귀 움직임이 분명하
지만, 그 주체는 사람이 아닌 자본이다.

　　20세기 후반 젠트리피케이션의 출현은 관례적인 신고전학파의 주장
과는 달리, 중상계급 주택이 도심 지역에서 밀도 있게 개발될 수 있음을
보여주었다. 젠트리피케이션은 이제 도시의 지대곡선을 크게 바꿔놓았
다. 젠트리피케이션이 중심도시의 토지가치를 재평가하면서(그림 3-3 참
조), 그리고 투자 중단이 바깥에 있는 교외로 이전되어 이제는 중간계급
의 교외가 '도시문제'에 직면했다는 새로운 불만들이 터져 나오면서, 토
지가치계곡은 바깥으로, 그리고 부분적으로는 위로 자리를 옮겨갈 수도
있다(Caris, 1996; Schemo, 1994).

　　젠트리피케이션은 공간의 거대한 재구조화를 주거와 유흥 부문에서
끌고 가는 선도적인 흐름이다(하지만 절대 그 원인은 아니다). 어떤 수준에서
공간의 재구조화는 중간계급 문화의 재구조화와 함께 진행되면서 자본
의 필요에 따라 완성된다. 하지만 자본의 필요가 체계적으로 해체되고,
사람들의 직접적 필요를 해결하는 더 많은 사회적·경제적·문화적 의제

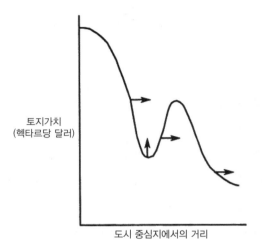

토지가치
(헥타르당 달러)

도시 중심지에서의 거리

그림 3-3 젠트리피케이션 이후 지대곡선의 진화와 토지가치계곡

들이 도시 재구조화의 길잡이로 대체되는 또 다른 시나리오도 있다.

하지만 그 사이에 이 장에서 채택한 국지적 관점만으로는 젠트리피케이션과 도시의 아주 가까운 미래에 대해 깊이 사색하기 어려워졌다. 결국 이 과정은 건조 환경에 대한 자본투자의 패턴과 리듬, 그리고 좀 더 일반적으로는 자본축적과 위기의 패턴과 리듬에 단단히 묶여 있기 때문이다.

후기

지대격차 이론은 1979년에 처음 제기된 이래로 도시 관련 문헌에서 상당한 논란과 연구를 촉발한 주제다. 어쩌면 이 이론이 소비자 선호와 개인의 선택이라는 설명의 틀을 밀어내고 개인 소비의 자리를 자본의 움직임으로 대체했다는 이유로 공격받은 것은 예측 가능한 일이었는지 모른다(Ley, 1986; Mills, 1988; Caulfield, 1989, 1994; Hamnett, 1991; Clark, 1992의 응답). 지대격차 이론과 마셜Alfred Marshall 경제학은 서로 상충된다고 지적하는 사람들도 있고(Clark, 1987), 이론 자체를 젠트리화해 다시 혼란스럽지만 안전한 신고전경제학으로 회귀시키려 했던 사람들도 있었다(Bourassa, 1993; Clark 1995의 응답; Boyle, 1995; N. Smith, 1995b). 어떤 사람들은 좀 더 직접적으로 지대격차 같은 것은 존재하지 않는다고 간단히 부정해버리기도 했다(Ley, 1986와 N. Smith, 1987의 응답; Bourassa, 1990와 Badcock, 1990의 응답). 그리고 좀 더 합리적으로 이 이론의 한계를 지적한 많은 비판가들도 있었다. 보러가드는 지대격차 이론이 어떤 동네에서 젠트리피케이션이 일어나고 어떤 동네에서는 일어나지 않는지를 정확하게 예측하지 못한다고 지적했으며(Beauregard, 1990), 배드콕B. Badcock은 애들레이드에서는 (주거지 재활성화라는 협소한 의미의) 젠트리피케이션이 사실상 지대격차를 매우기 위한 제3의 선택이었다고 지적했다(Badcock, 1989). 또한 이 이론에는 젠트리피케이션과 함께 진행되는 사회변화와의 분명한 관계가 누락되어 있고, 특히 젠트리피케이션 관련 행위자들의 등장을 설명하지 못한다(D. Rose, 1984, 1987; Beauregard, 1986, 1990).

후자의 비판에는 몇 가지 장점이 있는데, 나는 이 비판이 지대격차 이론의 적용 가능성에 어느 정도 제한을 설정하는 역할을 한다고 생각한다. 어쨌든 지대격차 이론은 애당초 지역 주택시장이라는 렌즈로 젠트리피케이션을 바라보기 위한 의도에서 출발했다는 점에서, 이는 장점일 수 있다. 또한 이는 사용하기 까다로운 개념이기도 하다(Ley, 1986; N. Smith, 1987). 그럼에도 이 이론이 처음 제안된 이후로 지대격차는 젠트리피케이션을 겪는 수많은 도시에서 확인되었다. 지대격차의 규명은 실현된 지대와 잠재적 지대를 파악할 수 있는 적절한 수단을 찾아내는 일에 달려 있는데, 서로 상이한 국가적 맥락에서 다양한 자료가 이런 목적으로 사용되었다.

클라크(Clark, 1987)의 획기적인 연구는 스웨덴 말뫼 중심가에서 표본으로 추출한 몇 개의 구역을 통해 지대격차를 공들여 규명했다. 말뫼에서는 19세기 말부터 상당한 지대격차가 나타나기 시작했지만, 1960년대 말과 1970년대 초 젠트리피케이션 활동과 재개발이 이루어지면서 사라지기 시작했다(Clark, 1988도 참조). 좀 더 최근에 클라크와 굴버그는 스톡홀름에서 다양한 건물의 형태와 도시 건물의 장기 시세, 그리고 지대격차 사이의 상호관계를 검토했다(Clark and Gullberg, 1991). 이만큼 꼼꼼하게 진행된 엥겔스(Engels, 1989)의 연구는 시드니의 교외 글레베에서 20세기 초부터 진행된 지대격차의 진화 과정을 파악해냈다. 이 연구에서도 젠트리피케이션이 시작된 1970년대 초에 이 격차가 상당히 소멸되었다는 증거가 있다. 클라크와 엥겔스의 연구는 모두 물리적인 재건축보다 앞서 나타나는 투기가 지대격차를 상당히 축소시킬 수도 있음을 보여준다.

배드콕(Badcock, 1989)은 젠트리피케이션의 여러 측면에 의문을 제기하면서도, 애들레이드에서 지대격차를 규명하는 동시에 지역적 조건과 정부 계획에 따라 평가절하된 경관에 다시 가치를 부여하는 수많은 다양한 전략이 채택되었으리라는 점을 지적했다(Badcock, 1992a, 1992b도 참조). 앨리슨은 브리즈번의 스프링힐에서 "토지가치상의 계곡"을 규명했지만, 정확히 정량화하기는 어렵다고 밝혔다(Allison, 1995: 165). 캐리K. Kary는 1960년대와 1970년대 초 토론토 근처에 있는 토지가치계곡을 도표로 표현했지만, 이 계곡의 깊이는 토론토시를 중심으로 전혀 일정치 않다고 지적한다(Kary, 1988). 그는 나아가 캐비지타운/돈베일 지구 사례연구에서 지대격차를 규명하고, 1970년대 후반과 1980년대 젠트리피케이션에 뒤이은 공한지 이용 현상의 근거 역시 추적한다. 몇몇 연구(Cortie and van de Ven, 1981; van Weesep and Wiegersma, 1991)는 암스테르담에서 지대격차가 존재함을 보여준다.

햄닛과 랜돌프W. Randolph는 런던 부동산 시장이라는 맥락에서 "어떤 부동산을 빈 상태로 소유했을 때의 가치와 세입자가 들어와 있을 때의 투자가치" 사이의 '가치격차'를 밝히고 있다(Hamnett and Randolph, 1984, 1986). '가치격차'가 충분히 클 경우 부동산 소유주는 해당 건물을 임대용 주거지에서 다른 보유 형태로 전환하고 싶어진다. 이들의 주장에는 여기서 논의한 것과 관련 있는 몇 가지 지점이 있다. 먼저 가격과 가치의 구분을 일관성 있게 유지했을 때 가치격차보다는 '가격격차'라고 하는 것이 더 타당할 것이다. 하지만 가치라는 표현이 워낙 폭넓게 통용되고 있다는 사실을 감안했을 때 이런 단어 하나에 너무 세세하게 집착하는 것은 유용하지 못한 태도인지도 모르겠다. 둘째, '가치'격차와 지대격차 사이에는 분명한 관계가 있다. 클라크(Clark, 1991a)의 지적처럼 지대격차 이론은 젠트리피케이션 과정에서 나타나는 토지 보유권 전환 문제를 직접적으로 건드리지 못한다. 그래서 가치격차는 지대격차 논의를 보완·개선할 수 있는 개념으로 볼 수 있다. 클라크의 결론처럼 "어떤 부동산에 지대격차가 없으면 가치격차도 없을 것이다"(Clark, 1991b: 24).

마지막으로 역사적으로 주목할 만한 부분이 있다. 지대격차 이론은 대단히 참신해보이지만, 그 바탕이 되는 선행 이론은 프리드리히 엥겔스와 앨프리드 마셜이라는 클라크의 주장(Clark, 1987)은 분명 정확하다. 그리고 이 생각을 앞서 예측한 다른 사람들도 있다. 1933년의 어떤 글은 지대격차의 관점에서 젠트리피케이션과 재개발을 설명하는 관점을 놀라울 정도로 유사하게 그리고 있다.[3] 지역계획가 헨리 라이트Henry Wright는 이렇게 말하면 "깜짝 놀랄 만한 주장"인지도 모르겠지만 "슬럼을 정리하는 데 최대 장애물이었던, 도시 중심지 인근 토지의 높은 가격이 이미 한

참 해체되고 있다"고 말문을 연다. 나아가 그는 "실제 토지가치와 잠재적인 토지가치"를 밝힌 뒤에 이 둘이 벌어지고 있는 그림을 보여준다.

> 따라서 우리는 슬럼 지역의 실제 사용가치가 …… 새로운 교외로 끌어당기는 두 배 더 큰 힘에 의해 …… 그리고 수용 요건이 감소된 고층 중심가를 향해 안으로 끌어당기는, 많은 사람들이 인식하지 못하는 새로운 힘에 의해 줄어들었음을 알 수 있다. 슬럼은 '부모 잃은' 지역으로 남게 되었다. …… 하지만 평소 영악했던 (부동산) 이익집단은, 유일하게 남아 있는 방식으로 슬럼을 활용해 얻을 수 있는 마지막 '실제 가치'만큼으로 사용가치가 줄어들었다며 완전한 패배를 인정해버렸다. 유일하게 남은 슬럼 활용 방식이 주거용 등으로 재건축해 상대적으로 많은 토지를 흡수하는 것인데도 말이다(Wright, 1933: 417-418).

즉, 이들은 라이트의 표현을 빌리면 개·보수와 재개발에서 얻을 수 있는 "잠재적인 토지가치"를 인식하지 못했다.

라이트는 문제를 규명할 때와 똑같이 단도직입적으로 해법을 제시한다. 그는 이렇게 말한다. 이 "더 가까운 지역들은 토지 비용을 근거로 적절하게 변경되어야 한다."

> 나는 현 세입자들을 다시 수용한다는 계획 아래 슬럼을 재건축해야 한다는 생각은, 이러한 문제를 대규모로 해결하려 할 때 더 이상 타당하지 않다고 주저 없이 말할 수 있다. …… 어째서 이러한 상황을 이용해 바람직한 주거에 대한 우리 생각을 재조정하고, 지금의 슬럼 지역을 도심 지역에서 업무를 보는 사람들을 위한 편리하고 쾌적한 주거지로 재탄생시키면 안 된다는 것인가?(Wright, 1933: 417, 419)

그 옛날 1930년대에도 있었던, "토지 비용을 근거로 변경"하기 위한 이러한 의제는 도시 재생이라는 실패한 의제를 거치면서도 지속되었고 (사실 아이러니하게도 이는 강화의 계기가 되었다), 마침내 최근 몇 십년간 지속되는 젠트리피케이션을 통해 완벽하게 표현되었다.

4장

전 지구적 논의

불균등 발전

젠트리피케이션은 지역 주택시장의 산물이며, 이러한 이유로 나는 이전 장에서 지역 스케일의 젠트리피케이션 과정을 개략적으로 이론화하려 했다. 지대격차 이론은 토지주택시장에서 개별 구조물들과 필지, 동네 스케일 역학 간의 관계를 논한다. 즉, 지대격차 이론은 구체적인 시장 행위자에 관한 어떤 지식을 포함하며, 동네 스케일에서 투자와 투자 중단의 역사를 나타낸다. 그러나 이러한 지역의 역학에 더해, 젠트리피케이션은 좀 더 넓은 정치적·경제적 변화의 프레임과 직접적으로 연결된, 일반적으로 당연하게 여기는 도시 성장 패턴의 중요한 역사적·지리적 역전을 대변한다. 젠트리피케이션은 적어도 세 대륙의 도시들에서 발생하며, 1980년대에 '세계화'라고 인식된 것과 밀접한 관련이 있다. 따라서 젠트리피케이션을 논하기 위해서는 다른 측면, 즉 전 지구적 경제의 관점에서도 볼 필요가 있다. 이는 아마도 전 지구 경제와 국가 경제의 '불균등 발전' 차원에서 젠트리피케이션을 이해할 때 가장 효과적일 것이다.

젠트리피케이션을 더 넓은 시야에서 보는 것이 중요한 이유는 공공

영역에서 핵심적인 문제뿐만 아니라 도시 변화에 대한 학문적 논의를 다루는 데 도움이 되기 때문이다. 도시경관을 빚어내는 현상으로서 젠트리피케이션의 의미는 무엇인가? 혹자는 젠트리피케이션이 국지적이고 소규모 과정이라서 상징적으로만 중요할 뿐, 전적으로 한시적이며, 장기적 의미가 없다고 본다. 젠트리피케이션은 그 수명이 짧은 예외일 뿐이라는 것이다. 이러한 관점을 지속적으로 취한 사례로는 저명한 도시지리학자 브라이언 베리Brian Berry가 있다. 그는 젠트리피케이션을 "쇠락의 바다에 있는 부활의 작은 섬"이라고 논했다(Berry, 1973, 1980, 1985). 1980년대에 젠트리피케이션이 폭증하면서 이런 예외론적 입장에는 어느 정도 제동이 걸렸지만, 1980년대 경제 호황이 끝나가는 시점의 미국과 유럽의 부동산 전문가들 역시 이 예외론적인 입장을 재빨리 취했다. 즉, 특정 요소들이 결합해 젠트리피케이션을 조장하는 것은 절대적으로 한시적일 뿐이라는 주장이다. 높은 주택 가격, 낮은 주택 공가율vacancy rates, 베이비붐 세대의 생활양식 변화, 여피족의 소비 습관은 장기적인 변화가 아니며, 이런 것들이 작동을 멈추면 젠트리피케이션도 끝날 것이라고 말이다.

이와 반대로 젠트리피케이션을 도시의 장기적인 역전으로 보는 도시 비평가들도 있다. 이러한 관점에서는 젠트리피케이션이 좀 더 거대한 대도시 '재활성화'의 일부분이거나, 교외 지역에 대항한, 혹은 교외 지역에 대한 특정 도시 활동의 재집중 일부분을 표상할 수 있다. 젠트리피케이션은 고급주택뿐 아니라 서비스, 여가 시설, 고용 기회의 자발적 재집중의 하나로 칭송된다. 가장 낙관적인 해석에서는 젠트리피케이션이 도심 지역의 역사적 쇠퇴를 전환할 잠재력을 지닌 거대한 경제적 변화와 사회운동의 일환으로 이해된다(Laska and Spain, 1980 사례 참조). 그 장미빛 낙관론의 실체가 무엇이든, 더 넓은 설명적 관점에서 보았을 때 젠트리피케이션의 미래에 대한 희망에는 아무런 근거가 없다. 유명한 젠트리피케이션 지지자인 지미 카터Jimmy Carter는 쇠락한 도시의 역전 가능성의 상징으로 사우스 브롱크스를 선택함으로써 이론보다 근거 없는 낙관론에 의지하는 행태의 절정을 보여주었다. 지미 카터 대통령이 사우스 브롱크스에 체류한 후 태생부터 신통치 않은 국가 도시정책들이 줄지어 나온 배경에는 지식과 이해가 아닌, 젠트리피케이션의 장기적 유효성에 대한 희망과 신념이 있었다.

만약 카터식의 낙관론적 입장에서 젠트리피케이션 이론을 설명하기보다 일단 당연한 것으로 가정할 경우, 한 가지가 눈에 띈다. 이러한 역전의 원인으로 지목된 것들이 정작 정반대의 결론을 설명하는 듯 보인다는 사실에도 불구하고 예외론적 관점과 매우 유사하다는 점이다. 양자 모두 도시 변화를 소비 측면의 사항들이 주도하는 것처럼 다룬다. 논의는 단지 어떠한 소비 선택이 변화를 일으키는지로 국한된다. 그러나 어떻게 하나의 일관된 도시 이론이 정반대의 결론들로 이어질 수 있는가? 명백히 새로운 사건에 열광한 나머지, 낙관론자들이 견고하게 검증된 이론의 조언을 무시하거나 저평가했다는 베리의 주장은 확실히 옳다. 그러나 바로 앞 장에서 보았듯이, 베리 자신의 입장 역시 문제가 있다. 전통적인 도시경제학 이론에 극히 일관되게 천착했기 때문에, 베리의 의지주의 voluntarist적 설명은 젠트리피케이션의 정도와 중대성을 묵살하는 결론으로 그를 이끌었다. 베리에게 젠트리피케이션은 '인센티브의 재구조화 restructuring of incentives'의 결과여야 한다는 점을 되새겨보자. 그는 이런 진행은 가능하지만, 대담한 시민적 비전을 필요로 한다고 인정한다. 사실 베리는 그런 인센티브의 변화, 그리고 이로 인한 소비 패턴의 변화는 오직 제약 구조가 변할 때만 발생할 수 있다고 주장했다(108-109쪽 인용문 참조). 그는 "대공황과 제2차 세계대전 이후에 나타난 눈에 띄는 변화"가 그러한 전환을 이루어냈고, 만일 젠트리피케이션이 주목받을 정도가 되려면 동일한 규모의 무언가가 지금이라도 똑같이 나타나야 할 것이라고 주장한다. 이런 정도의 선명한 변화는 "심각한 위기에 대한 대응"을 상징했다. "계몽된 리더십이 가장 낮은 수준의 공통분모를 목적으로 삼는 정상적 정치 상태를 압도할 수 있는 환경은 위기 상황뿐이기 때문이다." 베리는 1980년에 "그만큼 큰 위기가 있어야만 상당 규모의 불가피한 도심 지역 재활성화가 일어날 수 있다"고 주장했다.

돌이켜 생각해보면, 1980년에 이르러 우리는 이미 국내적으로나 국제적으로 주거 부문을 넘어 경제 전반에서 그러한 위기에 봉착했고, 이 위기는 단순히 '가격'과 '인센티브'를 재조정하는 것 이상의 것들을 실제로 구현하기 시작했다(Harris, 1980a; Massey and Meegan, 1978). 그러나 신고전주의 학파에서 가정하듯이 위기와 재구성은 우연히 균형 상태에서 이탈한 외생적 '요인factors'이 아니다. 경제위기는 새로운 환경과 사회적 관계를 만들어낼 뿐만 아니라 경제 안에 이미 내재된 많은 경향들을 단기간에 실현하는 구체적인 역사적 사건이다. 즉, 도시공간의 재구조화는 1970년대 이래로 계속 진행 중이다. 이 재구조화는 한편으로 베이비붐, 에너지 가격, 새로운 주택 비용 같은 그런 '요소들'을 포함하지만, 그 뿌리와 모멘텀은 우리가 불균등 발전이라 부를 만한 보다 깊고 매우 구체적인 일련의 과정들에서 유래한다. 도시 스케일에서 젠트리피케이션은 이런 과정의 최첨단을 대표한다.

도시 스케일에서의 불균등 발전

불균등 발전 개념은 사회 발전이 동일한 속도와 방향으로 일어나지 않는다는 자명한 사실을 뜻하곤 한다. 이것이 분명한 사실이라면, 면밀한 연구는커녕 언급할 만한 가치도 거의 없을 것이다. 하지만 불균등 발전은 뻔한 사실이라기보다는 자본주의 사회에 고유한, 동시에 자본주의 생산양식의 근본적인 사회관계에 직접 뿌리내린 상당히 특수한 과정으로 이해해야 한다. 분명 다른 생산양식에서도 사회 발전이 불균등할 수 있다. 하지만 그것은 무척 다른 까닭에서 연유하고, 상이한 사회적 중요성을 지니며, 결과적으로 다른 지리적 경관으로 귀결된다. 봉건적 시장 도시의 지리는 오늘날의 대도시의 지리와 구조적으로 다르다. 자본주의 체제하에서 개발지와 저개발지의 관계는 불균등 개발의 가장 명확하고 가장 중심적인 징후이며, 국제적 스케일뿐 아니라 도시나 지역의 스케일에서도 나타난다(Soja, 1980). 자본은 상이한 공간 스케일에서 각기 다른 지리적 운동을 한다. 그러나 이유는 유사하다. 구조와 목적(의식)의 유사성이 서로 다른 스케일에서도 비슷한 공간적 불균등을 발생시키는 것이다. 여기서는 불균등 발전의 경제적 논리 일부분을 스케치하는 것, 그것도 가장 축약된 방식으로 스케치하는 것 정도가 가능하다(N. Smith, 1984). 나는 불균등 발전의 주요한 세 가지 측면을 순차적으로 검토할 것이다. 각 단계에서 나는 젠트리피케이션을 분석의 대상으로 삼을 것이다. 이를 통해 젠트리피케이션을 포함하는 폭넓은 이론 틀은 물론, 불균등 발전론의 실례를 제공하려 한다.

차별화와 균등화 경향

자본주의 구조에는 두 가지 모순적 경향이 내재해 있다. 하나는 발전 조건과 수준의 균등화이고, 다른 하나는 그것의 차별화이다. 균등화 경향은 자본주의 사회에서 경제적 팽창을 위한 기본적 필요에서 비롯된다.

즉, 개별 자본가와 기업은 이윤을 창출해야만 생존할 수 있다. 그러나 개별 기업의 경쟁이 지배하는 경제에서의 생존은 자본의 점증적인 팽창, 즉 더 많은 자본의 축적을 필요로 한다. 세계 경제나 국가 경제 수준에서 이는 곧 끊임없는 경제성장의 필요성으로 통한다. 만약 이러한 성장이 일어나지 않는다면, 시스템은 위기에 빠진다. 경제적 팽창은 더 많은 노동자를 임노동과 생산적 소비로 끌어들이고, 더 많은 양의 자연자원을 배치하고 이용하는 한편, 원자재와 (소비) 시장에 값싸고 빠르게 접근할 교통수단을 개발함으로써 동력을 얻는다. 간단히 말해, 팽창은 다양한 상품을 더 많이 생산하고, 이를 시장에 판매하며, 이윤의 일부를 생산력 규모의 (더 많은) 확장에 재투자함으로써 동력을 얻는다. 역사적으로, 땅은 보편적 생산수단으로 변형되었다. 지구의 어느 곳도 원료 탐색에서 예외일 수 없다. 즉, 자본의 눈에는 토지, 바다, 대기, 지질학적 기층이 실제의 혹은 잠재적인, 그것도 각각 가격표가 달린 생산수단으로만 보인다. 이것이 생산수준과 조건의 균등화 경향 뒤에 숨겨진 과정이다. 따라서 도쿄에 있는 새로운 자동차 공장은 독일 에센이나 브라질리아에 있는 새로운 자동차 공장과 다를 바 없으며, 또한 상파울루 하르딘의 중상류층 교외 지역의 경관은 시시콜콜한 사항을 빼면 시드니나 샌프란시스코의 교외 경관과 유사하다. 지리적 공간 차원에서 자본확대와 개발 조건·수준의 균등화는 이른바 '줄어드는 세계' 혹은 '시공간 압축'(Harvey, 1989)을 초래한다. 자본은 팽창을 막는 모든 공간 장벽을 극복하고, 교통·통신 시간으로 공간적 거리를 판단하려 한다. 이것이 바로 마르크스가 통찰력 있게 이름 붙인 "시간에 의한 공간의 소멸" 과정이다.

자본은 그 본성상 모든 공간적 장벽 너머로 질주한다. 따라서 교환의 물리적 조건 탄생, 교통·통신수단의 물리적 조건 탄생, 즉 시간에 의한 공간

'미국에서 가장 더러운 곳'에서 '매력도시'로: 재개발된 볼티모어 수변

의 소멸은 이를 위해 엄청나게 필요한 일이 되었다. ······ 따라서 자본은 한편으로 교류, 즉 교환을 가로막는 모든 공간 장벽을 무너뜨리기 위해, 그리고 시장을 위해 지구 전체를 정복하기 위해 노력해야 하지만, 다른 한편으로는 시간으로 이 공간을 소멸시키기 위해, 즉 한 장소에서 다른 장소로 이동하는 시간을 최소한으로 줄이기 위해서도 노력한다. 따라서 자본이 더 발달하면 할수록 자본이 돌아다니는 시장, 자본순환의 공간적 궤도를 이루는 시장은 더 커지고, 그러면 즉각 자본은 시장을 더욱 확대하고 시간으로써 공간을 더욱 소멸시키기 위해 더 많은 노력을 경주한다. ······ 여기서 그 이전의 모든 생산단계와 차별성을 갖게 해주는, 자본의 보편화 경향이 등장한다(Marx, 1973 edn.: 534, 539-540).

이 보편화 과정이 경제적으로 표현된 것이 바로 이윤율 균등화 경향이다(Marx, 1967 edn.: III, Ch.10). 두 경향 모두 자본순환에서 실현되지만, 생산에 뿌리박힌 더 근원적인 과정, 즉 추상노동의 보편화이자, 결과적으로 발생하는 사회적 교환에 대한 '가치'의 헤게모니(Harvey, 1982; Sohn-Rethel, 1978)를 드러낸다.

　최근 수십 년간 도시 이론의 변화를 살펴본 사람이라면 도시 스케일에서 작동하는 균등화 경향이 친숙할 것이다. 그러나 도시 스케일 자체를 살펴보기 전에, 차별화에 따른 결과를 살펴볼 필요가 있다. 개발의 수준과 조건에서 드러나는 차별화는 단일한 초점에서 퍼져 나오는 것이 아니라, 수많은 축을 따라 일어난다. 먼저 현대의 자본주의도 자연 조건에 따라 차별화된 환경을 물려받는다. 차별화의 자연적 토대는 초기 사회(들)에서 일어난 불균등한 사회 발전의 근본적 요소였다. 한 가지만 예로 들면, 천연물질 사용 가능성의 차이에 따라 노동의 지역적 분업이 전개되었다. 가령 양떼에 풀을 먹일 수 있고 수력 발전이 가능한 곳에서는 직물이, 석탄과 철광석이 나는 곳에서는 철강이, 항구 부지에는 도시가 발달하는 식이다. 이는 물론 전통적인 상업지리와 지역지리의 기본이다. 또한 부분적으로는 지리 연구에서 기술記述적인 '지역 차이' 연구 전통의 기반이었다. 그러나 자본주의가 심화·발달하면서 자연과 자연의 제약으로부터 일정한 해방이 이루어졌다. 니콜라이 부하린Nikolai Bukharin은 "생산조건에서 자연의 차이가 중요할지 모르나, 생산력(들)의 불균등 발전이 가져온 차이에 비하면 자연과 자연의 제약은 그 의미가 점점 더 퇴색하고 있다"고 썼다(Bukharin, 1972 edn.:20). 따라서 현대에 지리적 차이는, 자연을 기반으로 한 기존의 차별화 패턴의 잔재가 깊이 뒤엉켜 남아 있긴 하지만, 자본주의 구조가 뿜어내는 철저히 사회적인 동학에 의해 야기되는 경향이 점차 더 커지고 있다.

　이러한 동학에는 다양한 스케일에서의 혁신적 노동분업, 다른 장소를 희생해 특정 장소에서 이루어지는 자본의 공간적 집중, 임금률wage rates 공간분화 패턴의 진화, 공간에 따라 불균등함이 뚜렷하게 나타나는 지대 곡면 계급격차 등이 포함된다. 지리적 차별화 경향에 기여하는 과정, 관계의 복잡한 실타래를 푸는 것은 거대한 작업이다. 어떤 경우, 고려하는 스케일에 따라 과정이나 관계의 중요도는 천차만별이다. 가령 임금률은 국제와 지역 스케일에서 불균등 발전을 초래하는 핵심 요소 중 하나지만, 도시 스케일에서는 아니라고 말할 수도 있다. 분화의 일반 동학을 해명하는 것은 여전히 불균등 발전의 일반론을 세우는 데 가장 어려운 장애물 중 하나이므로, 여기서 더 다루지는 않겠다. 대신 분화 과정을 구체적으로 분석하기 위해 우리의 논의를 도시 스케일에 국한시킬 것이다. 다만 이 단계에서 본질적인 지점은 자본주의 경제에서 조건과 수준의 균등화 경향에 대립해 어떤 경향, 혹은 일련의 경향들이 작동한다는 점이다. 현존하는 불균등 발전 패턴 이면에는, 구체적인 역사 속에서 모순을 유발하는 두 경향의 대립이 놓여 있다. 다른 무엇보다 균등화 과정의 대척점에 서 있는 차별화 과정은 선진국 또는 개발된 지역과, 후진국 또는 저개발 지역의 대립, 교외와 도심 지역에서 대립이 생기는 원인이다. 전후 팽창의 낙관론이 최고조에 이르렀을 때, 멜빈 웨버Melvin Webber는 '비장소적 도시 지역'urban non-place realm 개념을 고안했다(Webber, 1963, 1964a, 1964b). 그는 새로운 기술, 특히 교통·통신기술의 발전에 따라 기존 사회적 차이와 다양성의 많은 부분이 해체되고 있다고 추론했다. 많은 사람들의 경제적·사회적 근접성이 공간적 근접성에서 해방되었다. 그는 일부 가난한 사람들을 제외하면 도시성이 사람들을 영역성의 제약으로부터 해방시켰다고 주장했다. 웨버의 "비장소적 도시 지역" 개념은 많은 찬사를 받았는데, 낙천주의와 이상주의가 시의적절하기도 했지만, 도시계획 분야에서 부상하던 진보주의적 비전을 표현한 것처럼 보였고, 무엇보다 전후 도시 개발의 실질적이고 구체적인 경향성을 희미하게나마 드러 냈기 때문이다. 웨버가 때로는 함축적으로, 때로는 에둘러서 표현하긴 했어도 그는 당시 도시 스케일에서 작동하는 균등화 경향을 포착했다. 웨버가 균등화를 강조한 반면, 데이비드 하비David Harvey는 반대의 과정 으로서 도시공간의 분화, 그리고 이러한 분화 과정 아래에 있는 계급의 중요성을 강조했다(Harvey, 1973: 309).

돌이켜 보면, 양자 모두 적어도 절반의 진실만 보여준다는 점은 확실 할 것이다. 비공간적 도시성spaceless urbanism을 추동하는 힘은 전산화된 작 업의 등장으로 가속화된 통신, 전자 네트워킹, 재택근무 등의 진전밖에 없다. 그러나 이러한 진보에 접근하는 것은 지극히 불균등하다. 대다수 의 사람들이 도시공간에서 자유로워지기는커녕 도시공간에 갇혀 있는 자신을 발견하게 된다. 따라서 비장소적 도시 지역과 도시공간의 재분화 사이에 명백히 존재하는 이론적 모순은 자본주의 공간 구성의 실제적인 모순 위에 놓여 있다.

도시 스케일에서 불균등 발전의 주요 패턴은 교외와 도심 지역의 관 계에 있다. 도시 스케일에서 이 관계를 매개하는 중요한 경제적 힘은 지 대ground rent다. 발전의 불균등을 결정짓는 것은 대도시 지역 내 상이한 장 소에서 나타나는 지대 수준의 균등화와 차별화다. 물론 나도 이렇게 단 언하지만, 그 밖의 사회적·경제적 힘이 개입한다는 점을 알고 있다. 그러 나 이 중 상당수는 지대 구조를 통해 드러난다. 임금과 소득수준은 도시 주택시장에서 계층과 인종 간의 공간 분리로 극명하게 나타나지만, 그 차이는 지대를 통해 매개된다. 또는 가령, 교통체계는 어떤 위치의 접근 성을 높여 (일반적으로) 더 선호되는 장소로 만들고, 이로써 지가를 더 올리 는데, 이는 실현된 지대가 더 높아진다는 뜻이다. 그러나 여기에는 분명 닭이 먼저냐 달걀이 먼저냐는 문제가 있다. 새로운 교통체계는 지대 곡면을 재구성하는가? 만약 그렇다면 새로운 개발이 이어지고, 이는 다시 새로운 교통체계를 필요로 하게 만드는가? 근본적 개조가 고려되는 곳에서 후자의 질문은 하나의 규범과 같다. 이것이 도시 개발의 근본적 과정으로서 교외화가 상대적으로 단기적인 대상개발帶狀開發, ribbon development[도심지에서 방사상으로 뻗는 간선도로를 따라 이뤄지는 개발 행위. 일종의 난개발처럼 여겨져 금지되는 경우가 많다]과 다른 점이다. 교통수단의 발달로 개발이 강화되고 촉진되는 것은 분명하지만, 교외화는 좀 더 근본적인 초기적 힘들의 산물이다(Walker, 1978, 1981). 반면 대상개발은 새로운 교통 경로가 접근성 패턴을 변화시키고, 지방의 지대 구조가 바뀌면서 새로운 교통 경로 근처에만 개발을 유도하는 사례에 국한된다. 새로운 도로·철로·항로가 없다면, 대상개발은 일어나지 않을 것이다.

도시의 지대 패턴은 토지시장이 다양한 행위를 서로 다른 공간에 할당하는 메커니즘에서 제 역할을 다한다. 하지만 지대가 도시공간상의 분화를 관리하고 매개한다고 해서 그 자체가 분화의 원인은 아니다. 오히려 지대 곡면은 도시경관상 차별화를 지향하는 현실의 힘들을 양적으로 측정하는 도구라 할 수 있다. 현대 도시의 공간분화에는 두 가지 주요한 힘의 원천이 있다. 첫 번째 원천은 훨씬 구체적인 의미에서 기능적인데, 주거, 산업, 여가, 상업, 교통, 제도 측면의 토지 이용 등이 해당된다. 이들 범주 각각에는 규모에 따른 분화가 있다. 예를 들어, 대규모의 근대식 제조업 공장은 소규모의 노동집약적 작업장과 지리적으로 차별화된다. 두 번째 힘은 주로 주거 지역 토지 이용에 적용되는 계급과 인종에 따른 분화이다(Harvey, 1975). 이러한 사회적·기능적 차별화의 두 원천은 주로 지대 구조를 통해 지리적 분화로 나타난다.

그러나 임금격차와 도시공간의 불균등 발전은 어떠한가? 흔히들 도시공간 전반에서 나타나는 임금격차의 패턴을 없는 것으로 가정한다. 그러나 알렌 스콧Allen Scott은 토론토에 관한 통찰력 넘치는 연구에서 임금 격차의 분명하고도 체계적인 공간 패턴을 발견했다(Scott, 1981). 도시 중심에서 주변으로 갈수록 임금이 더 높아진 것이다. 해석하자면, 스콧은 많은 다른 요소가 중요하지만, 교외 지역의 높은 임금은 거의 대부분 수요-공급의 국지적 관계가 만들어낸 결과라고 주장한다. 즉, 이른바 교외 지역은 인구밀도가 낮아서 노동공급이 적을수록 임금이 높아지고, 그 역도 성립한다. 임금률 격차는 산업 고용과 기타 고용의 교외화 원인이 아니라 결과라는 견해가 논리적이다. 교외 지역 기업들이 아무리 자본집약적이라 해도, 그 업체들은 (높은 임금 때문이 아니라) 높은 임금에도 불구하고 옮길 것이기 때문이다. 사실 다른 해석도 가능한데, 산업의 규모와 임금률 간에 좀 더 직접적인 관계가 있다는 것이다. 즉, 대체로 교외에 입지한 기업일수록 더 새롭고, 더 크며, 더 자본집약적이고, 더 고도화된 경제 부문을 대변하는 경향이 있다. 그리고 이런 부문은 상대적으로 고숙련·고임금(률)이기 때문에 교외로 갈수록 임금률이 높아질 가능성이 있다.

교외화의 실제 역사는 임금률을 독립변수가 아닌 종속변수로 다룰 것, 즉 도시 내 인구밀도보다 작업 과정의 특성을 따른다고 볼 것을 주문한다. 물론 이런 결론은 도시 스케일에서만 타당할 뿐, 광역적·국제적 스케일에서는 그 반대의 경우도 있다(Mandel, 1976; Massey, 1978).

주택시장과 달리 도시의 노동시장은 직접적인 공간적 접근 제약의 결과로 정확히 나뉘지 않는다. 도시 노동시장은 숙련·인종·계급·젠더에 따라 얼마나 사회적으로 세분화되었는지와 무관하게, 근본적으로 단일한 지리적 노동시장이다. 식별 가능한 공간 스케일로서 도시의 스케일은 실제로 노동력 재생산과 통근 차원에서 정의된다. 도시 전체 지역은 통근자들의 접근성이 상대적으로 좋다. 도시에서 교외로, 교외에서 도시로의 이동은 상대적으로 빠르다. 교외에서 교외로의 이동은 약간 더 어렵다. 우리가 도시 임금격차에 관한 스콧의 설명을 받아들일지 아닐지와 관계없이, 여기서 핵심적인 사실은 도시 스케일에서 나타나는 현재의 산업입지 패턴이 임금격차의 산물이 아니며, 오히려 그러한 격차를 창출하도록 돕는다는 점이다.

도시 지역이 단일한 지리적 노동시장이 될 정도로, 그리고 매일 통근이 가능하도록 도시 전역에 유효한 교통 네트워크가 확장될 정도로 도시 스케일의 균등화 경향이 실현되었다. 그러나 여기에서 균등화는 다소 뻔한 말이다. 역사적으로 훨씬 더 근본적인 균등화는 지대 구조에서 나타난다. 신고전주의 모델에서 가정하는 전통적인 지대 곡면은 보통 중심에서 멀어질수록 감소하는 함수 혹은 곡선으로 기술된다. 다양한 선호, 즉 서로 다른 '입찰-지대곡선bid-rent curves'을 지닌 행위자들이 토지시장에 참여하기 때문에 이 곡면은 진화한다고 알려져 있다. 따라서 곡면을 분해해보면, 여러 다른 변화율을 가진 주거 지역 토지 이용 내에서 곡선이 교차하는 익숙한 결과를 얻을 수 있다. 저소득층이 중심부에 있고, 고소득층이 주변부에 있는 그림 말이다. 도시 토지시장에 대한 이런 종류의 이상적인 모델은 3장에서 논의된 필터링 모델과 정확히 일치한다. 하지만 이 모델들은 초창기 경험적 타당성을 부분적으로 얻을 수 있었으나, 오늘날 지대 곡면에는 더 이상 어울리지 않는다. 오늘날의 지대 경사gradient는 그림 3-1의 약한 쌍봉 곡선bimodal curve에서 보는 것과 더 닮았다.

이 패턴은 균등화와 차별화 두 과정이 동시에 작용함을 시사한다. 한편으로 교외 개발은 교외의 어떤 주어진 위치에 대해서도 중심과 교외 사이의 일반적인 지대격차를 현저히 감소시켜 왔다. 그러나 반대로 도시 중심지를 둘러싼 도심 지역에는 '토지가치계곡'이 발생했다. 중심지는 도심부에 대해 분화되어 왔는데, 신고전주의 초기 입찰-지대 모델의 가정에서 상당히 많이 벗어난 지대 수준을 보인다. 지대 수준이 다르면 토

토론토 시내의 이튼센터

지의 잠재적 용도도 신고전주의 모델과 일관성 있을 만한 용도에서 크게
벗어나게 된다.

　　이러한 패턴의 구체적인 기원을 알기 위해, 그리고 미래 토지 이용의
잠재성을 평가하기 위해서, 불균등 발전과 관계된 좀 더 역사적인 논거
를 만들 필요가 있다. 이를 통해 우리는 불균등 발전에 대해 고려해야 할
두 번째 측면에 도달할 수 있다. 바로 건조 환경에 투자되는 자본의 가치
증식과 가치잠식이다.

건조 환경에서 자본의 가치증식과 가치잠식

건조 환경에 투자된 자본에는 많은 특징이 있지만, 여기서 강조하려는

바는 오랜 회전기간이다. 생산과정에 직접 투자된 고정자본이든 재생산 수단(가령, 집, 공원, 학교 등)에 투자된 자본이든, 혹은 순환수단(은행, 사무실, 상업시설 등)에 투자된 자본이든 간에 건조 환경에 투자된 자본은 장기간에 걸쳐 특정한 물질적 형태로 고정된다. 건조 환경에서(잉여가치나 이윤을 찾는 투자로서) 자본의 가치증식은 필연적으로 자본의 가치잠식을 동반한다. 자본이 경관에 묶여 활용될 수 없는 기간에 자본의 증식된 가치는 조금씩 되돌아온다. 투자자가 조금씩 투자에서 수익을 얻는 것만큼 투자된 자본의 가치는 잠식된다. 물리적 구조물은 투자된 자본이 그만큼의 가치를 되돌려줄 때까지 (지속적으로) 사용되어야 하고, 손실 없이 파괴될 수도 없다. 이는 토지의 전체 구역들을 특정한 토지 이용에 꽤 오랜 기간 묶어 놓는 효과를 낳고, 이로써 자본이동성과 신규 투자에 심각한 장애를 야기한다. 그러나 축적이 일어나려면 신규 개발은 반드시 진행되어야 한다. 자본의 지속적인 가치잠식은 건조 환경에서 자본의 가치증식을 심화하는 장애요인을 발생시키기도 하지만, 이와 동시에 투자를 통한 가치증식의 새로운 국면에서 그 반대의 가능성, 이른바 장기적 가능성을 연다. 바로 이것이 도심부에서 일어나는 일이다.

주택에 투자된 자본의 경우 경제적 가치잠식 과정은 한 동네의 소유관계, 점유, 그리고 건물의 물리적 조건에서 나타나는 일련의 명확한 이행 과정으로 흔히 표현된다. 이것이 3장에서 가치잠식 사이클로 묘사했던 하강 국면의 연속적 사건들이다. 도심부 동네들의 경제적 퇴조는 기업 주도의 자유로운 토지주택시장의 '합리적'이고, 예측 가능한 결과다 (Bradford and Rabinowitz, 1975; Lowry, 1960). 자본의 가치증식이 자본의 가치잠식을 암시하듯, 도시 지역의 일반적인 확장, 특히 교외 개발은 도심 지역의 쇠퇴를 의미한다.

워커R. Walker의 지적처럼(Walker, 1981) 교외 개발에는 다양하고 복잡한 힘들이 개입하지만, 도시 스케일에서 나타나는 더 광범위한 불균등 발전 패턴에서 도심 지역의 쇠퇴와 교외화는 상호 보완적인 것으로 볼 필요가 있다. 교외화는 도시 스케일에서 발생하는 균등화와 차별화 간 상호 작용의 산물이다. 근본적으로, 교외화는 도시의 사회적 형태가 공간으로부터 해방되는 아주 역사적인 과정이다. 이 과정에는 몇 가지 차원이 있다. 공간 제약에서 벗어난 사회적 자본은 교외화로 상징되는 자연으로부터의 해방(하지만 이는 자연으로의 몰입이기도 하다)이라는 좀 더 일반적인 해방적 기획의 한 부분이다. 즉, 도시 스케일에서 나타나는 자본축적과 자본확대, 그리고 시간에 의한 공간의 소멸은 매우 특정한 형태를 띤다. 점점 확대되는 비도시적 주변부가 도시 영역으로 들어온다. 공간적 측면에서, 도시공간의 폭발적 확장을 주도한 것은 교외화 과정이었다. 교외화는 전체 사회를 지속적으로 축소시켜 도시사회로 만든다는 점에서, 시골 지역의 도시화는 선진 자본주의에서 발전 조건의 균등화를 재현하는 가장 예리한 형태들 중 하나이다.

마르크스는 "자본축적은 …… 노동계급의 확대"(Marx, 1967 edn.: I, 614)라고 주장했는데, 확실히 자본축적은 불가피하게 점점 늘어나는 노동인구의 축적을 초래한다. 집적 경제가 작동함에 따라 자본의 사회적 집중이 심화되면서, 새롭게 커져가는 생산활동을 도시 지역에 배치하려는 강력한 경향성이 생겼다. (점점 더 많은 양의 자본이 점점 더 소수의 기업에 집중되는) 자본의 사회적 집중은 축적을 위한 항상적인 운동을 직접적으로 표현하고(Marx, 1967 edn.: I, 625–628), 이러한 사회적 집중은 부분적으로 자본의 공간적 집중으로 나타난다. 만약 이러한 논의가 19~20세기의 폭발적 도시확장을 설명하는 데 도움이 된다면, 교외와 도심부 사이의 분화에는 해명해야 할 부분이 여전히 남아 있다. 이런 분화는 도시확장의 산물인 동시에 확장을 가능케 한 수단이었다.

상류층을 위한(대체로 처음에는 계절 별장이었다) 교외 주거 지역의 초창기 개발은 서로 뒤엉킨 두 가지 노동분업의 공간적 표현이었다. 먼저, 이는 집과 일터의 젠더화된 구분을 나타냈다. 아니, 어쩌면 초창기의 많은 엘리트 교외 거주자들은 무직 상태였기 때문에 중산층이 교외로 나가면서 이런 젠더화된 구분을 표현하게 되었다.

하지만 둘째, 초기 교외화는 도시 서민과 상류층 혹은 중상류층을 분리시켰기 때문에, 계층 간 공간 구분도 표현하고 있다. 중산층과 노동계급의 교외화는 나중에서야 유럽, 북미 순으로 일어난다. 이들 계층의 교외화는 인종에 따른 공간분화 역시 의미했다. 노동자 교외화는 산업의 교외화를 따라 일어났다. 이 또한 부분적으로는 개별 공장 스케일에서 진행된 혁신적 노동분업의 산물이었다. 많은 노동과정이 수많은 저숙련·단순 작업으로 해체되면서, 분리된 작업들을 단일한 복합 생산과정으로 재결합하는 데는 더 많은 공간이 필요했다. 이는 부분적으로 개개 업무의 수가 배가倍加되거나 기계의 규모가 커진 탓도 있지만, 경쟁력 유지를 위해서는 생산단위가 더 커져야 했던 이유도 있다. 결국 분업과 이런 분업의 필연적인 재조합 때문에 생산공정의 공간 규모를 확장시키지 않을 수 없었다. 지대가 낮은 교외로의 이전이 유일한 경제적 대안이었다. 아니, 교외화 그 자체가 유일한 대안이었다기보다는 기존 도시 재개발이 경제적 선택지가 아니었다. (그러는 동안) 도시 중심지는 여전히 기능하고 있었다. 달리 말해 가치잠식 과정이 계속 진행 중이었다. 요컨대 균등화와 차별화, 경합하는 두 힘의 절충이 도시 주변부의 교외화를 초래했다.

교외 개발은 분산의 과정이라기보다는 도시 지역으로 자본이 활발하게 집중한 것의 연장선으로 보아야 한다. 하지만 동시에 교외화는 도시 공간의 내적 차별화를 강화한다. 따라서 19세기 이래로 지속된 자본의 교외화는 도심부를 신축이나 개축 없이 경제적으로 방치한다는 의미이기도 했다. 이러한 과정은 자본이동을 조절하는 국가 규제가 가장 적은 미국에서 첨예하게 나타났지만 유럽, 호주, 북미 등지에서도 일반적이다. 물론 지대격차를 주도한 것은 자본투자의 공간적 이전shift이었다.

그 뒤 도시 중심지와 도심 지역에 대한 자본투자는 그 지역에 추가 투자를 막는 물리적인 경제적 장벽을 형성했다. 교외 개발로 이동한 자본은 도심 지역과 중심 시가지에 투자된 자본의 가치를 체계적으로 잠식했다. 이는 결국 지대격차를 만들어내면서 도심 지역의 신규 투자 기회를 창출했다. 과거에는 신규 투자에 대한 장벽이 효과적으로 작동하고 있었기 때문이다. 이제는 이러한 자본운동의 리듬과 주기성에 대해 살펴볼 것이다. 이는 불균등 발전에 대해 검토해야 할 세 번째, 그리고 마지막 측면이다.

재투자, 그리고 불균등한 리듬

도시 경제의 리듬과 주기성은 국가나 국제 경제의 리듬, 주기성과 긴밀히 연관되어 있다. 그래서 화이트핸드(Whitehand, 1972)는 호황과 불황을 오가는 어지러운 경기변동 주기economic boom-bust cycles(Whitehand, 1987)상의 몇몇 특정 지점에서 나타나는 일련의 파동에서 글래스고의 도시 확장과 교외화가 어떻게 일어나게 되었는지 보여주었다. 하비(Harvey, 1978, 1982)가 밝히고 있듯이, 건조 환경에 투자된 자본의 입지와 양이 주기적이지만 상대적으로 빠르고 체계적으로 변화한다는 강력한 경험적 경향이 존재한다. 이런 지리, 혹은 입지의 전환은 조금 더 넓은 경제적 맥락에서 위기의 타이밍과 강한 상관관계를 보인다. 위기는 신고전경제 이론이 주장하듯이 몇몇 일반적인 경제적 평형상태가 우연히 깨진 것이 아니다.

위기는 이윤, 사유재산, 임금 관계 위에 서 있는 하나의 경제 시스템을 중단시킬 수 있는 내재된 불안정이다. 자본축적의 필요성은 이윤율 하락, 상품 과잉생산, 그리고 종국에는 위기로 이어진다(Marx, 1967 end.: III, 13장).

젠트리피케이션은 이 거대한 과정과 직접적으로 뒤엉켜 있다. 간단하게 이윤율 저하부터 설명해보자. 주요 산업 부문에서 이윤율이 하락하기 시작하면, 금융자본은 아직 이윤율이 상대적으로 높고 리스크는 낮은 대안적인 투자처를 찾는다. 정확히 이 지점에서 자본이 건조 환경으로 유입되는 경향이 증가한다. 그 결과는 익숙한 부동산 붐이다. 1969~1973년, 그리고 1980년대 후반에 선진 자본주의 세계 전반에 걸쳐 수많은 도시가 영향을 받았다. 하지만 건조 환경에 닥친 자본 유입의 물결이 **어디로** 향할지는 아무도 모른다. 부분적으로는 방금 언급한 경제적 붐, 그것이 만든 지리적 패턴에 달렸다. 현재 도시공간에서 일어나는 재구조화의 경우, 자본 앞에 놓인 지리적 패턴은 교외 개발과 도심부 저개발이 동시에 진행되면서 빚어놓은 것이다. 이미 개발되었지만 구조적인 투자회수로 저개발 상태에 놓인 기존 도심부는 지대격차를 발생시켰지만, 이제 이는 건조 환경에 투자된 상당량의 자본이 입지를 바꿀 토대가 되었다. 따라서 주거 지역 젠트리피케이션은 자본투자의 부문 전환과 동시에 나타나게 된다.

이런 식의 입지 전환은 부드럽게 전개되지 않는다. 예를 들어 1970년대 이래로 대부분 국가의 국민경제에서 신규 주택 건설의 극적인 변동은 비정상적인 호황·불황과 함께 나타났다. 따라서 도시 스케일에서 불균등 발전은 좁은 의미의 젠트리피케이션만 초래하지 않는다. 고급 콘도 재건축, 신규 사무실 공급, 복합 문화 서비스 공간 건설, 호텔·광장·레스토랑·마리나·관광 아케이드 등을 위한 대규모 재개발 프로젝트 등 총체적인 재구조화 역시 가져온다. 이 모든 것은 단지 현재 닥친, 혹은 앞으로 다가올 경제위기에 대응해 그저 건조 환경 일반으로 자본이 이동한다는 의미가 아니다. 자본은 특히 핵심적인 도심 지역의 도시 건조 환경으로 이동한다. 재투자가 특정 지점에 집중되는 이유는 도심 지역이 재투자의 기회처로서 드러났던, 투자와 투자회수의 역사적 패턴에서 발견할 수 있다. 다른 이야기지만, 이런 관점에서 1950년대 미국 정부가 보조한 도시 재개발 계획이 실패했다는 전통적인 자유주의 견해를 재평가할 필요가 있다. 도시 재개발이 사회적으로 얼마나 파괴적인가와 관계없이(실제로 그 정책은 사회적으로 파괴적이었다), 실제 리뉴얼 계획은 전면 재개발redevelopment, 수복 재개발rehabilitation, 토지용도 전환, 그리고 결국 사적 시장의 젠트리피케이션까지 이어지는 일련의 국면에 기초를 놓았다는 점에서 경제적으로 대단히 성공적이었다(Sanders, 1980). [1950년대 이래로 영미권의 재개발 정책은 몇 번의 변화를 겪는데, 여기서 열거하는 내용은 모두 재개발의 시대별 형태를 의미하는 표현들이다.]

경제위기는 사회적·경제적 공간의 근본적 재구조화 기회를 제공하기도, 그 기회를 필요로 하기도 한다. 미국에서 교외 개발은 이윤율 반등에 도움을 준 투자 가능성 전체를 열었고, 이런 의미에서 교외화는 1890년대와 1930년대의 경기침체에 대한 구체적인 공간적 대응이었다. 연방 주택관리국의 모기지 보조나 고속도로 건설 등을 통해, 국가는 위기에 대응하는 광범위한 해결책의 일부로서 교외화를 의도적으로 보조했다(Walker, 1977; Checkoway, 1980). 지리적 측면에서는 하나의 반전이지만, 젠트리피케이션과 도심 지역 재개발은 교외화로 연결된 힘이나 관계의 연속선상에 있음이 명백하다. 교외화처럼, 도심의 재개발과 기능 회복은 실질적인 이윤 추구의 엔진으로 기능한다.

젠트리피케이션은 도심 지역 주거공간 재구조화의 일부다. 젠트리피케이션은 기존의 업무공간·상업공간·여가공간 재구조화에 포함되어 있다. 이 재구조화는 많은 기능이 있지만, 이윤율 저하에 대응하는 일이 핵심적이다. 국가 도시 프로그램National Urban Program을 보면, 지미 카터 대통령은 젠트리피케이션의 주된 기능을 이해한 듯하다. 처음으로 '도시 재활성화revitalization of the cities'가 미국 경제 전반의 회복의 일부로서 이해되었다. 이런 깨달음은 주택도시개발부와 경제개발국을 통합해 개발지원부를 창설하려 했던 카터의 노력이 상징적으로 보여준다. 물론 이 프로그램은 성공하지 못했지만, 국가 경제 재활성화라는 이름으로 도시공간 재구조화를 촉진하려는 야심찬 국가계획이었다. 1980년대 이래로 미국과 영국을 포함한 선진 자본주의 국가의 여러 정부는 주택 투자에 선을 긋고 국가 개입을 효과적으로 철회하면서 전혀 다른 방침을 세웠다. 물론 사유화라는 새로운 분위기 속에서 젠트리피케이션의 전성기가 왔다.

젠트리피케이션은 도시 스케일에서 일어나는 공간 재구조화의 최첨단에 서 있다. 그러나 탈산업화, 세계화, 민족주의의 부활, EU, 그리고 신흥 산업국가 등 모든 것이 지구·국가·지역 스케일에서 일어나는 공간 재구성의 신호를 보내고 있다(Harris, 1980b, 1983; Massey, 1978; Massey and Meegan, 1978). 비록 세계 경제 재구조화 차원에서 도시 스케일이 결과적으로 가장 덜 중요할지도 모르지만, 불균등 발전에 내재된 논리가 가장 완벽하게 완성되는 곳은 도시 스케일에서다. 불균등 발전의 논리는 한 지역의 개발이 추가적인 개발을 막는 장벽을 쌓아 저개발 상태로 이끌어감으로써, 다음 차례에 오는 개발의 국면에서 새로운 기회를 창출한다는 것이다. 지리적으로 볼 때 이는 '장소 간 시소locational seesaw'라고 부를 만한 것의 가능성을 보여준다. 자본은 한 장소에서 다른 장소로 점프했다가 다시 거꾸로 점프함으로써, 장소의 개발 기회를 창출하기도 하고 부수기도 한다(N. Smith, 1984). 이를 따라 해당 구역은 개발·저개발·재개발이 이어지는데, 이것이 장소 간 시소다.

장소 간 시소가 가능한 범위는 명확하게 제한되어 있다. 국제적 스케일에서 선진국과 저개발국 간 구분은 국경과 군사 방어를 통해 거의 예외 없이 엄격히 정해져 있기 때문에, 온전한 형태의 장소 간 시소를 발견하기는 어렵다. 하지만 광역 스케일에서 보면, 뉴잉글랜드와 스코틀랜드 중부, 프랑스 북부나 루르Ruhr처럼 과거 번성한 몇몇 산업 지역들의 경우 급격한 쇠퇴를 경험한 후 20세기 후반부에 일부 재투자가 이뤄지기도 했다. 장소 간 시소는 도시 스케일에서 가장 완벽하게 나타날 것이며, 그중에서도 미국의 도시에서 가장 확연할 것이다. 한번 개발되었다가 저개발 상태에 놓인 도시 중심지구와 도심부가 다시금 활발한 재개발사업의 한복판에 선다. 젠트리피케이션의 의미는 이것이다.

젠트리피케이션이 교외화의 즉각적인 종료를 의미하지 않는다는 점은 짚어둘 필요가 있다. 교외화가 가장 격렬하던 시기에도 도시 지역의 신규 건축이나 개축이 지속되었던 것처럼, 현재의 교외 지역 바깥이 점점 더 부각되면서 시골 지역의 도시화도 계속될 것이다(Garreau, 1991). 도시 중심가와 도심부 재개발이 경제 재구조화 과정에서 막대한 자본을 흡수할 수 있지만, 단지 그 이유만으로 결코 배타적인 재투자의 지리적 초점이 될 수 없다는 사실은 명확하다. 경제적인 재구조화가 필요한 스케일에서는 전반적인 재구조화 과정의 극히 일부에만 영향을 미쳐도 핵심적인 도심 지역 재개발이 보장될 것이다. 선택된 교외의 재개발과 쇠락, 그리고 저개발을 통한 도시와 교외의 차별화는 시골의 꾸준한 도시화와 짝을 이루게 될 것이다.

결론

이 작업의 도입부에서 나는 '재활성화revitalization'가 젠트리피케이션에 적합한 용어가 아니라고 지적했지만, 이제 우리는 그 표현이 어떤 의미에서는 적절하다는 사실을 알 수 있다. 젠트리피케이션은 이윤율 회복에만 몰두하는 더 큰 재개발 과정의 일부다. 이 과정에서 다수의 도심이 진기한 시장이나 복원된 타운하우스, 고급 부티크 거리, 요트장, 하얏트 리젠시 호텔로 가득 찬 부르주아의 놀이터로 바뀌었다. 도시경관에 나타난 시각적 변화는 일시적인 경제적 불균형에서 비롯된 우연의 부작용이 결코 아니며, 교외화에 못지않게 자본주의 사회구조에 깊이 뿌리박혀 있다. 예외론자나 낙관론자 모두 똑같이 경제적 요인, 인구 요인, 생활양식, 에너지 요인을 끌어대지만, 이는 도시 스케일에서 나타나는 불균등 발전 차원의 기초적 설명을 검토한 후에라야 적절하다. 몇몇 연구는 1980년대 말 이전에 있었던 경제와 경제적 위기의 큰 변동에서 젠트리피케이션이 경기순환과 다소 반대되는 성질이 있음을 보여준다. 호주 애들레이드에 관한 배드콕(Badcock, 1989, 1993)의 연구는 다소 불분명하지만, 미국 애틀랜타와 워싱턴 DC에 대한 제임스(James, 1977: 168)의 연구나 캐나다 도시에 대한 레이(Ley, 1992)의 연구는 이런 사례에 해당한다. 이러한 상황도 1980년대 후반과 1990년대 초반에 불황과 함께 변했으나, 이는 나중에 논의하려 한다(10장 참조).

젠트리피케이션과 이를 포함하는 재개발 과정은 후기자본주의적 도시 개발에서 구조적으로 발생한다. 자본주의는 시간에 의한 공간의 소멸을 위해 분투하지만, 동시에 자본주의 스스로의 생존을 위해 차별화된 공간 생산에 더 적극적으로 나선다. 예상대로 포퓰리즘의 상징들이 젠트리피케이션 마케팅에 이용되는 과장 광고hoopla와 부스터리즘boosterism[자신이 살고 있는 도시를 광고해 도시 개발을 촉진하려는 행위. 미국 서부개척 시대에 각 도시의 주요 행위자들이 도시의 환경을 과장해 선전해 더 많은 사람들을 도시로 끌어오고 도시를 성장시키려 했던 행태에 붙은 말이다. 지금도 성장 위주의 도시 개발과 개발 정치를 비판적으로 꼬집는 말로 쓰인다]에 깔려 있다. 광고의 초점인 '살 만한 도시 만들기'는 곧 중산층이 살 만한 도시를 의미한다. 사실상, 그리고 당연히 도시는 노동자 계급에게 항상 '살 만한' 곳이었다. 이른바 르네상스[도시 재생사업의 구호로 쓰이던 표현]는 계급과 계층에 상관없이 모두 이익을 누릴 수 있다고 선전했지만, 드러난 증거는 반대로 말한다. 예컨대 미국 주택도시개발부가 실시하는 주택연례조사Annual Housing Survey 따르면, 해마다 약 50만 가구가 쫓겨나고 있는데(Sumka, 1979), 이는 200만 명에 해당하는 숫자이다. 그중 86%는 사적인 시장 활동에 의해 쫓겨났고, 대부분이 도시 노동자 계급이었다. 자유주의 도시정책이 존속하던 1970년대에도 연방정부는 쫓겨난 사람들의 문제를 회피했다. 그들에 대한 정확한 통계가 없다거나, 진행 중인 교외화에 비해 덜 중요하다거나, 지방정부가 책임질 문제라는 식의 주장을 번갈아 내세웠다(Hartman, 1979). 게다가 '르네상스'는 대체로 도시의 재산 세수를 늘리고 실업률을 떨어뜨리는 수단으로 선전되는데, 그런 편익 중 어느 하나도 실제로 발생했다는 증거가 거의 없다. 미국의 중앙정부와 지방정부는 1980년대에 노숙자가 급증해 젠트리피케이션과 그 비용이 명백해지고 나서야 비로소 도시공간 재구조화가 불러온 사회적 부작용에 대응하는 시늉을 했을 뿐이다. 연방정부의 대응 중에는 앞서 언급된 통계 수집을 금지하는 것도 있었다.

1970년대 이래로 전후 정치경제를 승계한 경제 재구조화는 경제활동과 사회활동 말단에까지 영향을 미쳤다. 노동계급 커뮤니티(노동력 재생산의 공간)의 재구조화는 공공 서비스 감축, 실업, 복지에 대한 공세뿐 아니라 젠트리피케이션을 통한 더 큰 경제적 재구조화의 일환으로 힘차게 개시되었다. 1970년대에, 그리고 아마도 1980년대가 지난 후 다시 사회계급, 젠더, 인종이 공간 생산과 공간 이용을 둘러싼 투쟁에 ('젠트리피케이션'이라는 이름 자체로 알 수 있듯이) 깊은 자국을 남기고 있다는 사실은 점점 더 분명해지고 있다. 그렇기 때문에 젠트리피케이션은 더 광범위한 경제적 재구조화에서 사회적 의제의 일부분이다. 다른 스케일에서 경제적 재구조화, 즉 공장 폐쇄, 도망 기업runaway shops[노조 활동을 피해 노동자들 몰래 공장을 이전하는 기업], 사회 서비스 축소 등이 추진되면서 노동계급을 희생시킨 것처럼, 젠트리피케이션과 재개발 같은 도시 스케일에서 일어나는 공간 차원의 재구조화 역시 노동계급을 위협한다.

5장

사회적 논의들

여피와 주택

《뉴스위크》에 따르면 1984년은 조지 오웰George Orwell의 해가 아니라 '여피의 해'였다. 송년호 표지에 그렇게 적혀 있었다. 그리고 기사에 딸린 첫 번째 사진에서 여피의 생활양식을 젠트리피케이션과 동일시한 것은 우연이 아니다. 출세가도를 달리는 베이비붐 세대의 젊은 전문직들을 일컫는 의미로 1983년에 만들어진 '여피'라는 단어는 이미 폭넓게 통용되고 있다. 이렇게 인상적으로 데뷔한 단어는 거의 없었다. 여피들은 젊고 출세가도를 달린다는 점, 그리고 도시에 거주한다는 점 외에 만성적으로 소비에 골몰하는 생활양식이 그 특성으로 알려져 있다. 따라서 보통 젠트리피케이션을 선도하며 도시 '개척자'의 미덕을 추켜세우는 대중매체들이 보기에, 여피와 젠트리피케이션이라는 두 아이콘 사이에는 거역할 수 없는 연결고리가 있었다. 학계에서 전통적인 설명 방식들 역시 소비 선택, 생활양식의 변화, 베이비붐 세대의 역할을 강조해왔지만, 좀 더 균형 있는 설명 방식을 모색하는 많은 연구자들은 젠트리피케이션이 여피 등장의, 좀 더 냉정하게 말하면 '신중간계급'의 발달을 나타내는 사회적·

지리적 상관물임을 인식하기 시작했다. 좀 더 일반적으로 젠트리피케이션은 오늘날 진행되는 사회적 재구조화의 결과로 다뤄진다(Mullins, 1982; Rose, 1984; Williams, 1984a, 1986).

나는 앞에서 젠트리피케이션을 지역 시장과 전 지구적 시장의 정치경제적 변동의 산물로 다루었다. 이 장에서는 젠트리피케이션의 좀 더 사회적인 측면들과, 특히 젠트리피케이션은 1970년대에 시작된 많은 국민사회national societies에 영향을 미친 사회적 재구조화에서 비롯된다는 주장을 검토하려 한다. 나는 먼저 신중간계급의 존재를 보여주는 통계적 근거를 제시하고 나서, 여성의 사회적 역할 변화가 젠트리피케이션의 상당한 추진력으로 작용한다는 주장을 살펴보고자 한다. 젠트리피케이션은 일각에서 주장하듯 "혼돈을 초래하는 개념"은 아니지만, 여기에 동반된 계급·젠더 재구조화가 그렇게 간단한 문제도 아니다. 도시경관에서 계급과 젠더에 대한 이해는 젠트리피케이션의 경제적 광경과 사회적 광경을 연결하는 데 얼마나 도움이 될까?

신중간계급?

신중간계급이란 어떤 사람들을 말하는가? 라파엘 사무엘Raphael Samuel은 생생한 묘사를 통해 신중간계급에 대해 이렇게 주장한다.

> (신중간계급은) 저축보다는 지출로 자신을 차별화한다. 《선데이》의 컬러판 부록은 이들에게 허구적인 삶과 문화적 단서들을 동시에 제공한다. 이들이 문화적 소양을 갖추고 있다는 많은 주장들은 주방용품의 형태로든, '대륙식' 식사의 형태로든, 아니면 주말의 출항과 별장이라는 형태로든 좋

은 취향을 눈에 잘 띄도록 과시하는 데서 생명을 얻는다. 파티와 모임 같은 새로운 사교성의 형태들은 완고하게 나뉜 영역으로 여성과 남성들을 분리했던 성적인 아파르트헤이트를 무너뜨렸다. ……

신중간계급은 내면을 들여다보기보다는 바깥을 바라본다. 이들은 방문객들에게 집을 개방했고, 대중의 시선에 집을 노출시켰다. 이들은 창문에서 망사 커튼을 없애버리고, 가게에서 덧문을 떼어냈다. 이들은 집 안에서는 빛과 널찍함을 맹목적으로 숭배해서 방을 마음껏 드나들 수 있는 생활 구역으로 바꾸고, 컴컴한 구석이 드러나도록 노출시킨다. …… 계급은 자기 자신에 대한 신중간계급의 개념에는 거의 끼어들지 못한다. 많은 신중간계급들이 미세한 층위가 있는 제도의 세계에서 일하지만, 분명한 적대의 선은 전혀 보이지 않는다. ……

신중간계급에게는 전쟁 이전의 이들 선조와는 다른 정서의 경제가 있다. 이들은 희열을 유예시키기보다는 그 자리에서 충족시키려 하기 때문에 지출을 긍정적인 미덕으로 여기고 방종을 좋은 취향의 과시라고 생각한다. 감각적인 쾌락은 금단의 영역이 아니라 사회적 권리를 확립하고 성적 정체성을 확인할 수 있는 영역이다. 특히 전후 부르주아지들에게 열광의 대상이었던 음식은 …… 계급의 중요한 표지로 등장했다(Samuel, 1982: 124-125).

이 영국식 묘사에는 분명 국가적인 특성이 나타나지만, 그 밑에 깔려 있는 풍취는 다양한 국가적 맥락에서도 바로 포착할 수 있다. 하지만 일반적으로 알려져 있듯이 '신중간계급' 논의는 최근의 현상이 아니라 20세기 초입으로 거슬러 올라갈 수 있다. 역사학자 로버트 위베Robert Wiebe가 미국의 맥락에서 이야기한 바에 따르면, 새로 출현한 도시 산업 시스템의 전문화된 필요 때문에 이 도시의 전문직·전문가·관리자 집단에 갈수록 중요한 사회적 역할이 맡겨지면서 이 집단은 '정체성의 혁명'을 경험했다(Wiebe, 1976: 111-132). 이 '신중간계급'에 속한 개인들은 "자신만만하고 휘몰아치는 자질"에 물들어 "자신의 개인적인 모델 위에 이 세상을 개조하고 싶은 열렬한 욕망"을 품었다.

하지만 개혁시대Progressive Era[미국에서 사회운동과 정치개혁이 왕성하게 이루어지던 1890~1920년대]의 '원조 여피'가 아닌 다른 맥락에서는, 애매함 때문에 합의된 내용을 도출하기가 어려워진다. 수십 년간 논쟁이 있었지만, 이 신중간계급에 대해서는 일반적으로 받아들여지는 정의도 없을 뿐 아니라 신중간계급을 일반적으로 정의하기 위한 무대를 무엇으로 봐야 할지에 대한 합의조차 없는 상태다. 이 하나의 사회집단은 다양한 특정 영역에서 개념화되었는데, 여기에 부착된 다양한 이름표들이 바로 그 증거다. 사회과학 문헌에는 '신중간계급'과 전문경영계급 외에도 '새로운 계급'(Brnce-Briggs, 1979), '신노동계급'(Miller, 1965), '월급을 받는 중간계급'(Gould, 1981), '중간층'(Aronowitz, 1979), '노동중간계급'(Zussman, 1984), '전문적인 중간계급'(Ehrenreich and Ehrenreich, 1979) 등의 개념들이 넘쳐난다. 예전부터 쓰던 '중간계급'이라는 간단하고 재미없는 표현은 말할 것도 없다. 요컨대 계급 지도상에는 이렇듯 다양한 개념들이 서로 교차하지만, 그것이 누구를 지칭하는지는 그다지 분명하지 않다. 사실 계급이라는 개념 자체가 많은 해석의 여지가 있다. 여기서는 계급은 사람들이 생산수단과 맺고 있는 사회적 관계에 따라 규정된다는 폭넓은 가정을 따를 것이다.

여기서는 무엇이 신중간계급을 만들어냈는지의 문제가 특히 중요하다. 에런라이크B. Ehrenreich와 에런라이크J. Ehrenreich는 지난 15년간 이 주제에 대한 흥미를 부활시킨 한 논문에서 장인, 상점 주인, 독립적인 농민, 자가경영을 하는 전문직 같은 낡은 중간계급과는 달리, 전문경영직 계급은 자본-노동관계에서 독립적이지 않고, 노동계급을 관리·통제하거나 이들에게 도움을 주는 목적으로 자본에 채용되었다고 주장했다 (Ehrenreich and Ehrenreich, 1979). 이제는 이런 이들이 미국 인구의 약 25%를 차지한다. 분석력이 떨어지는 사람들은 이 집단을 전체 '화이트칼라' 노동력과 동일시하는 경향이 있는데, 이 경우 신중간계급은 전체 인구의 60%에 육박하게 된다. 니코스 풀란차스Nicos Poulantzas는 구조주의의 관점에서 오늘날 계급 시스템의 골격을 설명하면서 신중간계급을 노동계급과 자본가계급 사이에 끼워 넣었다. 이 관리직 집단은 생산수단을 소유하지도, 생산적인 노동을 수행하지도 못하지만, 정치적·이데올로기적으로 노동계급을 통치하는 데 참여하기 때문이다(Poulantzas, 1975). 분석을 좀 더 정교하게 하는 에릭 올린 라이트Erik Olin Wright는 사회를 여러 계급들의 집합으로 짜 맞추려는 시도를 거부하면서 그 대신 '모순적인 계급지위'라는 현실을 인정해야 한다고 주장했다(Wright, 1978). 즉, 계급은 딱 떨어지게 구분된 분류함보다는 경계가 애매한 집합에 더 가깝다는 것이다. 라이트에게 신중간계급은 모순적인 계급지위를 잘 보여주는 고전적 사례라 할 수 있다. 이 집단은 상위계급의 경제적 열망, 하위계급의 정치적 잠재력, 그리고 이들이 일상적으로 종사하는 일의 이데올로기적 요청에 의해 이리저리 움직인다. 1950년대부터 진행된 좀 더 전통적인 분석들은 소비 패턴을 근거로 이 새로운 계급을 규정하면서 '화이트칼라' 주장에 소비 중심적인 관점을 보탠다(Parker, 1972 참조).

신중간계급은 정치적 행보 역시 대단히 모호해서 라이트의 모순적인 계급지위 개념에 힘을 보태는 경향을 보인다. 내 식으로 표현했을 때 위베의 원조 여피는 분명히 '진보적'(미국의 개혁시대Progressive Era에 탄생했다는 점에서)이었고, 에런라이크와 에런라이크(Ehrenreich and Ehrenreich, 1979)는 60년간 신좌파 지도자들이 (넓게 보면) 같은 계급 출신이라고 설명한다. 실제로 '여피'라는 용어는 대통령 선거에 입후보한 개리 하트Gary Hart와의 관계 속에서 1983년 미국에서 등장했는데, 개리 하트도 그의 지지자들도 신좌파를 기반으로 하지는 않았지만 1980년대 '신진 세력neos'인 현대판 보수적 진보주의자(신자유주의자 혹은 신보수주의자)였다고 볼 수 있다. 1990년대 클린턴 집권기에는 행정부도 그 적대자들도 모두 이 신진 세력의 지배를 받았다. 호주의 경우 신중간계급이라는 "최신 유행을 따르는 사람들"의 정치적 전형은 개인적으로는 보수적이지만 호주노동당에서 사회적으로 의식 있는 운동가들이었다. 영국의 맥락에서 신중간계급은 "유행에 민감한 좌파들"부터, 이제는 자유민주당원이 된 좀 더 신자유주의적인 사민당의 핵심 지지자들, 그리고 젊은 보수주의자들에 이르는 스펙트럼을 아우르는 것으로 이해되었다. 런던《파이낸셜 타임스》의 한 칼럼니스트의 말을 빌리면, 사민당의 형성은 "정치 시스템이 사회변화를 따라잡기 시작한 사례로서, 주로 사회 발전을 대변한다. …… 노동계급이나 자본가에 대한 고정관념을 압도하는 새로운 계급이 존재한다" (Rutherford, 1981).

신중간계급이라는 개념은 모호하지만 은연중에 몇 가지 공통적으로 받아들여지는 테마가 있는데, 이 덕분에 우리는 실제로 어느 정도 이 계급의 정체성을 밝힐 수 있다. 하지만 정의상의 모호함을 감안했을 때, 이론과 경험적인 정체성 규명을 중재하는 데는 심각한 문제가 있다. 따라서 여기서 논하는 정체성 규명의 두 수단(구조적 수단과 경제적 수단)은 계급에 대한 정의라기보다는 계급 특수성의 지표라고 보아야 한다. 먼저 신중간계급은 직업과 소득구조 변화의 산물이라 할 수 있는데, 변화의 패턴은 이미 대단히 친숙하다. 서구 자본주의 경제에서 제조업 고용의 상대적 중요도가 감소한 반면, 전문직, 행정직, 서비스 관리직의 중요도가 특히 생산자 서비스(금융, 보험, 부동산 등)와 비영리 서비스(주로 보건과 교육),

정부 부문에서 그만큼 증가했다. 예를 들어 영국의 경우 전문직으로 분류되는 종사자의 비중은 1951년 6.6%에서 1993년 19.1%로 증가한 반면, 농업, 산업, 기타 육체노동 종사자의 비중은 동일한 40년 동안 72.2%에서 49.3%로 떨어졌다(Routh, 1980; International Labour Organization, 1994).

직업구조의 변화는 너무나 명백하지만, 그렇다고 이것이 곧 신중간계급의 출현과 동일하다는 결론을 성급하게 내려서는 안 된다. 계급 구분을 직업 차이와 무비판적으로 동일시해서는 안 되기 때문이다. 젠트리피케이션 측면에서 보았을 때, 비중이 확대되는 부문의 전문직, 관리직, 고급 행정직 인력들이 젠트리파이어에서 많은 비중을 차지한다는 점 역시 대단히 명백하다. 설문조사 중심의 많은 사례연구는 이것이 통계적으로 일반적인 경향임을 보여주기도 했다(Laska and Spain, 1980). 하지만 여피와 젠트리피케이션의 이런 관계에서 가장 중요한 것은 직업구조의 변화가 아닐지도 모른다.

젠트리피케이션이 오늘날의 사회적 재구조화에서 파생된다는 주장에는 고용 구조가 바뀌었다는 함의뿐 아니라, 신중간계급이 지나칠 정도로 많은 부를 누린다는 점에서 경제적으로도 차별화된다는 함의 역시 담겨 있다. 주택 소비 패턴을 포함해 신중간계급과 연관된 소비 패턴들은 이 집단의 많은 소득과 더 큰 지출력에서 기인한다고 간주된다. 요컨대 우리는 신중간계급의 등장이 새로운 사회계층이 벌어들이는 소득 총합이 증가하는 결과로 이어지리라고 예상할 수 있다. 즉, 소득이 가운데 집단을 향해 눈에 띌 정도로 재분배되는 것이다. 결국 신중간계급의 이데올로기에는 슬럼에서 월스트리트, 혹은 런던으로 진출한 현대판 허레이쇼 앨저Horatio Algers[가난한 소년이 자수성가하는 성공담을 주로 그린 미국 아동문학가]식 출세담이 깔려 있다. 이들이 "승승장구하는 젊은 전문직"인 것은 이때문이다. 따라서 소득 차이는 결코 계급 차이와 동의어가 아니지만, 젠트리피케이션과 신중간계급을 연결하는 특수한 논의에서는 소득 비중의 상대적인 증가가 이 계급의 등장에서 중요한 특징이라는 예상을 해볼 수 있다.

하지만 지난 몇 십 년간 소득분포를 검토해보면 패턴이 그렇게 단순하지가 않다. 전체 데이터는 소득이 재분배되고 있음을 보여주기는커녕 주기적으로 등락을 거듭하면서도 상당히 안정적인 그림을 제시한다. 전후 경제가 성장했음에도 불구하고, 미국 인구에서 가장 가난한 20%가 사회적 파이에서 차지하는 비중은 별로 증가하지 않았고, 가장 부유한 20% 역시 이 파이의 절반을 그대로 지켰다(표 5-1 참조). 만일 이 안정적인 소득분포에서 어떤 등락이 있다면 이는 1970년대 중반에 이루어진 최소한의 소득 민주화가 1980년대에 접어들면서 상당히 역전되었음을 시사한다. 1990년대가 되면 빈부격차는 20세기의 마지막 25년 중에서 가장 심해진다. 3분위와 4분위에 위치한다고 볼 수 있는 신중간계급의 경우, 이들의 수는 1970년대 내내 대단히 안정적이었다가 사실상 1982년부터

표 5-1 1967~1992년 미국의 총가구소득 비중

연도	소득분포(%)					
	1분위	2분위	3분위	4분위	5분위	상위 5%
1967	4.0	10.8	17.3	24.2	43.8	17.5
1970	4.1	10.8	17.4	24.5	43.3	16.6
1975	4.3	10.4	17.0	24.7	43.6	16.6
1980	4.2	10.2	16.8	24.8	44.1	16.5
1985	3.9	9.8	16.2	24.4	45.6	17.6
1990	3.9	9.6	15.9	24.0	46.6	18.6
1992	3.8	9.4	15.8	24.2	46.9	18.6

자료: US Department of Commerce, Bureau of the Census, 1993; Money Income of Households, Families, and Persons in the United States, 1992: 60-184.

상당히 줄어들었다. 젠트리피케이션이 가장 활발하게 진행되었던 1980
년대는 신중간계급이 등장한 시기가 아니라 오히려 신중간계급이 줄어
든 시기인 것으로 보인다. 그러니까 1970년대 후반 이후 미국에서는 소
득과 부의 양극화가 더 심해졌고, 다른 선진 자본주의 국가에서도 더 넓
은 경제적 변동과의 연계 속에 소득분포가 좀 더 완만하긴 해도 이와 크
게 다르지 않게 바뀌었다.

따라서 (최소한 젠트리피케이션의 맥락에서) '신중간계급' 개념에 호소하는
것은 이론적 범주로서라기보다는 '경험적 일반화'(Chouinard et al., 1984)라
는 결론을 내리지 않을 수 없다. 이는 하나의 과정에서 믿을 수 없을 정도
로 말쑥한 특징을 뽑아내는데, 우리 대다수에게 이는 직관적으로 분명해
보이지만, 사실은 제대로 이해한 것이라고 볼 수 없다. 다시 말해, 신중간
계급과 유사한 무언가가 등장했을지는 모르지만, 최소한 상대적인 경제
적 측면에서 이는 큰 의미가 없을지 모른다. 여기에는 몇 가지 가능성이
있다.

① 신중간계급에게는 분명한 경제적·직업상의 정체성이 있지만, 젠
   트리피케이션 같은 대단히 가시적인 경험에서 이들의 중요성이
   과장되었다.
② 신중간계급은 소득이 아니라 직업상의, 정치적이거나 어쩌면 문
   화적인 기준에 의해 구분된다. 전문직, 관리직, 행정직은 어쩌면
   자신의 사회적 역할에 대한 분명한 자기 개념을 만들어내고, 이는
   마찬가지로 분명한 소비 선택으로 표현되어 중심적인 도심 지역
   에 공간적으로 집중되는 결과로 이어질지 모른다. 이 계급에 끼게
   된 사람들의 소득이 절대적으로 증가하면서 이런 공간적 집중이
   가능하게 된 것이다.

③ 신중간계급은 독자적인 집단이 아니라서 그 어떤 기준으로도 구
   분되지 않으며, 젠트리피케이션에 대한 설명은 다른 곳에서 찾아
   내야 한다.

이런 대안들의 가능성을 확인하기 전에 젠트리피케이션의 사회적 윤
곽이라는 문제를 확장시켜 보는 것이 좋을 것 같다. 사회적 재구조화를
젠트리피케이션과 연결하는 주장은 계급 구성뿐만 아니라 젠더 문제, 즉
여성(과 남성)의 역할 변화, 재생산 관련 관행의 변화, 임금노동과 재생산
의 관계 변화 등과도 연결되어 있기 때문이다.

여성과 젠트리피케이션

로즈D. Rose의 말처럼 "젠트리피케이션을 유발하는 데 여성이 적극적이
고도 중요한 역할을 하고 있다는 사실이 이제는 점점 많은 사람들에게 받
아들여지고" 있다(Rose, 1984: 62). 로즈는 여성들이 젠트리피케이션에 참
여하는 이유가 "아직 적절하게 개념화되지는 않았다"고 말하면서도, 여
성들이 처음으로 그런 집들을 경제적으로 감당할 능력이 생겼기 때문에,
혹은 다른 집은 감당할 능력이 없기 때문에 갈수록 많은 여성들이 젠트리
피케이션의 물결에 합류하는지도 모른다고 밝힌다. 젠트리피케이션에
서 여성이 중요하다는 일반적인 주장을 가장 간명하게 펼친 사람은 앤 마
커슨Ann Markusen일지도 모른다.

젠트리피케이션은 대체로 가부장적인 가정이 붕괴된 결과물이다. 중심
업무지구에 직장이 있는 게이, 싱글, 전문직 커플로 이루어진 가정들은 갈

수록 중심부라는 입지를 매력적으로 여기고 있다. …… 젠트리피케이션은 대체로 여러 월급쟁이들의 통근 비용을 최소화할 수 있는 상대적으로 중심에 가까운 도시 내 입지와 가정의 생산 효율성을 강화하거나(가게가 더 가깝다), 가정 내 생산을 시장 상품(세탁소, 음식점, 보육시설)으로 대체할 수 있는 입지 모두를 필요로 하는 맞벌이(혹은 그 이상의) 전문직 가정에 부합한다(Markusen, 1981:32).

여성과 젠트리피케이션을 연결 짓는 이 가정에 대한 경험적 추이를 보여주는 기록은 거의 없지만, 이는 보편적인 확신으로 통용되고 있다. 젠트리피케이션 연구에는 경험주의적인 전통이 대단히 강한데, 그 많은 사례연구와 근린 조사에서 여성이 젠트리피케이션과 얼마나 관련 있는지를 명백하게 기록한 것이 거의 없다니 그 자체로 이상한 일이 아닐 수 없다(하지만 Rothenberg, 1995 참조). 이 절에서 나는 미국의 국가 통계와 지역 통계를 통해 이 관계에 대한 통계적 근거를 제시하려 한다.

제2차 세계대전 이후 여성의 노동력 참여가 꾸준히 증가한 것은 잘 알려진 사실이다. 1946년 미국에서 30.8%였던 노동력 참여 여성 비중은 1993년 57.9%로 꾸준히 증가했다(US Department of Commerce, 1994). (참고로 남자의 경우 노동력 참여 비중은 83%에서 78%로 줄어들었다.) '공식적인' 노동력 시장 참여 증가는 상대적인 소득 증대와도 부합하는 것으로 보인다. 1970년 남성의 중위소득 대비 여성의 중위소득은 33.5%에 불과했지만, 이는 1992년 52.2%로 꾸준히 증가했다(US Department of Commerce, 1994). 하지만 가장 많은 증가분이 최고 소득 여성들에게 쏠리면서 증가량은 대단히 불균등하게 분배되었다. 1970년 직장 여성 중에서 2만 5000달러 이상을 버는 비중은 8.9%에 불과했지만, 1992년 이 수치는 19.4%로 늘어났다. 이 고소득 여성 집단 중 백인이 차지하는 비중은 87%였다. 반면 똑같은 고소득 구간에 속하는 남성의 비중은 같은 기간에 40~44%로 상당히 안정적이었는데, 1980년대 초와 1990년대 같은 불황기에는 하락하고, 1970년대 초와 1980년대 말 같은 경제성장기에는 증가했다. 이를 통해 우리는 절대적인 관점에서 사실상 고소득 인구는 늘어났고, 여성, 그중에서도 특히 백인 여성은 집단 내에서 항상 소수이긴 하지만 그 비중이 꾸준히 늘고 있음을 알 수 있다. 또한 고소득 여성의 증가는 소득이 가장 낮은 여성들의 소득이 상대적으로 그만큼 감소했다는 뜻이기도 하다. 이는 물론 빈곤의 여성화 주장에 부합한다(Stallard et al., 1983; Scott, 1984).

이러한 미국 자료는 소득위계의 최상위에서는 여성의 수가 상당히 늘어나고 있으며, 이 집단이 실제로 잠재적 젠트리파이어의 보유지라는 데서 그 의의를 찾을 수 있다. 이들은 출세가도를 달리면서 로즈의 주장처럼 처음으로 비교적 좋은 환경의 주택을 감당할 경제적 여유가 생겼는지도 모른다. 하지만 이런 전국적인 수치를 어떻게 하면 지역 상황과 비교할 수 있을까? 포괄적인 연구가 없기 때문에 나는 뉴욕시에서 진행 중인 연구를 통해 상황을 그려보려 한다. 그 특수성을 감안했을 때 이 그림은 여성이 젠트리피케이션에 간여하는 정도를 보여주는 부분적 지표로만 여겨야 한다.

연구에서 검토한 다섯 동네 모두 1970년대까지 젠트리피케이션을 경험했고, 이는 1980년대까지 이어졌으며, 다소 완만해지긴 했지만 1990년대에도 크게 다르지 않았다. 1970~1990년의 소득과 임대료에 대한 인구총조사 자료는 사회적·물리적 변화가 분명히 일어났음을 확인시켜 준다. 다섯 동네는 그 물리적·사회적 구성에서 상당한 차이가 있다. 첫 지역인 그리니치빌리지는 주로 주택가로서 문화적 열기가 있긴 하지만 안정된 공동체들로 이루어져 있다. 주로 게이 젠트리피케이션이 집중된 웨스트빌리지는 1950년대 말부터 이미 젠트리피케이션을 경험했지만, 최근의 많은 젠트리피케이션 활동은 빌리지의 주변에서 일어났다. 빌리지의 남쪽 경계에 있는 소호와 트라이베카가 두 번째와 세 번째 동네인데, 이 두 동네에는 이전에 산업지구였지만 지금은 공장을 아파트나 창고로 개조한 곳들이 많고(Zukin, 1982: Jackson, 1985), 소호의 경우 예술가 지구Artists' Zone로 지정되었다. 네 번째 동네는 링컨 센터 바로 옆에 있는 어퍼웨스트사이드에 있는 곳으로, 주로 주택가이긴 하지만 고급 음식점과 부티크가 있는 콜럼버스가가 여기에 속한다. 다섯 번째 동네는 어퍼이스트사이드와 이스트할렘 사이의 경계에 걸쳐 있는 요크빌이다. 이 지역의 경우 1970년대에는 기존 주택들이 점진적으로 바뀌었지만, 1980년대에는 호화 주택을 건설하는 진지한 프로그램의 대상 지역이 되었다(240쪽 그림 7-1 참조).

이 분석의 결과는 놀라웠다. 먼저, 1970년대에 뉴욕시 전체 인구는 10% 이상 감소했지만, 이 지역에 속한 인구조사 표준구역의 75%에서 전체 인구가 늘어났다. 이는 과거에 유기되거나 최소한 사람들이 떠나갔던 동네로 사람들이 재집중되고 있음을, 혹은 토지가 주로 산업이나 상업 등 비주거용으로 사용되던 트라이베카 같은 동네로 사람들이 들어와 살고 있음을 뜻한다. 1980년대에는 뉴욕시 전체 인구가 4% 증가한 반면, 이 지역의 인구조사 표준구역 중 67%에서 그 이상으로 인구가 늘었다. 이보다 훨씬 인상적인 것은, 이들 지역 내 인구조사 표준구역 중 단 두 곳의 예외만 빼면 1970년대 여성 인구는 남성 인구보다 훨씬 빠르게 증가했다는 점이다. 다시 말해, 젠트리피케이션이 이루어진 인구조사 표준구역에 거주하는 사람들 중에서 여성의 비중이 점점 늘어났다. 게다가 예외적으로 여성 인구가 감소했던 두 곳의 인구조사 표준구역은, 게이 남성이 젠트리피케이션 과정을 주도적으로 이끈 웨스트빌리지에 속한 곳이다. 1980년대에도 젠트리피케이션이 이루어진 지역에서 남성보다 여성이 더 많이 늘어나는 추세가 지속되었고, 인구조사 표준구역 네 곳을 제외한 모든 곳에서 여성 인구 증가율이 남성 인구 증가율을 앞질렀다.

상대적인 수의 극적 증가 외에 여성 내 변화의 윤곽은 우리가 젠트리 피케이션이 진행되는 동네에서 예상할 수 있는 것과 크게 다르지 않다. 이들은 주로 싱글 여성으로 이루어져 있는데, 특히 어퍼이스트사이드와 요크빌의 경우 1970년대에 혼자 살거나 다른 사람과 함께 사는 싱글 여성의 증가세는 여성가장 가구와 기혼 여성의 절대적 감소세에 필적했다. 이는 아마 젠트리피케이션이 이루어지면서 가난한 가정과 여성가장 가구가 밀려나고, 이들보다 부유한 싱글 여성에게 우호적 여건이 조성되었기 때문일 것이다. 연령의 경우 25~44세 여성이 도시 평균보다 상당히 더 많이 증가했고, 고용 측면에서 가장 중요한 변화는 남편과 함께 사는 여성의 공식적 취업이 상대적으로 늘었다는 점이다. 다시 말해 맞벌이 이상인 가정의 수가 더 늘고 있는 것이다. 마지막으로 이 동네의 주민 중 전문직·관리직·기술직 종사자의 비중이 늘고 있는 것으로 보인다.

이런 결과가 다른 도시에서도 똑같이 나타날지, 아니면 다른 여러 측면이 그렇듯 여기서도 뉴욕시는 독특한 장소인지는 확인이 필요하다. 하지만 이들 동네에서 수집한 증거들이 마냥 평범해 보이지만은 않는다. 이는 여성과 젠트리피케이션 사이에 연결고리가 있다는 주장을 뒷받침한다. 그러나 여기서 여성이 정확히 어떤 역할을 하는지 파악하기가 쉽지 않다. 젠트리피케이션을 유도한 일차적 힘이 여성에게 있다는 결론은 무리일 수 있다. 상관관계는 인과관계와 다르고, 관련되어 있다고 해서 반드시 먼저 부추겼다고 보긴 어렵기 때문이다. 여기에는 사실 두 가지 질문이 있다. 첫째, 여성들이 젠트리피케이션에 간여하게 된 것은 소득 위계 상위에 있는 상대적으로 몇 안 되는 여성들이 경제적으로 더 부유해졌기 때문인가(기본적으로 이는 경제 중심적인 설명이다), 아니면 여성운동 덕분에 생산양식과 스타일, 노동시장 내에 정치적·구조적 변화가 일어나서, 한편으로는 계급과 인종 측면에서 지극히 제한적인 여성들에게만 영향을 미치긴 했지만, 어쨌든 억압적이었던 사회적 유대가 헐거워졌기 때문인가? 둘째, 여성들은 과연 여성으로서 젠트리피케이션 내에서 얼마나 특수하고 차별적인 역할을 맡고 있는가?

'젠트리피케이션'이라는 표현은 도시 변화에 대한 계급 중심적인 분석을 암시하고, 젠트리피케이션에 대한 사회적 설명은 계급과 젠더 구성을 어느 정도 중첩시키는 경향이 있게 마련이다(Bondi, 1991a, 1991b). 그렇다고 워드A. Warde가 바라는대로 소비를 도시 변화의 일차적 동력으로 복귀시키고 경제적 설명 방식을 폐기해야 한다는 뜻은 아니다(Warde, 1991; Filion, 1991도 참조). 그보다는 사회적 주장과 경제적 주장을 서로 보완하는 방식으로 다듬을 필요가 있다. 이런 맥락에서 나는 젠트리피케이션에 대한 사회적 주장은 동네보다 더 넓은 지리적 스케일에서, 또 그보다 훨씬 넓은 의미에서 계급 구성을 고려해야 한다고 주장한 브릿지의 지적이 타당하다고 생각한다(Bridge, 1994, 1995).

젠트리피케이션은 혼란스러운 개념인가?

젠트리피케이션이 애초부터 젠더에 물들어 있으면서 동시에 계급에 뿌리를 둔 과정이라면 로즈(rose, 1984)의 주장처럼 이는 젠트리피케이션이 어쩔 수 없이 '혼란스러운 개념'이라는 뜻일까? 앤드루 세이어Andrew Sayer는 마르크스가 무심코 던진 말(Marx, 1973 edn.: 100)을 정교하게 다듬으면서, 많은 분석에서 우리는 우리에게 필요한 일을 수행할 수 없는 개념들을 채택한다고 지적했다(Sayer, 1982). 일반적으로 이런 '혼란스러운 개념들'은 원래 전달하려 했던 실제 상황을 담아내지 못하며, 정의가 불분명하다. 하지만 세이어는 우리가 개념을 이끌어내는 추상화 과정에 대한 좀 더 구체적인 정의를 염두에 둔다.

> 우리가 추상적인 사고를 할 때는 사물의 특정한 한 가지 측면만을 따로 떼어낸다. 우리는 이런 측면들이 현실 세계에서는 가시적으로 자연스럽게 분리되지 않는다는 사실을 알고 있다. 그리고 자연과학에서 실험의 목적은 바로 이런 추상화 과정을 성취하거나 객관화하는 것이다. '합리적인' 추상화란 어떤 통일성과 자율적인 힘을 갖춘 이 세상의 중요한 요소를 따로 떼어내는 것이다. 반면 부실한 혹은 '혼란스러운 개념 작용'은 무관한 것들을 엮거나 분리 불가능한 것들을 분리시킨다(Sayer, 1982:70-71).

물론 이런 관점에 따르면 인식론적인 문제의 골자는 무관한 측면과 분리 불가능한 측면들을 구분하고, 그에 따라 개념을 고안하는 것이다. 다시 말해 우리는 생략해야 하는 것을 아무 것도 넣지 않고, 포함시켜야 하는 것을 하나도 누락시키지 않은 채 이런 '대상의 고립된 측면들'을 정확히 엮어줄 수 있는 개념들을 발전시키려 한다.

로즈는 이런 인식론적 실재론을 젠트리피케이션에 적용한다(rose, 1984). 이는 풀어내기 어려운 복잡한 주장이지만, 여기서 한번 요약을 시도해볼 만한 가치가 있다. 기본적인 요점은, 문헌에서 흔하게 사용하는 "'젠트리피케이션'과 '젠트리파이어'라는 용어"가 도심 지역의 변화에 단일한 인과 과정이 아닌 다양한 과정들이 얽혀 있다는 사실을 가려버린다는 점에서 '혼란스러운 개념'이라는 것이다. 젠트리피케이션이 경제적 관점의 너무 협소한 정의라고 생각한 로즈는 개념의 재구성을 시도한다. 그녀는 인간과 노동력의 재생산 형태 변화와 대안적인 생활양식, 가구

구조의 변화에 초점을 맞춘다. 그러므로 보러가드(Beauregard, 1986)와 윌리엄스P. Williams(Williams, 1986)의 경우처럼 로즈의 경우도 가장 먼저 해결해야 할 문제는 얼마나 잠재력 있는 '젠트리파이어들'이 생산되고 재생산되는가이다. 이 복잡한 과정의 일부를 탐색하기 위해 로즈는 '주변적인 젠트리파이어'라는 개념을 도입한다. 로즈에 따르면 주변적인 젠트리파이어는 아마 여성인데다 소득이 대단히 빠듯한 정도일 것이며, 분명 전형적인 젠트리파이어 개념과는 맞지 않지만 그럼에도 젠트리피케이션 과정에서 중요한 역할을 할 수도 있는 사람들을 말한다. 로즈는 1980년대 중반에 주당 195달러를 벌면서 "오클랜드의 별 볼 일 없는 동네"의 작은 스튜디오에서 살았던 대졸 편모의 사례를 소개한다(Rose, 1984:67).

난 여기에는 두 가지 주장이 혼재되어 있고, 따라서 우리가 이 둘을 분리하면 로즈가 생각했던 '젠트리피케이션' 안의 혼란은 많이 사라질 거라고 생각한다. 첫 번째 주장은 많은 빈민들이 '좋은 동네'에서 적당한 가격의 합리적인 주거지를 찾기가 갈수록 어려워지고 있는 상황과 관련이 있다. 여성은 소득감소에서 파생되는 영향에 특히 노출되어 있고, 일부 여성 집단, 즉 소수 인종 여성, 편모, 레즈비언, 실업자 여성 등은 다른 집단에 비해 더 크게 영향을 받는다. 로즈의 두 번째 주장은 젠트리피케이션은 진행 과정에서 "젠트리피케이션을 유발한 집단보다 소득이 훨씬 더 나은 화이트칼라 가정들"이 끼어들기 때문에 그 협소한 계급적 성격을 잃게 된다는 것이다. 이는 별개의 두 가지 주장이며, 지금도 젠트리파이어와 빈민은 별개의 인구집단이다. 하지만 로즈는 '주변적인 젠트리파이어'라는 개념에서 도시 변화의 여러 측면과 그 영향을 받는 다양한 인구집단 사이에 존재하는 차이를 흐려버린다. 점점 많은 사람들, 특히 여성들이 젠트리피케이션을 하나의 주거 선택으로 여기게 되었다는 점은 분명하다. 그리고 그런 의미에서 젠트리피케이션의 기회는 정치 영역에서

별 구분 없이 경제적 위계의 하위에 있는 사람들을 걸러내긴 했지만, 연간 겨우 1만 달러를 버는 편모 가정을 젠트리파이어로 간주하는 걸 보면 그렇게 많은 사람들을 걸러내진 못한 것 같다. 이런 가정을 '젠트리피케이션' 범주에 포함시키는 것은 내가 보기엔 별 문제가 없는 용어에 혼란을 강요하는 것과 같다. 로즈는 의도하지 않았겠지만, 이는 부동산위원회가 자기 이해관계 때문에 재정의한 젠트리피케이션 개념과 맞아떨어진다(2장 참조). 게다가 앞서 살펴본 뉴욕시 동네의 경험, 즉 젠트리피케이션과 함께 이른바 여성가장 세대가 늘어나는 것이 아니라 감소했던 실제 경험은 로즈의 입장과 맞지 않는다. 이런 동네에서는 "비혈육 세대가 주변화"(Watson, 1986)되었을 뿐만 아니라 여성 내부의 빈부격차도 심해졌다. 즉, 주변적인 젠트리파이어 개념이 함의하는 수렴은 나타나지 않았다.

그렇다고 해서 대졸자든 아니든 가난한 남성과 여성이 조만간 젠트리피케이션이 시작될 수도 있는, 저렴하고 투자가 중단된 지역으로 이사하는 일이 전혀 없다는 뜻은 아니다. 이런 일은 분명 있다. 여기서 중요한 점은 젠트리피케이션은 존재 상태가 아니라 과정이고, 실재론에 제대로 입각한다면 주변적인 것이 아니라 핵심에 있는 것으로 정의해야 한다는 점이다. 따라서 '주변적인 젠트리파이어'의 의미는 이들이 젠트리피케이션을 정의한다는 데 있는 것이 아니라, 이들이 "도심 지역에 있는 동네 주민이 저소득자에서 고소득자로"(Rose, 1984: 62) 변하는 과정에서 주변적이라는 데 있다. 주변적인 젠트리파이어들은 초기 단계에서는 특히 중요하고, 문화적 특성과 대안적인 생활양식 측면에서 차별성을 띨 수도 있지만(Zukin, 1982; DeGiovanni, 1983), 젠트리피케이션 과정이 지속되고 부동산가치가 상승할 경우 이들이 그 지역에 그대로 머무를 수 있을지 없을지는 문화적 특성보다는 경제적 특성에 좌우된다. 그러므로 결국 혼란스러운 건 젠트리피케이션 개념이 아니라 바로 주변적 젠트리파이어라는 개념이다. 하지만 이는 상당한 설명적·역사적 타당성이 담긴 중요한 개념일 수도 있다. 여기에는 이제까지 개념화된 적 없었던, 사회적으로 제한된 과정에서 좀 더 넓은 과정으로 넘어가는 젠트리피케이션의 진화가 담겨 있기 때문이다. 하지만 젠트리피케이션의 핵심적인 특성에서 이를 분리시키기 전까지는 혼란스러운 개념으로 남을 것이다.

　　마지막으로 주변적인 젠트리파이어가 '젠트리피케이션'이라는 혼돈의 증거라는 주장 이면에는 은근한 정치적 주장이 담겨 있다. 로즈는 "우리는 모든 젠트리피케이션을 중단시킬 수 없기 때문에", 그리고 여기에는 이해관계가 모두 상이한, 대단히 다양한 집단들이 관련되어 있기 때문에 폭넓은 기반을 가진 정치적 동맹과 연합체가 "진보적인 개입 형태"에 대한 최고의 희망과 "저항의 공간"의 정체성을 제시할 것이고, 우리는 그 안에서 "젊은 세대가 선호하는" 생활·노동 방식을 실험할 수 있을지 모른다고 주장한다. 우리는 "모든 젠트리파이어들이 모두 동일한 계급 지위를 갖는다고, 이들이 밀려난 사람들과 '구조적으로' 대척점에 있다고 미리 예단해서는 안 된다"(Rose, 1984: 68). 실제로 이런 융통성 없는 가정은 특정 동네의 젠트리피케이션에 대해 많은 것을 말해주지도 못할뿐더러 "저항의 실천"과 "젊은 세대가 선호하는 생활양식"에 특별히 도움이 되지도 않을 것이다. 하지만 이것을 가지고 젠트리파이어로 참여하는 사람들과 거기서 밀려난 사람들 간에 ('구조적'이든 어떤 식으로든) 대단히 분명한 대립이 존재한다는 사실을 덮어버려서도 안 된다. '주변적인 젠트리파이어' 개념은 동맹 결성의 이름 아래 젠트리피케이션이 진행되는 많은 동네에서 나타나는 명백한 대립을 최소화하는 결과를 분명히 초래한다.

젠트리피케이션, 계급과 젠더: 몇 가지 잠정적 결론

신중간계급을 경제적 측면에서 규명하기는 특히 어렵다. 따라서 속 빈 강정처럼 겉만 번드르르하게 여피와 젠트리피케이션을 엮기 전에 잠시 진지하게 고민해볼 필요가 있다. '여피'와 '신중간계급'은 직관적으로는 분명해 보이지만, 설명되지 않은 과정에서 속임수에 가까울 정도로 깔끔하게 특징을 잡아내는 경험적 일반화에 불과하다고 볼 수 있다(Sayer, 1982; Chouinard et al., 1984). 고용 구조가 극적으로 변했고 근본적인 사회 재구조화가 일어나고 있다는 점에는(Mingione, 1981) 의심의 여지가 없으며, 이 때문에 (집과 직장, 그리고 그사이에서) 여성의 전통적 역할도, 사회의 계급 구성도 바뀌고 있음은 물론이다. 마찬가지로 이러한 사회 재구조화는 젠트리피케이션 과정에 깊이 연루되어 있다.

로즈가 추상적이고 기능주의적인 입장에서(구조주의적인 입장과 혼동해서는 안 된다) 계급을 젠트리피케이션 이해의 수단으로 다루지 않은 것은 타당하다. 그런 식의 계급분석은 사회과학자들이 마르크스와 마르크스주의를 재발견하던 초창기의 특징이었다. 당시에는 비록 조야하긴 했어도 지리적 경관을 빚어내는 사회 과정의 계급적 성격을 파악하려는 노력이 막 시작되었다. 논쟁은 이미 이러한 수준 너머로 분명하게 옮겨갔다. 즉, 계급이 더 이상 무관하다는 말이 아니라, 계급분석이 더 정교해져야 한다는 뜻이다. 자본가와 노동자라는 두 계급으로 이루어진 고전적 마르크스주의 모델은 전체로서의 자본주의를 바라보는 데 상당한 통찰력을 제공하지만, 사회적·정치적 변화라는 구체적 경험을 이해하는 도구로 쓸 때는 항상 더 다듬고 진전시킬 필요가 있다(Marx, 1967 edn.: I 640-648, III 370-371, 814-824; Marx, 1963 edn., 1974 edn. 참조). 두 계급 모델을 통해 어떤 동네에서 진행되는 젠트리피케이션의 세부 사항을 검토하려는 것은, 도끼로 목공예를 하려는 것과 같다. 두 계급 모델이 본질적으로 무디기 때문이 아니라, 젠트리피케이션이라는 좀 더 정교한 조각을 위해 필요한 나무토막을 잘라내고 다듬는 데 쓰는 것이기 때문이다. 다시 말해 이는 적용이 잘못된 것이다. 두 계급 모델을 가지고 젠트리피케이션의 윤곽을 날카롭게 다듬을 수 없듯, 특정한 지역 환경에서 벌어지는 젠트리피케이션을 설명하는 데 적당한, 복잡하고 더 정교하며 가변적인 계급분석 도구는 자본주의 사회의 더 큰 역사적·이론적 패턴을 효과적으로 설명하지 못한다. 이는 숲에 가면서 쓸데없이 손톱 다듬는 줄을 들고 가는 것과 같다.

예를 들어 로만 사이브리우스키(Cybriwsky, 1978)는 젠트리피케이션이 진행 중인 필라델피아 한 동네의 사회갈등을 풍부하고 세세하게 보여주면서, 마르크스적인 계급분석과는 무관하지만 이런 분석에는 상당히 쓸모 있는 관점을 취한다. 그는 '젠트리파이어들'과 동네에서 쫓겨날 상황에 놓인 노동계급 주민들 사이에 인종적 편견을 발판으로 백인 동맹이 형성된 슬픈 이야기를 전달하지만, 그렇다고 해서 계급 자체를 부정하는 입장이라고 볼 수도 없다.

게이 젠트리피케이션의 경우는 어떤가? 1960년대 후반 이후 등장한 게이 레즈비언 운동은 지리적으로는 게이 정체성을 가진 많은 동네들(뉴욕 웨스트빌리지, 샌프란시스코 캐스트로)과 레즈비언 정체성을 띤 몇몇 동네(Castells, 1983)의 성장으로 표현되었다. 로젠버그T. Y. Rothenberg가 브루클린의 파크슬로프에서 진행된 젠트리피케이션에 대해 이야기할 때, 핵심 주제는 개인과 공동체의 차원에서 레즈비언 정체성을 독려할 수 있는 동네와 서비스, 주거에 대한 접근권을 제공하기 위한 공동체 운동이다(Rothenberg, 1995). 비슷한 맥락에서 카스텔M. Castells은 샌프란시스코에서 젠트리피케이션이 게이와 레즈비언을 폭넓게 차별하는 주택시장에 맞서기 위한 전략임을 보여주었다(Castells, 1983). 하지만 어떤 주장(Lauria and Knopp, 1985)처럼 게이 젠트리피케이션의 정치는 이보다 더 복잡하며, 이론적인 분석을 더 심화해야 한다. 젠트리피케이션과의 관계는 충분히 현실적이지만, 모든 게이 동네가 젠트리피케이션이 이루어진 곳은 아니다. 게이와 젠트리피케이션의 관계를 가장 한결같이 통찰력 있게 분석한 래리 크놉Larry Knopp은 이에 대한 일반화된 결론을 내리기가 어렵다고 밝힌다(Knopp, 1989, 1990a, 1990b). 게이와 레즈비언 공동체는 다양한 인종과 계급으로 구성되어 있지만, 여전히 백인 중간계급과 상대적으로 잘사는 집단 쪽으로 상당히 기울어져 있다. 사회적 억압에 맞서 게이와 레즈비언 정체성을 구축하는 데 도움을 주는 사회운동과 이를 결합시켰을 때, 젠트리피케이션은 정체성 구축의 사회적 전략이자 지리적 전략으로 나타나기 시작한다. 따라서 게이 젠트리피케이션은 대단히 보수적인 사업일 수 있다. 뉴올리언스에서 젠트리피케이션이 완료된 부동산 시장에 상당히 많은 게이 기업가가 있음을 밝힌 크놉은, 게이와 젠트리피케이션의 관계를 어떤 식으로든 이해하려면 게이 정체성 구축 문제를 따라 주택시장을 살펴봐야 한다고 주장한다. 그가 보기에 게이 젠트리피케이션은 계급 정체성과 게이 정체성 구축이 결합된 전략이다(Knopp, 1990a).

그러므로 이 주장의 핵심은 젠트리피케이션이 태생적으로 계급에 뿌리를 둔 과정이지만, 그 이상이기도 하다는 것이다. 문제는 광역, 도시, 혹은 공동체 스케일에서 전반적인 사회구조에 대한 특정한 국지적 반응과 이니셔티브들을 연결하는 관계의 사슬을 이해하는 것, 혹은 이런 관계가 언제 희미해져서 무너지는지 판단하는 것이다(Katznelson, 1981도 참조). 사람들은 마르크스주의적 계급 개념의 경직성을 과장하는 경향이 있다. 노동계급과 자본가계급이라는 개념들은 삐뚤어진 경험주의적 입장에서 현실에 도식적으로 대입되곤 한다. 계급이라는 개념의 틀에서 모든 조건을 충족시키지 못하는 한낱 개인은 이 틀과 그 틀을 만든 사람, 그리고 거기에 눈길을 주는 모든 사람들을 쓰레기통에 처박을 충분한 근거를 갖추었다고 생각한다. 하지만 마르크스 자신의 계급 개념은 이와 달랐다. 그리고 나는 이런 엄격한 개념적 청교도주의가 오히려 마르크스를 '기능주의적으로' 잘못 해석한 사람들의 특징이 아닌지 진지하게 의심하지 않을 수 없다.

그럼에도 가능한 모든 오해를 불식시키기 위해서 계급에 대한 기본적 이해를 재확인할 필요가 있을 것 같다. 최근 벌어진 논쟁의 맥락에서 라이트는 계급에 대한 개념적인 해석을 더 잘 할 필요가 있다고 지적한다(Wright, 1978). 라이트는 계급지위가 무엇보다 생산수단과의 관계(자신이 회사를 소유하는가 아니면 회사에 소유당하는가)에 좌우된다는 점을 받아들이면서도, 이 기준으로는 결코 깔끔하게 떨어지는 계급 개념을 제시하지 못한다고 강조한다. 현실에서 많은 사람들은 '모순적인 계급지위'를 점한다. 모순의 원천은 역사에 따라 다르며, 개인의 직업부터 주어진 기간에 벌어진 계급투쟁의 수준까지 그 어떤 것과도 연결될 수 있다. 즉, 계급은 젠더와 성 정체성이 그렇듯 항상 구성 중인 것이다(Bondi, 1991a).

이 지점은 각별히 중요하다. 계급투쟁이 줄어든 시기에는 계급 간 경계를 밝히기 어려워지기 때문이다. 이런 점에서 의식의 문제가 계급 정의 안에 들어 있다는 점은 짚고 넘어갈 만하다. 이는 결코 의식이 계급을 결정한다는 말이 아니다. 계급을 정확하게 구분된 칸막이 공간처럼, 정확한 경계와 포함 아니면 배제라는 딱 떨어지는 이분법적 규칙의 지배를 받는 중층 결정된 집합으로 이해해서는 안 된다. 그보다 계급은 사회적·경제적·정치적·이데올로기적 조건에 따라 정해지는 경계가 모호한 집합에 가깝다. 이렇게 이해했을 때 계급 구조에 대한 주장은 어떤 개인이 어떤 상자에 딱 들어맞는지와 같은 얼빠진 논쟁에서 특정 계급의 등장과 쇠락, 그리고 이런 계급의 구성 변화에 관한 좀 더 진지한 역사적 관심으로 바뀌게 된다.

하지만 계급 범주를 이렇게 느슨하게 풀어헤치는 것은 우리가 찾던 해답의 일부에 불과하다. 이는 분명 중간계급을 위한 공간뿐 아니라 분석의 규모와 주제에 따라 다양한 계급과 계급관계로 강조점을 옮길 여지를 만들어준다. 하지만 생산의 사회적 관계에서 도출된 계급분석은 젠트리피케이션에 적절한 것으로 인식되는 소비 영역을 이해하는 데 전체적으로 부적합하다는 좀 더 근본적인 거부감이 남아 있다. 도시 변화의 맥락에서 이 주장을 가장 줄기차게 제기한 사람은 피터 손더스Peter Saunders였다. 그는 애초에 렉스J. Rex와 무어R. Moore가 제안한 주택계급 개념(Rex and Moore, 1967)에 다시 생명을 불어넣으려 한다(Saunders, 1978, 1981). 렉스와 무어처럼 정확히 베버주의적 관점에 위치한 손더스는 마르크스주의 분석에서 유래한 계급 개념은 생산 영역에서 의미 있을지 몰라도 소비라는 "분석적으로 동떨어진 영역"에 적용되지는 않는다고 주장했다. 소비 패턴, 그중에서도 특히 주택 소비 패턴은 일반적으로 생각하는 것보다 더 중요한 사회적 차별화의 근원이기 때문에 소비 수단을 근거로 이와 유사한 계급 구분을 만들어낼 필요가 있다는 것이 손더스의 주장이었다. 하지만 손더스는 나중에 베버주의적인 개념에 대한 비판에서라기보다는 생산과 소비에 대한 구분을 고착화시킨 결과, "주택 소유 여부를 계급 구조화의 결정 요인으로 이론화하려는 시도"(Saunders, 1984: 202)를 포기했다. 그는 전에는 "계급이론을 과도하게 확장시켜 결국 개인의 부동산 소유권을 중심으로 만들어진 계급관계를 생산수단의 소유권을 중심으로 만들어진 계급관계에 연결시키는 데 실패했다"(Saunders, 1984: 206). 이에 그는 "소비 영역 내에서의 구분은 계급관계를 재구조화하는 것이 아니라 가로지른다"고 주장한다. 나아가 "소비에 기반을 둔 물질적 이해관

계는 생산에 기반을 둔 (계급적) 이해관계만큼이나 '기본적' 혹은 '근본적'
이다." 손더스는 급기야 이 별개의 소비 영역을 받치고 있는 것은 주택 소
유권을 향한 생물학적 특성인지 모른다고 주장하기에 이른다(Saunders,
1990:68-69).

　이 같은 마르크스주의적 계급에 대한 비판과 베버주의적 관점의 영
향은 젠트리피케이션 연구자들 사이에서 상당한 영향력을 발휘했다. 비
록 여성주의적 분석에서 통합시키려 했던 영역들을 다시 분리하는 결과
를 초래하긴 했지만 말이다. 특히 이는 젠트리피케이션에 대한 설명이
경제적 요인에 대한 고려를 등한시한 채 오늘날의 사회적 재구조화에만
뿌리를 둘 수 있도록 직간접적 수단을 제공했다. 할로M. Harloe는 짧은 비
평글에서 손더스가 사회적 관계를 설명한 게 아니라 그저 우기고 있을 뿐
이라며 반박했다(Harloe, 1984). 할로는 특히 영국 사회에 계급(생산수단의
소유 여부)이 아니라 부문별 협력(소비 수단의 소유 여부)을 근거로 그려진 "거
대한 새로운 단층"선이 등장하고 있다는 손더스의 주장을 반박한다
(Harloe, 1984: 233). 손더스는 이 새로운 단층선이 주택 소비 수단의 소유자
(자택 소유자)와, 이런 소비 수단을 소유하지 못해 어쩔 수 없이 집합적인
소비 수단, 즉 국영이나 공공주택을 소비해야 하는 사람들을 구분한다고
주장한다. 반면 할로에 따르면 1980년대에 공영주택이 수적으로 줄긴
했지만, 주택의 사유화는 새롭고 장기적인 단층선이 되지 못한다. 또한
영국과 달리 전체 세대의 약 3분의 1이 아직도 민간 임대시장에서 주택
을 구하고, 공공임대주택을 임대한 세대가 3%도 안 되는 미국에서는 손
더스의 구분이 경험적으로 훨씬 사리에 맞지 않는다. 이런 "소비 수단의
비소유자"는 결코 일관된 소비 부문을 대변하지 못하고 계급 지도에 폭
넓게 펼쳐져 있다. 따라서 1980년 뉴욕시에서는 소득이 4960달러에 못
미치는 가구가 전체 임대가구의 20%였고, 소득이 공식적인 빈곤 수준

이하인 경우는 25.3%였다. 하지만 같은 이유로 소득이 2만 2744달러가 넘는 임대가구는 20%였다(Stegman, 1982: 146-150). 시장의 최하위는 공공주택과 셋방이 지배적이듯, 최상위는 호화 임대주택이 지배적인 것이다.

그뿐만 아니라 손더스의 비평을 적용할 경우 젠트리피케이션이라는 맥락에서 특별한 개념적 문제가 발생한다. 손더스가 제안한 생산과 소비의 이렇듯 급진적인 구분에 모두가 열린 마음으로 동의하지는 않았지만, 그렇다고 소비와 생산 간 상호 작용이라는 절충안을 둘러싼 연구가 이루어진 것도 아니었다. 그래서 연구자들은 이 이분법의 둘 중 한쪽을 공격하는 경향을 보였다. 따라서 나는 내 초기 연구(N. Smith, 1979a)가 다양한 생활양식과 인구학적 주장들을 소비 중심적 설명과 소비자 선호 설명 방식의 다소 잡다한 개념 속에 우겨넣었다는 햄닛(Hamnett, 1984)의 비판을 인정한다. 소비 측 주장과 생산 측 주장을 통합하려는 시도(하나가 다른 하나를 '가로지른다'는 생각에 기계적으로 의존하기보다는 생산과 소비가 서로 얽혀 있다는 생각에서)가 시급하게 이루어져야 할 것이다(비판에 대해서는 Boyle, 1995 참조).

하지만 이를 실행에 옮기는 것은 말처럼 쉽지 않을 수 있다. 마르크스주의적 분석을 새롭게 매만져 경제 문제와 생산 측면을 강조한 초창기 배타성을 완화하려 했던 시도들은 여러 문제를 강조했다(Rose, 1984; Beauregard, 1986; Williams, 1986). 이런 노력들은 다음과 같은 문제에 집중했다. '젠트리파이어들'은 어디에서 왔을까? 어떤 사회적 과정이 이들을 일관된 사회집단으로 만들어낼까? 보러가드(Beauregard, 1986: 41)의 표현처럼 "젠트리피케이션에 대한 설명은 젠트리파이어의 존재에서 출발한다"(Rose, 1984: 55-57도 참조). 이런 노력은 젠트리피케이션을 설명하는 데 분명 핵심적인 사회적 재구조화와 관련된 폭넓은 문제들을 끌고 들어왔다는 점에서 대단히 중요하다. 하지만 이런 연구들은 그 안에 어떤 태생적 위험을 내장하고 있기도 하다. 정말로 젠트리피케이션을 무엇보다 새로운 사회집단(이들을 정의하는 기준이 계급이든 젠더든 다른 무엇이든 간에)이 등장한 결과로 설명해야 한다면 아무리 희석되었다 해도 소비자 선호 모델에 어떤 식으로든 전략적으로라도 동의하지 않을 수 없게 된다. 시장에서 어떤 종류와 입지의 주택을 요구하는 것 말고 달리 어떻게 이 새로운 사회집단이 젠트리피케이션을 야기할 수 있겠는가? 이런 관점은 심지어 주택 소유권은 '존재론적 안정'에 대한 뿌리 깊은 욕망을 충족한다고 주장한(Giddens, 1981을 따라) 손더스의 접근법에도 은연중에 숨어 있다 (Saunders, 1984: 222-223; cf. Rose, 1984도 참조).

소비자 수요가 환상이라거나 시장에서 결코 표출되지 않는다고 말하려는 것이 아니다. 이런 수요가 절대 변하지 않는다거나 아무런 힘이 없다는 말도 아니다. 이런 수요가 때로(특히 수요가 크게 변할 때) 생산의 성격을 바꿀 수 있다는 점에 대해서는 토를 달 생각이 없다. 하지만 젠트리피케이션이라는 난제는 중간계급의 수요가 어디에서 창출되는지 설명한다고 풀리지 않는다. 그보다는 어째서 수십 년간 중간계급의 수요를 충족할 수 없었던 중심적 도심 지역이 이제는 그렇게 근사해 보이게 되었는지라는, 본질적으로 지리적인 문제에 대한 설명이 필요하다. 실제로 수요 구조가 바뀌었다면 우린 이런 변화된 수요가 어째서 중심적인 도심 지역을 공간적으로 재강조하는 결과로 이어졌는지 설명해야 하는 것이다.

이제 신중간계급에 대한 앞선 논의에서 등장한 가설적 가능성들로 돌아갈 때가 되었다. 경제적 변화와 노동시장의 변화를 젠트리피케이션에 연결시킬 수 있는 가설 세 가지를 앞서 언급한 바 있다. 중상계급의 소득 증가가 신중간계급의 등장으로 이어졌든 그렇지 않았든, 이런 경제적인 주장으로 젠트리피케이션을 설명하기는 어렵다. 가처분소득이 늘어나면 전보다 많은 사람들이 중심가 혹은 도심 지역에 거주할 만한 경제력을 갖추겠지만, 이는 기껏해야 충분조건일 뿐이다. 소득 증가는 그 자체로 중심도시를 향한 공간적 편향을 의미하지는 않는다. 사실 신고전경제학의 바탕이 되는 토지 사용 이론의 중요한 초석(이라고 보는 건 잘못이긴 하지만)은 이와 정반대의 가정이었다(Alonso, 1960). 마찬가지로 행정직·경영직·전문직·관리직 등의 서비스직 활동들이 꾸준히, 심지어 더욱 빠르게 집중되면 상당한 중간계급 부문은 중심지의 주택을 더 선호하게 될 것이라는 점은 분명하다. 하지만 이 주장으로 정말 상당 비중의 중간계급 여성과 남성의 주거지 입지 선정 습관이 지리적으로 역전된 것을 설명할 수 있을까? 1950년대에는, 심지어 1920년대에는 출세가도를 달리는 젊은 전문직이 하나도 없었을까? 어째서 60년 또는 80년 전의 '원조 여피들'은 교외로의 돌진을 주도하기만 할 뿐 젠트리피케이션을 촉발하지 않았을까? 젊은 중간계급이 교외화 흐름을 거스르며 도심의 주거지를 다시 탈환했다면, 이는 그리니치빌리지에서처럼 이들과 이들의 생활양식을 '보헤미안'이라고 불러도 될 만큼 충분히 진귀한 일이다.

여성의 역할 변화에 대해서도 유사한 주장을 펼칠 수 있다(Séguin, 1989). 계급적으로 구분되는 최소한의 일부 여성에게는 경제적 혹은 직업상 변화가 전보다 두드러지게 나타났다. 실증적인 데이터를 살펴보면 이는 젠트리피케이션 활동과 분명한 상관관계가 있지만, 이런 변화상이 두드러진다고 해서 눈에 잘 드러나지는 않지만 정곡을 더 확실히 찌를 수 있는 변화들을 무시하고 넘어갈 수 있는 것은 아니다. 두 명 이상이 경제활동을 하는 가구 수가 증가하면서 분명 이 중에서도, 특히 직장이 중심가에 있는 가구들의 경우는 중심지에 거주하려는 욕구가 강해진다. 하지만 우리는 일하는 여성과 고소득 여성의 비중이 점진적으로 늘어나는 것이 어째서 거주지의 상당한 공간적 변화로 표현되는지에 대해서는 설명할 필요가 있다. 어쨌든 제2차 세계대전(이 한창 진행 중일 때뿐만 아니라) 이전에도, 비록 그 수는 적었지만 일부 기혼 여성들은 공식적인 노동력에 포함되어 있었고, 이들 중 일부는 고소득 전문직에 종사했지만 젠트리피케이션이 당시의 교외 도피를 둔화하는 일은 전혀 없었던 것으로 보인다. 어째서 상대적으로 신속한 공간적 역전 현상을 그보다 점진적인 사회변화만을 가지고 설명할 수 있겠는가? 그리고 어떤 경우든, 어째서 이런 사회변화는 상승된 비용을 그저 기존 세대가 떠안는 방식으로 공간구조를 굳히지 않고 주거상 공간변화를 낳는 걸까? 물론 양적인 변화는 질적인 변화로 전환된다는 엥겔스의 '첫 번째 변증법 원칙'으로 이런 변화를 설명할 수도 있지만, 나는 이런 '원칙'에 회의적인 사람이다. 우리는 이런 양적인 사회변화가 갑자기 질적으로 바뀌는 과정을 더 구체적으로 설명할 필요가 있다. 따라서 사회적 재구조화가 젠트리피케이션 이면의 주요 동력이라는 주장은 지금 상태로서는 상당히 불충분하다.

　따라서 "젠트리피케이션은 대체로 가부장적인 가정이 붕괴한 결과"라는 마커슨(Markusen, 1981: 32)의 주장은 과장이라고 볼 수 있다. 가부장적인 가정이 붕괴한 것은 그것이 젠트리피케이션에 기여했다는 점만큼이나 분명하다. 그리고 이는 고용 패턴의 변화와 연결되었을 때 두 배로 중요한 주장이 된다. "엄격히 분리된 영역에 남성과 여성을 가둬두었던 성적 아파르트헤이트"(Samuel, 1982: 124)의 붕괴는 사회경제적 지위가 높은 여성, 백인 여성, 교육수준이 높은 여성에게 선택적으로 득이 되었던 것으로 보인다. 아직 '유리천장'은 남아 있지만, 어쨌든 과거에는 이들이 접근할 수 없었던 직업들에 대해 이제는 어느 정도 접근이 가능해졌기 때문이다. 이런 성적인 아파르트헤이트는 이미 점진적으로 해소되는 중일 수 있지만, 대체로 1960년대에 시작되어 이후 수십 년 동안 사회적 입법과 규범에 영향을 미친 강력한 여성주의 운동(Rose, 1984) 덕분이다. 여기서 우리는 젠트리피케이션과 관련된 공간변화에 기여한 좀 더 결정적인 정치적·사회적 변화를 찾아낼 수도 있다. 하지만 이것이 전부는 아니다.

아무리 설득력이 있다 해도 이는 젠트리피케이션이 상징하는 대대적인 경제적·사회적·지리적 재구조화를 야기한 기초로는 불완전하다. 아직도 우리는 젠트리피케이션 관련 투자의 유례없는 지리적 이동을 설명할 수 있는 더 포괄적인 접근법이 필요하다.

사회적 재구조화는 젠트리피케이션이라는 퍼즐에서 중요한 조각임에 분명하지만, 지대격차의 등장과 더 넓은 정치적·경제적 재구조화라는 맥락에서만 타당성을 갖는다. 20세기 초반 몇 십 년 동안 북미와 호주, 심지어는 유럽 전역의 중심적인 도심 지역에서 투자 중단이 아직 그렇게 무르익지 않았고, 교외도 이제 막 뻗어나가기 시작했으며, 사회적 재구조화와 중심도시 환경의 재구조화 간 관계는 사실상 상상할 수도 없었다. 젠트리피케이션은 대대적인 투자 중단으로 수익성 있는 재투자와 '슬럼 정리'의 기회가 만들어지고, 도시 재생의 가능성이 확인된 뒤에야 시작될 수 있다. 중심지에서 지대격차가 나타나야만 경제적 과정뿐만 아니라 그보다 점진적인 사회적 과정들이 주거·오락·고용 활동의 공간적 역전으로 두드러지게 나타날 수 있다.

소비경관으로서의 도시와 싸구려 젠트리피케이션?

손더스(Saunders, 1984)의 주장에는 소비 패턴의 역사적 단계에 대한 논의가 포함되어 있는데, 우리는 이를 다시 생산과 생산된 젠트리피케이션 경관에 연결시킬 수 있다. 손더스는 지난 150년간 세 단계의 소비양식이 이어졌다고 주장한다. 역사에 대한 이 같은 경험적 일반화에 따르면(손더스는 이런 단계가 진화적이라는 추정을 분명하게 거부한다는 점에서) '시장' 단계는 19세기에 주를 이루다가 '사회화된' 소비양식으로 대체되었고, 결국

1970년대 말에는 '사유화된' 소비양식이 나타났다. 따라서 손더스에게 20세기 말 대부분의 국가 경제가 시장으로 되돌아가 사유화된 것은, 소비 영역에 대한 국가 개입에서 점점 멀어지는 장기적 재구조화라는 큰 흐름의 일부다. 이러한 입장은 "베블런식의 현대판 유한계급"이라 할 수 있는 신중간계급의 '도시 개혁 이데올로기'가 생산경관보다는 소비경관으로 후기산업도시를 빚어내고 있다는 지리적 주장으로 귀결된다(Ley, 1980; see also Mills, 1988; Warde, 1991; Caulfield, 1994). 산업자본주의 세상은 소비다원주의 이데올로기로 대체되고, 젠트리피케이션은 근대의 경관에 각인되어 이런 역사적 전환을 알려주는 기표와 같다. 도시의 꿈은 지난 수십 년의 교외의 꿈으로 대체되어 간다.

이런 결론에는 어느 정도 호소력이 있다. 토론토에 장엄하게 우뚝 서 있는 이튼센터를 바라볼 때, 멜버른의 라이곤가를 거닐 때, 우아하게 젠트리피케이션이 이루어진 브레멘 슈노어의 중세풍 골목길을 탐험할 때, 글래스고가 유례를 찾을 수 없는 젠트리피케이션 전략 때문에 유럽의 '문화도시'로 돌변하는 모습을 지켜볼 때, 혹은 포스트모던한 보나벤처 호텔이 로스앤젤레스 중심가의 구조를 지배하는 모습을 바라볼 때, 우리의 현장 감각은 분명 시대가 바뀌고 있으며 많은 도심지에 부르주아의 놀이터 같은 곳들이 건설되고 있음을 알려준다. 하지만 이것만을 가지고 생산의 요구와 자본이동의 지리적 패턴이 아니라 소비 이데올로기와 수요 선호도가 도시 형태를 결정한다는 결론을 내릴 수 있을까?

우리가 '소비사회'에 진입하고 있다는 것은 그다지 새로운 이야기가 아니다. 소비사회 개념은 분석적인 글에서든 유토피아적인 글에서든 꾸준히 등장했고, 대니얼 벨D. Bell(Bell, 1973)이 후기산업사회를 선언하기 훨씬 전부터 사회학 담론의 단골 메뉴였다. 전후 기간만 보더라도 이 주제는 버넘J. Burnham의 경영자 혁명, 갤브레이스J. Galbraith의 풍요사회, 화이트W. Whyte의 조직인간 등 다양한 가면을 쓰고 등장했다. 데이비드 리스먼David Riesman은《고독한 군중The Lonely Crowd》에서 이를 특히 날카롭고 낙관적으로 표현한다(Riesman, 1961: 6, 20). 전후 미국을 르네상스 종교개혁, 산업혁명과 같은 맥락에 배치한 뒤 전후 혁명은 "생산의 시대에서 소비의 시대로 넘어가는 변화와 관련된 대대적인 사회 발전"과 연결되어 있다고 선언한 것이다. 이 '소비의 시대'라는 표현에 어떤 뜻이 담겨 있는지 제대로 이해하기 위해, 그리고 이와 함께 밀려들어온 소비경관의 한계와 잠재력을 더 잘 이해하기 위해 리스먼이 말한 생산의 시대(손더스가 말한 소비의 시장양식)로 돌아가서 이야기를 정리해보자.

19세기에는 주로 절대적인 잉여가치의 전유와 그 결과로 나타난 절대적인 지리적 공간의 경제적 확대를 통해 자본의 국제적 팽창이 완성되었다(N. Smith, 1984). 미셸 아글리에타Michel Aglietta에 따르면 이 시기에는 "외연적 축적체제"가 주를 이루었다(Aglietta, 1979). 하지만 19세기가 막을 내릴 즈음, 심각한 과잉축적 위기와 더불어 갈수록 조직적 짜임새가 탄탄한 호전적인 노동계급이 등장했다. 이들은 임금률, 노동시간, 전반적 노동조건 같은 작업장 문제뿐만 아니라, 주택 문제와 임대료 수준 등을 아우르는 총체적인 요구를 내세우며 투쟁 준비를 갖춘 상태였다. 과잉축적에서 비롯된 것이든 임금노동자에게서 비롯된 것이든, 자본에 대한 이 같은 경제적·사회적 도전을 둘러싼 대응에서 자본주의 시스템은 외연적 축적체제를 내포적 축적체제로 탈바꿈시키는 일련의 폭넓은 변화를 거쳤다. 절대적인 잉여가치는 상대적인 잉여가치로 대체되었는데, 이는 작업장의 혁명적 변화, 테일러주의와 과학적 관리의 등장을 뜻했다. 하지만 이는 소비관계의 혁명적 변화와, 노자 간 뿌리 깊은 사회적 관계의 혁명적 변화 또한 뜻했다. 과잉축적 문제의 해법은 결국 노동계급을 경제적으로 해방시켜 이들 스스로 강력한 소비력을 뽐내게 만드는 것이었다. 전후 20년간 진행된 극적 경제성장을 지배한 것은 아글리에타가 포드주의(Gramsci, 1971 edn.)라고 말했던, 이 같은 내포적 축적체제였다. 그리고 이는 유례없는 국가 개입과 연결되어 있다. 내포적인 축적체제로의 전환에 연결된 또 다른 특징은, 전 지구적 자본주의의 절대적 팽창에서 내적 팽창과 차별화로 지리적 전환이 일어났고, 불균등 발전의 고전적 패턴이 등장했다는 점이다(N. Smith, 1984; Dunford and Perrons, 1983).

이는 복잡하고 많은 사회변화를 대단히 도식적으로 요약한 것이긴 하지만, 이 과정이 한창일 때 나타난 도시 변화는 쉽게 식별할 수 있다. 도시 스케일에서 국가는 바로 극적인 교외화 시기에 노동계급의 주택 보유와 분산(Checkoway, 1980; Harvey, 1977), 그리고 확대된 소비 패턴 전반을 적극적으로 후원했다. 한때는 생산과 소비의 불균형과 과잉축적 문제를 해결할 열쇠가 국가와 식민지의 확대에 있었지만, 이제는 지리적 공간의 내적 재차별화에 그 열쇠가 있었다. '교외 해법'(Walker 1977, 1981)도 그 일환이었지만, 마찬가지로 사회복지제도의 확대와, 손더스식으로 표현하면 훨씬 사회화된 경제의 발전 역시 그 일환이었다. 이는 주택, 보건, 교육, 교통 등 집합적인 소비의 급속한 확대와 연결된다. 시민사회와 그것을 구성하는 사람들은 주택담보대출과 자동차대출, 소비자 부채, 대학 등록금 등을 통해 자본의 심장으로 유례없이 강력하게 빨려 들어갔다. 다시 말해, 소비 부문에서 자본에 실질적으로 포섭된 것이다. 오코너J. O'Connor가 개인의 필요는 점점 사회적 성격을 띠지만, 동시에 상품소비 수단을 통해 점점 더 많이 충족된다고 지적했을 때 바로 이 과정을 언급한다(O'Connor, 1984: 170-171). 실질적인 사회적 필요는 사실상 상품 확대의 필요에 의해 좌절된다. 하지만 이 역사적인 과정의 결과, 문화적 경계가 흐려졌고, 계급경계를 넘어 소비 패턴이 부분적으로 동질화되었으며, 미국의 경우 1940년대 말과 1950년대 초에 이루어진 노자 간 합의에 부분적으로 힘입어 노동계급이 상대적으로 잠잠해졌다. 이 기간 미국에서 나타난 계급경계의 약화는 이후 20년간 영국을 비롯한 다른 나라에서 그대로 재연되지는 않았지만, 어떤 식으로든 나타났다. 계급은 모순적이기도 하지만 과거만큼 뚜렷하지 않았고, 이런 현실 속에서 어떤 동질적인 중간계급 사회에 대한 낙관적 기대가 등장하게 되었다.

데이비드 하비(Harvey, 1985b: 202)에 따르면 "자본주의는 '공급 측' 도시화에서 '수요 측' 도시화로 기어를 변경했다." 이로써 제2차 세계대전의 잿더미 속에서, 하비의 표현을 빌리면 '케인스주의 도시'가 등장했다. 도시화가 수요 주도로 이루어지는 케인스주의 도시는 '후기산업도시'의 모든 외양을 갖추었다. 과거 외연적 축적체제의 시대와 달리 경제에서, 사람들의 개인 생활에서, 혹은 지리적 공간의 생산에서 소비는 더 이상 생산과의 관계에서 밀리지 않았다.

이 같은 경제적·사회적 재구조화를 둘러싼 대부분의 분석은 노동계급의 새로운 역할에 중점을 두었다. 노동계급이 대중소비사회에 통합된 것은 포드주의와의 차이를 만들어주는 중요한 역사적 진전 중 하나이기 때문이다. 하지만 이 같은 대대적인 변화에 동반된 소비윤리는 결코 노동계급이나 노동계급의 일부 부문, 즉 대체로 백인인 노조 가입 노동자들에 국한되지 않았다. 이는 전후 사회 전반에 일반화되어 나타났다. 중간계급은 노동계급 중에서도 경제적 형편이 넉넉한 부문에 속한 노동자들만큼이나 이러한 시대정신을 공유했지만, 중간계급은 이미 소비 습관이 풍족한 집단으로 인식되어 있었기 때문에 그렇게 놀랍지는 않았다. 이 같은 소비규범의 새로운 구조는 결국 상품 생산, 그중에서도 특히 주택과 자동차 생산의 상당한 표준화 덕분에 가능해졌다. 주택 부문의 경우 노동과정의 기술적·조직적 진전이라는 측면에서 소비자 내구재 생산에 비해 계속 뒤처지긴 했지만 말이다. 아글리에타에 따르면 이렇게

많은 노동계급이 소비윤리로 통합된 것은,

> 기능적 미학('디자인')의 탄생을 의미했고, 이는 대단히 중요한 사회적 의
> 미를 갖게 되었다. …… 그것은 일상적인 사물들의 공간을 창조하는 데 만
> 족하지 못하고 자본주의 상품계를 지원하기 위해 광고 기법으로 이 공간
> 의 이미지를 만들어냈다. 이 이미지는 소비 상태의 객관적 표현물로 제시
> 되었고, 개인들은 이를 자신들 외부에 있는 것으로 여길 수 있다. 사회적
> 인정의 과정이 외부화되고 물신화된 것이다(Aglietta, 1979: 160~161).

상품의 표준화와 가격 하락은 노동계급의 소비 습관을 확대시켰듯
중간계급이 더 많고 색다른 상품을 손에 넣을 수 있게 해주었다(그리고 심
지어 이들이 이를 중요하게 여기게 만들었다). 상품의 표준화가 오히려 차별화된
상품에 특별한 프리미엄을 더해준 것이었다. 젠트리피케이션과 가장 많
은 관련이 있는 것은 바로 이 같은 대중시장에서의 문화적 차별화 문제
다. 젠트리피케이션은 문화적·사회적·경제적 경관의 재차별화이며, 따
라서 사람들은 그 소비 패턴에서 사회적 차별화를 위한 명확한 시도를 확
인할 수 있다. 그러므로 야거M. Jager에 따르면 젠트리피케이션과 그것이
빚어낸 소비양식은 계급 구성의 핵심이다(Jager, 1986; 또한 Williams, 1986도
참조). 야거에게 이는 신중간계급 개인이 한편으로는 구중간계급들로부
터, 다른 한편으로는 노동계급들로부터 자신들을 구별 짓기 위해 채택한
수단의 일부다. 그는 멜버른의 몇몇 빅토리아 시대풍 동네에서 나타난
'도시 보존'을 해석하면서 이렇게 적고 있다.

> 도시 보존은 사회적 차별화를 만들어내기 위한 것이다. 이는 사회적 차
> 이가 사회적 구분으로 변형되는 메커니즘이다. 슬럼은 빅토리아 시대의

유물이 되고 주택은 문화적 투자 대상이 되어 앞면 장식으로 사회적 신분 상승을 과시한다. …… 신중간계급의 모호함과 절충적 성격은 이들의 미학적 취향에 드러난다. 도시 보존은 바로 주택 앞면 복원 작업을 통해 '과잉을 제약'함으로써 특권을 과시했던 과거의 소비 모델과 유사성을 드러낸다. …… 하지만 도시 보존의 경우에서 이 같은 소비 관행은 개·보수 작업에 뿌리박힌 빅토리아 시대 노동윤리라 할 만한 것을 불안하게 공유한다. 예술적인 측면에서 이 이중성은 형태와 기능으로 나타난다. …… 대대적인 리모델링을 통해 산업시대의 이력과 노동계급의 존재는 지워지고 과거의 사회적 얼룩이 표백되었다. ('고고한' 빅토리아 시대의) 역사적 순수함과 진정성으로의 회귀는 바깥에 덧붙여진 장식을 떼어냄으로써, 모래를 분사함으로써, 내장을 완전히 들어냄으로써 실현된다. 선행 역사의 복원은 최근 도심 지역이 얻은 오명을 제거하거나 재정의할 수 있는 사실상 유일한 방법이었다. …… 내부의 세속적인 금욕주의가 공공연히 과시되고, 드러난 벽돌담과 노출된 목재는 회반죽도 바르지 못한 슬럼의 가난이 아니라 문화적 안목을 의미하게 된다. …… 이런 식으로 '노동의 오명' …… 은 제거되는 동시에 다르게 수정된다. 과거 영국제국의 잔재는 수제 벽돌에 부여된 의미를 통해 명맥을 이어간다. 벽돌에 죄수의 엄지손가락 지문이라도 찍혀 있다면 금상첨화일 것이다(Jager, 1986: 79-80, 83, 85).

차이, 다양성, 남다름의 추구는 새로운 도시 이데올로기의 기초를 형성하지만, 여기에는 모순이 있다. 이는 대단히 질서정연한 경우에만 다양성 추구를 구현하고, 오늘날로 소환해내는 것이 안전할 때만 과거의 영화를 찬미한다. 만일 그것이 교외의 꿈이 동질적이라고 여겨지는 데 대한 부분적인 대응이라면(Allen, 1984: 34) 도시의 꿈 역시 그와 많은 불안을 공유한다. 야거가 연구한 멜버른의 빅토리아 시대 애호가들에게나,

코넬J.Connell이 연구한 영국 서리주의 농가 오두막을 복원해 살면서 도심으로 통근하는 사람들에게나(Connell, 1976) 역사는 상품이었다. 하지만 도시든 교외든 준교외든, 대중소비 한가운데서 차이와 남다름에 대한 끊임없는 추구는 부단히 좌절된다. 이는 문화적 차이 그 자체가 대량 생산되는 새로운 '싸구려 젠트리피케이션'으로 이어질 수 있다. 그 과정이 진행되면서 이는 갈수록 분명해진다. 젠트리피케이션이 다르게 진행된 동네에서는 최고급 구조물이 개조되고 개방된 장소가 점점 비싸질 뿐만 아니라 이목을 잡아끌면서 빈 공간은 새로운 공사로 채워진다. 이런 곳에서 건축구조는 문화적 과시를 위해 개조할 수 있는 어떤 역사적 의미도 담아내지 못하고, 따라서 싸구려 젠트리피케이션에 대한 호소는 더 극한으로 몰리게 된다. 볼티모어의 오터바인이든, 런던 중심가의 배럿 주택단지든, 브리즈번의 스프링힐이든 젠트리피케이션이 진행 중인 동네에서 이런 근대적인 방식으로 빈 공간이 채워지는 곳은 건축적 측면뿐 아니라 지리적·문화적 측면에서 다시 원점으로 돌아온 인상을 받는다. 이런 빈 공간 메우기식 젠트리피케이션은 도시를 교외화시킬 것이다.

이런 관점은 소비경관이 생산경관을 대체하는 소비 주도 도시화가 진행된다고 생각하는 후기산업주의 지지자들의 관점과 어떤 점에서 다를까? 이에 대한 대답은 세 가지로 나뉜다. 첫째, 앞에서 설명한 관점은 19세기 말 이후 진행된 사회 재구조화의 측면에서 변화하는 소비의 의미를 이해하고, 이 사회적 재구조화를 그와 동반된 경제적·공간적 재구조화에 연결시키려 한다.

둘째, 전후 도시 개발은 전례 없는 수준의 소비재 생산에 의존해 자본축적이 이루어졌다는 점에서, 그리고 경제의 이 같은 측면은 대단히 공간적인 정체성을 가졌다는 점에서 소비 주도였을지도 모른다. 하지만 전후 성장의 시기에는 파괴수단은 말할 것도 없고, 생산수단의 생산 역시 대대적으로 증가했기 때문에 이러한 주장은 조심스럽게 받아들일 필요가 있다. 영구적인 무기 경제 개념이 암시하듯(Vance, 1951), 파괴수단 생산의 증가 역시 전후 성장의 중요한 특징이었다. 어떤 경우든 '소비 주도 도시화'는 '수요 주도 도시화'와 반드시 일치하지는 않는다. 그리고 나는 여기서 하비(Harvey, 1985b)가 케인스주의 도시에 대한 논의에서 이 둘을 혼동한다고 생각한다. 소비 주도 성장은 경제에서 소비 부문이 중요하고, 이 부문의 상품 생산이 중요하다는 뜻인 반면, '수요 주도 도시화'는 외연적 축적체제에서 내포적 축적체제로 넘어갈 때 축적의 동학과 수요가 소비의 동학과 수요에 종속되었음을 뜻한다. 축적이 소비의 잠재적 부산물로 전락한 것이다. 그러므로 '수요 주도 도시화'의 방향을 이해하려면 일종의 소비자 수요 이론이 필요할 것이다.

가장 중요하다고 볼 수 있는 세 번째 관점은, 여기서 제안한 관점과 후기산업주의 테제는 본질적으로 역사적 차이가 있고, 이는 앞서 상술한 축적모델의 정당성을 뒷받침한다는 것이다. 만일 전후 팽창과 노자 간 정치적 계약, 그리고 대중소비윤리의 발전이 이 시기 계급 구분을(겉모습뿐 아니라 실제로도) 어지럽게 만들었다고 해도, 선진 자본주의 사회가 영구적·점진적·누적적으로 동질적인 중간계급으로 탈바꿈하는 일은 일어나지 않았다. 1973년은 1950년대에《이데올로기의 종말The End of Ideology》을 쓴 대니얼 벨이 후기산업사회에 관한 책을 펴냈다는 점에서 아이러니한 해였다. 바로 같은 해에 산업 시스템은 맹렬한 기세로 존재감을 과시하기 시작했기 때문이다. 몇 년간 국제 경제 시스템은 불황 속에서 비틀거렸지만, 1973년 10월 석유 통상 금지령이 위기에 불을 댕겼으며, 이는 단순한 에너지 위기에 그치지 않고 사회구조 속으로 훨씬 깊이 파고들었다. 이 위기는 다시 폭넓은 기반을 지닌 경제적·정치적·사회적 재구조화를 촉발했고, 1989년에 이르러 이런 재구조화는 전 지구적인 양상을 띠게 되었으며, 1973년 이후 20년이 지난 지금도 여전히 진행 중이다. 그리고 1973년 이후 소비와 생산의 상호적인 구조 변경은 대단히 공간적인 영향을 미쳤다.

도시화와 도시 형태 변화는 앞선 자본체제가 지닌 문제를 해결하기 위한 해법으로 제시되었지만, 내포적 축적체제가 붕괴하자 그만큼 빠르게 문제로 전락했다. 1960년대 말 이후 도시 패턴의 급격한 변화는 어째서 도시가 오늘날의 위기를 타개하기 위한 해법일 수밖에 없는지를 보여준다(Harvey, 1985b: 212). 소비 영역에서 낙관적으로 예상되던 사회의 동질화는 부분적으로만 이루어졌고, 1980년대 이후에는 갑자기 중단되더니 역전되는 양상을 보였다. 소비 주도 도시화를 통해 쟁취된 사회적 동질화가 산업의 꾸준한 하락, 만성적인 고실업률, 판매 가능한 공공 인프라의 대대적인 사유화를 거치며 계급과 인종의 경계를 따라 진행된 냉혹한 사회적 재차별화에 굴복했던 것이다. 20세기 초반 몇 십 년 동안 진행된 사회복지 시스템의 해체는 1960년대 여성운동과 민권운동이 쟁취한 성과뿐 아니라, 이보다 먼저 진행된 케인스주의적 진보주의자들과 전후 좌파의 성과가 뒤엎어졌다는 뜻이다.

젠트리피케이션의 사회적 측면과 관련해 핵심은 1970년대부터 지금까지 이어지고 있는 경제적 재구조화에 사회적 재구조화가 수반되었고, 이 사회적 재구조화 속에서 새로운 분열이 싹트고 있다는 점이다. '새로운 단층선'은 부분적으로는 오래된 계급의 경계를 재확인시켜 주지만, 이른바 서비스 부문이 확대되면서 새로운 영토에도 발을 들이게 되었다. 전체적으로 도시의 양극화가 심화되는 결과로 이어졌다. 이에 대해서는 좌우를 막론하고 합의가 이루어졌다(Sternlieb and Hughes, 1983; Marcuse, 1986). 다시 말해 소비윤리와 소비 주도 도시화는 아직도 많은 중간계급에게 현실이지만, 대부분의 산업 노동자와 서비스 노동자에게는 '틀어져

버린 꿈'이다.

1970년대 후반에서 1980년대 초반까지 이어진 침체기에 대부분의 산업사회에서 젠트리피케이션이 가속화되었고(캐나다의 경우에 대해서는 Ley, 1992 참조), 노숙이 가파르게 증가했다. 도시의 꿈은 1980년대 후반의 불황 이후부터 그 빛을 잃기 시작했다. 이는 소비의 꿈이 근본적으로 갈라지면서 "가진 자와 못 가진 자의 도시"가 만들어지고 있음을 뜻한다(Goodwin, 1984). 이른바 여피와 급증하는 젠트리피케이션은 '가진 자의 도시'가 선도하는 역사의 우위를 잘 보여준다. 미국에서만 무려 300만 명에 육박하는 사람들로 대변되는 '못 가진 자'의 도시가 모퉁이만 돌면 인접한 곳에 있다. 1980년대 중반 이후 진행된 공공 서비스의 해체와 공공 기능의 사유화는 젠트리피케이션에 더욱 불길한 사회적 의미를 부여하고 있다.

2부

글로벌은 로컬이다

6장	
	시장, 국가, 이데올로기
	소사이어티힐

1950년대 후반과 1960년대 초반에 등장한 젠트리피케이션은 '현장에서의' 경제적·지리적 의미를 훌쩍 뛰어넘는 상징성을 순식간에 획득해 통용되었다. 수익성 있는 안식처를 찾아다니는 생산자본의 입장에서 작지만 대단히 눈에 띄는 출구로서 젠트리피케이션은 전후 주거지의 쇠락과 분권화를 반전시켜 주겠다고 약속하는 듯했다. 젠트리피케이션의 이데올로기들은 한때 쇠락해가던 곳에서 건강한 동네를, 가난했던 곳에서 이윤을 찾아냈고, 다시 도시로 돌아온 중간계급에 매달렸다. 다시 말해 젠트리피케이션은 '좋은 것'이었다. 1950년대 말 처음으로 구상된 필라델피아 소사이어티힐의 젠트리피케이션은 특히 '좋은 것'이었고, 상징성이 있었다. 델라웨어강과 센터시티 사이에 위치한 이 동네는 17세기 윌리엄 펜의 '성스러운 실험' 현장을 차지하고 있었다. 인디펜던스홀과 더몰, 자유의 종 바로 남쪽에 자리한 소사이어티힐은 필라델피아 여행 안내서와 사적 보존과 관련된 문헌들에서 "미국에서 가장 역사성이 큰 평방마일"의 일부라는 폭넓은 명성을 얻었다(그림 6-1 참조). 18세기 후반과 19세기

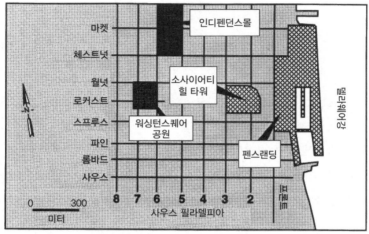

그림 6-1 필라델피아 소사이어티힐

초반의 타운하우스들로 이루어진 이 동네는 1960년대 말 언론과 도시지리학, 도시학, 사회학 등의 학계에서 필라델피아 '르네상스'의 중심으로 재포장되기에 이른다. 어느 학자에 따르면 소사이어티힐은 "1960년대 이후로 역사적인 도시 중심부의 지속적이고 포괄적인 재구조화와 체계적인 재생을 가장 널리 보여주는 사례"였다(Morris, 1975: 148).

소사이어티힐의 젠트리피케이션은 민·관 개발회사의 영향력 있는 초창기 원형에 힘입어 복잡하게 뒤얽힌 국가와 금융기관에 의해 추진되었다. 때는 1950년대였다. 전후의 경제성장은 자본을 교외 개발로 유도

했고, 기존의 도시 중심부로는 오직 선택적인 방식으로만 자본을 유입시켰다. 지난날 얼마나 위엄이 있었든, 백인 엘리트 지배계급이 보기에 필라델피아는 쇠락해가는 동부 해안 공업도시의 모습을 점점 닮아갔다. 중요한 전후 도시 재생 법안이 연방수준에서 개시된 지 얼마 안 된 상황이었고, 처음으로 등장한 모델은 폭넓은 슬럼 정리와 도시 재생을 요청했다. 역사성은 있지만 허물어진 소사이어티힐 주택들을 복원하는 데 전념하는 것이 당시 도시 재생의 중요한 출발점이었다. 얼마 안 가 대중매체와 도시 관련 학술 문헌에서 이런 식의 도시 재생은 강력히 비판받았지만 말이다(Anderson, 1964 참조).

소사이어티힐은 17세기부터 남북전쟁기까지 필라델피아 젠트리들의 본고장이라는 명성을 누렸다. 그리고 이 젠트리들은 노예를 소유한 계급이었기 때문에 같은 기간 소사이어티힐은 아프리카계 미국인 공동체의 고향이기도 했다. (필라델피아의 중요한 식료품 시장 설립을 포함한) 산업화가 주로 가까운 델라웨어 수변과 옆 동네인 사우스 필라델피아에 집중된 결과 19세기 후반에 도시가 성장하게 되었고, 그러자 필라델피아의 상류계급은 스쿨길강 너머에 있는 최초의 교외 커뮤니티와 서쪽에 있는 리튼하우스 광장으로 옮겨갔지만 아프리카계 미국인들은 그대로 남아 있었다. 이러한 이주로 소사이어티힐 주택가에 대한 투자 중단이 줄을 이었고, 이는 한 세기 가까이 지속되었다. 1950년대가 되자 많은 건물들이 주인에게 버려진 채 비었고, 일부는 가난한 백인과 흑인 노동계급의 참혹하고 비좁은 수준 미달의 주거지로 사용되었다. 1950년대 10년간 소사이어티힐의 인구는 절반 이상 줄어들어 3378명이 되었는데, 이 중 21%가 '비백인'이었다. 또한 주택의 18%가 사라졌고, 13.2%는 빈 상태였다. 도시 재생계획의 초안이 작성된 것은 1950년대 말이었는데, 여기에는 처음부터 공공기관과 준공공기관, 민간기관이 개입했다. 도시 재생의 목

젠트리피케이션 직전의 필라델피아 소사이어티힐(Urban Archives, Temple Universtiy)

표는 필라델피아시의 경제를 회복시키고 부유한 세대들을 '교외에서 다시 (시내로)' 돌아오게 만드는 것이었다.[1]

비법과 수사

처음부터 소사이어티힐은 '도시의 새로운 프런티어'로, 젠트리파이어들은 자랑스러운 '개척자'로 인식되었다(Roberts, 1979; Stecklow, 1978). 1959년에 시작된 소사이어티힐의 젠트리피케이션은 순식간에 유명세를 타게 되었다. 영향력 있는 앨버트 그린필드사Albert M. Greenfield and Co.의 한 분석에 따르면, "많은 계획 기관들이 소사이어티힐을 미국에서 가장 중요한 재개발사업 중 하나로 생각했다"(Greenfield and Co., 1964: 10). 앨버트 그린필드는 "필라델피아에서 가장 크고 부유한 부동산 사업가"(Burt, 1963: 10)일 뿐만 아니라 도시계획위원회City Planning Commission의 전임 회장이었기 때문에 지역 상황을 매우 소상히 알았을 것이다. 소사이어티힐의 성공에 그의 직업상, 그리고 재정적인 이해관계가 걸려 있다는 점을 감안했을 때, 과장하지 않도록 상당히 조심해야겠지만, 소설가 너대니얼 버트의 말(Burt, 1963: 556-557)까지 조심스럽게 받아들일 필요는 없을 것이다.

실제로 시행에 들어간 계획은 이제껏 구상한 도시계획 중 가장 대담하고 우아한 계획 중 하나다. 이 계획은 오래된 것 중에서 좋은 것을 골라내고 새로운 것 중에서 필요한 것을 더해 전체적으로 이 지역을 박물관의 화석이 아니라 일종의 도시 주거 낙원으로 만들려 한다. 이 모든 것이 계획에 따라 완료될 때 소사이어티힐은 미국 도시 복원의 명소가 될 것이다.

실제로 1970년대에 이르러 소사이어티힐은 가로수가 늘어선 거리 양옆에 붉은색 벽돌로 지어진 콜로니얼풍 건물과 페더럴풍의 건물들이 줄지어 서 있고, 헤링본 무늬의 포장도로와 연철로 된 가로등, 그리고 어두운 빛으로 채색된 앞문들이 특징인 명소가 되었다. 사실 이 복원 프로젝트는 워낙 성공적이어서 상업시설이 더 들어서지 못하도록 주민들이 재빨리 손을 써야 할 정도였다. 상업시설이 더 들어올 경우 주말마다 지금보다 훨씬 많은 관광객들이 몰려들 것이기 때문이었다.

소사이어티힐 젠트리피케이션의 성공 비법에는 세 가지 중요한 요소가 있었다. 첫 번째는 대필라델피아운동Greater Philadelphia Movement, GMP이라는 민·관조직과 그 파생조직인 구필라델피아개발공사Old Philadelphia Development Corporation, OPDC였고, 두 번째는 주로 연방과 시 정부였으며, 세 번째는 민간 금융기관들이었다. 1952년에 결성된 대필라델피아운동은 단순한 압력단체가 아니었다. 같은 해에 필라델피아 시장으로 선출된 클라크J. S. Clark에 따르면 대필라델피아운동은 "시의 이해관계에 대단히 관심이 많은, 보수적이지만 지적인, 뼛속까지 기업인인 사람들이 주를 이루는 모임"이었다(Adde, 1969: 35에서 인용). 회원 목록을 보면 유서 깊은 필라델피아 가문의 인명록에다 지배계급이 되려는 야심을 품은 공무원 관료, 신진 기업가들을 더해놓은 것 같았다. 이들의 목표는 도시 전체에 물리적·재정적으로 다시 활력을 불어넣는 것이었다. 초창기에 젠트리피케이션을 유도하는 촉매제 역할을 했던 대필라델피아운동은 '필라델피아 르네상스'의 필수적인 핵심으로 소사이어티힐에 곧바로 주목했고, 소사이어티힐 동쪽 가장자리를 따라 늘어선, 도크스트리트Dock Street의 식료품 시장(지금은 소사이어티힐 타워가 있는 곳)을 큰 장애물로 여겼다. 이들은 정치적 영향력을 이용해 결국 1958년에 이 식료품 시장을 사우스 필라델피아로 보내버리는 데 성공했고, 이로써 아직 설익은 이 재생계획을 진지한 과제로 만들었다.

다른 한편, 그 정치적 실행의 핵심과 고상하게 거리를 두고 싶었던 대필라델피아운동은 재개발을 감독하는 데 더욱 알맞다고 생각하는 조직을 하나 더 만들었다. 이렇게 형성된 구필라델피아개발공사의 업무는 더

1940년대 필라델피아 도크스트리트의 시장(Urban Archives, Temple University)

실용적이었으며, 실리를 추구했다. 구필라델피아개발공사는 지방정부
와 계획가, 투자자와 개발업자, 주택 소유주 사이를 연결시켜 주었고, 지
방과 전국 매체에 소사이어티힐을 홍보했다.[2] 구필라델피아개발공사는
필라델피아시의 재활성화가 모두에게 의미 있는 '공동체 프로젝트'임을
강조하며 이 계획에 대중적인 색채를 입혔지만, 주로 젠트리피케이션이
이루어진 필라델피아를 이 회사의 미래 수익으로 연결 짓는 데 확고한 역
점을 두었다. 퍼스트펜실베이니아은행의 전임 은행장 윌리엄 켈리William
Kelly의 말을 빌리면 다음과 같다.

　　우리 회사의 장래는 무엇보다 우리 도시의 성장과 연결되어 있다. 내가 시의 일에 시간을 쓸 때는 사실상 은행의 일을 하고 있는 것이기도 하다. …… 향후 몇 년간 우리 은행의 성장과 안녕은 이곳 필라델피아에서 무슨 일이 벌어지는지에 좌우된다(Adde, 1969: 36에서 인용).

켈리는 앞의 내용과는 정반대로 오히려 시의 재활성화와 안녕이 은행의 협력에 좌우되고, 이는 다시 그들의 성장을 자극한다는 말을 덧붙일 수도 있었으리라.

대필라델피아운동과 구필라델피아개발공사가 국가의 의지와 민간 부문의 자원 사이에 윤활제 역할을 했지만, 결정적인 것은 민간 부문이었다. 애당초 민간의 투자 중단이 재투자의 기회를 마련했을 뿐만 아니라, 금융기관의 재투자는 주택담보대출과 융자의 형태로 많은 재투자자본을 제공하곤 했다. 이는 큰 규모의 전문적인 기업형 개발업자들뿐만 아니라 복구를 원하는 개인들에게도 영향을 미쳤다. 이 동네는 1950년대 초에 사실상 특별경계지역으로 설정되었다가 15년 뒤 해제되었는데, 나중에 이는 '그린라이닝'이라고 불리게 된다. 그리고 뒤에서 보겠지만 금융기관들은 소사이어티힐 어디에서든 투자가 가능한 곳을 찾아 나섰다.

폭넓게 생각했을 때 국가는 이 프로젝트를 시행하기 위한 경제적·정치적·이데올로기적 행위자로 다양하게 행동하면서 소사이어티힐 젠트리피케이션에서 세 번째 주요 요소를 이루었다. 시계획위원회는 필라델피아 복원에 대한 낭만적 환상에서 영감을 받아 재생계획을 수립했다. 낭만적인 환상은 그 누구보다 대필라델피아운동의 일원이기도 했던 시계획위원회 책임자 에드문드 베이컨Edmund Bacon의 머리에서 나온 것이었다. 공상보다는 실용성을 좇는 시 정부는 위원회의 계획을 받아들였고, 필요한 용도구역 재설정과 관련된 변경을 해주었으며, 국가 프로젝트 비용의 30%를 제공했다. 당시 전통적 관행이 그랬듯 시 정부는 완전히 새로운 '지방공공기관'을 만들어 이 계획을 비롯한 여러 도시 재생계획을 이행했다. 이렇게 만들어진 '필라델피아 재개발청'은 시장이 임명한 사람들로 구성된 위원회를 통해 운영되었다. 자금은 주로 시뿐만 아니라 연방재정으로 조달되었고, 액수는 적지만 펜실베이니아주 재원도 일부 들어갔다.

연방정부의 역할은 이중적이었다. 사실상 소사이어티힐의 젠트리피케이션은 1949년과 1954년 주택법Housing Acts의 결과로서(그리고 그 조항들을 통해) 조직되었다. 1949년 법은 도시 재생에 대한 연방의 개입과 관련된 기본적인 법들과 '타이틀 1'로 널리 알려진 조항을 제정했다. 1954년 법은 다른 무엇보다 도시 재생의 일환으로 건물 복원(그저 '슬럼 정리'가 아니라)을 가능하게 해주었고, 이는 '타이틀 1'의 수정조항으로 삽입되어 소사이어티힐에서 대단히 중요한 기능을 했다. 이 법령을 통해 연방정부는 프로젝트 비용의 67%를 제공했지만, 조건 중에 '타이틀 1' 프로젝트에는 공공재정 2000만 달러 이상을 지출하면 안 된다는 단서가 있었기 때문에 소사이어티힐 프로젝트는 세 가지 별개의 단위로 쪼개졌고, 여기에는 각각 "워싱턴스퀘어이스트 도시계획지역의 1구역, 2구역, 3구역"이라는 이름이 다시 붙었다. 연방정부의 두 번째 개입은 연방주택관리국이 보증하는 주택담보대출을 소사이어티힐의 많은 개발업자들에게 제공하는 방식으로 이루어졌는데, 여기서는 특히 도시 '홈스테딩homesteading'[도시 황폐화를 막기 위해 빈 건물 입주를 장려하는 연방정부 정책] 재정을 융자해주는 312항이 주효했다.

분석을 위해서는 민·관조직들과 금융기관, 국가기구를 별도의 행위자로 간주하는 것이 편리하지만, 현실에서는 그렇지 않았다. 가령 1960년대 후반 구필라델피아개발공사의 대표였던 윌리엄 데이William Day는 퍼스트펜실베이니아금융신탁회사Frist Pennsylvania Banking and Trust Co.의 회장으로서 거액을 소사이어티힐에 투자하기도 했다. 그보다 앞서 구필라델피아개발공사 대표직을 맡았던 윌리엄 라프스키William Rafsky는 필라델피아 재개발청의 임원으로서 '필라델피아 76'(시의 지명을 받아 필라델피아 200주년 기념행사를 조직한 단체)의 대표를 맡기도 했다. 하지만 역할이 중첩된 가장 악명 높은 사례는 아마 구스타프 암스테르담Gustave Amsterdam일 것이다. 1960년대 말 암스테르담은 재개발청의 상임이사이자 구필라델피아개발공사의 상임 부회장이었다. 또한 한 개 이상의 재개발청 계약에 자금을 댄 금융회사 뱅크시큐리티코퍼레이션Bank Securities Corporation의 회장이기도 했는데, 이 계약은 역시 그와 연관된 건축회사가 체결한 것이었다. 1969년 자신의 공적·준공적 지위를 이용해 사적인 투자의 가치를 올리려 한 일이 드러나자 그는 사임하지 않을 수 없었다. 지배계급의 이익과 공적 부조의 이 같은 행복한 결합은 완벽할 수도 있었던 어떤 계획의 단순한 오점이 아니었다. 이는 처음부터 수사적 표현에 포함되어 있었고, 소사이어티힐이라는 개념 자체에서 기본적인 것으로 이해되었다.[3]

국가 통제

국가는 소사이어티힐을 현실화하는 데 정치적 이해관계가 있을 뿐만 아니라, 이 새로운 도시공간이 창출되도록 밀어주는 경제적 역할도 한다. 이 계획을 이행할 때 재개발청의 일차적인 책임은 정치적 통제였다. 1959년 재개발청은 재개발 지역의 1구역에 있는 모든 부동산을 사들이기 시작했다. 재개발청은 폭넓은 토지수용권한과 새로 만들어진 건물 '순응' 규정을 적용해 세입자들에게 두 달 내에 집을 비우라고 통보했다.

세입자들은 피상적인 재정착 지원 제안을 받아들이기도 했지만, 그런 경우는 그렇게 많지 않았다. 부동산 소유주들에게는 '공정시장가격'을 제안했는데, 사실상 팔 수 없는 상태의 건물인 경우 이는 희대의 횡재였지만, 어떤 경우에는 터무니없는 부동산 강탈일 뿐이었다. 재개발청은 보존할 가망이 없는 건물은 필요한 경우 철거를 진행시켰고, 그렇지 않은 경우에는 현장을 개선시킨 뒤 부동산과 부지를 지정된 개발업자에게 '감정현장가'로 되팔았다. 다시 말해 재개발청은 사람이 살고 있거나 버려진 주택을 재개발 부지로 전환시키는 비용을 모두 흡수했던 것이다. 재개발청은 건물이나 부지 판매가 완료된 뒤 통제력을 행사하기도 했다. 모든 개발업자는 부동산을 취득하려면 건물의 구조와 외부 건축물, 기능, 재개발 완료일을 명시해 재개발청과 법적 합의를 거쳐야 했다. 이 약속을 이행하지 못할 경우 기소당할 수 있었고, 실제로 재개발청은 많은 사건을 법정으로 끌고 갔다.

재개발청은 결국 정치적 통제력의 일부를 구필라델피아개발공사에 위임했다. 소사이어티힐의 광고가 성공을 거둔 뒤 역사성 있는 주택에 대한 수요가 늘어나자, 재개발청은 개별 개발업자를 선정하는 데만도 전보다 많은 시간이 걸렸다. 1967년 재개발청은 이 업무를 구필라델피아개발공사로 넘겼는데, 맨처음에 넘긴 부동산 포트폴리오가 190건이었다. 구필라델피아개발공사의 대표이자 재개발청의 임원인 윌리엄 라프스키에 따르면, 공사는 세 가지 기준에 따라 개발업자를 지명했다. 첫째, 재활성화를 가능케 할 수 있는 금전적 능력을 증명해야 하는데, 1970년대 초에 그 평균 비용은 약 4만 달러였다(Old Philadelphia Development Corporation, 1975). 둘째, 소사이어티힐의 역사적 성격에 걸맞은 건축물이 '선호되었다'. 마지막으로 한 세대 실소유자용 주거지 계획 역시 선호되었다. 구필라델피아개발공사는 부동산을 광고하지 않았다. 관심 있는 개발업자라면 입소문이나 사적인 연줄을 통해 소식을 접하거나, 그것도 아니면 소사이어티힐 복원이라는 시민 모두의 기쁨에 대한 언론의 찬사로부터 영감을 받으리라고 생각했던 것이다.

프로젝트에 대한 재개발청의 정치적 통제력은 그 경제적 역할과 긴밀하게 연결되어 있었지만, 여기서 자본과 국가 간 다소 뒤집힌 관계가 등장하기 시작한다. 이 프로젝트가 사실상 종료되는 시점인 1976년 7월 31일까지 소사이어티힐의 성공을 위해 투자된 연방과 시의 자금은 총 3860만 달러였는데, 모두 재개발청을 거쳐갔다. 많은 초기 자금은 지자체가 발행한 사채를 필라델피아시 최대 은행들과 금융기관들에게 판매하는 방식으로 마련되었다. 다시 말해, 최대 금융기관들이 아무런 위험 없이 국가에 자금을 조달했고, 이로써 정부의 개입이 없었다면 직접 발을 담그지 않았을 곳에 투자를 하게 된 것이다. 이제 이들은 여기서 제대로 돈을 벌 궁리를 하게 되었다. 물론 그렇게 보면 국가 개입은 필라델피아 기업 엘리트들의 금전적 이익을 위한 촉매였을 뿐이고, 젠트리피케이션은 살기 좋은 도시뿐만 아니라 돈 벌기 좋은 도시로 나아가기 위한 수단이었다는 결론을 피하기 어렵다. 이런 관점에서 보면 국가의 목적은 도시 부동산의 수익성을 재창조해내는 것이다. 민간 시장은 과거 소사이어티힐에 대한 투자 중단에서 이득을 보았는데, 이제는 국가가 나서서 투자 중단을 점진적으로 상쇄할 수 있는 자금을 투자하고, 이로써 같은 동네에 민간이 재투자했을 때 수익을 낼 수 있는 곳으로 만들어야 하는 상황이었던 것이다.

1976년까지 투자된 공적 자금 3860만 달러 중에서 약 420만 달러가 측량, 법률 서비스, 이자 지불, 행정 비용 등으로 들어갔다. 재개발청이 취득한 뒤 되팔았던 부동산의 순비용은 2360달러였는데, 이는 '부동산 자본'에 대한 국가의 지출을 뜻한다(Lamarche, 1976). 나머지 1000만 달러는 철거, 정리, 부지 개선에 생산적으로 투자되었다.[4] 이런 지출은 개발업자에 대한 직접적인 보조금에 해당하며, 덕분에 개발업자들은 재개발 비용을 그만큼 아낄 수 있었을 뿐만 아니라 공공 부문 노동자들이 창출한 잉여와 수익을 흡수했다.

소사이어티힐의 개발업자들

소사이어티힐로 몰려든 개발업자는 세 종류였다. 모든 개발업자에게는 한편으로 국가와 민·관조직들이 만들어놓은 설계라는 제약이, 다른 한편으로는 민간 부문에서 주택담보대출과 건축 융자를 마련할 필요라는 제약이 있었다. 이들은 다음 세 종류로 구분되었다.

① 부동산을 구입하고 재개발해 재판매하는 방식으로 이윤을 남기는 전문적인 개발업자
② 부동산을 구입하고 재개발한 뒤 완성되면 거기서 직접 거주하는 실수요형 개발업자
③ 부동산을 구입하고 재개발한 뒤 완성되면 세입자에게 임대하는 임대형 개발업자

임대형 개발업자는 부동산 한 채를 지닌 임대업자와 여러 채의 부동산을 보유한 전문적인 임대업자부터, 소사이어티힐 프로젝트가 1964년에 완성되자 부동산에 3억 달러를 투자한 앨코아Aluminum Corporation of America까지 범위가 다양했다(Kay, 1966: 280). 사실 앨코아는 임대업자인 동시에 전문 개발업자였다. 피츠버그에 본부를 둔 다국적 기업이자 세계

최대의 알루미늄 회사인 앨코아는 1960년대 초부터 채굴 기반 금속산업에 영향을 미친 이윤율 하락의 대비책으로 경영 다각화를 계획하고 있었다. 부동산 투자는 높은 이윤율을 보장해줄 뿐만 아니라 세무 신고를 할 때 높은 감가상각비를 기대할 수 있었다. 그래서 앨코아는 총 703채의 호화 아파트가 입주한 30층짜리 고층 건물 세 동(과 37동의 저층 타운하우스)을 짓는 계획에 참여하게 되었다. 건축학적으로 보면 이 세 동의 고층 건물은 도심 남쪽의 델라웨어 수변에서 가장 높은 건물이었다. 설계는 유명 건축가 페이I. M. Pei가 맡았는데, 그는 이 아파트를 이렇게 묘사했다. "넉넉한 면적에 에어컨이 설치되는 주거지 자체는 모던할 것이고, 방은 연방주택청의 기준을 충분히 넘길 것이다."[5] 1978년 초 이 건물의 침실 네 개짜리 집 임대료는 월 1050달러에 육박했고, 이로써 소사이어티힐 타워는 필라델피아 호화 주택시장의 최정점에 가뿐히 올라섰다.

주로 재개발청의 기록으로 재구성해보았을 때 앨코아가 소사이어티힐에 끼어든 것은 부동산 거래에서 대단히 흥미 있는 이야깃거리다. 앨코아는 웹앤드크냅Webb and Knapp과의 제휴를 통해 참여하게 되었는데, 웹앤드크냅은 윌리엄 제켄도르프William Zeckendorf Sr.가 소유하고 통제하는 뉴욕 거점의 부동산 회사로 자산이 5억 달러에 달했다. 아마 제켄도르프의 부동산 제국은 당시 미국 최대 규모였으리라. 분명 이는 대단히 잘 알려진 사실이었다. 다른 시기에는 맨해튼의 크라이슬러 빌딩과 시카고의 핸콕 빌딩을 소유했고, 덴버 힐튼과 워싱턴 DC의 랑팡플라자를 건축했으며, 뉴욕의 체이스맨해튼플라자와, 그 전에는 유엔 빌딩을 지을 땅을 모은 장본인이었다(Downie, 1974: 69-74).

1961년 5월 웹앤드크냅은 소사이어티힐 타워용으로 지정된 토지를 재개발청으로부터 매입했다. 웹앤드크냅사는 130만 달러를 지불했고, 건설 자금을 융통하기 위해 1954년 주택법 220항에 따라 1450만 달러에

1961년 소사이어티힐 타워를 짓기 위한 토지정리(Urban Archives, Temple University)

대해서는 연방주택관리청이 보증해주는 3% 이자의 대출을 확보했다.
이미 이 사업의 소규모 파트너였던 앨코아는 개발업체인 웹앤드크냅이
주기적이면서도 심각한 단기 현금유동성 위기를 겪던 1962년 11월 웹앤
드크냅사의 지분을 매입했다. 앨코어사는 제켄도르프에게 승계받은 숱
한 법인 자회사들을 통해 이제는 소사이어티힐 타워 계약의 90%를 보유
하기에 이르렀다. 나머지 10%도 제켄도르프의 파트너였던 한 영국 부동
산 개발회사(코벤트아메리카코퍼레이션Covent America Corporation)가 보유했다. 도시
개발에서 이 같은 국제 파트너십은 전후 재건을 통해 튼튼해진 유럽 자본
이 본격적으로 미국에 투자할 기회를 물색하기 시작하면서 나타났다. 어
쨌든 소사이어티힐은 1964년에 완공되어 첫 세입자를 받았다. 하지만
앨코아는 건물을 계속 보유하지 않았다. 7년의 '배율잔고상각double
balance depreciation' 기간이 만료되어 건물이 더 이상 앨코아사의 절세 수단
으로 기능하지 못하자 되팔았다. 새 매입자는 이번에도 제켄도르프와 제
휴 관계에 있는 부동산 회사 제너럴프로퍼티즈General Properties였다. 제너

럴프로퍼티즈가 매입한 후 감가상각이 가속화되었고, 7년이 흘러 1970 년대 중반에 이르자 부동산 시장은 위축되고 건물을 사겠다는 사람은 거의 나타나지 않았다. 소사이어티힐 타워 소유주들은 타워를 하나의 매입자에게 팔기보다는 세입자 소유형 협동조합의 형태로 세입자들에게 떠넘기려 했다. 하지만 이를 사겠다며 나서는 세입자가 거의 없다시피 했고, 1976년 제너럴프로퍼티즈는 결국 텍사스에 근거지를 둔 보험회사인 유에스라이프US Life에서 매입자를 찾아냈다. 그리고 이야기는 계속 이런 식으로 이어졌다. 소유권은 세금 때문에 지속적으로 바뀌었지만, 건물 관리는 앨버트 그린필드사에서 맡았다.

소사이어티힐 타워의 진화가 보여주듯, 소사이어티힐의 젠트리피케이션은 자본의 더 넓은 국내외 순환 리듬과 외형에 긴밀하게 연결되어 있었다. 소유와 개발에 참여한 기업들은 뉴욕에서부터 텍사스, 피츠버그, 런던까지 다양한 곳에 입지해 있었다. 소유 업체의 주활동은 알루미늄 제조부터 부동산 개발, 생명보험까지 다양했고, 소유의 이유는 미국에서 "가장 역사적인 평방마일"을 개조하는 것보다는 자본 관련 이윤 및 절세 전략과 더 관계가 깊었다.

하지만 소사이어티힐의 젠트리피케이션은 지역 '재활성화' 프로젝트로 널리 홍보되었다. 소사이어티힐 타워는 다국적 자본과, 전문·임대형 개발업자들의 개입에 의한 새로운 건설을 상징했음에도, 소사이어티힐의 대중적 이데올로기는 '실수요형 개발업자', 즉 개별 젠트리파이어들을 부각시켰다. 제러드 잉거솔Jared Ingersoll과 그의 아내 아그네스의 사례는 초창기에 이 지역을 띄우고 젠트리피케이션에 불을 붙이는 수단으로서 언론의 대대적인 주목을 받았다. 미국 독립선언에 서명한 한 선조를 자랑으로 여기는 잉거솔은 필라델피아시 한 '명문가'의 자제였다. 소사이어티힐 문제가 부각되기 훨씬 전에 저술된 디그비 발첼Digby Baltzell

1971년 소사이어티힐 타워와 타운하우스(Urban Archives, Temple University)

의 연구《필라델피아 신사Philadelphia Gentlemen》에 따르면 "잉거솔가는
…… 필라델피아에서 항상 유행을 선도한다"(Baltzell, 1958: 311). 그래서
잉거솔 부부는 소사이어티힐 '타운하우스'를 개·보수하라는 설득에 넘
어갔다. 특히 잉거솔가로 대표되는 구필라델피아 귀족 가문에게는 복원
이 시민의 의무 같은 것으로 제시되었다. 제러드와 그의 아내가 구필라
델피아개발공사와 재개발청의 뜻에 따라 새로 발표된 워싱턴스퀘어이
스트 '1지구' 도시 재생지역의 왁자지껄한 '복원'에 합의했을 때, 제러드
는 유에스스틸US Steel의 중역이자 필라델피아 도시계획위원이었다. 이
들은 한때 활기 넘쳤던 스프러스스트리트에서 골격만 남은 건물 한 채를
8000달러에 매입해 페더럴풍의 앞면과 널찍한 내부를 완전히 뜯어고치

기 시작했다. 총 5만 5000달러의 비용으로 건물을 완전히 새로운 18세기 풍으로 복원한 뒤 이들은 1961년 1월 스프러스스트리트 217번지에 있는 이 타운하우스로 이사했다.

잉거솔 부부는 소사이어티힐 '복원'의 상징적 선동가라는 명성을 널리 떨치게 되었는데, 이는 (필라델피아 소재의 여자대학인) 브린모어 대학교 동창회보의 한 기사에서 아그네스 잉거솔이 강조했던 인상이었다. 이 상징적인 이사 이후 '소사이어티힐 복원'(Ingersoll, 1963)은 실제로 대유행이 되었다. 이는 시민으로서의 의무일 뿐만 아니라, 구필라델피아인들을 위한 실내놀이 같은 것으로 제시되었다. 이 지점에서 소사이어티힐의 젠트리피케이션은 그 이후 진행된 과정보다는 20년 전 수전 메리 올솝Susan Mary Alsop의 조지타운과 더 많은 공통점이 있었다(Dowd, 1993). 하지만 소사이어티힐은 민간 금융뿐 아니라 공적인 자금의 지원을 받아 승승장구했고, 너무 수익성이 좋아서 많은 사람들이 필라델피아 명문가만 재미를 봐서는 안 된다고 여겼다. 이런 상황에서 워싱턴스퀘어이스트의 2지구와 3지구에서 일이 공식적으로 시작되었다.

소사이어티힐의 재원

국가와 개발업자들의 역할 외에, 소사이어티힐에서 전통적인 특별경계지역으로 지정된 곳들을 철회하라고 필라델피아시의 은행과 여러 금융기관을 설득하는 데 앞장선 것은 구필라델피아개발공사였다. 이런 금융기관들은 소사이어티힐 지역의 주택 재투자에 필요한 주택담보대출과 건축 비용을 제공하는 데 중요한 역할을 했는데, 이는 주택담보대출 활동에 대한 분석에서 더 자세히 보여줄 것이다(표 6-1과 표 6-2 참조). 이 표는

표 6-1 1954년, 1959년, 1962년 필라델피아 소사이어티힐 주택담보대출의 출처(단위: 건)

연도	저축대출기관	은행	보험회사	기타 기관	사적 자금	미확인	합계
1954	16	5	4	9	17	4	55
1959	29	6	3	0	15	2	55
1962	36	8	0	2	0	2	48

자료: Greenfield A. M. and Co., Inc., 1964: Ch.3. 1962년의 수치는 1~6월의 수치임.

표 6-2 1963년부터 3년마다 필라델피아 소사이어티힐 주택담보대출의 출처(단위: 건)

연도	주택도시개발부/연방주택관리청	연방저축대출기관	저축대출기관	공동체저축은행	보험회사	금융회사	저축자금	공동체협회	사적자금	미확인	합계
1963	0	12	6	8	0	0	0	1	1	51	79
1966	1	12	5	15	2	1	3	1	5	31	76
1969	4	11	1	7	3	2	4	0	3	21	56
1972	1	12	2	22	0	5	1	1	0	12	57
1975	1	9	5	16	3	6	3	4	4	10	61

자료: Redevelopment Authority of Philadelphia, Washington Square East Urban Renewal Area,
Units 1, 2 and 3, Files; Philadelphia Real Estate Directory.

실수요자와 소규모 임대형 개발업자에 대한 것이다. 다시 말해 앨코아 같은 전문적인 개발업체나 대규모 임대형 개발업체는 제외되었다.

소사이어티힐 젠트리피케이션의 심장부에서 이루어진 투자 중단과 재투자의 역사는 크게 네 시기로 구분할 수 있다. 이는 물론 엄밀한 정의에 따른 것이라기보다는 젠트리피케이션 경관의 진화 과정에서 서로 중첩되는 여러 단계들을 나타낸 것이다.

1952년 이전

종전 직후의 투자는 규모가 작고 불규칙했다. 부동산 개발업체인 앨버트 그린필드사(Greenfield and Co., 1964: 16-17)의 말에 따르면 다음과 같다.

> 그곳에서 재원을 마련하는 일에는 고위험 동네의 모든 특징이 드러났다. 제2금융이 일반적이었고, 전형적이며 관행적인 주택담보대출의 비율은 50~60%였으며, 고위험에 특화된 민간 대부업체, 금융회사, 주택담보대출 업체가 많았다. ······ 투자자와 투기꾼들은 집 한 채를 수준 미달의 작은 주거공간으로 세분화하고 있었다.

이 시기의 '투자'는 일종의 말장난에 가까웠다. 고위험 투자자와 낮은 주택담보대출 비율(매매가와 담보대출의 비율), 투기와 주택 쪼개기가 우세했다는 것은 그 지역에서 전형적인 투자 중단이 나타나고 있었음을 뜻한다. 소사이어티힐에서는 자본이 생산적으로 투자되지 않았다. (국가를 포함한) 더 크고 안정적인 대출기관들은 교외에 있는 저위험 고수익 주택담보대출과 심지어는 해외대출 때문에 바빴다. 금융기관들은 단순 주택 매매는 말할 것도 없고 생산적 투자를 위한 자본대출까지 거부함으로써 이 지역을 '슬럼'으로 유지하는 데 기여했으며, 그동안 건조 환경으로 구현된 기존 자본의 가치는 더욱 하락했다.

1952~1959년

1952년에 대필라델피아운동이 떠들썩하게 구성되고 그 초점이 소사이어티힐을 향하면서, 이 지역의 투자 잠재력에 대한 관심이 고조되었다.

표 6-1에서 볼 수 있는 것처럼 1954년에는 주택담보대출의 3분의 1이 사적 재원이었다. 주택담보대출이 사적이라는 것은 주택 구매자들이 대출로 제약을 받지 않는 부유한 사람들이라는 뜻일 수 있다. 이는 소사이어티힐로 회귀하는 움직임이 아직 시작되지 않았기 때문일 수 있고, 아니면 오히려 투기가 만연한 것으로 알려졌기 때문일 수 있는데, 후자일 가능성이 더 높다. 주택담보대출 없이 17채의 부동산 매매가 추가적으로 이루어졌다는 점(Greenfield and Co., 1964: 45)은 유력자들의 낙관적인 언행이 규모는 크지 않지만 강렬한 투기를 조장했음을 보여준다. 투기적 매

젠트리피케이션 이전 18세기 필라델피아의 주택(Urban Archives, Temple University Press)

1965년 필라델피아 세컨드스트리트와 파인스트리트 모퉁이에 있는 복원건물
(Urban Archives, Temple University)

매는 1959년까지 두드러졌지만, 소규모 고위험 대부업체들이 사라지고 저축대출기관들의 참여가 늘어난 것은 중간 규모의 기관들이 소사이어티힐 쪽으로 정책을 전환했음을 시사한다. 투철한 시민정신에 대한 대필라델피아운동의 선동이 투기를 자극하긴 했지만, 아직은 더 큰 은행들이 시장에 발을 들이도록 설득하지도 못했고, 상당량의 생산자본이 투자되는 결과로 이어지지도 못했다. 은행가들은 정부의 말이 아니라 행동을 확인하고 싶었다. 온갖 규모의 자본이 재투자되기 시작한 것은 국가의 재생계획이 이행된 1959년 말 이후부터였다.

1960~1965년

재개발 계획이 이행되고 잉거솔의 제스처에 담긴 상징이 지배계급 사이에서 반향을 불러일으키자, 얼마 안 가 대규모 기관들(은행과 특히 연방의 저축대출기관들)이 주택담보대출을 사실상 독점했다. 아울러 고위험 기관의 주택담보대출이 줄어들면서 이들은 다른 곳으로 떠밀려났다. 투기자본 역시 상당히 줄어들었는데, 재개발청이 1959년에 재활성화를 관리한 뒤부터 대체로 엄격하게 통제했기 때문이다. 1963년에 이르자 주택담보대출 형태로 소사이어티힐에 유입되는 돈은 건물 재활성화를 위한 생산자본이 지배적이었다. 따라서 1지구에서 주택담보대출 비율은 200%가 넘었는데, 이는 개·보수의 규모가 엄청나다는 의미였다. 한 부동산의 평균 비용은 1만 3124달러인 반면, 이 부동산을 담보로 대출한 융자는 평균 2만 6700달러였다. 주택 구매를 위한 일반 은행의 주택담보대출은 판매가의 80~90%였다. 결과적으로 은행들이 소사이어티힐 젠트리파이어들에게 사실상 공개적인 외상을 준 것이었다. 1965년에 이르러 이런 일은 재생지역의 세 지구 모두에서 나타나기 시작했다.

1966~1976년

이 마지막 단계에서는 상업저축은행들이 가장 큰 규모의 주택담보대출 단일 공급원이 되었다. 상업저축은행들의 우위는 수치에서보다 훨씬 두드러진다. 대형 은행들과 제휴 관계에 있는 많은 부동산 투자신탁의 역할이 증대되었기 때문이다. 상업저축은행들은 표 6-2에서 '금융회사'로 분류되어 있다. 소사이어티힐은 최고의 투자 기회가 되었고, 이제 그 개발을 주도한 것은 가장 크고 안정적이며 일반적으로 가장 보수적인 금융기관들이었다. 이들은 1959년 이전에 저개발을 지속하는 데 중요한 역할을 했던 것처럼, 이 기간에 개발을 지속하는 데 중요한 역할을 했다. 이 네 번째 시기에 주택담보대출은 5만 달러를 넘는 경우가 흔했다. 위험은 낮았고 경쟁은 격했는데, 어쩌면 이 때문에 시장의 작은 틈새에서 다양한 소규모 기관들이 다시 나타났는지도 모른다. 하지만 이들의 등장은 큰 기관들의 독점을 심각하게 위협할 정도는 되지 못했다. 어쩌면 이는 정책의 결과라기보다는 기존 소규모 기관들과의 인맥에서 비롯된 결과일 수 있다. 이런 대출에서 비정상적일 정도로 낮은 이자율이 바로 이러한 해석의 근거다.

따라서 1960년대 중반에 대형 금융기관들이 국가를 밀어내고 소사이어티힐 젠트리피케이션 이면의 가장 중요한 경제적·정치적 동력이라는 자리를 꿰차게 되었다. 이는 말 그대로였다. 1966년에는 주택담보대출의 비율이 142%로 하락했는데, 이는 많은 생산자본이 여전히 개·보수를 목적으로 소사이어티힐로 유입되고 있었지만, 이미 절정기는 지났음을 시사했다. 1지구가 거의 완공에 이르자 2지구와 3지구가 점점 더 많은 생산자본을 끌어 모았다. 1지구의 주택담보대출 비율은 1972년에는 116%로, 1975년에는 54%로 하락했는데, 이는 전체적으로 재활성화가 이루어져서 값이 오른 주택에 대해 상당한 계약금을 치를 만큼 당시 구매자들이 충분히 부유한 사람들이었다는 의미로 볼 수 있다. 1975년에 이르러 1지구의 평균 주택담보대출은 4만 6573달러였고, 평균 주택 가격은 8만 6892달러였다. 계획이 거의 완성되고, 계획가들이 전문가로서의 명망을 만끽하며, 주민들이 페더럴풍의 화려함을 느긋하게 즐기게 되자 주택담보대출은 더 이상 생산에 재원을 대주지 않게 되었다. 그 대신 이제는 개인 소비에 필요한 돈을 대주었다.

계급, 맥락, 그리고 역사

소사이어티힐을 띄운 당사자들은 제대로 부각시키지 못하지만, 소사이어티힐의 이야기는 다른 젠트리피케이션 경험들과 공통점이 많은 한편으로 여러 면에서 독특한 데가 있다. 사회적 측면에서 보았을 때 소사이어티힐의 초기 착상은 대체로 응접실과 신사들의 클럽, 필라델피아의 앵글로색슨계 백인 신교도 엘리트들로 구성된 중역 회의실에서 출발했다는 점에서 사실상 태생적으로 귀족적인 성격을 띠었다. 계급적인 자기이익이기도 했지만 노블레스오블리주의 실행이기도 했던 초기 착상은, 가령 뉴욕이나 보스턴, 워싱턴의 '상류사회'에서 볼 수 있는 전쟁 이전의 젠트리피케이션 맹아라 할 수 있는 모델을 거론했다. 하지만 조지타운도, 비컨힐도, 소사이어티힐도 사교계 명사들의 전유물에 머물 수 없었다. 무엇보다 도시 전체에 젠트리피케이션을 시행하는 것은 고사하고, 소사이어티힐 전체를 감당할 수 있을 정도로 구필라델피아 앵글로색슨 신교도 가문이 그렇게 많지 않았다. 그래서 이 과정은 곧바로 확대되어 중상계급과 전문직도 합류했다. 일부 사람들은 이들의 태생을 두고 마뜩찮아했을 수도 있지만, 최소한 이들에게는 젠트리피케이션을 추진하는 데 합류할 수 있는 돈이 있었다. 1970년대에 이르자 젠트리피케이션을 시민적 의무이자 재미난 장난쯤으로도 여기는 부류들이 모인, 샹들리에 달린 화려한 응접실에는 아직 귀족들의 과거가 살아남아 있었을 수도 있다. 하지만 전체적으로 소사이어티힐은 부동산 이윤과 관광객을 홀리는 미끼들, 그리고 벼락부자들의 손에 넘어갔다. 귀족 집주인들 옆에는 돈 많은 아파트 임대업자들이 살았고, 1980년대에는 여피들이 유입되면서 이런 동네의 색깔이 완전히 바뀌었다. 소사이어티힐의 성공으로 몇 안 되는 고풍스러운 술집과 음식점이 생기 넘치는 밤의 명소가 되었고, 1970년대의 시민정신은 이제 버려진 건물들보다는 토요일 밤에 놀러온 시민들이 유발하는 소음을 대상으로 삼았다.

　소사이어티힐은 또 다른 측면에서도 상당히 독특했다. 미국과 영국의 많은 젠트리피케이션은 이런저런 형태의 공적 보조금 혜택을 누렸지만, 초기에는 이런 식의 엄격한 관리가 드물었다. 물론 금융자본의 경우 의사결정의 중심에서 결코 멀리 떨어져 있지 않았고, 사실 대필라델피아 운동과 구필라델피아개발공사 같은 조직들은 민간 시장의 행위자들이 아주 적은 위험을 지고도 재활성화와 재개발 보조금을 탈 수 있도록 지역과 연방의 이니셔티브를 조작하는 압력집단으로서 많은 활동을 펼쳤다. 제도적 측면에서 소사이어티힐은 1970년대 말과 1980년대에 볼티모어 하버플레이스나 샌프란시스코의 피셔맨즈워프(혹은 필라델피아의 갤러리)에 있었던 라우스 아케이드부터 시드니의 달링하버나 런던 도크랜드에 급속도로 확산된 더 큰 규모의 시내 재개발 계획의 분권화된 원형처럼 보인다. 사실 1970년대에 이르러 소사이어티힐은 자체적인 작은 상업 아케이드를 만들었다. 이 각각의 사례들은 서로 다른 방식으로 중앙이나 지방정부, 공·사개발업체, 기업 압력집단, 국제적인 개발자본으로 구성된 유사한 동맹을 결성했다. 하지만 유사점을 너무 과장해서는 안 된다. 라우스 프로젝트는 1970년대 말에 이르러 정형화되었지만, 도크랜드는 전례 없는 규모의 재개발과 사유화된 통제를 수반했고(A. Smith, 1989; Crilley, 1993), 끝내 파산했다(Fainstein, 1994 참조). 반면 소사이어티힐은 아주 최근까지 유럽에서 전통적으로 볼 수 있는 것보다 더 적극적인 국가와 민간 이해집단의 결탁을 상징하긴 하지만, 최소한 1980년대까지는 국가의 시장규제로 대대적인 젠트리피케이션을 상당히 억제한 암스테르담의 경험과는 크게 대조된다(8장 참조).

　젠트리피케이션이 이루어진 다른 많은 나라의 도심과 시내처럼 소사이어티힐에서는 금융자본이 1970년대 초 부동산 시장에서 인정을 받았다. 점점 전 지구화되고 다각화되던 금융기관들은 지난 몇 십 년간 특별 경계지역 설정과 주택융자 거부를 통해 이러한 동네를 평가절하하는 데 일조했다. 그러나 산업·소비자 부문 등에 대한 투자에서 점점 재미를 보지 못하자 그 대안을 물색하다가 도시 중심지 개발에 전례 없이 많은 양의 자본을 배정하고, 부동산 시장에 많은 자본을 들이부었다. 이로 인해 미국에서는 (도심의) 젠트리피케이션이 교외뿐 아니라 선벨트, 유럽, 제3세계와 이전보다 더 직접적인 경쟁관계에 놓이게 되었다. 반면 영국에서는 주택담보대출 담당이 전통적으로 다른 금융 거래는 하지 못하도록 제한되고 전문화된 자본 분파이기 때문에, 자금을 놓고 그 정도로 폭넓은 경쟁이 벌어지지는 않는다. 마찬가지로 영국의 젠트리피케이션은 국가 지원도 거의 받지 못하고, 대필라델피아운동 같은 힘 있는 민간 조직들의 자극도 없이 1950년대에 시작되었다. 시간이 흐른 뒤에야 도심 지역 투자 중단에 대한 우려의 목소리가 커지면서 중앙정부가 다양한 개선지원금 제도를 마련해(Hamnett, 1973) 젠트리피케이션을 독려했다. 그리고 1980년대에 항만 구역과 연계된 계획 같은 대규모 계획들이 나타났다. 주택금융조합들building societies은 미국에서처럼 도심 주택시장으로부터 그렇게까지 완전히 물러나지 않았다. 그러므로 미국에서 젠트리피케이션 초기 단계에 국가가 더 적극적으로 개입한 것은 미국에서 자본과 국가의 관계가 좀 더 유익했다는 점과 연결되어 있고, 투자 중단의 깊이와도 관련이 있다.

따라서 미국의 맥락에서는 소사이어티힐을 과도기 프로젝트로 보는 것이 타당하다. 전후 도시 재생 법안(특히 1949년과 1954년의 주택법)은 주로 주택 재건축을 통한 중심지 도시 경제의 재활성화를 겨냥했고, 이런 측면에서 소사이어티힐은 완벽한 성공작이었다. 처음으로 '재생'의 가능성을 눈으로 보여주었고, 그와 관련된 경제적 위험을 흡수하려면 그만큼 놀라운 수준의 국가 통제와 보조금이 필요했다. 하지만 입법가와 개발업자들의 야심에도 불구하고 이 단계의 젠트리피케이션은 그만저만한 국가 지원을 만끽하는, 주택시장 내의 대체로 특수한 과정의 집합에 머물렀다. 하지만 1970년대 초에 발생한 두 가지 일이 이를 바꿨다. 먼저, 소사이어티힐 같은 프로젝트의 재정적 성공이 대대적으로 알려지면서 다른 개발업자들이 정부 지원금도 별로 없고 위험을 흡수해줄 장치도 없는 낡은 노동계급 동네를 재활성화하는 데 투자할 용기를 갖게 되었다. 다시 말해, 민간 시장을 통해서도 충분히 이윤이 남을 정도로 지대격차를 뽑아낼 수 있게 되었다.

하지만 둘째, 젠트리피케이션은 주택시장에서 상대적으로 고립된 과정으로는 더 이상 작동하지 않았고, 그 대신 1960년대의 정치적 대격변과 1970년대 초부터 중반까지 이어진 전 세계 경제불황에 뒤이은 폭넓은 도시 재구조화와 더 긴밀하게 엮이게 되었다. 주택뿐만 아니라 고용 패턴, 젠더와 계급의 사회적 관계, 도시공간의 기능적 분업 모두 재구조화되고 있었고, 젠트리피케이션은 이러한 더 넓은 도시 재구조화의 일부가 되었다. 이는 주택 소비자라는 완전히 새로운 인구집단뿐만 아니라 전 지구적(혹은 최소한 비국지적인) 자본에 매끄럽게 접근할 수 있음을 뜻했다. 소사이어티힐의 젠트리피케이션은 무엇보다 광고성 최상급 표현 너머에 자리하고 있었기 때문에 그 고상함은 완전히 부각되지 못했다. 그 대신 소사이어티힐은 대중적 인기를 얻는 명소가 되어, 바로 이곳을 진앙 삼아 남쪽으로는 사우스 필라델피아와 펜스랜딩(Macdonald, 1993)으로, 서쪽으로는 리튼하우스 광장으로 젠트리피케이션이 확산되었다.

이후 개·보수가 완료된 건물 전면의 적당한 깔끔함부터, 개인의 경제적 소득과 기업 차원의 이윤에 이르기까지 소사이어티힐 안팎에서 성공의 기운이 흘러넘쳤다. 소사이어티힐의 정교한 역사적 건축물이나 주거지라고 지정한 휘황찬란한 명판에서는, 자신의 과거를 지워버린 이 모든 것들에서는 이런 성공의 외양 안에 잠복한 모순을 찾아낼 수가 없다. 하지만 이 지역에 대한 몇몇 통계에서 그 모순성을 확인할 수 있다. 1980년대에 이르러 소사이어티힐의 인구는 1960년대의 두 배가 되었다. 또한 1980년에는 성인 인구의 63.8%가 대졸자였던 데 비해, 1950년에는 대졸자의 비율이 3.8%였다. 1980년에는 중위가정 소득이 4만 1000달러 이상으로 중위도시 소득의 253%에 달했지만, 1950년에는 중위도시 소득의 54%에 불과했다. 그리고 중위주택 가격은 17만 5000달러로 증가했다. 소사이어티힐에 있는 실수요자 주택의 가격은 필라델피아시 평균보다 7배 이상 비쌌다(Beauregard, 1990).

소사이어티힐 '성공'의 모순은 깊이 파묻힌 재개발청 파일에서도 발견할 수 있다. 일단 소사이어티힐은 도시 전체의 입장에서는 성공 사례로 상당한 자격이 있었다. 젠트리피케이션은 도시의 세금 기반 강화라는 이유로 폭넓게 정당화되었다. 이것이 성공할 경우 잠재적으로 더 많은 부동산세를 걷을 수 있고, 이로써 필라델피아시의 '경제적 활력'을 강화할 수 있었다(Sternlieb and Hughes, 1983). 이는 소사이어티힐에 대한 주요 정당화 논리 중 하나였다. 사실 소사이어티힐의 초기 주민 중에서 실제로 교외에서 되돌아온 사람들은 20%에 못 미쳤고, 대부분은 필라델피아시 다른 곳에서 온 사람들이기 때문에(표 3-1 참조) 이 지역을 젠트리피케이션 함으로써 부동산세가 증가한다는 말에는 처음부터 과장이 있다. 젠트리파이어의 약 80%가 이미 도시세를 내고 있었기 때문이다. 어떤 경우에도 도시세의 증가분은 그렇게 크지 않았다. 1958년에 소사이어티힐에서 걷은 총부동산세는 연간 60만 달러였고, 1975년에 이르러서는 겨우 170만 달러에 그쳤다(Old Philadelphia Development Corporation, 1975). 부분적으로는 도시세율이 높아지면서 증가한 것이기 때문에 이 프로젝트로 생긴 연간 추가 소득은 100만 달러에 훨씬 못 미쳤다. 나머지 증가분은 1958~1975년의 17년간 인플레이션 때문일 수 있다. 어떤 식으로 계산해도 같은 해에 필라델피아시의 예산이 15억 달러였던 점을 감안하면 과세 확대 효과는 그렇게 크지 않았다고 볼 수 있다.

이 지역의 세수가 낮은 것은 소사이어티힐의 가치가 낮게 평가된 결과일 가능성이 높다. 1963~1975년에 1지구에서는 주택 가격이 500% 이상 증가한 반면, 소사이어티힐의 총부동산 감정가치는 두 배로 늘어나지 못했다. 1958년 약 1800만 달러에서 1975년 약 3200만 달러로 늘어나는 데 그친 것이다. 정치적으로 힘 있는 공동체였던 소사이어티힐은 감정가치를 인공적으로 낮게 유지하는 데 성공했다는 것이 중론이다. 그러므로 소사이어티힐의 성공은 도시 르네상스라는 야단법석을 어느 정도 가라앉히는 대가를 유발했던 것으로 보인다. 소사이어티힐은 이미 도시에 살던 사람들을 끌어들여 다시 활기를 얻었고, 필라델피아시가 누린 혜택은 이들이 치른 대가와 거의 맞먹는 수준이었다.

둘째, 소사이어티힐이 새 주민들과 계획가, 앨코아의 입장에서는 성공적이었다고 할 수 있지만, 재개발청의 파일을 보면 젠트리피케이션 활성화 과정에서 약 6000명의 기존 주민들이 1959년부터 꾸준히 강제이주를 당했다. 이들에게 소사이어티힐의 성공은 당치 않았다. 재개발청 직원들은 연방법에 있는 가장 기본적 요건에 따라 짧은 통지서와 하잘것없는 이주 원조·보상을 던져주며, 대부분이 세입자인 주민들을 퇴거시켰다. 물론 퇴거당한 사람에 대해서는 제대로 된 통계조차 없지만, 이들은 주로 가난한 노동계급의 백인과 흑인, 라틴계 사람들이었다.

소사이어티힐은 사실 도시 재생이 '검둥이 제거 작전'이라는 비아냥조의 명성을 얻게 만든 프로젝트 중 하나였다. 하지만 한 지역 신문의 표현에 따르면 '소사이어티힐의 백인화'가 아무런 투쟁 없이 무난하게 이루어진 것은 아니었다. 아프리카계 미국인 여성들은 자신과 조상들은 100년 넘게 이 동네에서 지내왔다고 주장하면서 강제적 이주에 맞서는 투쟁을 이끌었다. 이들을 퇴거시키려는 퀘이커교도 중심의 부동산 업계의 이름을 딴 집단 '옥타비아힐세븐'은 소사이어티힐의 젠트리피케이션 때문에 집에서 쫓겨난 가족들에게 지역의 주택을 제공하는 조직을 결성했다. 이 비영리조직은 롬바드와 6번가에 흑인 어린이를 위한 미국 최초의 자유학교를 설립한 프랑스 출신 노예제 폐지 운동가 앤서니 베네젯 Anthony Benezet의 이름을 따 '베네젯 법인'이라고 불렸다. 이 베네젯 법인은 소사이어티힐 가장자리와 가까운 약간의 공터를 이용해서, 그 동네에 뿌리를 두고 있다가 젠트리피케이션 때문에 밀려나게 된 사람들을 위한 집을 지으면 그 운영은 자신들이 맡겠다고 제안했다. 1972년에 이 계획이 격렬한 반대에 부딪혔을 때, 초창기의 귀족들은 이미 꼬리를 물고 이어지는 젠트리피케이션 사수 투쟁에서 존재감이 크게 위축된 상태였다. 이 동네에 살던 한 젊은 백인 부르주아지는 베네젯 계획은 '공공주택'의 다른 이름일 뿐이라고 주장했다. 최근 이 동네로 이사한 한 주민은 이렇게 주장하기도 했다.

대체 어떤 권한으로 이들이 여기에 뿌리를 두고 있다고 주장하는지 알고 싶다. 소유자가 아니면 뿌리 같은 건 없는 거다. 이들이 땅에다 발이라도 심었다는 건가? 내 주장은 이렇다. 우린 끝까지 이 문제를 두고 싸울 거다(Brown, 1973).

논란이 되는 주택을 소유한 옥타비아힐협회는 1973년 얼마 안 되는 남은 가구들에게 웨스트필라델피아에 살 집을 마련해주겠다고 제안했다. "난 백인이 흑인을 똑같은 사람으로 보기는 하는지 모르겠어요." 옥타비아힐세븐의 도트 밀러Dot Miller는 이렇게 반응했다.

> (이들은) 우리를 게토에 주저앉히면서 그저 모르쇠로 일관해요. "니네는 흑인이니까 거기가 편할 거야" 같은 소리나 하는 걸 봐요. '흑인'으로 사는 게 어떤 건지는 저도 모르겠어요. 그렇지만 이런 시대를 살아가는 게 어떤 건지는 알아요. 이 지역은 항상 인종이 통합된 곳이었고, 우린 사람을 사람으로 보라고 배웠어요. 이곳은 내 집이고 나는 여기서 살 거예요(Brown, 1973).

도트 밀러와 옥타비아힐세븐은 결국 퇴거당했다. 백인 기득권 집단은 '시장'이라는 중요한 수단을 통해 끝까지 싸워 승리를 쟁취했다.

280년 전 똑같은 장소에서 시작된 윌리엄 펜의 '성스러운 실험'("여러 나라에 모범이 될 만한 사례를 만들 것이다")(Bronner, 1962: 6에서 펜이 인용)은 마치 1959년 이후 되살아난 소사이어티힐처럼 스스로를 '좋은 것'일 뿐만 아니라 새로운 것이자 필요한 것이라고 홍보했다. 하지만 그 성공의 어두운 면은, 소사이어티힐 젠트리피케이션의 세세한 내용들은 거기서 이익을 얻을 수 있는 사람들에게는 기분 좋은 새로움이지만, 거기에 관련된 손실이 아주 오래된 이야기와 연결되어 있음을 시사한다.

> 가장 근면한 노동계급의 피 말리는 굶주림과, 조야하건 세련되건 부자들의 사치스러운 소비 간의 긴밀한 관계, 자본축적의 근간이 되는 바로 그 관계는 오직 경제법칙을 알아야만 눈에 보인다. '빈민의 주거'는 이와 다르다. 편견 없이 관찰하기만 하면 누구나 생산수단이 더 많이 집중될수록 그에 비례해 주어진 공간에 노동자들이 더 많이 밀집하게 된다는 점을, 그러

므로 자본축적이 신속해질수록 노동자들의 주거지는 더욱 비참해진다는 사실을 알 수 있다. 부가 증가하면서 불량 주거지를 철거하고, 은행과 창고 등을 위한 궁전을 짓고, 업무용 통행과 사치품 운반, 트램 도입 등을 위해 길을 넓힘으로써 이루어지는 도시의 '개선'은 빈민들을 더 열악하고 밀도 높은 장소로 밀어 넣어 보이지 않게 만든다(Marx, 1967 edn.: 657).

7장

진퇴양난

할렘의 젠트리피케이션?

백인, 그들은 도시의 개척자가 되었다. 그들은 또 다른 종류의 개척자다. 그들은 이 대담한 삶을 산다. 그건 그들의 본업 중 하나다. 하지만 프런티어의 식민지는 바로 코앞에 있다. 그들이 버튼 하나만 누르면 망할 경찰이 바로 그렇게 그곳에 달려올 것이다. …… 물론 그들은 공원 지역, 공원공간 같은 종류를 차지한다. 훌륭한 교통 노선이 있어 버스가 그곳을 관통해 다닌다. 그들은 이런 식으로 부동산을 차지한다. 그들이 할렘에 바라는 것은 그곳이 다시는 할렘이 되지 않는 것이다.

-해럴드 월리스(할렘 주민).[1]

젠트리피케이션은 처음에는 북미와 유럽, 호주의 대도시의 일부 엄선된 동네 주택시장에서 상대적으로 고립된 사건으로 시작했지만, (전 세계 경기침체 이후) 1970년대 말경이 되자 점점 곳곳에서 나타나는 강력하고 체제 전반적인 사건이 되었다. 도시 중간계급 주거 재활성화와 재개발에 대한 재투자는, 1970년대 이후로 도시위계 위아래 도시들의 문화적·경제적 지리와 물리적 경관을 조직적으로 바꿔놓은 더 큰 경제적·정치적·사회적 재구조화와 함께 맞물려 일어나는 일이 많아졌다(Fainstein and Fainstein, 1982; Kendig, 1984; Williams, 1984b; M. P. Smith, 1984; N. Smith and Williams, 1986; Beauregard, 1989). 이 과정에서 주거지가 재구조화될 뿐만 아니라, 흔히 일부 전문직, 금융, 생산자 서비스 고용이 새로운 도심 사무복합단지에 부분적으로 다시 집중되었고, 상업이 재활성화되었으며(중심도시 동네의 '부티크화'), 요트 선착장에서부터 '관광객 대상 아케이드'에 이르는 다목적 도시 스펙터클 프로젝트(볼티모어의 하버플레이스나 런던의 세인트캐서린독과 같은)뿐만 아니라 상류층을 대상으로 한 오락·문화 시설들(음식점, 관엽식물로 장식한 바, 아트갤러리, 디스코텍)이 대대적으로 늘어나기도 했다.

할렘이 어쨌든 젠트리피케이션에 휘말리게 되었다는 것은 1970년대 이후 젠트리피케이션이 얼마나 중요해졌는지를 직접적으로 시사한다. 뉴욕시 맨해튼 북쪽에 위치한 할렘은 미국 안팎에서 유명한 흑인문화의 상징과도 같은 곳이며(그림 7-1 참조), 처음 봤을 땐 새로 단장할 만한 곳처럼 보이지 않을 가능성이 높다. 독일《슈피겔》은 할렘의 젠트리피케이션에 대한 기사를 실으면서 "오 이런. 젠장. 어떻게 이런 일이 있을 수가 있지?"라는 제목을 달았다(Kruger, 1985). 할렘에 대한 대중적 재현은 가지각색이고, 감정적인 데가 있으며, 반향을 일으키고, 흑인 정체성에 대한 정의와 크게 중첩되어 있다. 할렘 르네상스의 할렘(Anderson, 1982; Baker, 1987; Bontemps, 1972; Huggins, 1971; Lewis, 1981) 혹은 1960년대의 할렘(맬컴엑스, 블랙파워, 블랙팬서)도 있지만, 게토로서의 할렘, 주로 가난한 흑인 노동계급 10만여 명이 살아가는 일상의 할렘도 있고, 서비스에 굶주린 인종주의의 도피처와 공동체로서의 할렘도 있다. 그리고 물리적 황폐함, 집주인들의 범죄행각, 사회적 박탈, 길거리 범죄, 경찰의 야만성, 마약경관으로서의 할렘도 있고, 천국으로서의 할렘, 지옥으로서의 할렘도 있다

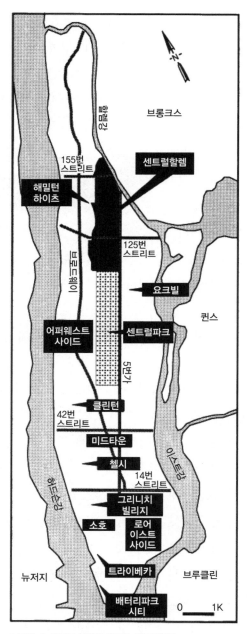

그림 7-1 맨해튼 북쪽에 위치한 센트럴할렘

(Taylor, 1991). 할렘에 대한 매체의 재현은 다양한 위협 요인이나 이국적 위험이라는 인종주의적 전형이 거의 독점하다시피 하지만, 지옥으로서의 할렘은 지역 주민들에게도 충분히 현실이다.

애당초 19세기 마지막 몇 십 년에 중간계급과 노동계급의 혼합 지역으로 지어진, 센트럴파크 북쪽 가장자리에 위치한 할렘의 주거용 건물들은 주로 남북으로 뻗은 도로를 따라 늘어선 5~6층짜리 다세대주택들이다. (반대로) 맨해튼을 횡단하는 도로에는 타운하우스와 브라운스톤으로 지은 집들이 장식처럼 늘어서 있다. 이런 할렘의 주거지들은 대부분이 1873~1878년 경기침체 이후의 대대적인 건설 호황 시기에, 아니면 19세기가 끝날 무렵 한 번 더 나타난 건설 단계에서 지어진 것들이었다. 점점 확장되고 있던 맨해튼에서는 1878년에 건설이 재개되었고, 이는 북쪽으로 뻗어나가 최근 맨해튼에 속하게 된 할렘까지 고가철도가 이어졌다. 이후 15년 동안 오늘날 맨해튼의 알짜배기가 남쪽에 있는 도심의 멋진 중간계급 교외로 건설되었고, 공사가 거의 마무리된 것은 1890년대 후반부터 1904년까지 이어진 소규모 호황 때였다. 바로 그 다음해 또 한 번의 경기침체가 시작되었고, 이는 1870년대와 1890년대에 비해 경제적 타격이 적은 편이었지만, 할렘은 전보다 더 큰 타격을 받았다. "피할 수 없는 불황은 1904~1905년에 나타났다. 슬프게도 투기꾼들은 한 번에 너무 많은 집을 지었음을 나중에야 깨달았다." 그렇게 과잉공급은 공실의 만연으로 귀결되었다. "금융기관들은 더 이상 할렘 투기꾼들과 건물 대출회사들에게 대출해주지 않았고, 많은 기관들이 자신들이 빌려준 주택담보대출을 빼앗아왔다." 역사학자 길버트 오소프스키Gilbert Osofsky는 《뉴욕 에이지The New York Age》를 인용해 많은 할렘이 "절하된 가격의 바다 아래로 외로이 가라앉았다"고 결론 내렸다(Osofsky, 1971:90-91).

몰락이 코앞에 닥치자 많은 백인 임대업자와 집주인, 부동산 회사가 때로는 흑인 소유의 부동산 중개업체나 회사를 끼고 최근에 지은 자신의 아파트와 주택을 흑인에게 임대하거나 판매하는 유례없는(그리고 이들에게는 절박한) 조치를 취했다. 때마침 남부에서 많은 사람들이 이주해오기 시작하면서 텐더로인 같은 전통적인 흑인 동네들이 기존의 경계 바깥으로 크게 확장하던 중이었다. 어떤 경우든 흑인들은 더 좁은 공간에 더 많은 임대료를 지불하는 것으로 알려졌고, 이는 백인 중간계급을 염두에 두고 지은 큰 집을 고의적으로 세분하는 결과뿐 아니라, 1905년에 시작된 투자 중단이 지속되는 결과로도 이어졌다(Osofsky, 1971 : 92). 백인 부동산 중개업자들과 소유주들은 '흑인 유입'에 대한 백인들의 인종주의적 공포를 이용해 이들에게 낮은 가격으로 집을 팔게 한 뒤, 새로 유입된 흑인 가정에게는 중간계급 전용 교외에 들어와 살게 되었다는 이유로 가격을 올림으로써 1960년대에 알려지게 된 블록버스팅의 전조가 되는 행태를 보였다.

백인 중간계급들이 교외로 빠져나가고, 제1차 세계대전 기간에 남부에서 점점 더 많은 흑인들이 이주해오면서 할렘 인구는 점점 흑인이 많아졌다. 1920년대에 이르러 할렘 르네상스가 찾아오면서 할렘은 흑인문화의 최전선에 서게 되었다. 하지만 제1차 세계대전이 시작되면서 새로운 공사는 사실상 중단되었고, 대공황이 진행되는 동안 주택에 대한 투자 중단은 점점 심각해졌다. (주로 1950~1960년대에) 국가가 부분 혹은 전체 재정을 대는 사업을 제외하면 할렘에서는 1980년대까지 의미 있는 민간 재투자가 거의 이루어지지 않았고, 이 지역에 집중된 인구집단은 대체로 가난한 노동계급이었다. 할렘이 다시 국제적인 뉴스거리가 된 1960년대에는 슬럼으로 탈바꿈해 미국에서 가장 악명 높은 흑인 빈곤의 상징이 되었다.

요컨대 20세기 초 할렘으로 이주해온 흑인 주민들(중간계급과 노동계급)

은 과잉발달 상태에 있었던 백인 임대업자들과 투기꾼, 건축업자들의 재정이 파산하지 않게 지켜주었던 것이다. 그에 대한 보답으로 흑인 주민들과 그들의 아이들, 그 아이들의 아이들에게 돌아온 것은 90년간 지속된 할렘 주거지에 대한 대대적인 투자 중단이었다.

할렘이 지나온 투자 중단과 쇠락의 역사는 여러 면에서 젠트리피케이션에 직면한 다른 동네들에서도 전형적으로 나타나지만, 할렘은 어떤 면에서 상당히 비전형적이다. 무엇보다 중요한 것은 할렘은 흑인 동네라는 점이다. 인구총조사에 따르면 20세기의 마지막 20년간 센트럴할렘 주민 중에서 흑인이 아닌 사람은 4~7%뿐이었다. 미국에서는 젠트리피케이션이 분명 흑인을 비롯한 여러 소수 인구집단의 강제이주로 귀결되었지만, 도시에 있는 많은 흑인 동네들은 이미 초창기에 도시 재생의 대상이 되었다. 백인 중간계급 젠트리파이어들은 일반적으로 백인 노동계급 지역으로 이사가는 것에 대해서는 거부감이 덜한 편이었기 때문에, 가장 초창기에 젠트리피케이션의 영향을 받았던 동네들은 주로 백인 동네이거나 최소한 백인과 흑인이 뒤섞인 동네였다. 몇몇 예외를 제외하면 주로 흑인들로 이루어진 동네는 젠트리피케이션을 진행하기 어려운 곳으로 인식되었다. 분명한 예외였던 워싱턴 DC의 캐피톨힐Capitol Hill(Gale, 1977)은 1960년대 중반 이후로 젠트리피케이션을 겪었고, 영국에서는 브릭스턴이 투자 중단과 흑인 및 카리브해 출신자 중심의 게토화라는 유사한 역사를 보유하고 있다. 다만 브릭스턴은 할렘과 달리 항상 백인 인구가 더 많은 곳이었다. 1980년대 브릭스턴은 한 작가의 표현을 빌리면 "폭동으로 얼룩진 전쟁터에서 젠트리피케이션이 완료된 전쟁터로" 변모하기 시작했다(Grant, 1990).

할렘의 또 다른 중요한 특징은 크기다. 할렘은 캐피톨힐이나 브릭스턴보다 훨씬 크다. 총인구는 30만 명이 넘고, 약 10제곱킬로미터에 달하는 지역을 아우른다. 중간계급(특히 백인 중간계급)에게 대단히 위협적이고, 주택시장이 전반적으로 침체되어 있으며, 통일된 사회적·정치적 정체성을 보유한 것으로 인식된 할렘은 뉴욕시에서 젠트리피케이션을 가로막는 도발적인 장애물을 상징한다. 반면 그 위치, 즉 센트럴파크 북쪽에 맞닿아 있고 "도시 중앙에서 A 트레인을 타면 두 정거장밖에 안 되는"(Wiseman, 1981) 곳은 젠트리피케이션을 개시한 개발업자들에게 상당한 경제적 기회를 약속한다. 그 성패에 많은 것이 달린 상황에서 당연히 할렘은 한편으로 젠트리피케이션 과정을 진행하는 데 가장 중요한 테스트로 인식되었고, 다른 한편으로는 젠트리피케이션이 할렘 주민들에게 커다란 위협으로 인식되었다. 주민들의 삶은 맨해튼 시장 수준보다 훨씬 낮은 임대료로 나온 집을 구할 수 있느냐와 공공이나 민간의 서비스를 대신할 수 있는 공동체의 지원 시스템을 이용할 수 있느냐에 크게 좌우되었기 때문이다.

그러다가 1980년대 초 할렘은 주로 다음 두 가지 중요한 특징 때문에 젠트리피케이션에 취약해졌다. 하나는 그 입지가 세계에서 임대료가 제일 비싼 지구에 가깝다는 점이었고, 다른 하나는 이런 근접성에도 불구하고 거의 20세기 내내 투자 중단이 지속되면서 할렘의 임대료와 토지가치가 비정상적일 정도로 낮은 상태였다는 점이다. 도시 중앙에서 거리로는 4킬로미터, 지하철로는 불과 두 정거장 떨어진 할렘은 1980년대에 인근 지역과 임대료 격차가 가장 큰 곳 중 하나였다.

하지만 할렘의 초기 젠트리피케이션은 더 넓은 개발이라는 맥락 속에서도 바라볼 필요가 있다. 1970년대 뉴욕시는 인구가 감소했다. 1971년에 절정에 달했을 때는 약 800만 정도였는데 1980년에는 겨우 700만 명이 넘었다. 맨해튼도 이와 비슷한 양상으로 같은 기간에 154만 명에서 143만 명으로 인구가 감소했지만, 같은 기간 맨해튼의 가구 수는 사실상

2.5% 증가했다(Stegman, 1982). 이렇게 가구 수가 증가하는 상황에서, 분명 그 이전부터 명백히 진행되던 젠트리피케이션은 1970년대 말, 특히 1973~1975년 불황과 함께 뉴욕시를 뒤덮은 금융위기 이후에 불붙기 시작했다. 1970년대 말에는 경제위기가 공적 영역뿐 아니라 사적 영역에서 위치 이동을 유발해 주거지 개발에 대한 재투자가 일어났을 뿐만 아니라, 새로운 사무실 건축이 전례를 찾을 수 없을 정도로 폭증했다. 이를 가장 잘 상징하는 것은 배터리파크시티의 월드파이낸스센터일 것이다. 바로 이 시기에 진행된 뉴욕시 경제의 재구조화(더 넓은 세계 경제에서 금융의 중심지이자 통제의 중심지로서 입지를 굳혀가는)는 1980년대에 뉴욕시를 비롯한 여러 다른 도시에 '세계도시'라는 명성을 안겨주었다.

따라서 1970년대에는 도시 수준에서 꾸준히 인구가 감소하긴 했지만, 젠트리피케이션은 1980년 인구조사 표준구역 데이터와 함께 처음으로 강력하게 등장한다. 챌 D. Chall은 뉴욕시에서 진행된 과정을 기록으로 남겨놓았다(Chall, 1984).[2] 지리적으로 젠트리피케이션은 맨해튼의 남부와 서부에 집중되었다. 소호, 트라이베카, 로어이스트사이드, 첼시, 클린턴, 어퍼웨스트사이드 모두에서 낡은 건물들이 상당히 재활성화되었다(그림 7-1 참조). 이는 특히 브루클린과, 호보컨처럼 인접한 뉴저지의 동네 같은 외부 자치구에도 영향을 미쳤다.

할렘의 젠트리피케이션이 주민들과 계획가들, 시 관계기관들의 입에 오르내리게 된 데는 1980년대 초 겨우 2% 정도밖에 되지 않는 뉴욕시 전역의 극도로 낮은 공실률과 도시 중앙인 맨해튼과 가까운 지역들의 광범위한 재활성화, 급등하는 주택 비용 및 임대료라는 배경이 있었다. 1970년대 말쯤 되자 할렘은 사실상 젠트리피케이션이 전혀 이루어지지 않은, 맨해튼 최대의 노동계급 주거밀집 지역을 상징하게 되었다.

그런데 이 장에는 몇 가지 목적이 있다. 첫째, 국제적 명성이 있는 도시 지역에 대한 사례연구를 제시할 뿐만 아니라(할렘의 젠트리피케이션은 사실 상당히 중요한 사건이다) 사실상 초기 단계에 있는 그 과정을 기록함으로써 미래의 추이를 가늠할 기준선을 마련하는 것이다. 대부분의 학자들은 부분적으로는 이제껏 지나온 흐름이 역전될 수도 있다는 의심 때문에 젠트리피케이션이 완성된 사실일 때만 그 지역을 연구하는 경향이 있었다. 하지만 아무리 그 과정이 중단된다 해도 그 기원에 대한 연구는 의미가 있다. 하지만 둘째, 이 장에는 더 넓은 차원의 목적이 있다. 이 장에서는 젠트리피케이션 과정의 원인과 의미를 둘러싼 논쟁에 약간의 실마리를 던져주려 한다. 할렘이 젠트리피케이션이 어려운 지역이라는 데는 별로 이견이 없다. 그런데 그것이 일어났다면 우리는 일반적인 젠트리피케이션 과정을 윤곽이 뚜렷하고 장기적인 일로 바라보아야 한다. 만일 젠트리피케이션이 일시적이고 소규모라면, 어째서 개발업자들과 새로 유입되는 주민들은 사회적·경제적으로 위험이 적다고 인식되는 동네가 아니라 이런 곳에 그렇게 장기적인 투자를 할까? 마지막으로, 할렘에서는 젠트리피케이션 과정이 지역 주민들에게 미치는 잠재적 영향이 어쩌면 다른 많은 동네들보다 더 가시적일 수 있는데, 이 장에서는 이에 대해서도 다룰 것이다.

할렘 젠트리피케이션의 기원을 지도로 나타내기

할렘은 맨해튼 센트럴파크 북쪽으로 3킬로미터 넘게 뻗어 있다. 이스트 사이드 쪽과는 96번 스트리트와 맞닿아 있지만, 웨스트사이드 쪽으로는 125번 스트리트 아래로는 뻗어 내려가지 못한다. 일반적으로 할렘에는 맨해튼 커뮤니티 10지구와 11지구, 그리고 커뮤니티 2지구의 북쪽이 포함된다. 1970년대 후반과 1980년대 초에 96번 스트리트 위쪽의 동쪽 구역에서 일부 신축공사와 개·보수가 시작되었고, 서쪽 구역, 특히 해밀턴 하이츠와 슈거힐 쪽에서도 개·보수가 시작되었다. 컬럼비아 대학교 주위의 웨스트할렘 구역('모닝사이드하이츠')은 거의 20세기 내내 백인들의 거주지로 철저히 보호받았다. 하지만 할렘의 심장부는 110번 스트리트와 센트럴파크 북쪽과 맞닿은 중심 지역에 있다(그림 7-2 참조). 이 센트럴할렘 지역에서 젠트리피케이션이 이루어지지 않을 경우 그 가장자리에서 의미 있는 재활성화와 신축공사가 진행되지 않을 가능성이 높다. 젠트리피케이션에 대한 매체들의 초창기 보도에서는 중심 지역에서 이루어지는 활동을 훨씬 적게 언급하고, 주로 할렘의 동서쪽 가장자리를 집중적으로 조명했다(Lee, 1981; Daniels, 1982; Hampson, 1982). 따라서 커뮤니티보드 10에 해당하는 센트럴할렘의 중심지는 중요한 전쟁터다. 이 지역은 남쪽으로는 110번 스트리트, 북쪽으로는 155번 스트리트, 동쪽으로는 5번가, 서쪽으로는 모닝사이드 공원과 세인트니컬러스 공원을 경계로 하는 지역이다.

표 7-1은 젠트리피케이션 직전인 1980년 이 센트럴할렘 동네를 둘러싼 통계를 보여준다. 맨해튼 통계는 할렘과 다른 맨해튼 지역의 사회적·물리적·경제적 차이를 강조하기 위한 것이다. 이 통계 자료는 센트럴할렘이 주로 빈민, 노동계급, 흑인 주거 지역이라는 일반적인 인식을 분명하게 재확인시켜 준다. 하지만 젠트리피케이션이 있기 전인 1970년대에 센트럴할렘의 인구가 3분의 1로 줄어든 사실도 보여준다. 센트럴할렘에는 중간계급도 분명 거주하고 있지만, 이들의 비중은 대단히 적다. 대졸자의 비율도 매우 낮고, 고소득 가정의 수도 많지 않다. 중간 임대료는 맨해튼 평균보다 25%가 낮고, 공공이 소유 또는 운영하거나 공적 원조를 받는 주거지가 62%다. 전체 주거지의 4분의 1은 버려진 상태이고,

그림 7-2 센트럴할렘

표 7-1 1980년 센트럴할렘(뉴욕) 인구와 관련된 통계치

항목	센트럴할렘	맨해튼
흑인 인구	96.1%	21.7%
1인당 소득	4308달러	1만 992달러
5만 달러 이상 고소득 가구	0.5%	8.4%
1만 달러 이하 저소득 가구	65.5%	37.4%
대졸자	5.2%	33.2%
중위계약 월 임대료	149달러	198달러
관리전문직 등 관련 업종 종사자	15.9%	41.7%
민간 부동산의 연 회전율(1980~1983년)	3.3%	5.0%
인구 변화(1970~1980년)	-33.6%	-7.2%
버려진 주택	24.2%	5.3%

자료: US Dcpartment of Commerce, 1972, 1983; City of New York, Department of City Planning, 1981; Real Estate Board of New York, 1985.

주택의 조건은 열악하며, 민간주택시장은 역사적으로 아주 빈약했다. 맨해튼의 다른 지역과 차이가 극명했다.

다른 인구조사 수치들이 보여주듯, 1970년대 전체 맨해튼의 1인당 소득은 105.2% 증가했고(인플레이션은 감안하지 않음), 뉴욕시 전체적으로는 96.5%가 늘어났지만, 센트럴할렘에서는 77.8% 증가하는 데 그쳤다. 이는 1970년대에 10년간 나타난 인플레이션율보다도 약 20% 더 낮은 수치다. 가구소득은 이보다 훨씬 두드러지게 감소했다. 하지만 1970년대 센트럴할렘 주민들의 생활수준은 상대적으로 하락하기만 한 것이 아니라 절대적으로도 열악해졌다. 일례로 주거 비용의 측면에서 중위계약 임대료가 113% 증가했는데, 이는 소득을 35% 능가하는 수치다. 참고로 맨해튼과 뉴욕시 중위 임대료는 할렘보다 더 많이 올랐다(각각 141%와 125%)(US Department of Commerce, 1972, 1983). 즉, 1970년대에는 센트럴할렘의 사

회경제와 부동산경제 모두 지속적으로 심각하게 무너져갔던 것이다.

하지만 이 전반적인 그림 안에는 상당한 사회적·지리적 편차가 있다. 즉, 경제적 쇠락이라는 전반적인 흐름은 보편적으로 나타나지 않았다. 이 자료를 인구조사 표준구역 수준으로 분해해보면 일부 지역에서는 오히려 이와 정반대되는 흐름이 나타났음을 분명하게 알 수 있다. 젠트리피케이션은 사회적 계급과 물리적 주택이 서로 맞물리면서 변화하는 과정과 관련이 있기 때문에, 미국 인구총조사에서 얻을 수 있는 지수를 감안하면 젠트리피케이션의 가장 민감한 지표는 소득 자료와 임대료 자료

1985년 맨해튼가에 있는 복원된 할렘 브라운스톤 집들

라고 강력하게 주장할 수 있다. 센트럴할렘에서는 전체적으로 경제적 침체 양상이 나타나긴 하지만, 27개 인구조사 표준구역 중 9개에서 뉴욕시 평균보다 1인당 소득이 더 많이 늘어났다. 임대료를 살펴보면 9개 인구조사 표준구역 대부분에서 전반적으로 이 지역 평균보다 많이 올랐음을 알 수 있는데, 이는 주민들의 사회적·경제적 구성이 변했을 뿐만 아니라 주택시장 역시 변했음을 뜻한다.

이렇게 경제적으로 성장하는 인구조사 표준구역을 지도로 나타내보면 공간적 패턴이 분명하게 드러난다. 이런 식의 패턴은 젠트리피케이션의 사례에서도 예상할 수 있는데, 젠트리피케이션 과정은 최소한 초기에는 특정 구역과 동네에 밀집되는 경향이 있기 때문이다. 그림 7-3은 1인당 소득이 뉴욕시 평균보다 더 많이 증가한 인구조사 표준구역의 분포를 나타낸다. 소득이 다른 곳들보다 빠르게 증가하는 지역은 두 개의 긴 띠처럼 보이는데, 하나는 이 지역의 서쪽 가장자리에 있고, 다른 하나는 동쪽 가장자리에 있다. 임대료가 평균 이상으로 증가한 지역을 나타낸 지도에서도 이와 동일한 두 개의 띠가 나타난다. 하지만 이 패턴이 다른 과정들의 집합이 아니라 젠트리피케이션의 결과라는 것을 어떻게 알 수 있을까?

인구조사 표준구역을 좀 더 자세히 들여다보면 서쪽에 있는 띠 지역에서는 젠트리피케이션이 일어날 수도 있지만, 동쪽 띠 지역을 젠트리피케이션한다는 생각은 별로 들지 않는다. 126번 스트리트부터 139번 스트리트에 이르는 동쪽 띠 지역은 심각하게 황폐화된 다세대주택과 타운하우스 몇 구역뿐만 아니라, 주로 중·저소득층을 대상으로 하는 도시 재생 프로젝트(레녹스테라스)로 이루어져 있다. 이곳에서 소득이 평균 이상으로 증가한 것을 속 시원하게 설명할 방법은 없지만, 최소한 할렘의 이 지역이 125번 스트리트 남쪽에 바로 붙어 있는, 새로 들어선 할렘스테이

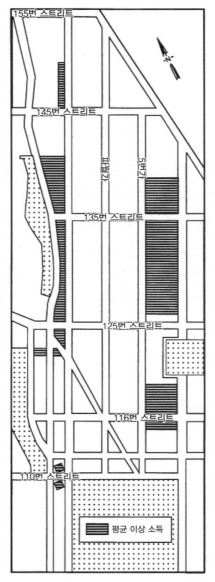

그림 7-3 1970~1980년에 할렘에서 1인당 소득
이 평균 이상 증가한 곳

트오피스빌딩Harlem State Office Building에 사무직 고용이 집중되면서 그 영향을 어느 정도 받고 있다고 볼 수 있다. 1980년대 초에는 주거지 재활성화나 재개발이 의미 있게 진행된다는 가시적인 신호는 전혀 없었고, 따라서 할렘 젠트리피케이션 지도에는 이 지역을 포함시키지 않는 것이 타당하다. 하지만 마르쿠스가비 공원Marcus Garvey Park 남쪽에 있는, 동쪽 띠 지역의 나머지 인구조사 표준구역은 젠트리피케이션이 시작되고 있는지도 모른다. 여기서 몇몇 유명한 타운하우스의 재활성화가 시작되었고, 시 소유의 부동산들을 경매에 부칠 때 뉴욕시는 이 지역을 대상으로 삼았다. 하지만 아무리 좋게 평가해도 이곳의 젠트리피케이션 과정은 아직 걸음마 단계에 있다.

하지만 서쪽의 띠 지역에는 젠트리피케이션이 시작되고 있다는 더 확실한 증거가 있다. 특히 126번 스트리트 위쪽에서 소득과 임대료가 평균 이상으로 늘어난 곳들은 고소득 가구의 수가 증가한 곳들과 일치하지만, 전문직과 대졸자 수치는 이보다 좀 더 모호하다. 이것이 특히 놀라운 것은 서쪽 띠 지역은 뉴욕 시립대학교와 맞닿아 있고, 따라서 그 졸업생들과 '전문직들'이 젠트리피케이션에 기여하리라는 기대가 가능하기 때문이다. 하지만 인구총조사 자료는 젠트리피케이션이 1980년경에 이 지역에서 이미 시작되었을 상당한 가능성이 있음을 시사한다. 더 정확히 분석하려면 우리는 더 넓은 범위의 자료, 그중에서도 특히 주택시장과 관련된 자료를 검토해야 한다.

1980년대 초의 주택시장 자료를 살펴보면 막 시작된 젠트리피케이션을 좀 더 자세히 파악할 수 있다. 1980~1984년에는 센트럴할렘 주택시장에 여러 해석이 가능한 흐름이 나타나는데, 이는 그림 7-4에 나타나 있다. 이 그림은 민간주택 판매의 양과 가격에 관한 데이터를 그래프로 나타낸 것이다(Real Estate Board of New York, 1985). 판매는 1970년대부터 전

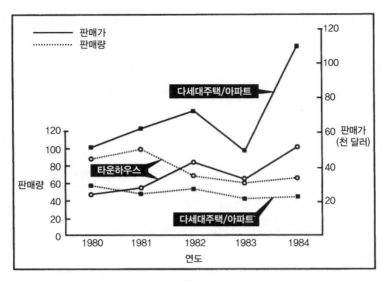

그림 7-4 1980~1984년 할렘 민간주택 판매량과 가격

체적으로 평탄했지만, 1980년대 초 경제가 침체되면서 1981년 이후로 판매량이 눈에 띌 정도로 하락하고, 뒤이어 1983년에는 가격도 떨어졌다. 이 같은 하락세는 국내외 흐름이 지역 차원에서 나타난 것임이 분명하다. 미국 전체적으로 1982년 주택 판매량은 전년에 비해 17.5% 하락했고, 가격은 미국의 많은 곳에서 10년 만에 처음으로 사실상 하락했다 ("Home Sales low …", 1983). 하지만 두 번째 흐름 역시 중요하고 분명하다. 1983년 경기침체가 끝난 뒤에도 판매량은 눈에 띄게 회복되지 않았지만, 1984년의 가격은 크게 올랐다. 이는 부동산 업자들과 공무원들, 지역 주민들이 시장이 전체적으로 상당히 달아올랐다고 인식했음을 반영한다. 잠재적인 투자자들 사이에서는 아직 지켜보자는 식의 태도가 남아 있긴 했지만 말이다. 즉, 투기적인 투자는 1984년에 늘어나긴 했지만, 최소한 초기에는 큰 규모의 투자자들보다는 작은 규모의 투자자들이 더 많

았다(Douglas, 1986).

　인구총조사 결과와 마찬가지로, 이 지역 전체의 이 같은 판매 자료는 전체 그림을 보여주지는 못한다. 만일 민간주택 회전율을 주거용 부동산 시장에서 이루어지는 활동의 지표로 여길 경우, 1980년대 초 연간 3.3% 의 회전율은 예상대로 맨해튼 전체의 5% 회전율에 비해 부동산 시장이 대단히 느린 상태였음을 시사한다. 하지만 그림 7-5가 보여주듯, 회전율의 지리적 분포는 대단히 불균등하다. 민간주택 판매율이 가장 높은 곳은 인구총조사 데이터에서 젠트리피케이션의 가능성이 있는 지역으로 나타났던 서쪽 띠 지역과 거의 유사하다. 게다가 가장 왕성한 지역에서는 회전율이 연 7% 이상인 것이 명확한데, 이는 맨해튼 전체 평균보다도 상당히 높은 수치다. 부동산 시장 활동이 증가했음을 보여주는 이 같은 암시는 앞서 확인한 결과들과도 맞아떨어진다. 할렘도시개발공사Harlem Urban Development Corporation는 대각선으로 뻗은 세인트니컬러스로 남서쪽의 삼각형 모양 지역에서 1978년 이후로 판매 활동이 상당히 증가했다는 결론을 1982년에 일찌감치 내리기도 했다(Harlem Urban Development Corporation, 1982). 이후에도 한 보고서가 이와 유사한 결론에 도달했다 (AKRF, 1982). 1984년의 자료는 서쪽 띠 지역 전체에서 이 흐름이 장기적으로 강화될 수 있음을 시사한다. 여기서 민간주택시장은 젠트리피케이션과 관련된 활동이 강렬하게 일어나고 있음을 정확하게 보여주었다.

　사회적 구성과 주택시장이 가장 크게 변하는 곳은 서쪽의 띠 지역이지만, 센트럴할렘에는 재활성화와 재개발이 시작되는 곳이 두 곳 더 있다. 첫째, 1980년대 초 '할렘 게이트웨이'라고 불리게 된 곳인데, 이 관료적인 이름은 연방과 지역의 관련 기관들이 이 지역에 어떤 열망과 의도를 품고 있었는지 생생히 전달한다(그림 7-2 참조). 센트럴할렘 남단, 110번 스트리트와 112번 스트리트 사이에 걸쳐 있는 이 '게이트웨이'의 중요한

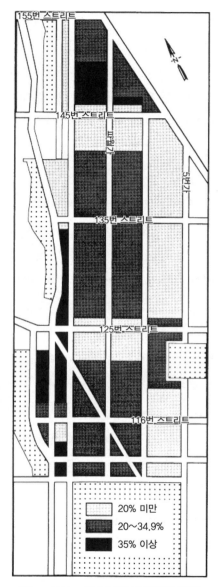

그림 7-5 1980~1984년 할렘의 민간주택 회전율

자산은 센트럴파크의 북단에 바짝 붙어 있다는 데 있다. 1979년 주택도시개발부는 이 지역을 '근린전략지역Neighborhood Strategy Area'으로 지정했는데, 이는 주택도시개발부의 주요 개발 프로그램의 대상지라는 뜻이며, 시의 주택도시개발부와 여러 시 기관들 역시 이곳에 눈독을 들였다. 1982년에 이 지역에서는 최소한 5개의 섹션 8(연방정부주택 프로그램) 중·저소득 연방 프로젝트가 가동되었는데, 이는 약 450세대의 주택을 견고하게 재활성화하기 위한 것이었다. 이 프로젝트 자체가 젠트리피케이션에 박차를 가한 것은 아니었지만, 이는 지방정부와 연방정부가 '게이트웨이'에 열의를 보인다는 신호가 되었고, 상당한 민간투자가 필요한 몇 개의 새로운 프로젝트가 발표되는 결과로 이어졌다. 이 동네는 순식간에 "중대한 재개발이 코앞에 닥친" 곳으로 인식되었다(Daniels, 1984). 가장 중요한 것은 '게이트웨이' 서쪽 가장자리와, 레녹스로 주위에 콘도미니엄을 건설하는 계획들이다.

하지만 가장 크고 중요한 개발은 599호가 들어가는 '타워스온더파크Towers on the Park' 콘도미니엄이었다. 계획은 1980년대 초에 이루어졌고, 1985년 10월에 착공되었으며, 1988년에 문을 열었다. 이는 할렘 젠트리피케이션을 위한 남쪽의 정박지 같은 역할을 했다. '타워스온더파크'를 구상하고 계획한 것은 록펠러에게서 영감을 받은 뉴욕시주택파트너십New York City Housing Partnership이었는데, 이들은 뉴욕시 곳곳에 시장가격대로 거래하는 주택과 연방 보조금을 받는 몇몇 집을 섞은 주택 프로젝트를 숱하게 개발했다. 공사를 맡은 곳은 거대한 미국 도시 개발회사인 글릭Glick Organization이었다. 타워스온더파크의 영향은 지대했다. 센트럴할렘의 물리적·사회적·재정적 경관을 바꿔놓은 것이다. 물리적으로 이 콘도미니엄은 센트럴할렘 남서쪽 끝에 있는 프레더릭더글러스서클Frederick Douglass Circle 주위에 모여 있는 20층짜리 타워 두 동(과 더 작은 건물 몇 개)으

뉴욕 할렘의 타워스온더파크

로 구성된다. 이 건물들은 이 일대에서 북쪽으로 1.5킬로미터가량 떨어진 할렘스테이트오피스빌딩을 제외하면 가장 높은 건물로 지평선을 압도한다. 이 타워는 재정적으로도 만만찮게 놀라운 프로젝트다. 1985년 여름 뉴욕시는 이 콘도미니엄을 지원하기 위해 연방도시 개발실천지원금 600만 달러를 받았고, 이를 계기로 케미컬 은행은 건설비를 대주기 위해 4700만 달러라는 전례 없는 금액을 대출해주었다(Oser, 1985). 이는 지금까지 수십 년 동안 할렘에 이루어진 민간주택 자본투자 중 최대 금액이다. 이것이 얼마나 큰 액수인지 감을 잡을 수 있도록 덧붙이자면, 케미컬은행의 대출은 1982년 센트럴할렘 전체에서 이루어진 민간주택담보대출 융자 총액의 약 8배에 달한다. 이렇게 볼 때 하나의 개발사업은 과거의 특별경계지역 설정이 얼마나 심각했는지 느끼게 해줄 뿐만 아니라 미래 젠트리피케이션의 잠재력 또한 알 수 있게 해준다. '타워스온더파크'의 총예상비용은 7000억 달러가 넘었다.

사회적 측면에서 아파트의 20%는 중·저소득 구매자에게 배정되었고(1986년 기준 소득 3만 4000달러 이하), 70%는 중간소득 구매자에게 배정되었으며(1986년 소득 기준 3만 4000달러~4만 8000달러), 나머지 10%는 4만 8000달러 이상을 버는 고소득자들을 위한 것이었다. 가장 싼 아파트는 6만 9000달러에서 11만 달러 사이였던 반면, 가장 비싼 아파트는 34만 달러라고 광고에 실렸다(New York City Partnership, 1987). 어떤 기준으로 보든, 1인당 중위소득이 고작 3만 4000달러밖에 되지 않는 대부분의 할렘 주민들에게는 이 사업에서 가장 싼 콘도미니엄을 구입하는 것도 능력 밖의 일이었다.

1980년대 초 이후 서쪽 띠 지역 바깥에서 조금씩 들썩이기 시작한 두 번째 지역은 마르쿠스가비 공원 주변 지역이다. 소득과 임대료에 대한 인구총조사 자료를 보면 남쪽에 있는 인구조사 표준구역에서는 평균 이상으로 증가한 반면(그림 7-2 참조), 공원에 바로 인접한 곳들은 평균 이하로 증가하는 등 혼재된 양상을 보인다. 이 지역에서는 대부분의 움직임이 1982년 이후부터 시작되었다. 바로 이 1982년에 뉴욕시가 부동산세 압류절차를 통해 획득한 12채의 브라운스톤 부동산을 봉인입찰식 경매에 부치기 시작했는데, 이 중 4분의 3이 마르쿠스가비 공원에 인접해 있었던 것이다. 이 부동산들은 경매에서 낙찰을 받은 쪽이 재활성화하기로 되어 있었는데, 이는 뉴욕시가 시도하는 일종의 실험 같은 것이었다. 경매 이후 이 부동산들의 개·보수가 완료되기까지는 대단히 오랜 시간이 걸렸지만,[3] 시 당국은 고집스럽게 경매 프로그램을 이어갔고 확장하기까지 했다. 이 프로그램에서 마르쿠스가비 공원 주변은 계속 주목을 받았고, 할렘의 젠트리피케이션이 임박했을지 모른다고 떠들어대는 매체 광고들도 마르쿠스가비 공원 주변을 부각시켰다(Daniels, 1983b; Coombs, 1982). 1980년 1월부터 1983년 6월까지 마르쿠스가비 공원 인근의 인구조사 통계구역에서 타운하우스 30동 전체가 민간 구매자에게 판매되었는데, 이는 센트럴할렘을 통틀어 세 번째로 많은 수다. 새로 설치된 마호가니 문에서부터 모래 분사로 장식한 건물 앞면에 이르기까지 젠트리피케이션의 여러 물리적 신호들이 분명해지기 시작했다.

이렇듯 센트럴할렘 서쪽 띠 지역의 사회경제적 상황과 부동산 시장이 동시에 상승세를 타게 된 모습은 특히 젠트리피케이션의 일반적 특징이다. 할렘에서는 다른 어떤 이유로도 이 같은 변화가 동시에 나타날 가능성은 없다. 사회경제적 변화는 부동산 시장의 과열이 단순 투기의 결과는 아님을 보여준다. 물론 1980년대 초에 부동산가치가 급등하면서 투기도 일어나긴 했지만 말이다(Douglas, 1986). 반대로 부동산 시장의 호황은 서쪽 띠 지역의 사회경제적 변화가 물리적 구조물들의 가치 재향상과 연결되어 있음을 뜻한다. 이러한 서쪽 띠 지역에는 1980년대 초까지 인종 구성의 변화가 크게 나타나지 않았고, 백인이 전혀 유입되지 않았다는 사실 역시 중요하다. 이는 초기의 재활성화가 흑인 젠트리피케이션 과정을 의미했음을 시사한다. 이는 실제로 테일러M. Taylor가 할렘 내 젠트리피케이션의 계급적 측면을 강조하려는 시도에서 주목한 인구집단이었다(Taylor, 1991).

하지만 서쪽 띠 지역에서마저 1980년대 중반 젠트리피케이션은 산발적으로 일어났고, 결코 일반적이지 않았다. 센트럴할렘의 판매 자료와 맨해튼에서 젠트리피케이션이 뚜렷하게 진행 중인 다른 지역들의 유사 자료를 비교해보면, 서쪽 띠 지역에서 진행된 젠트리피케이션 과정의 예비적 성격이 드러난다. 센트럴할렘에서는 1980~1984년 5년간 총 635건의 거주용 부동산 거래가 있었던 반면(총거래액은 3000만 달러, 거래 평균액은 4만 7500달러), 젠트리피케이션이 확실히 진행 중인 맨해튼 다른 지역들에서는 이보다 훨씬 많은 활동이 일어났다. 이스트할렘과 어퍼이스트사이드 동쪽 경계에 있는 요크빌에서는 1980~1981년에 121건의 거래가 이루어졌고, 거래 총액은 1억 610만 달러, 평균 가격은 87만 7000달러였다. 42번 스트리트와 57번 스트리트 사이에 있는 8번가 서쪽의 클린턴에서는 역시 1980~1981년에 142건의 판매가 이루어졌고, 그 거래 총액은 약 4600만 달러였으며, 평균 가격은 32만 2000달러였다(AKRF, 1982). 지역마다 주택의 상황이 다르다는 점을 감안했을 때 이 자료를 엄격히 비교하기는 어렵다. 하지만 센트럴할렘 일부의 부동산 시장이 젠트리피케이션 조짐을 보이기는 해도 아직 그 현상이 비교적 작은 규모임을 알 수 있다. 게다가 여기서 사용한 1970년 기준 지표들(가령 소득과 임대료)은 부동산 판매가가 그렇듯 시 평균보다 더 낮기 때문에, 특히 서쪽 띠 지역의 아주 작은 인구조사 표준구역의 경우 큰 비율로 늘어난다고 해도 반드시 대규모 활동을 의미하지는 않는다.

센트럴할렘의 중심부는 뉴욕시에서 가장 허름하고 가치가 떨어진 부동산을 의미한다고 했을 때, 젠트리피케이션 과정은 주변부에서 시작되리라고 예상할 수 있다. 서쪽 띠 지역의 북부처럼 일부의 경우에는, 해밀턴하이츠처럼 이미 젠트리피케이션이 진행 중인 지역에서 영향을 받아 젠트리피케이션이 나타나게 된 것으로 볼 수도 있다. 하지만 다른 곳에서는 그렇지가 않다. 마르쿠스가비 공원 지역 근처에는 젠트리피케이션이 진행 중인 지역이 전혀 없고, 서쪽 띠 지역의 남쪽에서는 모닝사이드 공원의 변성편암 노출부가 아래쪽에 있는 할렘과 언덕 위에 있는 컬럼비아 대학교의 모닝사이드하이츠 간의 사회적·경제적 교류를 가로막는 장애물로 기능했다. 따라서 이는 젠트리피케이션의 영향이 주변으로 파생된 것으로 볼 수 없다. 그럼에도 중앙에서 시작하는 것보다는, 높은 토지가격이 경제적 버팀목 기능을 하는 주변부에서 임대료 경사도를 낮추려는 시도가 시장의 측면에서 위험이 덜하기 때문에, 처음에는 주변부가 관심의 대상이 되었던 것이다. 다음에서 보겠지만, 이는 뉴욕시의 할렘 재개발 계획의 전략이기도 하다.

탄력, 동학, 제약

센트럴할렘의 미래를 결정하는 가장 중요한 요인은 아마 지역정부와 중앙정부의 계획일 것이다. 뉴욕시는 센트럴할렘에서 많은 땅을 보유하고 있고, 1980년 초에 친親젠트리피케이션 전략에 착수했기 때문에 특히 중요하다. 센트럴할렘에 있는 주택 60% 이상이 국가 소유이거나 국가의 원조를 받는다. 1980년대 초에는 시에서 소유한 주택이 35%였고, 나머지 26.4%는 공공주택이거나 공적 원조를 받아 지어진 것이었다(표 7-2 참조). 1980년대 중반에 압류된 부동산을 더 인수하면서 민간이 차지하는 주택의 비중은 30% 근처까지 하락했다. 따라서 시의 전략이 할렘의 운명에서 큰 의미를 갖는데, 그 전략은 사실상 젠트리피케이션을 독려하는 것이었다.

　1982년 여름, 당시 시장이었던 에드워드 코흐는 특별대책반이 준비한 〈센트럴할렘 재개발 계획〉 사본을 배포했다(City of New York, Harlem Task

표 7-2 1983년 뉴욕 센트럴할렘 주택 소유권

소유권		주택 수	비율(%)
공공주택		8,144	14.6
시 소유 주택		19,588	35.2
공적 보조가 있는 민간주택	미셀라마	2,520	4.5
	페더럴타이틀 1	3,528	6.4
	얼번디벨롭먼트사	501	0.9
민간주택		21,399	38.4
합계		55,680	100.0

자료: City of New York, Department of City Planning, 1983.
주: '시 소유 주택'은 대물소송 과정을 통해 시의 소유가 된 건물을 뜻한다.

Force, 1982). 이 보고서가 발표되면서 센트럴할렘이 사실상 경매대 위에 섰다는 인식이 확산되었다(Daniels, 1982). 할렘 특별대책반은 "경제적으로 통합적인" 재개발을 이끌어내려는 시도에서, 센트럴할렘에 있는 "더 강력한" 버팀목 지역들을 골라 대상으로 삼아야 한다고 요구했다. 센트럴할렘 재개발 전략은 "연방의 주택 원조와 경제적 원조가 급격하게 줄어들었기 때문에" 이제는 민간 시장 투자와 공-사 파트너십 쪽으로 강조점을 이동시켜 "민간 부문이 …… 중요한 역할을 해야 할 것"이라는 전제에서 출발한다(City of New York, Harlem Task Force, 1982: i-ii). 따라서 한정된 공적 자금을 민간 시장이 이미 활성화 중인 지역(기본적으로 서쪽 띠 지역)을 강화하는 데 쓰고, 남쪽(게이트웨이)과 북쪽(해밀턴하이츠에서 138번 스트리트와 139번 스트리트 주위 스트라이버스로Strivers' Row에 있는 중간계급 거주 지역으로 이어지는 길쭉한 모양의 지역으로, 투자 중단이 상대적으로 적고 민간 대출업자들이 아직도 활동하는 곳)의 버팀목 지역을 이용해 할렘의 심장부를 에워싸는 데 사용하는 것이 무엇보다 중요한 전략이었다. 그림 7-6은 뉴욕시가 대상으로

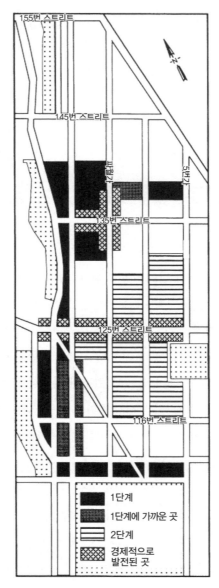

그림 7–6 뉴욕시의 할렘 재개발 전략

삼은 지역을 보여준다.

1980년대 뉴욕시의 할렘 전략에서 핵심 골자는 시 소유 부동산의 경매와 관련이 있었다. 재개발 전략을 발표하기 전에 몇 달간 '예행연습'을 하면서 뉴욕시는 12채의 타운하우스를 시와 재활성화 계약을 체결한 입찰자들에게 경매로 넘겼다. 할렘에서는 반대 목소리가 고개를 들었고 불안이 확산되어 있었지만(Daniels, 1983a), 시 정부는 1985년 무렵 이미 전면적인 경매를 이행할 준비를 마친 상태였다. 149채의 타운하우스가 추가로 경매에 부쳐졌고, 1257건의 입찰이 들어왔으며, 낙찰에 성공한 사람들은 부동산에 대해 2000달러부터 16만 3000달러까지 금액을 지불했다. 평균 경매가격은 5만 달러에 육박했는데, 낙찰자 중 98명이 사전 약정을 한 '커뮤니티디스트릭트 10'(센트럴할렘)이나 '커뮤니티보드 9'(모닝사이드하이츠, 웨스트할렘, 해밀턴하이츠) 주민들이었다(Douglas, 1985). 아마 가장 주목해야 할 사항은 시 관료들이 지원금 600만 달러에 힘입어, 할렘에 크게 헌신하는 흑인 소유의 은행인 프리덤내셔널 은행Freedom National Bank을 설득해 시세보다 훨씬 낮은 이율(7.5%)로 낙찰자들에게 구매 및 개·보수 비용을 대출해주도록 설득하는 데 성공했다는 점일 것이다.

1980년대 초 이후의 주택담보대출 자료는 이번 경매 이전에 할렘이 얼마나 심각하게 특별경계지역으로 설정되었는지를 여실히 보여준다. 1982년에 센트럴할렘 주택담보대출로 투자된 1200만 달러 중(이 금액의 거의 전부가 대가족을 위한 대출이었다) 주택도시개발부가 6개의 건물에 제공한 것이 47.5%를 차지했다. 나머지 투자의 대부분(34.5%)은 '구매 비용 주택담보대출', 즉 판매자가 대출해주는 주택담보대출이었다. 시장에는 주로 소규모 지역 대부업체인 30개 이상의 민간 대출기관이 있었지만, 이 중 어느 곳도 총주택담보대출 금액의 2% 이상을 차지하지는 못했다. 다시 말해, 1982년에는 전 지역을 통틀어 민간 금융기관 한 곳이 24만 달러에 달하는 금액을 과감히 투자한 사례가 한 건도 없었다(City of New York, Commission on Human Rights, 1983). 그러므로 시 관료들이 재활성화와 신축 자금을 대주는 다른 민간 자본의 출처들과 더불어 프리덤내셔널 은행과 케미컬 은행을 유인하는 능력을 가지고 주로 성공을 가늠한 것은 당연했다고 볼 수 있다. 1980년대 중반 이 같은 합의는 민간 자본이 할렘을(특히 공공자금이 뒷받침되었을 때) 1980년대 하반기의 중요한, 심지어는 수익성 있는 투자처로 인식하기 시작했다는 신호를 널리 퍼뜨렸다.《뉴욕 타임스》는 "젠트리피케이션이 이 도시의 많은 부분을 휩쓸고 다니게 되자 투자자들과 기관들은 부동산 구매자들에게 돈을 빌려주고 싶어 몸이 달았다"고 지적했다. 할렘의 한 부동산 소유주인 이라 켈먼Ira Kellman은 "시장이 뜨겁기 때문에 당신에게 앞다퉈 돈을 빌려주려는 사람들이 줄을 섰다"고 말하기도 했다(Purdy and Kennedy, 1995).

이 모든 활동은 분명 어떤 영향을 미쳤다. 1980년대에는 할렘의 인구 감소가 6% 이하로 급격히 둔화되었고, 비흑인 인구가 거의 두 배로 늘어나 1990년에 이르러 7.5%를 차지했다. 1980년대에 고소득 전문직이 급속히 늘었다는 점을 감안하면 할렘의 1인당 소득이 두 배 이상 늘어난 것은 당연할 수 있지만, 다른 맨해튼 지역에 비하면 그렇게 빠른 성장세는 아니었다. 그러나 할렘의 고소득 인구(1989년 기준 7만 5000달러 이상을 버는 사람)는 전체 할렘과 비교했을 때 훨씬 빨리 늘어났다. 절대적인 숫자는 작긴 하지만(할렘에서는 가구의 3%인 반면, 전체 맨해튼 가구에서는 19.4%였다), 그럼에도 이는 의미 있는 수치다(US Department of Commerce, 1993). 이전 10년과 마찬가지로 1980년대에 소득과 임대료 수준이 가장 많이 늘어난 곳은 서쪽 띠 지역과 남쪽의 게이트웨이, 그리고 마르쿠스가비 공원 인근에 집중되어 있다. 소득과 임대료가 가장 놀라울 정도로 증가한 곳이 할렘의 남서쪽 모퉁이라는 점은 별로 놀랍지 않다. 이곳에는 타워스온더파크가 문을 열면서 인구조사 표준구역 197.02의 1인당 소득이 약 400% 증가했기 때문이다. 이 인구조사 표준구역에서는 1989년 1인당 소득이 1만 8399달러로 껑충 뛰었는데, 이는 센트럴할렘의 다른 인구조사 표준구역보다 약 4000달러 정도 높은 액수다.

1980년대 할렘의 젠트리피케이션은 1990년의 인구총조사 자료에 나타날 만큼 영향력이 있었지만, 이는 시작에 불과했다. 1987년에 발발한 주식시장 붕괴는 할렘 남쪽으로 지하철 몇 정거장에 불과한 중개업체들에게 가장 큰 영향을 미쳤고, 1989년에는 사실상 전 지구적인 경제침체를 유발했다. 부동산 시장은 심각하게 침체되었으며, 1990년대와 함께 시작된 이번 경기침체에서는 이전 침체에서 별 영향을 받지 않고 살아남았던 많은 곳의 젠트리피케이션 활동(Badcock, 1989; Ley, 1992)이 큰 타격을 받았다. 할렘에서는 경매로 넘어간 많은 부동산에서 진행되던 작업들이 둔화되거나 완전히 중단되었고, 많은 경우(심지어 경기침체가 있기 전부터) 원래의 입찰자들이 재활성화를 이행할 재정적 역량이 없었기에 뉴욕시의 주택보존개발국은 어쩔 수 없이 다른 구매자들과 계약을 맺어야 했다. 다른 민간투자 역시 말라버렸다. 프리덤내셔널 은행이 1990년에 파산하면서 이 지역에서 가장 한결같았던 주택담보대출 자금원이 사라지게 되었고, 조심스럽게 할렘 시장에 진입한 다른 은행들은 갑자기 할렘을 떠나버렸다. 1980년대 초까지 이 지역 부동산의 폭넓은 특징이었던 투자 중단이 다시 시작되었다. 지역 신문들은 할렘이 흑인 부르주아지를 위한 차기의 프런티어라는 낙관적인 이야기 대신에 악화된 시장, 영웅적이지만 결국 패배한 임대주들, 임대료 하락으로 인한 문제, 관리 미비, 노후하고 버려진 건물들에 대한 한탄만을 꾸준히 늘어놓기 시작했다(가령 Martin, 1993 참조).

투자 중단으로 인한 파괴는 1995년 3월 140번 스트리트에 있던 한 건물이 붕괴하면서 입주자 3명이 목숨을 잃고 7명이 다치는 사건을 통해 비극적으로 상징화되어 나타났다. 이 건물의 소유주였던 마커스 레만Marcus I. Lehmann과 모리스 울프선Morris Wolfson은 1980년대 중반에 300만 달러를 가지고 할렘에서 건물 6채를 매입한 전문 임대업자들로, 젊은 백인이었다. 소문에 따르면 이들은 수리를 위해 1987~1988년에 62만 5000달러를 빌렸지만, 건물은 꾸준히 상태가 악화되었다. 1991년에 레만과 울프선은 빚이 1270만 달러라고 주장하면서 파산을 선언했는데, 건물 붕괴 사건 이후 이 건물이 주택 규정 326건을 위반해 지적당한 사실이 밝혀졌다. 주택보존개발국은 이 임대업자 혹은 이들의 대리인을 상대로 51건의 소송을 제기했다. 1991년에 한 세입자가 이 건물의 상태 때문에 아이가 상해를 입었다는 이유로 고소했을 때, 이 임대업자들은 보험료를 낼 수 없다고 주장하면서 대신 이 가족의 임대료를 받지 않겠다고 제안했다(Purdy and Kennedy, 1995).

1980년대 초에 시작된 젠트리피케이션이 1990년대 초에 이르러 심각하게 위축된 것은 의심의 여지가 없다. 하지만 그렇다고 해서 완전히 중단되었다거나, 경기침체로 할렘의 젠트리피케이션에 최종 마침표가 찍혔다고 결론짓는다면 오산이다(10장 참조). 투자 중단이 한창일 때도 일부 오래된 프로젝트들은 완료되었고(Oser, 1994) 새로운 프로젝트가 시작되기도 했다. 가령 1992년 뉴욕 랜드마크컨저번시Landmarks Conservancy는 웨스트 130번 스트리트의 3층짜리 아담한 단형후퇴식 연립주택단지인 애스터로Astor Low를 재활성화하기 시작했는데, 애스터로는 원래 1880~1883년에 윌리엄 애스터William Astor가 건설했다. 기존 세입자와 소유주 일부는 건물에 그대로 남겠지만, 이미 비어 있었던 집들은 새로운 입주자를 받을 것이고, 이 프로젝트는 125번 스트리트 위쪽의 센트럴 할렘 동쪽 띠 지역에서 젠트리피케이션을 안착시키는 데 기여하게 될 것이다. 처음에는 1982년 재개발 전략에서 경제발전 발판의 일부라는 모호한 지위에 놓였던 레녹스가 125번 스트리트의 인터내셔널트레이드센터와 호텔 계획은 시가 고집스럽게 밀어붙였고, 1994년에는 길거리 행상들과 상인들이 예정부지와 125번 스트리트 인도에서 강제로 밀려났다. 상당 규모의 중·저소득 주택개발(1986년에 시작된 뉴욕시의 10개년 주택계획의 일부다)이 북쪽에 있는 브래드허스트 같은 동네를 재정리하는 데 도움을 주기도 했다(Bernstein, 1994).

계급, 인종, 공간

센트럴할렘에서는 젠트리피케이션이 아직 초기 단계에 있기 때문에 앞으로의 변화가 현실을 크게 바꿔놓을 것으로 예상할 수 있다. 1990년대 초에 불황이 있긴 했지만, 이미 상당한 변화가 자명한 상태다(Badcock, 1993도 참조). 그리고 이는 할렘에서 젠트리피케이션과 관련된 다양한 사회문제들을 구체적으로 부각시켰다. 사회학자 모니크 테일러는 첫 번째 젠트리피케이션 물결이 할렘에 미친 영향을 살펴보면서 어떤 '정체성의 위기' 같은 것이 특히 할렘의 중간계급에게 대두되었다고 말한다(Taylor, 1991: 113). 한편으로 할렘은 미국 흑인들의 고향으로 받아들여지지만, 다른 한편으로 1980년대에 할렘에 들어온 전문직들과 그전부터 거주하던 할렘 주민들 사이에는 상당한 계급 차이가 가로지른다. 테일러는 젠트리피케이션에서 비롯된 인종과 계급 정체성의 모순적인 결합 관계를 생생하게 증언한다. 테일러와 대화를 나눈 새로운 중간계급 벼락부자들은 이 지역에 대해 다양한 꿈을 품고 있는데, 이 중에는 향수에 젖은 낭만적인 꿈도 있고, 행동주의적이고 실용적인 꿈도 있다. 할렘을 흑인들이 외부

세계(특히 '시내'의 직장 세계)의 인종주의와 절연할 수 있는 장소로 보존하는 것이 가장 중요하다고 느끼는 사람도 있다. 많은 여성들이 백인 중간계급 젠트리파이어들의 적절한 유입은 이 지역에 매우 절실한 서비스를 끌어들이는 데 도움이 되리라고 느끼는 반면, 새로운 벼락부자들은 그렇게 되면 시의 더 많은 관심을 받을 수 있고 부동산가치를 지키는 데 도움이 되리라고 본다.

할렘의 미래에서 가장 중요한 부분은 인종과 계급의 이 같은 결합 관계에 있다. 이 장의 서두에서 제시한 인용구가 암시하듯, 처음부터 젠트리피케이션이 야기할 결과에 대한 우려가 있었다. 아직은 정확한 수치가 없지만, 언론이 주로 할렘의 개별적인 백인 젠트리파이어들을 부각시키긴 해도(Coombs, 1982) 센트럴할렘의 재활성화와 재개발에 간여하는 사람의 대다수는 아프리카계 미국인임이 분명하다. 1990년의 인구총조사 자료를 보면 이 지역, 그중에서도 특히 타워스온더파크에서 백인 세대주가 상당히 증가했지만, 그 외 다른 곳에서는 백인 중간계급 이주자의 비중이 매우 적다. 뉴욕시의 첫 번째 봉인입찰식 경매에서 신청자 2500명 중 약 80%가 아프리카계 미국인이었던 것으로 추정되었다.[4] 동시에 뉴욕시 재개발 전략, 그리고 특히 할렘도시개발공사는 할렘의 '재개발'이 할렘 주민들, 즉 가난한 노동계급 흑인들에게 혜택을 주는 것을 목표로 삼아야 한다고 줄기차게 주장해왔다. 그 결과는 얼마나 그럴듯할까?

1982년 경매에서 뉴욕시는 모든 입찰자가 연소득이 최소 2만 달러 이상이 되어야 한다는 조건을 내걸었다(P. Douglas, 1983). 하지만 이 경매에서 겪었던 곤란함을 고려해, 1985년 경매는 소득이 이보다 상당히 더 높은 가구(나 관련 가구들로 구성된 쌍을 이룬 가구)에게만 열어주었다. 1980년대 중반의 재활성화 비용은 중간 크기 타운하우스의 경우 13만 5000달러 이상으로 추정되었는데, 이를 감당하려면 연소득이 최소한 5만 달러에서

8만7500달러 사이는 되어야 했다("Profile of a winning sealed bidder", 1985).

1980년 인구총조사 자료에 따르면 센트럴할렘에서 소득이 5만 달러가 넘는 가구는 262세대에 불과했다. 맨해튼 전체에서 5만 달러 이상을 버는 흑인 가구의 수는 1800세대를 넘지 못했고, 뉴욕시 전체에서도 그런 가구는 8000세대 미만이었다. 이는 아프리카계 미국인이 할렘을 다시 구성한다고 했을 때 주로 비뉴욕 출신자들에게 의존하게 되리라는 뜻이다. 그러므로 아무리 미사여구라 하더라도, 처음부터 할렘의 젠트리피케이션이 단순히 할렘에 원래 거주하던 주민들에 의한 개선 과정이었다면 이렇게까지는 진행되지 못했으리라는 점은 분명했다. 1981년에 게이트웨이 지역의 한 협동조합 건물을 위한 마케팅 연구에서 이엠그린 조합원들E. M. Green Associates이 제기한 것이 바로 이런 내용이었다(AKRF, 1982). 이 연구는 할렘 바깥, 사실상 메트로폴리탄 지역 전역의 흑인 가정과 개인을 잠재적인 시장으로, 다시 말해 자신의 뿌리를 찾아 할렘에서 생활한다는 유혹을 좇아 이 지역으로 유인될 수 있는 인구집단이라고 밝혔다. 하지만 1990년대에 이르자 개·보수 비용이 두 배로 늘어났고, 이와 함께 개·보수를 감당할 수 있는 소득수준도 껑충 뛰면서 잠재적인 풀이 훨씬 제한되었다.

센트럴할렘의 경제적 공백 상태는 분명 비할렘 출신 흑인들이 채울 수도 있고, 클로드 맥케이C. McKay의 표현을 빌리면 테일러의 연구(Taylor, 1991)는 실제로 1980년대에 "할렘으로 집을" 옮긴 수많은 세대들을 찾아내기도 했다(McKay, 1928). 하지만 이 집단이 할렘 젠트리피케이션의 중심이라 해도, 교외에서 돌아온 젠트리파이어는 사실상 거의 없음을 강력히 시사하는 기존의 경험연구가 무색해지지는 않을 것이다(3장 참조). 센트럴할렘이 이러한 기존의 흐름을 따른다면 잠재적인 젠트리파이어는 주로 뉴욕시 주민들이 될 것이다. 그렇다면 할렘이 모든 경험적 추세를 거스르지 않을 경우 할렘의 젠트리피케이션은 흑인 주도로 시작되었다고 보는 것이 자연스럽긴 하지만, 센트럴할렘 부동산의 대대적인 재활성화에는 중간계급과 상층계급 백인들의 상당한 유입이 간여될 수밖에 없다는 결론이 불가피하다.

할렘의 재활성화를 지지하는 대중적인 미사여구에서는 이런 선택지를 거의 인정하지 않는다. 그러나 할렘 주민들은 이 점을 널리 이해하고 있으며, 이는 줄곧 젠트리피케이션을 가장 먼저 알려주는 암시로 자리 잡아왔다(Lee, 1981; Daniels, 1982). 그러므로 뉴욕시파트너십이 타워스온더파크 설명회를 열고 이를 대외적으로 공지할 때, 아무래도 할렘에 사는 것과 정체성이 딱 맞아떨어질 수 없는 백인 중간계급들을 유인하려는 노력에서 이 건물이 할렘에 입지한다는 점을 아예 언급하지 않은 것은 의미심장하다. 그 대신 타워스온더파크는 "센트럴파크 북서쪽 모퉁이에 위치"한 것으로 표현되었다. 그리고 이 개발사업으로 인구조사 표준구역 197.02는 할렘에서 백인 비중이 가장 높은 구역이 되어, 할렘의 흑인 젠트리피케이션 옆에서 백인 젠트리피케이션을 진두지휘했다.

앞으로 더 많은 백인이 할렘으로 기꺼이 이주할지 여부는 불분명하고, 준비된 주택 소비자 집단을 찾아내야 한다는 큰 문제는 젠트리피케이션 활동의 커다란 걸림돌임이 분명하다. 하지만 다른 걸림돌들도 있다. 1990년대에 연방 예산과 지방 예산 위기가 훨씬 심각해진 상황에서 공공재정이 지속될 수 있을지 결코 장담할 수 없는 상태다. 할렘도시개발공사는 1995년에 해체되었다. 그리고 1980년대 초의 경기침체 이후 상당량의 민간 자본 재투자 역시 불확실하다. 젠트리피케이션이 계속 진행될 경우, 가난한 장기 거주자들의 반응이 어떨지도 마찬가지로 불확실하다.

진퇴양난

센트럴할렘에서 젠트리피케이션의 장애물이 상당하긴 하지만, 그렇다고 극복 불가능한 것만은 아니다. 이 동네의 주택을 재개발하고 재활성화하려는 힘 역시 강력하기 때문이다. 우선 센트럴할렘의 위치와 교통접근성은 명백한 자산이다. 맨해튼에서 전문직·관리직·행정직 고용이 꾸준히 증가하고, 가구 수가 늘어나며, 주택시장이 더 팍팍해짐에 따라 할렘은 점점 더 매력 있는 젠트리피케이션 후보지로 부상하게 된다. 하지만 다른 맨해튼 지역과 비교했을 때나, 그 안에 잠재된 경제적 기회를 고려했을 때 센트럴할렘의 주택 가격이 상당히 저평가되긴 했다. 그렇다고 할렘이 젠트리피케이션이 완료된 '천국'으로 저절로 바뀌지는 못한다. 입지와 경제적인 측면에서 보았을 때 젠트리피케이션의 잠재력이 있다는 점은 분명하지만, 이런 경제적 힘과 입지상의 장점이 다른 제약들을 극복할 만큼 충분히 강력한지가 문제다.

어쨌든 할렘에 젠트리피케이션이 진행 중이라는 신호가 존재한다는 사실은, 젠트리피케이션은 결코 호기심을 자아낼 만한 기현상이 아니라 도시공간의 강력하고 지리적으로 폭넓은 재구조화를 상징한다는 주장을 재확인시켜 준다. 할렘의 경우, 젠트리피케이션 과정에 영웅적 개인보다는 "집합적인 사회적 행위자들"이 더 많이 간여한다는 점이 다른 많은 장소에 비해 시각적으로 더 두드러진다. 이 경우 민간 자본만 주도적인 역할을 해온 것은 아니다. 민간주택담보대출 자본의 대대적 유입이 실물화되기 시작한 것은 1985년 이후였다. 주택시장을 띄우는 데 가장 깊이 간여한 것은 숱한 제도의 가면을 쓴 국가였고, 거기서 가장 앞장선 것은 시와 관련된 기관들이었다.

뉴욕시의 재개발 전략은 센트럴할렘 주민들에게 혜택이 돌아가게 하고, 대규모 젠트리피케이션을 피하며, '경제적으로 통합된' 지역사회를 만들어내겠다고 제안했다. 이 전략은 "지금의 할렘 주민들을 이주시키지 않고도 이를 달성할 수 있다"고 분명하게 기술한다(City of New York, Harlem Task Force, 1982: 1, 2). 대단히 현실적인 한 가지 의미에서 센트럴할렘은 다른 어떤 곳보다 이 제안을 실현할 가능성이 있다. 시가 버려진 건물(이 중 많은 건물들은 비어 있다)과 미개발된 토지를 워낙 많이 보유하고 있어서, 저소득 주민들이 직접적으로 강제이주 위협을 받기 전에 상당한 재활성화와 재개발이 일어날 가능성이 있는 것이다. 시는 이미 혼합소득 주거용으로 6000세대를 재활성화하기 시작했다(Bernstein, 1994). 하지만 민간에 토대를 둔 시의 나머지 재개발 전략이 성공하려면 두 가지 전제가 중요하다. 첫째, 센트럴할렘이 많은 수의 외부 주민들을 끌어들여야 할 것이다. 처음에는 신규 주민 대다수가 흑인일 수도 있지만, 가속도가 붙으면 필연적으로 백인이 더 많아질 것이다. 둘째, 이 지역은 훨씬 많은 양의 민간자금을 끌어들여야 한다. 이런 전제조건을 달성하려면 센트럴할렘은 투자가 중단된 침체된 섬에서 재투자의 '핫스팟'으로 전환되어 맨해튼 주택시장에 더 완전히 통합될 수 있다. 궁극적으로 이는 기존의 많은 주민들이 강제이주에 직면하게 된다는 뜻이다. 따라서 할렘은 이미 젠트리피케이션을 경험한 다른 많은 지역들과 마찬가지로 '경제적 통합'이 불가능한 꿈일 수 있고, '작은 젠트리피케이션'은 너무 불안정한 상태라 오래 지속되지 못할 수도 있다. 그리고 시의 재개발 전략도 이와 같은 뜻을 내비친다. 할렘에서 '경제적 통합'은 돈 많은 사람들을 유입시킨다는 뜻이고, '사회적 균형'은 백인의 유입을 뜻한다.

젠트리피케이션은 다른 동네들과 마찬가지로 할렘의 얼굴을 근본적으로 바꾸게 될 더 큰 도시 재구조화의 여러 측면 중 하나에 불과할 수도 있다. 이런 맥락에서 해럴드 로즈Harold Rose는 흑인 노동계급 동네의 미래를 암울하게 전망했다. 로즈는 이렇게 말한다(Rose, 1982:139).

　　흑인 주거개발지 공간 패턴의 진화 양상이 크게 바뀌지 않을 경우, 다음 세대의 게토 중심지들은 중심도시의 흑인 인구가 이미 25만 명을 웃도는 대도시 지역에 입지한, 선택된 교외의 고리suburban ring 지역에 기본적으로 제한될 것이다.

우리는 만일 중심도시 젠트리피케이션 공간 패턴의 진화 양상이 지속될 경우 가장 안쪽에 있는 교외 게토들이 급성장할 뿐만 아니라, 도심 지역의 게토들은 백인 중간계급 이주자들 때문에 줄어들게 되리라는 당연한 추론을 여기에 덧붙일 수도 있다.

그렇다고 이를 센트럴할렘은 백인이 대다수인 동네가 될 수밖에 없다는 예측으로 받아들여서는 안 된다. 그런 조짐도 분명히 있긴 하지만, 아직 그 경로에 본격적으로 들어섰다고 보기는 어렵다. 센트럴할렘의 미래를 결정하는 요인으로는 이 지역에 관한 뉴욕시의 정책 외에도 다른 두 가지가 더 있다. 바로 전국 주택시장과 뉴욕시 주택시장의 상태, 그리고 정치적 반대의 영향이다. 만일 1990년 말에 주택시장이 반등할 경우, 젠트리피케이션이 더 큰 추진력을 받을 가능성이 높아진다. 반대로 주택시장이 더욱 침체하거나 아예 붕괴할 경우, 상황이 악화될 것은 자명하다. 하지만 미래의 젠트리피케이션을 결정하는 두 번째 요인은 지역사회 내에서 올라오는 반대일 수 있으며, 여기서 인종과 계급의 만남이 중요해진다. 젠트리피케이션을 둘러싼 여러 가구의 이해관계는 계급 차이가 크다. 젠트리피케이션 과정이 다시 주택 가격을 밀어올리고 심지어 강제이주까지 유발하기 시작할 경우, 가난한 임대자들과 잘사는 주택 소유자들 간의 이러한 이해관계 차이는 더욱 분명해질 것이다. 외부인들을 위해

할렘을 개조하는 데 대한 반대는 앞으로 일어날 젠트리피케이션의 종류를 충분히 바꾸거나 둔화할 수 있다. 그렇지 않을 경우, 시가 빈 건물을 혼합용으로 크게 재개발하면서 민간 재활성화에 대한 큰 추가 투자가 주춤해질 수도 있다. 하지만 고용과 서비스가 전반적으로 강화되지 않을 경우, 이 두 번째 시나리오는 또 한 차례의 투자 중단과 할렘의 꾸준한 게토화로 이어질 가능성이 높다.

하지만 할렘은 1980년대 이후로 젠트리피케이션에 기름을 끼얹기만 하는 소소한 '문화적 부흥' 역시 겪고 있다. 아폴로 극장이 다시 문을 열었고, 새로운 멀티미디어아트센터가 르네상스볼룸이 있던 자리에 건설되었다("$14.5 Million Arts Project …", 1984). 뉴욕시의 일부 백인 중간계급들이 할렘의 몇몇 음식점과 클럽을 '발견'했고, 그보다 더 많은 백인들이 유입되어 8월마다 열리는 '할렘위크' 축제에 참가한다. 할렘 버스관광은 유럽과 일본 관광객 수천 명을 끌어 모으고 있으며, 넬슨 만델라Nelson Mandela가 남아프리카공화국의 독방에서 풀려난 직후에는 수만 명이 거리로 나와 집 떠난 지 오래된 할렘의 아들이 금의환향하게 되었다며 만델라의 할렘 순례를 떠들썩하게 축하했다. 이 모든 것이 여러 방식으로 의도치 않게 젠트리피케이션 과정에 기름칠을 할 수 있다. 상당수의 백인과 중간계급 흑인이 할렘에 더 많은 관심과 호기심을 갖게 되기 때문이다.《할렘 사업가의 서류가방Harlem Entrepreneur Portfolio》이라는 맞춤한 이름의 소식지는 이런 정신을 따라잡으려 한다. 이 소식지는 스스로를 "할렘 최신의 브라운스톤 뉴스레터"라고 홍보하면서 "할렘에서 사는 즐거움은 끝이 없습니다. 큰 즐거움 중 하나는 공동체 정신입니다"라고 넉살 좋게 떠들어댄다("Profiles in Brownstone Living", 1985).

센트럴할렘 주민들에게 젠트리피케이션은 진퇴양난의 딜레마와도 같다. 민간 재활성화와 재개발이 없을 경우 이 동네의 주택들은 심각하게 황폐해진 상태로 남을 것이다. 하지만 민간 재활성화와 재개발이 나타날 경우, 많은 센트럴할렘 주민들이 결국 살던 집에서 쫓겨나 더 좋고 비싼 집의 혜택을 누리지 못할 것이다. 이들은 젠트리피케이션의 수혜자가 아니라 피해자가 될 것이다. 지금은 뉴욕시의 재개발 전략에서도 그렇고 다른 어떤 곳에서도 이런 상황에 대한 계획은 전무한 상태다. 센트럴할렘을 위한 개발 전략은 강제이주가 일어날 수도 있다는 사실조차 인정하지 않는다.

"원진을 만들다"

지금은 사라진 주州도시개발공사의 자회사이자 할렘 젠트리피케이션을 위한 주요 수단이었던 할렘도시개발공사는 해체되기 전 10여 년간 데니스 코그스빌Dennis Cogsville이 회장을 맡았다. 그 사무실은 할렘스테이트오피스빌딩 18층에 있는데, 그곳에서는 남쪽의 센트럴파크까지 쭉 뻗은 할렘의 풍경과 그 너머 시내의 어지러운 풍경들이 숨 막히게 펼쳐지는 것을 볼 수 있다. 코그스빌은 뉴저지에서 통근을 했다. 그는 1980년대 중반에 센트럴파크의 북단에서 '할렘 게이트웨이'를 진수시키는 데 큰 역할을 한 인물이다. 그는 발밑에 펼쳐진 다세대건물들을 굽어보며 이렇게 말했다. "어려운 프로젝트가 될 겁니다."

하지만 우린 이런 식으로 일을 할 거예요. 일단 110번 스트리트부터 시작해서 112번 스트리트에 첫 번째 교두보를 만들 겁니다. 알겠지만 콘도미니엄으로 전환하는 데 기반이 될 거예요. 그리고 난 다음에 116번 스트리트에 두 번째 교두보를 세우는 거죠. 엄청난 일이 될 거예요. 마약에, 범죄에, 저긴 없는 게 없거든요. 하지만 우린 그걸 해낼 겁니다. 본질적으로 이 계획은 인디언 급습에 대비하듯 마차로 원진을 만들어 바깥에서부터 센트럴할렘으로 밀고 들어가는 거라고 할 수 있어요.[5]

16개월 뒤 110번 스트리트에는 '타워스온더파크' 기공식이 열렸다. 데니스 코그스빌은 그 자리에 있었지만, 행사에서 중앙 무대를 차지한 사람은 상원의원 알폰세 다마토였다. 얼마 안 가 형의 부정한 부동산 거래에 연루되어 짙은 의심을 사게 될 이 유력한 정치인 다마토는, 어떻게 하면 할렘을 "다시 할렘으로 돌아가지 않도록" 할 것인가에 대한 자신의 상을 제시했다. 하지만 그의 연설은 할렘의 젠트리피케이션을 반대하는 지역 주민들의 노래와 구호에 가로막혔다. 《뉴욕 타임스》에 따르면 그 콘도미니엄 프로젝트를 '아름답고', '가장 뉴욕적인 것'이라고 칭찬하던 다마토는 시위대를 쏘아보더니 이렇게 소리쳤다. "나도 노래를 하고 싶군요." 그는 "갑자기 음정에 맞지 않는 짧은 아리아를 불렀다. '젠-트리-피-케이-션. 일-하는 사람들을 위한 주-택. 아-멘'"("Disharmony and housing", 1985).

8장

젠트리피케이션과 그 예외들

유럽의 세 도시

젠트리피케이션이 처음으로 발견된 곳은 유럽, 그중에서도 특히 런던이지만(Glass, 1964), 젠트리피케이션 이론은 주로 미국의 경험만을 가지고 정립되었기 때문에 유럽의 젠트리피케이션은 이론적 주장에는 썩 잘 들어맞지 않을 수 있다고 보기도 한다. 하지만 오히려 미국이 예외일 수도 있다. 자연스러운 추론에 따라 다양한 도시와 동네의 상이한 젠트리피케이션 경험에 대해 유용한 일반화를 도출하는 것 자체가 불가능할 수 있다고 볼 수도 있다. 어떤 식의 일반화든 국지적인 특수성에 압도당할 수도 있기 때문이다. 앞 장에서는 주로 미국의 경험에 초점을 맞추었기 때문에, 이 장에서는 유럽의 세 도시에서 경험한 젠트리피케이션을 들여다볼 것이다. 여기서는 대륙을 넘어서는 수준의 일반화는 어떤 식으로 하는 것이 적당한지, 근본적으로 젠트리피케이션에 대한 일반화가 가능하기는 한 것인지가 무엇보다 중요한 문제다.

리즈L. Lees와 본디L. Bondi는 이론이 할 수 있는 일을 크게 제한하면서, 지역을 넘어서는 일반화를 가장 직접적으로 공격한 반면(Lees and Bondi,

1995), 무스터드S. Musterd와 반 비세프J. van Weesep는 미국의 경험과는 다른, 뚜렷이 유럽적인 젠트리피케이션 경험의 가능성을 가장 노골적으로 수용한다(Musterd and van Weesep, 1991). 단순한 이분법을 적용할 수는 없지만, 무스터드와 반 비세프는 리즈(Lees, 1994)의 표현을 빌려 "대서양을 가르는 차이"가 충분히 지속된다고 주장한다. 다른 사람들도 이렇게 주장한다. "미국에서 젠트리피케이션 과정은 서유럽 대도시, 특히 사회민주주의 정부가 주택정책을 통제하는 곳(가령 암스테르담, 스톡홀름)의 젠트리피케이션과는 사뭇 달라 보인다"(Hegedus and Tosics, 1991; Dangschat, 1988, 1991 도 참조).

이 맥락에서는 일반적으로 많은 문제가 제기된다. 유럽은 건조 환경과의 관계에서 화폐화된 생산관계의 역사가 미국보다 더 길고, 유럽 도시의 투자 중단은 미국보다 심하지 않으며, (그 많은 젠트리피케이션 문헌들이 출발점으로 삼는) 미국은 국가가 도시 토지주택시장을 더 자유방임하고, 인종적 차이와 동질성의 경우는 근본적으로 서로 다른 역사를 보유하고 있으며, 문화적 소비경제 또한 상이하다. 이런 문제들은 유럽의 젠트리피케이션이 미국이나 캐나다, 호주와는 계통적으로 구분된다는 주장을 지지할 때 종종 제기된다.

이 장에서는 이런 주장을 염두에 두고 암스테르담, 부다페스트, 파리의 젠트리피케이션 경험을 검토할 것이다. 이들 도시를 선택하게 된 것은 적절한 젠트리피케이션 규모, 정보의 이용 가능성, 상이한 젠트리피케이션 경험, 상이한 국가 개입의 형태와 수준, 그리고 특히 부다페스트의 경우에는 전 지구적 자본과 경제적 재구조화의 상당히 색다른 관계 등 무수한 고려 사항들 때문이었다.

암스테르담: 무단점유자들과 국가

지금 와서 생각해보면 1981년의 '바텔로플레인 전투Battle of Waterlooplein'
와, 이와 함께 절정에 달한 무단점유 운동은 20세기 후반 암스테르담 도
시사에서 서로 구분되는 두 시기 사이의 사회적 분수령이 되고도 남는
다. 16~17세기에 조성된 이 고도의 남동쪽 끝에 있는 바텔로플레인은
수 세기 동안 상징적인 공공장소였다. 널찍하면서도 비정형적인 형태의
이 광장은 몇백 년 동안 노동계급 유대인 삶의 중심지였고, 19세기 말에
이르러서는 슬럼과 판잣집 철거의 일차적인 목표지가 되었으며, 큰 시장
이 들어서는 장소이자, 나치 점령기에는 게토의 중심지였다. 전쟁이 막
바지에 이를 무렵, 사람들은 바텔로플레인 주변 지역을 떠돌며 나무를
쓸어갔기 때문에 이후 몇 년간 바텔로플레인 주변 지역은 더욱 심각한 투
자 중단과 물리적 쇠락을 겪었다. 전쟁 이후 이 광장에서는 큰 벼룩시장
이 열렸다. 이 광장을 도륙당한 유대인들을 기리는 장소로 재건하겠다는
전후의 계획들은 결실을 보지 못했고, 1970년대 말에 이르러 지방정부
는 광장과 그 주변을 정리하고 새로운 시청과 오페라하우스를 건설하겠
다는 계획을 발표했다. 이미 부분적으로는 암스테르담 지하철을 건설하
기 위해 또 다른 동네인 니우마르크트Nieuwmarkt를 재건축하면서 격렬한
논란이 벌어진 직후였기 때문에, 시의 바텔로플레인 계획은 벼룩시장이
경제적으로 반드시 필요할 뿐만 아니라 삶의 방식이기도 했던 빈민과 여
성주의자, 무단점유자, 주택 및 반젠트리피케이션 운동가, 주민의 폭넓
은 지역 내 반대를 자극했다. 1980~1981년에는 이 광장 안팎을 정리하
지 못하게 막겠다고 나선 단호한 시위대와 경찰이 여러 차례에 걸쳐 폭력
적으로 대치하면서, 이 도시 최대의 재개발 프로젝트였던 오페라하우스
의 대단히 모던한 설계를 둘러싼 저항이 단단히 결집되었다(Kraaivanger,

1981). 이 프로젝트에 저항하는 사람들을 특히 화나게 만든 것은, 일종의 공적인 공연공간이나 개선된 시장 혹은 대단히 필요한 주거지가 아닌 엘리트 오페라하우스로 보이는 것을 만들겠다는 계획이었다. 오페라하우스 건축은 지연되기는 했지만, 결국 완공되어 1986년에 문을 열었다.

암스테르담의 젠트리피케이션 이야기는 이 유명한 충돌이 일어나기 전에도 있었지만, 이후에도 있다. 그리고 바텔로플레인의 운명과 마찬가지로 이야기의 중심에는 시의 토지주택시장 구석구석에 대한 국가의 개입이 있다. 암스테르담에서는 1970년대에 젠트리피케이션이 처음 나타났지만, 가속화된 것은 지자체의 주택정책이 크게 바뀐 1980년대 초 이후였다. 주택, 젠트리피케이션, 무단점유, 재개발 문제는 사실 다른 어떤 도시보다 암스테르담에서 지자체 정치 속 중요한 위상을 차지했고, 이는 "네덜란드 도시의 재구조화"에서 중요한 역할을 했다(Jobse, 1987).

선진 자본주의 세계의 많은 도시들처럼 암스테르담의 근대적인 분권화 계획이 확실히 자리 잡은 것은 1970년대 초 무렵이었다. 고용과 서비스의 공간적 변화와 연계된 이 정책은 충분히 성공적이었고, 그래서 1964년에 절정에 달한 암스테르담시의 인구는 이후 20년간 약 20만 명가량 감소해 1980년에는 67만 6000명이 되었다(Cortie et al., 1989: 218). 이 기간에 암스테르담시의 도시 개발은 시 정부가 엄격하게 통제했다. 기본 계획에 따라 물리적인 공사가 시 정부와 중앙정부의 보조금을 받아 이루어지다 보니 민간 시장 공사가 규제되었다. 조절된 주택 공급은 수요의 조절, 즉 강력한 할당 절차와 목표, 중앙에서 관리하는 임대료, 세입자를 위한 거주권 보호, 주택 소유자의 세금 공제에 부합했다. 딜레만F. M. Dieleman과 반 비세프의 주장처럼 "아무리 서유럽의 사민주의 정부라 해도 네덜란드처럼 주택시장에 이렇게까지 광범위하게 개입하는 중앙정부는 없다." 네덜란드에서는 그 개입이 "사실상 포괄적이다"(Dieleman and van Weesep, 1986:310).

  이 시기의 도시정책은 전체적으로 황폐해진 동네를 교체하고, 어느 정도는 1970년대의 정치적 반대를 둘러싼 대응에서 사회주택을 건설하는 방향으로 잡혀 있었다. 하지만 전통적 도시의 산업 일자리 감소 혹은 탈중심화와 탈산업화, 사무공간과 그 외 중심적 도시기능의 상당한 교외화, 인구 감소로 네덜란드 도시의 중심이 텅 비게 될지도 모른다는 우려를 자아냈고, 1970년대 말에 이르러 이는 중앙정부와 지방정부의 주택정책이 크게 변화하는 결과로 이어졌다. 1980년대에 새로 만들어진 중앙정부의 도시정책은 '압축도시compact city'를 기치로 일부 주거, 전문직, 관광 등의 서비스 시설과 활동을 암스테르담에 다시 집중시키려 했다. 이를 위해 지방정부는 재활성화가 필요한 빈 건물과 부지, 구조물을 파악했고, 민간 개발업자들을 독려해 개·보수 진행과 주택 공급을 맡겼는데, 이렇게 새 단장을 마친 많은 집들이 민간 시장으로 넘어갔다. 새로운 도시정책은 1970년대에 우세했던 분산과 쇠락의 흐름을 뒤집으려 애썼고(van Weesep, 1988; Musterd, 1989), 실제로 1980년대 말에 이르자 인구는 다시 70만 명 이상으로 증가했다.

  사회주택을 어느 정도 공급하려는 노력을 지속하는 한편, 곳곳에 만연한 보조금과 규제 시스템을 사실상 해체한 1989년의 주택정책은, 1980년대 초에 조심스럽게 진행되던 탈규제를 본격적으로 가속화시켰다(van Kempen and van Weesep, 1993). "민간 부문을 지향하는 이 새로운 편향은 정부가 이끌고 보조금을 제공하는 건설 프로그램에서 두드러진다"(van Weesep and Wiegersma, 1991). 영국에서 대처가 다른 무엇보다도 이데올로기적인 이유로 주택의 사유화를 이끌었던 것과 달리, 네덜란드에서 이데올로기적 의제만큼이나 주택 부문의 탈규제와 사유화에 힘을 실어준 것은 날로 심해지는 예산 제약이었다. 네덜란드에서는 사회주택의 사유화가 주로 신축공사에 적용되기 때문에 1980년대 영국이 경험한 사회주택의 대대적 매각과 같은 결과로 이어지지는 않았다는 사실 역시 기억해둘 필요가 있다. 그리고 1990년대에 민간주택시장을 활성화할 강력한 힘이 다시 나타난 것은 부정할 수 없지만, 미국 도시들을 비롯한 다른 많은 장소에서 전통적으로 그랬던 것만큼 민간 부문이 그렇게 지배적이지는 않다.

지난 12여 년간 암스테르담의 젠트리피케이션은 이런 맥락에서 이해해야 한다. 아직 결정적인 경험연구가 충분히 이루어지지는 않았지만, 젠트리피케이션의 첫 신호가 나타난 1970년대 초 무렵에 상당한 지대격차가 존재했다는 결론을 내릴 수 있다(Cortie and van de Ven, 1981). 그런데 이 지대격차의 기원은 역시나 그렇게 단순하지 않다. 일단 토지주택시장을 둘러싼 대단히 포괄적인 국가 규제는, 암스테르담이 일반적으로 '미국 도시'하면 연상되는 수준의 민간 시장 투자 중단을 한 번도 경험해보지 못했음을 의미했다. 분명 공실률이 증가했고, (좀 더 최근에 지어진 다세대주택과 주택단지뿐 아니라) 낡은 건물들이 부실하게 관리되는 사례도 분명 있었지만, 정부가 건물 관리 보조금을 지급하는 경우가 흔했기에 건물이 극도로 황폐해지지는 않았다. 건물이 유기되는 일은 손으로 꼽을 정도였고, 부동산에 대한 소유권은 결코 넘겨주지 않았다. 하지만 둘째, 임대료 통제라는 형태의 정부 규제는 지대격차의 발달을 억제하는 동시에 임대료를 폭넓게 침체시키고, 따라서 도심 지역 주택 판매가격을 낮춤으로써 오히려 지대격차를 조장하기도 했다.

이런 통제가 있는 상태에서 암스테르담 중심부의 젠트리피케이션은 주로 종신보유권 형태의 변화, 즉 비주거용에서 주거용으로, 부분 보조를 받던 주택에서 완전한 민간주택으로, 임대주택에서 개인 소유 주택이나 빠르게 늘고 있는 콘도미니엄 부문으로의 전환을 수반했다(van Weesep,

1984. 1986).[1] 그에 따라 많은 동네들이 햄닛과 랜돌프가 말한 '가치격차'(Hamnett and Randolph, 1986)를 겪었다(Clark, 1991a도 참조). 하지만 반 비세프와 비헤르스마M. Wiegersma의 지적처럼 엄격한 국가 규제는 지대격차와 가치격차의 표출을 크게 억제했다. "이런 시스템이 아직은 작동하고 있지만", 1980년대 이후의 탈규제는 "재개발이 허용된 곳에서는 지대격차와 가치격차 모두가 발생하게 됨"을 뜻한다(van Weesep and Wiegersma, 1991).

코티 등은 건물 재활성화 허가에 대해 분석하면서 도시의 역사적 중심지에는 민간 재투자가 눈에 띄게 집중되는 양상을 보이는 반면, 교외에서는 그만한 집중이 전혀 일어나지 않는다고 설명한다(Cortie et al, 1989). 중심지에는 고소득 전문직 가구가 이와 유사하지만 약간 완만하게 집중된다는 점을 시사하는 증거들도 있다(Cortie et al., 1989; Musterd and van de Ven, 1991). 사실 젠트리피케이션은 크게 세 지역에 뿌리를 내렸다. 바로 올드시티, 올드시티 남쪽과 서쪽을 에워싸고 17~18세기에 조성된 운하 지구, 올드시티 서쪽의 요르단이라는 동네다(그림 8-1 참조).

공공과 민간이 다양한 방식으로 개입해 건설했으며, 보조금이 지급되는 비영리 사회주택으로 구성된 19세기 주택들로 이루어진 바깥 고리와 달리, 이보다 오래된 안쪽의 도심 지역은 전통적으로 민간이 소유하고 실소유자가 거주하는 곳이었다. 따라서 1970년대에 점점 많은 사무용 부동산, 창고용 부동산, 심지어 일부 주택이 비어가자 재투자와 재활성화가(흔히 정부보조금을 받아) 일어날 수 있었다. 1970년대 후반 이후로 기능 변경과 종신보유권 변경에 대한 기준이 약화되면서 이 과정이 더 원활해졌다. 엄밀한 의미의 올드시티는 이 젠트리피케이션을 분명 겪었지만, 다른 많은 도시들처럼 암스테르담의 중심부는 숱한 과정과 사건이 결합되어 젠트리피케이션을 제한했다. 무엇보다, 그리고 일반적으로 중심지

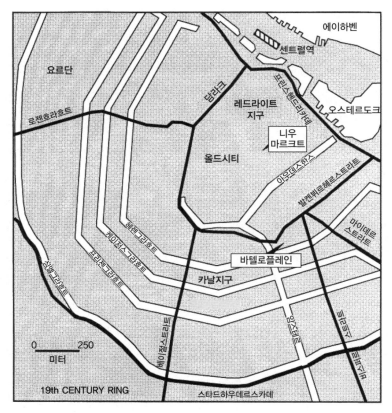

에이하벤

센트럴역

요르단

담라크

로젠흐라흐트

레드라이트
지구

오스테르도크

프린스헨드리카더

니우
마르크트

올드시티

아우데스하스

로제흐라흐트

발켄뷔르헤르스트리트

마이데르
스트라트

해렌그라흐트

바텔로플레인

케이저스그라흐트

프린센그라흐트

신겔그라흐트

카날지구

암스털

0   250

미터

베이절스트리트

위트레흐트

랍지크

19th CENTURY RING

스타드하우데르스카데

그림 8-1 암스테르담 중심가

에는 주택뿐 아니라 교통, 금융, 서비스, 정부, 관광, 상업, 소매업, 사무활
동이 집중되는 등 다양한 기능이 존재한다. 주거용 건물의 비중이 낮고
많은 비주거용 건물(국제적인 맥락에서 사무용 건물은 제외)의 임대료 수준이
증가 추세일 때는 중심지의 젠트리피케이션이 제한된다. 둘째, 올드시
티, 특히 (대체로 1970년대 말과 1980년대에 다시 지어진[2]) 니우마르크트 주변의
올드시티 동쪽과 항만 근처의 동쪽 지역에 사회주택이 꾸준히 공급되면
서 젠트리피케이션의 확장 가능성이 제한되기도 했다. 셋째, 올드시티의

주거용 건물은 홍등가가 큰 비중을 차지하는데, 매춘의 확산 그리고 이와 아주 근접한 곳에서 벌어지는 길거리 마약 거래가 본질적으로 젠트리피케이션 과정과 상극인 것은 아니지만, 분명 그곳의 젠트리피케이션을 위축시킨 것은 사실이다.

실제로 무스터드와 반 더 벤J. van de Ven의 주장처럼 "가장 분명한 젠트리피케이션의 신호는 도심 지역의 바깥쪽 고리"(Musterd and van de Ven, 1991: 92), 다시 말해 운하지구와 요르단에서 관찰된다. 올드시티를 휘돌아 흐르는 네 개의 운하가 그 경계를 이루는 이 고리에서 주택의 사적 소유, 탈중심화, 투자가 중단되긴 했지만, 여전히 이용 가능한 주택과 상업용 건물들은 가장 강력한 젠트리피케이션의 원동력을 제공했다. 따라서 소득의 측면에서 1986~1990년에 "도심 지역 8개 동네 중에서 4개 동네의 지위가 암스테르담시 전체에 비해 향상되었다"(Musterd and van de Ven, 1991:92). 이 지구는 원래 17세기에 동심원을 이루고 있는 네 개의 운하 주위에, 상인의 집과 운하변의 창고, 그리고 보통 1층에는 소매점과 상업적인 매장을 두고 있는 복합적 용도의 건물이 들어서면서 형성되었다. 이 건물들은 특히 제2차 세계대전이 끝난 뒤 탈산업화와 교외화의 영향에 희생되어 가치가 하락했다가, 젠트리피케이션이 시작되던 1970년대와 점점 격화되던 1980년대에 빛을 발했다. 이곳의 젠트리피케이션은 "특정 거리와 운하를 따라 집중되었고, 그곳을 완전히 바꿔놓았다. …… 복원된 운하주택이나 용도변경이 된 창고에 들어선 상류층 대상 콘도미니엄은 40만 길더(27만 5000달러)가 넘는 가격에 팔린다"(van Weesep and Wiegersma, 1991:102).

올드시티 바깥에 있는 운하지구에서 젠트리피케이션 과정이 좀 더 완결적이라면, 서쪽의 요르단에서는 좀 더 상징적이다. 요르단은 올드암스테르담의 가장자리, 운하지구의 서쪽에 17세기에 만들어졌다. 북쪽 끝이 점점 확장세에 있는 항만과 연결된 요르단은 전통적으로 중간계급 동네였다가 노동자 계급의 동네가 되었는데, 19세기 말부터 오랫동안 투자 중단과 물리적 쇠락을 겪었고, 1960년대에 이르러서는 지리적으로 멀리 떨어지지 않았음에도 올드시티에 비해 사회적·문화적으로 고립된 섬 같은 곳이 되었다. 코티 등은 1971년까지도 부동산의 80%가 연 1200길더(일반적인 환율로 220달러) 이하로 임대되었음을 확인했다(Cortie et al., 1981). 이 지역의 평균 토지가격은 인접한 운하지구와 동쪽에 있는 도시 중심부의 20%에도 미치지 못했다. 하지만 1980년대에 이르러 많은 전문직 종사자, 예술가 학생 등 중간계급 주민들이 이 지구의 일부 아파트로 들어와 살기 시작했고, 가게 앞에 딸린 공간에는 점점 식당, 고급 카페, 다방, 아트갤러리, 서점, 바가 들어섰다. 1980년대 말과 1990년대 초가 되자 이 지역은 완전히 탈바꿈되었고, 젠트리피케이션 활동은 민간의 재활성화와 신축된 사회주택들이 뒤섞인 19세기 건물들이 많은 지역을 향해 서쪽으로 이동해갔다.

영국이나 미국의 도시들과 비교했을 때, 1980년대 암스테르담의 젠트리피케이션은 최소한 중기적으로는 사회적 계급들이 혼합된 양상을 유지하는 듯 했다. 신축된 사회주택이나 개·보수가 완료된 노동계급 주거지 옆에 젠트리피케이션이 이루어진 비싼 건물이 들어선 모습을 쉽게 발견할 수 있었다. 젠트리피케이션은 종종 "특정 지역에 집중된 단편적 과정으로" 나타나곤 한다. 특히 젠트리피케이션이 일어나는 와중에도 노동계급 인구가 굳건히 유지되는 요르단이 바로 이런 경우에 해당한다. 반 비세프와 비헤르스마의 표현처럼 이렇게 "다양한 가격대의 주택이 공존하는 것은 암스테르담에서는 상당히 일반적이다. …… 부자와 빈자가 서로 어깨를 맞대고 산다"(van Weesep and Wiegersma, 1991: 110, 102). 젠트리피케이션이 이루어진 모든 동네에서 이와 동일한 혼합이 분명하게 나타나긴 하지만, 미국에서는 특히 민간 시장의 힘 때문에 오래 유지되지 못한다. 암스테르담에서 젠트리피케이션이 이루어진 동네가 중기적인 안정성을 유지하는 것은 분명 열광적인 사유화 옆에 강력한 국가 규제가 있기 때문이다. 그렇다면 이렇듯 보편적인 젠트리피케이션은 도심 지역의 전통적인 노동계급 주거지와 얼마나 오래 공존할 수 있을까?

암스테르담에서는 젠트리피케이션에 대한 사회적 반대, 그리고 좀 더 폭넓게는 주택정책에 대한 사회적 반대가 지난 20년간 도시 정치의 단골 메뉴였다. 1970년대에 도시 중심지 안팎에 빈 건물들이 늘어나면서, 주택 부족과 규제가 심한 주택 시스템 때문에 주택에 대한 접근이 많이 제한된 젊은 사람들이 빈 부동산을 무단점거하기 시작했다. 사실 바텔로플레인의 전투는 외국 언론에 보도된 암스테르담의 유례없는 무단점거 운동과 연계된 상태에서 터졌다. 암스테르담 시의회는 1980년대 초에 처음으로 사유화 시도에 착수하고 사회주택에 들어가는 자금을 삭감하면서, 이미 암스테르담 안에 자리 잡고 있던 일련의 무단점유 건물에 경찰을 들여보내기로 결정했다. 1980년 3월 물대포와 탱크를 불도저처럼 사용하고 진압장비를 갖춘 경찰 500명을 동원해 운하지구 남서쪽 끝의 본델스트라트Vondelstraat에서 무단점유자들을 일시적으로 퇴거시키긴 했지만, 이는 그다음 달에 있을 더 큰 대치의 전주곡에 불과했던 것으로 드러났다. 베아트릭스 여왕의 대관식이 있던 4월 30일 전국적으로 조직된 무단점유, 침입행위, 시위는 특히 바텔로플레인에서 경찰의 무시무시한 대응을 자극했다. 얼마 안 가 대관식 반대 시위대가 소란 속에서 경찰에 체포되거나 표적이 된 가운데, 암스테르담의 축하 행사들은 일련의 장기적 시가전으로 변질되었다. 최루탄이 도시 전체에 퍼지면서 축제 같던 대관식 분위기에는 갑자기 찬물이 끼얹어졌다.

이후 몇 년간 암스테르담의 무단점거 운동은 상당한 정치적 영향력을 구가하며 절정기를 맞았다. 한창 잘나갈 때는 1만 명에 이를 정도였지만, 1980년대 말에 이르자 영향력이 분명하게 감소되었다. 1992년 10월, 역시 올드시티 남서쪽 끝에 있던 '럭키 라위크Lucky Luyk' 무단점유지가 특수기동대에 급습당하면서 무단점유자들과 시의회 사이에 곧 체결될 예정이었던 합의가 무산되었다. 이는 또다시 무단점유자들에 대한 동정 여론을 확산시켰고, 결국 사흘간 가장 폭력적인 대치로 번지면서 도시 중심부까지 영향권에 들어갔다. 시장이 긴급상황을 선포하고, 경찰에게 수상하면 누구나 체포해도 되는 폭넓은 권한을 부여하면서 바리케이드와 부서진 차량, 불붙은 트램을 향해 최루탄과 물대포가 진격했다. 새로운 홀리데이인 공사를 위해 도시 중심지에 있던 한 무단점유 건물에서 무단점유자들이 쫓겨나면서 무단점유 운동은 더욱 심각한 위기를 맞았다. 지금도 도시 전역의 무수한 무단점유지에 수천 명에 달하는 무단점유자들이 있지만, 경찰의 견제와 지자체 주택정책, 그리고 젠트리피케이션의 확대에 밀려 이 운동의 정치적 힘은 둔화되었다.

그러므로 암스테르담의 젠트리피케이션은 토지주택시장에 대한 국가 개입, 민간투자의 급증을 촉진한 국가 통제의 완화, 국가와 민간의 주택계획에 대한 광범위하고 때로는 폭력적인 정치적 반대가 빚어낸 이야기다. 1989년 주택정책의 공식 포부에는 주민들(특히 이제까지 사회주택이나 임대료가 낮은 주거지에서 저렴한 비용으로 살았던 사람들)의 소득이 높아지면서 이동성이 개선된 데 따른 더 공정한 주택 할당도 포함되어 있지만, 아무리 탈규제와 사유화를 조심스럽게 지지하는 사람들이라 해도 그 결과에 대해서는 불길한 예감을 표명한다. "지금 이루어지는 네덜란드 주택정책의 변화는 분명 젠트리피케이션을 자극할 것"이고, 단기적으로 이는 어떤 동네의 사회집단이 더욱 다양해지는 결과로 이어질 것이 당연하지만(van Weesep and Wiegersma, 1991: 110),[3] 이미 이런 정책들은 "소득 집단의 공간적 분리에 기여했을지도 모른다". 즉, 과거에는 선진 자본주의 세계의 다른 곳들에 비해 상대적으로 분리 수준이 낮았던 도시 시스템에서 "분리가 심해질 위험"(van Kempen and van Weesep, 1993: 5, 15)이 나타나게 된 것이다. 분리의 양상은 이미 친숙하다. 더 잘사는 민간주택 거주자들은 남서쪽에 있는 전통적으로 여유 있는 동네뿐 아니라 젠트리피케이션이 진행되는 중심 지역에 더욱 집중되는 반면, 저소득층을 대상으로 하는 사회주택들은 갈수록 이 도시의 가장자리에서나 볼 수 있게 된 것이다.

소사이어티힐처럼 젠트리피케이션에 처음부터 보조금이 적극적으로 주어지는 미국의 경험과 달리(6장 참조), 암스테르담에서 젠트리피케이션 과정은 시장과 공식 주택정책의 빈틈에서 시작되었다. 젠트리피케이션이 사실상 공공정책이 된 것은 나중 일이었다. 무스터드와 반 더 벤(Musterd and van de Ven, 1991: 92)의 표현처럼, "1970년대에 시작된 도심 지역 일부의 자연발생적인 젠트리피케이션 과정이 정책 목표가 되었다. 젠트리피케이션은 이 대도시의 구명조끼로 받아들여졌다." 이들은 정책이 지나칠 정도로 큰 성공을 거두어서 호화 아파트에 사무실과 일자리까지 위태로울 지경이었다고 한다.

하지만 젠트리피케이션을 겪는 다른 도시에서처럼, 사무실뿐 아니라 가난한 주민들 역시 원래 있던 곳에서 밀려날 위험에 처해 있다. 강력한 세입자보호법 때문에 적극적이든 소극적이든 강제이주는 비교적 드물었지만, 1980년대 이후 밀어닥친 젠트리피케이션 바람과 규제 완화는 주택 가격을 급속하게 밀어올렸고, 아울러 암스테르담의 퇴거도 늘어났다. 대부분의 네덜란드 도시에서 "대대적인 강제이주는 아직 발생하지 않았지만", 위트레흐트의 경우 "젠트리피케이션이 늘어나면서 강제이주가 더 많아질 것"이라고 반 켐펜R. van Kempen과 반 비세프는 주장한다(van Kempen and van Weesep, 1993: 15).

젠트리피케이션과 강제이주, 그리고 공간적 분리는 모두 도시의 지리가 크게 재구조화되고 있음을 뜻한다. 할렘(이 명칭은 네덜란드의 한 도시에서 따온 것이다)에서 관찰한 것과 아주 유사한, 그리고 해럴드 로즈가 앞서 윤곽을 제시했던 한 각본에서는 일찍이 다음과 같은 시나리오가 나왔다.

앞으로도 재생 작전을 통해 이런 결과가 나타난다면 도심 지역의 경계에 붙어 있는 19세기 말 구역에는 대부분 가족 단위로 살고 있는 소수 인종들이 접근하지 못하게 될 것이다. 이는 이민자 종족들과 재정이 상대적으로 약한 시민집단이 이 도시의 가장자리와 그 너머에 집중되는 결과로 이어질 것이다. 전쟁 이후 암스테르담 주변부에 임대용 거주지들과 함께 등장한 지역들은, 그 결과 앞으로 사회적 등급의 하락을 면치 못할 것 같다 (Cortie and van Engelsdorp Gastelaars, 1985: 141).

부다페스트: 젠트리피케이션과 새로운 자본주의

1989년의 정치경제적 변화 이후 부다페스트의 토지주택시장은 가장 극적인 변화를 분명하게 겪었는데, 부다페스트 젠트리피케이션의 커다란 이론적 의미는 바로 여기에 있다. 새롭게 진화하는 토지주택시장에서 최소한의 투자가 최대한의 투자로 크게, 어쩌면 유례를 찾을 수 없을 정도로 바뀌었기 때문에, 부다페스트의 경험은 공급과 수요의 상호 연관된 방어적 태도, 젠트리피케이션 초기에 생산 측의 힘과 소비 측의 힘을 끌어내는 추동력을 검토하는 실험실이 될 수 있다. 북미, 서유럽, 동유럽, 호주의 도시들과 비교했을 때 부다페스트는 20세기에 (경제적·정치적·문화적으로) 대단히 다른 역사를 거쳤다. 주택의 역사와 제도의 역사는 근본적으로 다르지만, 이런 점을 염두에 둔다면 젠트리피케이션은 부다페스트 토지주택시장의 자본화와 함께 나타나므로 젠트리피케이션에 대한 어떤 일반론을 도출하고, 이 과정을 후기자본주의 도시발전의 한 단계에서 고질적으로 나타난다고 바라보는 것이 합리적일 수도 있다.

하지만 이런 주장을 할 때는 조심해야 한다. 물론 헝가리의 경제에는 1980년대 말의 '자유화' 이전부터 상당한 민간 부문이 형성되어 있었다. 가령 1975년에 주택의 67%가 공공 소유였던 부다페스트(Pickvance, 1994: 437)는 공공 소유 주택의 양에서 던디와 글래스고에 뒤졌다. 그리고 주택의 사유화는 이미 1969년에 사실상 공식적인 주택정책에 통합되었다. 하지만 이런 법들의 실제적 영향은 미미했고, 국가가 주택 건축과 할당에 강력한 중앙집중적 통제권을 쥐고 있었기 때문에 1980년대 초 이전에는 사유화의 수준이 대단히 낮았던 것이다. 이 시점에 사회적 양극화가 다소 심해지기 시작했고, 이는 중간계급의 증가와 교외의 고립적인 주거 지역의 증가, 특히 부다힐스의 가격 인플레이션으로 이어졌다. 1970년대 말부터 국가 재활성화와 할당 정책이 계급을 분리시키는 데 영향을 미쳤고, 이런 양극화가 더해지면서 헤게뒤시J. Hegedüs와 토시치I. Tosics가 말한 '사회주의적 젠트리피케이션'의 국지적 사례가 나타나게 되었다(Hegedüs and Tosics, 1991).

1989년 이전에 젠트리피케이션의 발단이 된 사건이 무엇이었든, 이전의 도시 개발 경험은 특히 도시 중심부에서 급속하고 강렬한 재투자에 크게 압도되었다는 점을 분명히 밝혀두어야 한다. 코바치Z. Kovács의 표현대로 1990년대의 부다페스트는 "기로에 선 도시"다(Kovács, 1994). 이미 1980년대에 상당히 자리를 잡은 포스트포드주의적인 경제 기반은 더욱 빠르게 발전했고, "새로운 기능(즉, 새로운 자본축적 형태들)이 등장하면서" 부다페스트시는 "새로운 국가 근대화 과정"의 용광로가 되었다. "그리고 이 과정은 대단히 중앙집중적인 방식으로 진행되고 있다"(Kovács, 1994: 1089). 토지와 부동산 시장이 꾸준히 사유화되면서 부다페스트에는 외국 자본, 새로운 기업 본사와 지사들, 합작회사들, 기업 대상 서비스 회사들, 호텔과 관광 시설이 유례없이 쏟아져 들어왔고, 상업 활동이 폭증했다. 밀라노의 의류 회사들과 독일의 은행들은 번잡한 도심 거리에 비집고 들 어오거나, 힐튼호텔과 P&G[미국의 다국적기업]를 따라 늘어선 부다페스트 의 대로로 뻗어나갔다. 유럽의 주요 개발업체들이 이 도시로 몰려들었고 (Skanska, Muller AG, Jones Lang Wootton, Universale), 도심 지역을 목표로 일련 의 야심찬 재개발 계획이 세워지고 있었다(Kovács, 1993). 1989년 이후 4년 간 부다페스트는 헝가리에 대한 해외 상업투자 중 가장 많은 금액인 50 억 달러를 유치했다(Perlez, 1993).

게다가 변모 중인 부다페스트 도심 지역은 젠트리피케이션을 경험하 는 많은 동네에서 특징적으로 나타나지만, 10년 전만 해도 부다페스트에 서는 보기 어려웠던 비싼 음식점과 클럽, 야간업소를 끌어들이고 있다. 도심 지역의 동네 전역에서 건물이 통째로 개·보수되는가 하면, 그렇게 많지 않은 공터에는 부다페스트시와 헝가리 경제를 전 지구적 자본주의 에 더욱 통합시키게 될 사무실들이 들어서고 있다. 거대 고층 건물에 대 한 금지 때문에 일부 프로젝트들이 중단되기도 했지만(가장 악명을 날린 것 은 프랑스 개발업자들이 계획한 40층짜리 사무실용 건물이었을 것이다), 투자가 증대 되면서 토지와 공간에 대한 유례없이 많은 수요가 매우 집중된 방식으로 창출되었다. 1993년에 이르자 중심도시의 사무실 월 임대료가 평방미터 당 30~38달러까지 올랐는데, 아직 뉴욕이나 런던과 비견할 수준은 아니 었지만, 비엔나와 비슷한 수준이었고 암스테르담과 브뤼셀보다는 두 배 더 높았다(Kovács, 1993: 8).

젠트리피케이션은 전 지구적 통합 요청에 따라 부다페스트에서 나타나는 이 같은 사회, 경제, 정치지리 변화의 일부에 해당한다. 그러므로 1970년대 이전의 런던이나 뉴욕에서와 달리, 부다페스트의 젠트리피케이션은 주택시장에서 고립된 과정으로 시작된 것이 아니라 1989년 이후 전 지구적인 자본의 동맥 속에서 완전히 제 모습을 갖추었다.

부다페스트에서 젠트리피케이션의 기회는 지난한 투자 중단의 역사 속에 있다. 하지만 이 경우 투자 중단은 젠트리피케이션을 앞두고 소사이어티힐이나 할렘, 올드암스테르담에서 나타난 것과는 그 기원이 사뭇 다르다. 여기서 열쇠는 공공정책이다. 암스테르담의 경우를 통해서도 확인할 수 있듯, 아무리 강력한 국가 규제로도 민간주택 건설을 통제하지 못한 미국과 서유럽의 상황과는 완전히 대조적으로, 부다페스트에서는 전후 교외 확장이 국가 주도로 이루어졌고, 거기서도 사회주택이 주를 이루었다. 그렇다고 민간 시장이 전혀 없었다는 말이 아니다. 그보다는 실제로 일어났던 민간의 상당한 교외화가 국가 규제와 정책의 틈새에서 이루어졌음을 시사한다. 전후 주택정책은 주로 가장 가난한 인구집단의 중대한 주택위기를 해결하는 데 초점을 두었고, 이는 기존의 도시 외곽에 작고 간소한 사회주택을 많이 짓는다는 뜻이었다. 코바치에 따르면 "1960~1970년대 공공지출 중에서 지나칠 정도로 많은 부분이 도시의 가장자리에서 사용되었고", 그 결과 "중심도시 전체가 장기간 방치되었다"(Kovács, 1994: 1086). 시장 중심성이 아니라 국가 중심성이 원인이었지만, 공간적 결과(최소한 투자와 투자 중단의 지리 측면에서)는 특히 미국과 상당히 유사했다. 즉, 투자가 외곽에서 이루어지고, 중심부는 투자가 중단된 것이다. 1989년 무렵 대부분의 도시 중심지는 최소 50년 동안 의미 있는 재투자가 전혀 이루어지지 않았고, 심지어 상대적으로 부유한 동네에서 마저 1956년 저항 이후 한 번도 손을 대지 않아 건물에 총알 자국이 파여 있기가 다반사였다.

토지와 부동산 시장에 대한 전반적인 국가 규제는 1980년대에 이미 완화되고 있었지만, 민간 토지주택 거래에 대한 규제는 1989년 이후 국회가 많이 없앴고, 그 결과 사유화가 급진전되었다. 이미 만성적인 상태였던 주택 부족과 과밀이 더욱 심각해졌다. 1993년 여름이 되자 공공주택의 약 35%가 사유화되었고, 공공 부문은 이제 총주택의 32%만을 차지하게 되었다(Hegedüs and Tosics, 1993; Pickvance, 1994). 이 같은 사유화는 주택시장의 최상층에, 그리고 무엇보다도 부다 지역에 집중되었지만, 1990년대 초에 이르자 이 사유화는 페스트 도심 지역의 부동산 거래도 지배하게 되었다. 그 결과 몇몇 부다페스트 동네들이 신흥 중간계급을 대거 끌어들이면서 동네의 계급 구성이 상당히 뚜렷하게 바뀌었다. 이 같은 젠트리피케이션은 중앙의 몇몇 구에 집중되어 있지만, 대부분의 도시에서 그렇듯 대단히 눈에 잘 띄고, 지나칠 만큼 많은 신규 자본투자를 수반하며, 이미 새로운 도시경관의 주요한 결정 요인이 될 정도의 영향력을 갖추고 있다.

가장 분명한 변화는 다뉴브강의 페스트 쪽에 있는 정부와 비즈니스 중심가 주변의 원호 지역에서 나타난다(그림 8-2 참조). 페스트에서 중심인 5구뿐 아니라 7구와 오래된 유대인 게토 6구의 안쪽 동네에서는 전통적인 도시 중심지에서 뻗어나온 재투자가 폭발적인 수준으로 이루어졌다. 특히 헝가리가 세계시장에 완전히 편입되면서, 그리고 전 세계 다른 중심지들의 토지주택 가격과 갑자기 맞닥뜨리게 되면서 이런 동네에서는 수십 년에 걸친 관리 미비와 최소한의 재투자에서 비롯된 투자 중단의 영향이 더욱 악화되었다. 과거 국가가 소유했던 아파트와 건물이 사유화되었고, 새롭게 사유화된 아파트와 건물에서는 개·보수가 이루어졌는데, 많은 경우 이는 제2차 세계대전 이후 처음으로 이루어진 상당한 규모의 재투자였다. 사유화된 아파트 중에는 상대적으로 자유로운 시장이 갑

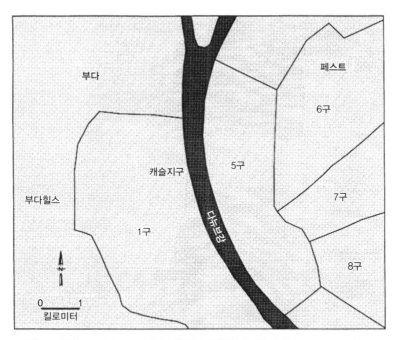

그림 8–2 부다페스트 7구(Nyar ut)에서 진행 중이던 사무주거 시설 재건축(Violetta Zentai)

자기 도입되어 토지주택 가격이 급등하는 과정에서 여러 차례 매각된 경우도 있었다. 1989~1991년에 이 원호 지역의 토지주택 가격은 52.1%에서 81.1%까지 뛰어올랐는데, 이는 이와 유사하게 가격이 꾸준히 증가해 왔던 부다힐스를 제외한 부다페스트 내 다른 모든 구를 확실히 뛰어넘는 수준이다. 1991년 이후로 가격 인플레이션은 훨씬 두드러졌다. 1990년대 중반에 이르러 가격이 전에 없는 수준에 도달하자, 집을 구매할 자원이 있거나 나중을 위해 돈을 많이 모아둔 세입자들은 상당한 (투기적인) 금전적 이득을 기대하며 먼저 집을 구입할 수 있었다.

　기업과 상업의 세계시장이 확대되면서 도심 지역 동네로 침투해 들어오는 것과 젠트리피케이션 사이에 어떤 관계가 있든지 간에, 부다페스트의 대대적인 젠트리피케이션을(불과 10년 만에 결집된 극적인 가속도에 관해서는) 완전히 당연시하면 안 된다. 다양한 경제적·사회적·정치적 힘들이 이 과정에 충분히 제약 요인으로 작용했을 수 있다. 이런 제약 요인은 수요, 주택담보대출 자본의 공급, 기존의 소유권 양상 문제와 관련이 있는데, 이에 대해서는 차례로 다룰 것이다.

먼저 수요의 문제를 살펴보자. 서유럽, 북미, 호주에서는 신고전경제학자들의 주장에도 불구하고 젠트리피케이션의 제약 요인으로서 수요는 상대적으로 중요하지 않다. 할렘의 경우에서 보았듯, 부동산을 시장에 내놓을 수 있을 경우, 수요는 침체된 시장에 녹아들 수 있다. 최소한 헝가리와 비교했을 때 수요는 자발적으로 나타나고, 가령 규모가 작은 도시에서, 혹은 경제가 심각한 침체에 빠졌을 때처럼 자본축적의 시간적 혹은 지리적 가장자리에서만 하나의 쟁점이 된다. 하지만 헝가리에서는 그런 '전통적 수요'의 수준이 이제야 사회적으로 주어진 것으로 구성되고 있으며, 따라서 젠트리피케이션이 완결된 아파트나 블록, 동네를 위한 그런 자동적 시장을 상정하기는 불가능하다. 사유화와 점점 늘어나는 투자를 통해 잠재적인 새로운 주거지가 마련된 곳에서 젠트리피케이션의 지속 여부는 1989년 이전보다 더 분화된 계급 구조의 급속한 출현, 그리고 잠재적 젠트리파이어가 될 수 있을 정도로 소득이 넉넉한 중간계급과 중상계급의 확대에 따라서도 좌우된다. 사실 이런 종류의 계급분화가 나타나는 것은 전통적인 중심지 주위에 기업 사무실과 소매업이 급증하면서, 세계시장의 흐름이 연봉과 직결된 업종에 있는 상대적으로 넉넉한 전문직과 관리직 계급이 출현하게 되었기 때문이다. 하지만 이로써 도심 지역의 건물들이 사무실로 완전히 전환될 경우, 이와 동일한 기업의 확장세는 사무 기능을 위해 주거용 건물들을 집어삼키는 동시에, 이로써 주거용 젠트리피케이션이 가능한 부동산 공급을 감소시킬 것이다. 이 모든 상황이 어떤 지리적 결과를 빚어낼지는 아직 두고 봐야 한다. 기업 사무실 개발이 주거 지역까지 침범할 경우 젠트리피케이션은 제한될 수도 있지만, 다른 많은 도시에서처럼 기업 사무실 개발이 주거 지역을 침범할 경우 젠트리피케이션 프런티어가 그저 바깥으로 밀려나가기만 할 수도 있다. 어떤 경우든 수요의 문제는 당장은 부다페스트에 대한 전 지구적 투자의 리듬과 단단히 연결되어 있다.

이와 연결되어 있지만 이보다 더 중요할 수도 있는 두 번째 중요한 제약은 젠트리피케이션의 경제적·지리적 확대를 제한할 수 있다. 이 제약 요인은 주택의 사유화에 좀 더 폭넓게 영향을 미친다. 1989년 이전에도 주택 부문에서 상당 규모의 민간 시장이 존재했지만, 모기지 신용mortgage credit을 제공하는 큰 규모의 대출기관은 전혀 발달하지 못했다. 모기지 신용은 수요가 공급에 뒤지지 않도록 보장해주기 위해 자본 공급자가 제공하는 접착물질이라고 볼 수 있다. 1990년대 중반까지도 규모 있는 모기지 신용이 갖춰지지 않다 보니, 젠트리피케이션의 소비 측에서는 크게 세 가지 방식으로 자금을 조달했다. 하나는 충분한 돈을 모아서 자기가 살고 있는 아파트를 수리하거나, 이미 새 단장이 완료된 집을 구매 또는 임대하는 방법이었다. 다른 하나는 30~35%의 이자율이 일반적이던 1990년대 중반에 사채업자로부터 돈을 빌려 개인적 자금을 모으는 것이다. 마지막 하나는 국내외 기업들이 직원들을 위해 특별히 부다페스트 중심지의 고급 주거지 건설·복원·임대·구매를 맡는 방식이었다. 더욱이 젠트리피케이션이 완료된 아파트는 일 때문에 부다페스트에 와 있고 필요한 자금이나 소득이 있는 해외 전문직들에게 그냥 팔 수도 있다(물론 임대도 가능하다). 아무리 주택담보대출 자금이 부족하더라도, 1990년대 초 부다페스트 중심지에서 젠트리피케이션을 폭발적으로 추진할 수 있을 만큼의 자본을 다른 데서 충분히 마련할 수 있는 것으로 확인되었다.

민간 시장과 의회 사이에는 주택담보대출기관을 만들어 젠트리피케이션을 순조롭게 만들기 위한 정력적인 시도가 있다.

세 번째로, 기존의 소유·통제 패턴이 젠트리피케이션의 규모와 성격을 제한할 수 있다. 한편 1980년대 이후 사회주택의 사유화는 어떤 특정 아파트 건물의 측면에서 개발업체가 다양한 아파트 소유주들을 상대해야 하고, 이는 개·보수의 가능성을 제한할 수 있음을 뜻했다. 아파트 소유주들에게 개·보수를 할 돈이 없고, 상승세를 타고 있는 시장에 집을 내다 팔 의향이 없을지도 모르기 때문이다. 다른 한편으로 부다페스트, 그 중에서도 특히 오래된 석조주택이 들어서 있어 이미 약간의 젠트리피케이션이 진행된 캐슬지구의 토지시장에는 사회적 소유권이 지속되는 지역들이 있다. 이런 지역의 완전한 젠트리피케이션은 아마 주택 물량의 사유화에 좌우될 것이다.

이런 제약들도 충분하긴 했지만, 폭발 직전 상태에 있는 부다페스트 도심 지역의 젠트리피케이션을 결정적으로 방해하지는 못했다. "서구식 젠트리피케이션의 필수적인 전제조건 대부분이 부다페스트의 사례에도 그대로 적용된다"(Kovács, 1994: 1096). 1980년대 초 이전에는 국가의 토지주택 가격 규제 때문에 대대적인 투자 중단이 있긴 했지만, 어쨌든 상당한 지대격차가 나타나지 못했던 반면(실현된 지대와 잠재적 지대는 엄격한 규제 속에 낮게 유지되었다), 1980년대 후반 이후 부다페스트의 재자본화는 신규 시장과의 관계에서 중단되었던 투자를 들썩이게 만드는 동시에 가격과 잠재적 지대를 끌어올려 상당한 지대격차를 양산했다(Hegedüs and Tosics, 1991: 135). 실제로 부다페스트뿐만 아니라 헝가리의 다른 이차적인 도시에서도 유사한 결론을 도출할 수 있다. 벨루스키P. Beluszky와 티마르J. Timár는 이미 1992년에 베케슈처버Békéscsaba에 대한 연구에서 이렇게 밝히고 있다.

사유화, 그리고 지대격차와 가치격차의 증가는 오래된 도심 주거 지역에 세워진 새 다세대주택 일부에서 서구식 젠트리피케이션의 가능성을 만들어냈다. …… 1991년에는 30채의 다세대주택이 있는 베케슈처버의 한 시내 블록에서 구매자의 절반이 인텔리겐치아, 사업가, 화이트칼라 노동자였는데, 이렇게 높은 비중은 전례가 없었다(Beluszky and Timár, 1992: 388).

국가의 주택정책 역시 젠트리피케이션의 미래를 결정하게 될 것이다. 부다페스트 전 지역, 그중에서도 특히 젠트리피케이션의 이상적인 목표 지역이 될 수 있는 구시가지 부다는 전체적으로 공공 소유권을 유지하고 있는데, 여기서 젠트리피케이션이 가능할지 여부는 공공정책에 전적으로는 아니라도 크게 달려 있다. 이제 주택 부문이 사유화에 개방된 상태긴 하지만, 이 도시의 다양한 지구가 사유화 프로그램을 추진하는 속도는 대단히 남달랐다. 주택 사유화 이면의 추진력, 그리고 국가가 노동계급에게 적당한 가격의 주택을 제공하는 데 꾸준히 헌신하는 정도가 결정적 역할을 할 것이다. 벨루스키와 티마르는 지금의 주택정책을 뒷받침하는 폭넓은 사회적 근거가 해체되지 않을 경우, 민간투자가 지배하는 "뉴욕식의 …… 젠트리피케이션을 피할 가능성"이 존재한다고 주장한다(Beluszky and Timár, 1992: 388). 이들은 암스테르담에서 볼 수 있는 것과 같은, 소규모로 조금씩 진행되는 젠트리피케이션이 더 적절한 모델일 수 있다고 말한다. 그리고 실제로 부다페스트를 비롯한 헝가리 여러 지역에서 대대적인 젠트리피케이션이 일어난 처음 몇 년 동안은 빈 공간을 채우는 방식의 점진적 재개발이 주를 이루었다. 코바치(Kovács, 1993: 8)는 이들보다 낙관적이지 못하다.

절정에 달한 사유화를 가장 잘 확인할 수 있는 곳은 중심업무지구의 심장부인 5구다. 지방정부 지도자들은 이 구에서 사회주택을 없앨 의도는 없다고 여러 차례 강조했지만, 사유화는 더 이상 중단될 수 없고 이 구 전체가 조만간 사유화될 것임을 시사하는 조짐들이 있다. 1989년 이 구의 사회주택 중 약 55%가 금지 목록에 올랐는데, 이는 다세대주택들을 국가(즉, 지방정부) 소유로 관리했어야 한다는 뜻이었다. 하지만 목록은 이따금 재검토를 거쳐 수정되었고, 1992년 중반이 되자 이미 이런 다세대주택의 65%가 사실상 매각되었다.

다른 곳과 마찬가지로 부다페스트의 젠트리피케이션은 새로 단장한 아파트 구역과 동네에서 살 만한 경제적 능력이 없는 사람들에게는 유해한 영향을 미칠 것이다. "임대료와 부동산가치가 치솟으면서 가난한 가족들을 점점 밀어낼 것이기 때문에" 남아 있는 많은 지역 주민들이 "조만간 중심지를 떠날 수밖에 없으리라는 것은 의심의 여지가 없다"(Kovács, 1994: 1096). 실제로 강제이주는 이미 시작되었다. 1989년 늦가을에 소수의 노숙자들이 부다페스트 기차역에 모여들기 시작하면서 헝가리에서는 그때껏 사실상 존재하지 않았던 노숙이 갑자기 쟁점으로 떠올랐다. 대부분이 같은 해 늦여름 헝가리 의회가 통과시킨 사유화 및 규제 완화 조치들이 한차례 휩쓸고 지나간 뒤 집에서 쫓겨난 사람들이었다. 1994년 무렵에 이르자 전국 노숙자 수는 공식 집계로 약 2만 명이었지만, 비공식적으로는 이보다 훨씬 많다는 것이 중론이었다. 한 정부 관료는 노숙자가 12만 명에 달할 수도 있지만, 정확히 파악할 길은 없다고 밝히기도 했다. 증가하는 실업률(1994년 기준 13% 이상으로 추정) 역시 노숙이 확산되는 데 분명히 기여했다. 다른 지역, 특히 공공 부문에서 해제된 주택이 훨씬 적었던 8구에서는 젠트리피케이션보다는 게토화가 더 심각하게 진행되고 있다.

그리고 훨씬 더 심각한 수준의 강제이주가 나타날 가능성이 있다. 일

레로 6구에서는 사무실과 상점, 쇼핑몰과 호화 아파트를 포함하는 12억 달러 규모의 메더치세터니Medach-setany '비즈니스 지구' 개발사업이 계획되어 있다. 이 사업이 진행될 경우 이 동네를 가로지르는 넓은 보행자용 도로를 놓기 위해 불량 건물들이 한 무더기 철거될 것이다(Kovács, 1993:9). 이 구의 구청장은 이 사업이 '부동산가치'를 향상시키고 "이 구의 가치를 재평가"하리라고 주장하면서 이 사업을 지지하고 있지만, 반대하는 사람들도 있다. 추정에 따르면 최소한 522채의 아파트가 철거되고, 1000여 명이 강제이주하게 되며, 최악의 경우에는 이보다 세 배 많은 아파트와 주민이 이 구에서 종적을 감추게 된다(Perlez, 1993).

물론 이는 소사이어티힐 타워 또는 암스테르담의 바텔로플레인 같은 서구 재개발 프로젝트와 규모나 스타일이 비슷하다. 하지만 1990년대 부다페스트의 차이는 빈민과 노동계급 주거지에 대한 무분별한 재투자와 퇴거, 유례없이 치솟은 가격과 임대료 수준, 노숙 인구 증가와 같은 부정적 상황에도 불구하고 젠트리피케이션에 대한 저항이나 조직적 반대가 거의 없었다는 데 있다. 1970년대 말에 국가가 후원하는 몇몇 재개발 사업을 둘러싸고 상당한 저항이 일긴 했지만, 1990년대 초 거대한 메더치세터니 '비즈니스 지구' 개발사업을 소개하기 위해 열린 대중 공청회에 물밀듯 밀어닥친 지역 청중들은 분명 왁자지껄 소란을 피우긴 했어도 조직적인 반대는 미미했다. '이행기'에 주택위기를 둘러싸고 전반적인 의견이 모아지지 못한 것은 사실이지만, 시장이 정해놓은 바를 넘어서는 정치적 미래는 공식적인 정치 담론에서는 근본적으로 봉쇄된 상태이며, 1990년대 중반까지도 시장이 유발하는 전반적인 사회적 영향에 대한 반대는 하나의 세력으로 형성되지 못했다. 이런 측면에서는 부다페스트가 암스테르담이나, 곧이어 보게 될 파리, 혹은 뉴욕의 경험을 공유하지 못했다. 지금까지 중요한 정치적 투쟁은 주택과 그 밖의 사회적 규제들이 어느 정도로 완화되어야 하는가를 중심으로 펼쳐졌다.

파리: 젠트리피케이션의 지연과 분산

부다페스트나 암스테르담 같은 일부 도시의 젠트리피케이션이 도시 중심부에 상당히 집중되는 양상을 띤다면, 파리에서는 도시 곳곳에 흩어져 있는 다양한 동네에 영향을 미친다. 암스테르담과 달리 파리의 많은 젠트리피케이션은 수백 년 전에 지어진 건물들이 주를 이루는, 그래서 미국의 도시들이나 런던 같은 일부 유럽 도시들보다 훨씬 더 오랫동안 투자가 중단되었던(가끔씩 재투자가 이루어지기도 했던) 동네들에 영향을 미친다. 런던의 경우는 분명 도시의 역사가 길지만, 젠트리피케이션을 경험한 런던의 많은 도심 지역 동네들은 건물 대다수가 18세기 말이나 19세기에 지어진 곳들이다. 반면 파리의 몇몇 동네에서 지금 젠트리피케이션이 진행되는 건물들은 원래 16세기 말에서 18세기 초 사이에 세워진 것들이다. 그러므로 보유한 주택의 측면에서 파리는 런던보다는 에든버러와 더 공통점이 많다. 이렇게 남아 있는 주택들은 다양한 형태의 창조적 파괴(19세기에 진행된 파리의 '부르주아화')와 그렇게 창조적이지 못한 파괴(전쟁)를 거치면서도 살아남았다.

　젠트리피케이션이 일어난 각 동네마다 젠트리피케이션은 독특한 형태를 취했다. 가장 고전적인 젠트리피케이션은 중심지의 가장 가까운 곳에서 일어났다고 볼 수 있다. 가령 센강 중간에 있는 시테섬과 생루이섬에서는 1870~1871년 파리 코뮌 전부터 점점 황폐해지고 있던 16~17세기의 아파트 건물들이 1960년대에 꾸준한 재투자를 겪기 시작했고, 급기야 이제 두 섬은 파리에서 가장 인기 있고 비싼 곳 중 하나가 되었다

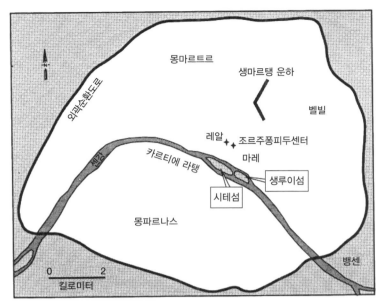

몽마르트르

생마르탱 운하

외곽순환도로

벨빌

레알 ✦✦ 조르주퐁피두센터

카르티에 라탱

마레

생루이섬

시테섬

센강

몽파르나스

뱅센

0   2
킬로미터

그림 8-3 파리의 젠트리피케이션

(그림 8-3 참조).

    센강의 좌안에서는, 기존의 지적·예술적 문화를 압도한 대중관광이 400여 년의 역사를 품고 있는 오래된 라틴지구를 국제 자본의 순환 속으로 극적으로 밀고 들어갔다. 담배 연기가 가득한 카페, 서점, 전통 레스토랑이 곳곳에 흩어져 있던 우중충하던 거리는 이제 밝은 색의 양품점과 엽서 판매점, 산해진미를 파는 식품점과 고급 카페, 패스트푸드와 관광객을 위한 프랑스 정통 레스토랑과 그리스 레스토랑 등 전 지구적인 상점가로 화려하게 빛난다. 라틴지구의 거리, 그중에서도 특히 생미셸 주변 거리는 이제 파리 시민이 아닌 사람들로 넘쳐나지만, 빽빽하게 들어선 5~7구의 아파트에는 전부터 거주하던 주민들뿐 아니라 파리 시민이거나 이제 막 파리 시민이 된 전문직, 예술가, 학생이 주로 살고 있다. 1970년대 초에 2~3만 프랑에 매물로 나오던 방 두개짜리 작은 다락집이 1990년대 중반에는 10~15배 높은 가격에 팔리는가 하면, 생제르맹 거리 옆에 있는 더 큰 아파트들은 300~500만 프랑(80~100만 달러)에 팔리는 일이 예사였다. 이런 부동산 광고에는 파리의 엘리트 브로커들뿐 아니라 '소더비' 같은 경매상이나 '센추리21 인터내셔널' 같은 부동산 중개업체들 역시 나서고 있다.

주류 관광지에 끼지 못하는 우안의 마레지구 역시 똑같이 젠트리피케이션을 겪었다. 보헤미안이라는 평판이 있는 노동계급 동네이자 오래된 유대인 거주 지역이며 최근 무수한 이민자가 살고 있는 마레지구는 19세기 이후부터 1789년 혁명 이전에 출현한 부르주아지들과 귀족들이 거주하는 생동감 넘치는 인기 지역이 되었다. 1789년 프랑스혁명 때는 이 지역에 바리케이드가 폭넓게 세워지면서 파리의 노동계급, 그리고 나중에는 유대인들에게 넘어갔고, 4~5층짜리 주거용 건물들은 점점 더 작게 세분되었다. 이로써 이 지역은 근 200년간 재난을 초래할 정도는 아니었다 해도 지난한 투자 중단을 겪었다. 마레지구의 서쪽 끝에 1970년대에 퐁피두센터가 들어서고 오래된 레알 정육시장이 현대적인 문화와 소비 장소의 복합단지로 대체되면서 마레지구의 재투자가 활기를 띠게 되었고, 이제는 "상류계급 패션 아울렛이 흔히 전에 있던 '브랑제리'(빵집)나 '파티세리'(케잌집) 표지판을 남겨둔 채 식품점들을 인수하면서 낡은 것과 새것이 공존하는 절충적인 혼합물"이 들어서게 되었다(Carpenter and Lees, 1995: 298). 개·보수가 완료된 주택들은 이제 연령대를 막론하고 다양한 도시 전문직들을 유혹하지만, 이곳의 젠트리피케이션은 라틴지구에 비해 완성도와 활기가 모두 떨어진다. 젠트리피케이션의 재정적 압박에도 불구하고 마레지구의 유대인 구역에는 특히 그 전통적인 외관과 방식이 일부 남아 있다.

몽마르트르 역시 특히 1870~1871년 파리 코뮌 이후 상당한 투자 중단을 겪었다. 파리에서 이 지역이 꾸준히 유지한 상징적인 정치적 중요성 때문에 이런 투자 중단이 무제한적으로 이루어지지는 못했지만 말이다. 하지만 이곳에서도 몽마르트르의 경관과 한 덩어리를 이루는 관광과 상대적으로 높은 입지, 예술에 대한 향수가 젠트리피케이션을 부추겼다. 좌안의 몽파르나스 근처나 남쪽으로 뻗어 있는 생마르탱 운하 주위의 우안 지역 같은 다른 곳에서는 몽마르트르보다 더 새것이라 할 수 있는 19세기 건물들 역시 드문드문 젠트리피케이션이 이루어졌다. 몽마르트르의 경우 언제나 상당수의 지식인과 예술가들을 끌어 모으는 보헤미안 동네였던 반면, 생마르탱 운하에서 젠트리피케이션이 이루어진 것은 탈산업화 이후 운하 근처의 부동산이 재평가된 데다, 운하 근처에 밀집한 많은 소규모 공예품점과 사업체가 문을 닫았기 때문이다. 파리시 관계 기관들은 파리 북동쪽 외곽에 있는 노동계급 일색의 동네로서 이제는 아랍, 아프리카, 중국, 동유럽 이민자들의 중심지이자 프롤레타리아 저항의 전통적인 근거지인 벨빌이라는 동네에서마저 젠트리피케이션을 목표로 한 일련의 '개선' 계획에 착수했다.

카펜터J. Carpenter와 리즈는 클라발P. Claval을 거론하면서 (마레 같은) 일부 예외는 있지만 파리 중심지는 "언제나 상류계급에게 지배당했고" 여기에 교외에는 주로 노동계급과 중하계급이 거주한다는 사실까지 보태면 파리는 "시카고학파가 발전시킨 앵글로색슨의 전통적인 동심원지대 사회구조 모델을 정반대로 뒤집어놓은 모양"이라고 주장한다(Carpenter and Lees, 1995: 292; Claval, 1981). 이는 앵글로색슨 도시와 나머지를 가르는 다소 성급한 이원론일 수 있지만(동심원 모델은 그것이 설명하려는 산업시대에마저 뉴욕에는 거의 적용되지 않았고, 런던에는 더더욱 적용되지 않았다. 이들 도시 역시 중심에는 잘사는 지역이 상당히 포진해 있었고, 교외에는 커다란 노동계급 지역이 있었기 때문이다), 그럼에도 파리 역사지리의 중요한 특성을 지적하고 있다. 사실 1870~1871년의 파리 코뮌과 1789년 혁명, 1848년 혁명은 모두 프랑스의 지배계급에게 중심도시를 재탈환하고 노동계급을 도시 가장자리로 분산시킬 필요가 있다는 확신을 심어주었다(Pinkney, 1957; Harvey, 1985a). 오늘날 파리에서 젠트리피케이션이 진행되는 동네들이 상대적으로 뚝 떨어져 있는 이유는 이와 관련된다. 젠트리피케이션의 영향을 받는 많은 지역이 1851년 이후 오스만 남작의 맹공과 코뮌에 뒤이은 파괴 등을 모면했던 지구를 대표한다.

파리 중심지에서 강력한 계급지리를 확인할 수 있음에도 '젠트리피케이션'이라는 단어가 영국에서 만들어진 것은 우연이 아니다. 급속하고 대단히 가시적인 젠트리피케이션이 파리에 실제로 등장한 것은 1980년대 초로, 이는 여기에 견줄 만한 서유럽 도시들에 비하면 다소 뒤처진 시기였다. 문제는 투자 중단이 아니라 재투자의 수준이었다. 프랑스의 맥락에서 보면 젠트리피케이션과 투자 중단, 그리고 재투자가 얼마나 중요한 관계인지 잘 이해할 수 있다. "낡은 지구의 악화와 개선이라는 현상은 가치 하락과 가치 재평가라는 진화적 움직임 속에서 구체화되는 사회적 과정이다"(Vervaeke and Lefebvre, 1986: 17). 더 정확히 말해 젠트리피케이션의 지연은 재정적·제도적 상황과 주택 보유 환경의 결합에서 비롯되었다.

첫째, 아이러니하게도 오늘날의 부다페스트와 유사하게 전후 파리에는 성숙한 주택담보대출 인프라가 없었다. 이는 대체로 프랑스의 강력하고 대단히 중앙집중적인 은행자본을 국가가 빡빡하게 제한했기 때문이었다. 하지만 둘째, 그 연장선상에서 전통적으로 파리는 민간 임대 부문의 비중이 높아서 실소유자가 거주하는 주택이 전체의 4분의 1에도 이르지 못했다. 대대로 임대료나 이자로 먹고살 수 있게 해주는 대부자본

rentier capital에 투자해온 쁘띠부르주아들은 파리의 전통적인 아파트 임대시장이 잠식되는 것(런던의 경우처럼)을 두려워했다. 또 점진적인 국가 규제 완화를 목표로 한 몇몇 주택법이 어렵사리 통과되긴 했지만, 임대시장은 1970년대 후반 이후에나 개방되었다. 셋째, 파리에 있는 주택의 약 4분의 1은 1978년까지도 임대료가 통제되었는데, 이 역시 "젠트리피케이션을 지연하는 데" 기여했다(Carpenter and Lees, 1995: 294). 1970년대 말 이전까지는 교외 개발만이 조심스러운 규제 완화의 혜택을 누렸지만, 주택과 아파트를 구매하려는 사람들에게 저리의 주택담보대출 자본을 제공하기로 한 1977년 주택법은 파리의 몇몇 동네에서 젠트리피케이션을 크게 부채질했다.

암스테르담이나 뉴욕의 로어이스트사이드처럼 파리에서 젠트리피케이션에 대한 반대는 그보다 더 큰 주택운동과 노숙자 지원운동의 일부로 느슨하게 묶여 있었다. 1986년 선거에서 드골주의 우파 내각이 구성되면서 과거 사회주의 정부가 인색하게 이행하던 민간 시장정책들에 대한 열광적인 이데올로기적 지지 세력이 형성되었고, 이는 이후 사회주의 내각과 우파 내각에서도 꾸준히 유지되었다. 뉴욕을 강타한 것보다도 더 극적인 주택시장 인플레이션이 파리를 휩쓸면서 가격 상승과 투기가 기승을 부렸고, 이와 함께 숱한 퇴거가 이루어졌다. 그러자 즉각 거리에서 반응이 나타났다. 1980년대 말 이후 수천 명의 시위대가 파리 곳곳에 다양한 진지를 구축했다. 이들은 주거환경이 열악한 약 6만 5000명의 파리 시민들과 (최소 2만 명에 달하는) 파리의 노숙자들에게 11만 7000채에 달하는 것으로 추정되는 빈 아파트를 제공하라고 요구했다("Les sans-abri…", 1991). 1970년대 초 레알지역의 경우처럼, 주택 정리와 젠트리피케이션으로 귀결되는 일련의 정부 지원 개발사업들에 반대하는 느슨히 연결된 운동도 전부터 존재했다. 이런 상황은 젠트리피케이션이 폭넓은 투기에

박차를 가한 1980년대 내내 격화되어 일부 지구에서는 임대료가 5~10
배 뛰었고, 집주인들은 임대료를 올리느라 세입자들을 내몰기 시작했다.
그리고 이 피해는 흔히 이민자들이 뒤집어썼다.

1991년 7월, 집 없는 37개 세대가 오스테를리츠역 근처 대도서관
Grande Bibliotheque 부지에 판자촌을 세우면서 가장 잘 알려진, 그리고 가장
단호한 저항 중 하나가 시작되었다(Nundy, 1991). 주로 아프리카계 이민자
여성들이 주도하는 가운데, 텐트촌의 주민들은 400여 명으로 불어날 때
까지 해산을 거부했다. 이들은 임대업자들이 임대료 상승을 노리느라 파
리 아파트 11만 채가 빈 상태라는 공식 수치를 인용하며 제대로 된 집을
요구했다. 결국 이들은 도서관 부지에서 강제로 쫓겨났다. 이후 파리 동
쪽 외곽의 뱅센에 들어선 판자촌에서는 300세대가 살았다. 첫 판자촌과
마찬가지로 뱅센의 무단점유자들에게는 파리 밖에 있는 여러 지방의 열
악한 주택을 제공하겠다는 제안이 들어왔다. 시위대가 이 제안을 거절하
자 마치 기다렸다는 듯 여러 지방의 단체장들이 이들을 자신의 지역으로
들어오지 못하게 막겠다고 선언했다("Les sans-logis …", 1992; "Les Africains
…", 1992). 나중에 사회부Social Affairs Ministry 밖에 이와 똑같은 텐트촌을 만
들어놓고 지내던 노숙자 수백 명이 1993년 12월 13일 새벽녘의 '불시' 습
격에서 폭동진압 경찰에게 쫓겨났다. 이 습격은 11월에 한파로 파리의
극빈자 10명이 목숨을 잃은 뒤에 생긴 일이었다.《뉴욕 타임스》의 표현
에 따르면 파리 경찰들은 노숙자들을 "쫓고 야만적으로 대했으며 수갑을
채우고 모욕했다"("After eviction …", 1993).

결론

나는 다른 지면에서 젠트리피케이션에 대한 유럽과 북미의 경험을 이분법적으로 가르는 것은 잘못일지도 모른다고 주장한 적이 있는데(N. Smith, 1991), 이 장에 실린 사례들과 앞선 사례연구들은 유럽과 북미의 차이만큼이나 유럽 내 또는 북미 내 차이 역시 크고, 대륙 간 차이를 부각하는 것은 유용하지 않다는 결론에 확신을 심어준다(Carpenter and Lees, 1995도 참조). 암스테르담에서는 국가와 무단점유자들의 저항이 중요했고, 부다페스트에서는 젠트리피케이션이 새로운 자본주의의 핵심 요소였으며, 파리는 젠트리피케이션이 뒤늦게 진행되고 지리적으로 분산되어 있었던 것처럼 유럽 내에서도 젠트리피케이션은 상당히 다르게 전개되었다. 대서양 이편과 저편의 서로 다른 젠트리피케이션 경험 역시 일관된 색채가 전혀 없는 것은 아니지만, 어느 정도의 차이는 분명 존재하는 것이 사실이다. 특히 미국의 젠트리피케이션 과정은 유럽과 비교했을 때 어떤 극단을 상징한다. 미국은 보통 유럽보다 속도가 빠르고, 더 폭넓게 진행되며, 영향권에 있는 동네 안에서 더욱 완결적이다. 또한 훨씬 심각한 투자 중단을 전제로 하고, 투자 패턴과 도시 문화의 좀 더 극적인 변화를 초래하기도 한다. 그리고 미국 예외주의 같은 것을 부각시키려 할 경우 거기에는 분명한 정치적 이유가 있다. 하지만 이런 일반적인 차이는 사실상 이것이 근본적으로 다른 경험이라는 지속 가능한 주장으로 이어지지 못한다. 젠트피리케이션이 드넓은 경관에서 펼쳐지는 뉴욕의 경우 휴스턴이나 로스앤젤레스에 비해 암스테르담과의 공통점이 적다거나, 피닉스 도심의 투자 중단이 글래스고나 릴보다 더 심각하다고 주장하기는 어렵다. 또한 부다페스트의 새로운 자본주의가 필라델피아보다는 파리나 오슬로의 조심스러운 젠트리피케이션과 더 닮았다거나, 미국은 어떤 도시든지 1989년 이후의 부다페스트보다 더 빠른 젠트리피케이션을 겪었다고 주장하기도 어렵다. 내가 보기에 젠트리피케이션 측면에서 파리와 암스테르담은 서로 다른 부분도 있지만, 로테르담이나 로마보다는 볼티모어와 시애틀과 더 공통점이 많지 않은가 싶다.

같은 이유에서, 차이가 존재한다는 것과 그럴듯한 일반화를 거부하는 것은 다른 문제다. 나는 모든 경험들을 근본적으로 다른 경험적 현상들로 해체하는 게 합리적이라고 생각하지 않는다. 내가 보기에 가장 중요한 것은 한편으로 특정 도시, 동네, 심지어 구역에서 진행되는 젠트리피케이션의 개별성과, 다른 한편으로는 여러 대륙에 걸쳐 거의 동시에 젠트리피케이션이 나타나게 된 전반적 조건과 원인의 집합(이 모든 조건과 원인이 항상 반드시 존재해야 하는 것은 아닐 수 있다) 사이에서 규모상의 긴장을 유지하는 것이다. 좀 더 일반적인 이론적 입장이 가진 힘은 국지적 경험의 세부 사항들에 대한 예민함에서 비롯된 유연성을 통해 배가되며, 그 역도 마찬가지다.

최근에 어느 토요일 오후, 나는 젠트리피케이션이 휩쓸고 지나간 마레지구의 한 바에 앉아 있다가 이런 점을 이해하게 되었다. 호주식 바였던 그곳에서 나는 네덜란드 맥주를 마셨고, 당연히 프랑스 화폐로 돈을 냈다. 몇 안 되는 술집 손님들은 프랑스인 아니면 영국 출신 파리 시민이거나, 독일과 일본의 관광객이었다. 텔레비전에서는 바르셀로나가 스코틀랜드를 무참하게 짓밟는 미식축구(유럽리그)가 중계되고 있었다. 사실 선수는 전부 미국 출신인 것 같았다. 해설자 두 명 중 한 명은 아일랜드인, 다른 한 명은 미국인이었다. 순간 이 모든 것이, 그리고 이런 마레의 젠트리피케이션이 너무나도 친숙하게 느껴졌다.

3부

보복주의적 도시

9장

젠트리피케이션 프런티어 지도 만들기

주안점은 당신이 젠트리피케이션 프런티어의 바깥에 있으려 한다는 데 있다. 따라서 당신은 은행 같은 기성의 금융기관을 이용할 수 없다. 브로커가 필요한 것은 이 때문이다. … 당신은 큰돈을 벌 수 있을 만큼 '경계선'과 충분히 거리를 두려 한다. 건물을 처분할 수 없을 정도로 너무 멀리 떨어진 곳이어서는 안 되지만, 인디언들에게 머리 가죽이 벗겨지지 않고 돈을 벌 수 있을 정도로 충분히 저렴한 건물을 살 수 있을 만큼 충분히 먼 곳이어야 한다.

- 스티브 바스(브루클린 개발업자, 1986)

젠트리피케이션이 새로운 프런티어라는 언론과 세간의 표현은 다양한 이유에서 강력한 호소력을 갖게 되었다. 이는 경제적 진보와 역사적 운명, 단호한 개인주의와 위험이 주는 설렘, 국가적 낙관주의, 인종적·계급적 우월성과 밀접한 관계가 있는 대단히 울림이 큰 이미지다. 하지만 이런 호소력은 프런티어의 지리적 특수성에서 유래한 면도 있다. 미국

서부의 프런티어는 실제 장소였다. 여러분은 그곳에 갈 수 있고, 프레더릭 잭슨 터너의 표현을 빌리면 "야만과 문명"의 경계를 실제 눈으로 확인할 수 있다. 프런티어의 지리라는 용기容器는 이 모든 누적된 의미를 담은 상태로 빚어지고 창조되었다. 지리적 프런티어의 선명함은 '우리'와 '그들'의 사회적 차이, 과거와 미래의 역사적 차이, 기존 시장과 수익성 있는 기회의 경제적 차이를 훌륭하게 전달하는 기능을 한다. 이 밀도 높은 의미의 층들은 이동하는 프런티어의 경계선 그 자체로 선명하게 표현된다.

　도시의 새로운 프런티어에서도 이는 동일하다. 도시가 프런티어로서 아무리 문화적으로 활기 넘치고 낙관적으로 그려져도, 거기에 상관없이 이러한 이미지가 작동하는 것은 바로 이 이미지로 어떤 하나의 장소에 담긴 모든 의미를 표현할 수 있기 때문이다. 젠트리피케이션 프런티어는 어떤 새로운 도시의 농축된 낙관주의와 경제적 기회의 약속, 로맨스와 강탈이라는 동전의 양면이 주는 전율을 흡수해 재전송한다. 이곳은 미래가 창조되는 장소라고 말이다. 이런 문화적 울림이 이 장소를 만들어내긴 하지만, 이 장소가 프런티어로서 가능성을 얻게 되는 것은 경관 안에 존재하는 대단히 날카로운 경제적 경계선 덕분이다. 이 경계선의 이면에서는 문명과 이윤 획득이 사상자를 양산하고 있으며, 그 전면에는 야만과 약속, 기회가 여전히 경관 전체를 장악하고 있다.

　이렇게 풍부한 문화적 기대를 한 몸에 받는 '수익성의 프런티어'는 이미 젠트리피케이션이 진행된 근린의 도시경관에 새겨진, 오장육부가 있는 실제 장소다. 실제로 지도에도 나타낼 수 있다. 그리고 나는 이를 지도로 나타냄으로써, 젠트리피케이션뿐 아니라 좀 더 넓게는 도시 재구조화를 정당화하는 데 대단히 효과적으로 동원되는 "도시의 새로운 프런티어" 이데올로기를 폭로하려 한다. '도시의 새로운 프런티어'에 대한 무수한 의미와 생각을 담은 문화적 호소 이면에는 프런티어라는 이미지에 타당성이라는 겉모습을 선사하는 좀 더 속물적인 경제적 진실이 숨어 있기 때문이다.

투자 중단의 이점

한 지역에서 왕성히 활동하는 개발업자들의 마음속에서는 젠트리피케이션 프런티어가 경제적 경계선으로 날카롭게 인지된다. 한 구역 한 구역에서 개발업자들은 대단히 다양한 가능성이 있는 굉장히 다채로운 경제적 세상을 찾아낸다. '젠트리피케이션 프런티어'는 실제로 도시경관에서 투자 중단 지역과 재투자 지역을 가르는 경계선을 뜻한다. 투자 중단은 건조 환경에서 자본을 절대적 혹은 상대적으로 철회하는 것으로 무수한 형태를 띨 수 있다. 재투자는 과거 투자가 중단되었던 경관과 구조물로 자본이 복귀하는 것을 의미한다. 프런티어의 경계선 앞에서 부동산들은 여전히 자본의 철회나 물리적 파괴, 실수요자, 금융기관, 세입자와 국가에 의한 투자 중단과 가치 하락devalorization을 경험한다. 프런티어의 경계선 뒤에서는 일정한 형태의 재투자가 투자 중단을 대체하기 시작한다. 재투자의 형태는 상당히 다양할 수 있다. 민간주택 공급의 부활이 될 수도 있고, 인프라에 대한 공적 재투자가 될 수도 있으며, 신규 건축에 대한 기업이나 다른 민간의 투자, 또는 건조경관의 물리적 변화와는 거의 혹은 전혀 무관하게 단순히 투기적인 투자일 수도 있다. 이렇게 이해했을 때 프런티어의 경계선은 도시 재구조화와 젠트리피케이션의 역사적·지리적 최첨단을 상징한다.

프런티어의 경계선을 지도로 나타낼 경우(그 변화하는 위치를 규명할 경우), 젠트리피케이션의 확장을 지도로 나타낼 수단을 손에 넣을 수 있을

뿐 아니라, 지역 근린조직과 주민, 주거 활동가가 젠트리피케이션을 예상하고 자신들의 공동체를 새로운 도시 프런티어로 전환시키는 과정과 활동으로부터 스스로를 방어할 수단을 확보할 수 있다. 나는 뉴욕의 로어이스트사이드, 그중에서도 특히 1970년대 이후부터 고전적 방식의 젠트리피케이션으로 주거지 복구 작업이 진행된 '이스트빌리지East Village'라는 북부 지역에서 젠트리피케이션 프런티어의 경계선이 어떻게 형성되고 확장되었는지 자세히 살펴볼 것이다. 내가 이 동네를 선택한 것은 무궁무진한 사회적·문화적 다양성과 젠트리피케이션에 대한 거센 정치적 반대 때문이다. 그 프런티어를 지도로 나타내는 작업은 프런티어의 문화적 이데올로기를 그럴듯하게 만들어주는 경제 과정들을 부각시킬 것이며, 이 과정에서 로어이스트사이드 젠트리피케이션의 경제지리적 규칙성을 확인할 수 있을 것이다.

도시 부동산에 대한 투자 중단은 자기실현적self-fulfilling 외양을 띠는 어떤 계기를 만들어낸다. 어떤 주어진 부지에서 전유할 수 있는 지대는 부지 자체의 투자 수준뿐 아니라 주변 구조물과 더 넓은 지역적 투자 흐름이라는 물리적·경제적 조건들에 좌우되기 때문에, 어떤 지역 부동산 시장의 역사적인 쇠락은 더 큰 쇠락을 유발한다. 어떤 부동산 투자자(단독 주택 보유자든 다국적 개발업자든)가 가치가 하락한 불량 주거 지역 한가운데의 새 건물을 유지하는 데 다량의 자본을 쏟아붓는다면 이는 정신 나간 짓이 될 것이다. 꾸준한 지역 재투자라는 정반대의 과정도 똑같이 자기실현적인 형태를 띨 수 있다. 어떤 주택 사업가가 재개발이 진행되어 재자본화가 이루어진 드넓은 지역 한가운데서 어떤 건물을 다 허물어져가는 상태로 방치한다면, 이 역시 마찬가지로 정신 나간 짓이기 때문이다. 첫 번째 경우에서 고립된 섬 같은 건물에 대한 투자는 그 내재적 가치를 실제로 상승시킬 수는 있지만, 그 부지의 지대를 향상시키는 데는 아무런 도움이 되지 못하며, 해당 지역의 지대나 전매 수준이 개별적으로 손을 본 건물의 지대나 가격을 필요한 만큼 상승시킬 수 있을 정도로 받쳐주지 않는 한 회수하지 못할 가능성이 높다. 건물 그 자체를 넘어 누적되는 편익이 있다면, 그것은 쇠락해가는 동네 전체에 흔적도 없이 흩어지게 된다. 두 번째 경우에서 자신의 부동산을 새롭게 복구하지 않은 건물주들은, 전체적인 재자본화를 통해 이루어진 동네 전체의 지대상승의 효과를 부분적으로만 누리게 된다. 물론 웨어하우징warehousing(가격이 오르는 동안 건물을 시장에 내놓지 않는 행위), 플리핑flipping(단순히 더 높은 가격으로 되팔기 위해 건물을 매입하는 행위), 그 외 상당한 재투자가 전혀 필요 없는 다른 투기적 행위들을 통해 단기적으로 투기적 이득을 볼 수 있긴 하지만 말이다.

하지만 자기실현적인 경제적 계기가 근린의 쇠락에 어떤 영향을 미쳤든지 간에, 부동산 투자자들 사이에서 고질적으로 나타나는 어떤 비합리적 심리가 이런 쇠락을 유발한 것은 아니다. 오히려 꾸준한 투자 중단은 대체로 소유주, 임대주, 지방정부와 중앙정부, 다수의 금융기관이 내린 대체로 합리적인 결정의 결과로 시작된다(Bradford and Rubinowitz, 1975). 건조경관에서 주요 자본투자자 집단을 대변하는 이들은, 그 안에서도 민간 시장인지 국가 기관인지 개인인지에 따라 투자 전략과 결정에서 다양한 수준의 선택을 경험하고, 투자에 대해 서로 다른 이유를 제시한다. 부동산 시장의 모든 참여자에게 투자 수준, 건물 종류, 건축물 연한, 지리적 위치와 시장 위치 모두가 주요 변수다. 특히 자신의 경제적 투자가 집에 대한 물리적 헌신이기도 한 주택 소유주보다는 금융기관과 지주의 경우에 훨씬 더 그렇다. 완전히 다른 투자(주식과 채권, 단기 금융시장, 외환, 스톡과 상품선물, 귀금속)를 위해 부동산을 포기할지 여부도 마찬가지로 기대수익률이나 이자율에 좌우되는 선택 사항이다. 국가정책의 경제적 효과 역시 위치뿐 아니라 건물과 동네의 성격에 따라 달라진다. 이런 개별적인 결정들이 아무리 따로 노는 것 같아 보여도(Glaster, 1987), 이는 기존의 동네 상태를 둘러싼 대체로 합리적인 반응의 집합을 대변한다. 이런 반응들이 항상 동네의 상태에 상응하거나 예측 가능한 것은 아니지만 말이다.

투자 중단이 사회적으로 아무리 역기능적 결과를 유발하거나 이를 악화시켰더라도(주거 조건의 악화, 주민 건강에 대한 위해요소의 증가, 공동체 파괴, 범죄의 게토화, 주택의 손실, 노숙자 증가), 주택시장에서 맡고 있는 경제적 순기 능 역시 존재하며, 도시라는 장소의 불균등 발전에서 핵심적 측면으로 인식할 수도 있다(3장 참고). 주택 수요와 국가정책의 관계에 초점을 맞춘 앤서니 다운스Anthony Downs는 "일정량의 근린 악화는 도시발전의 필수 요소"라는 말을 통해 이를 일반화한다(Downs, 1982: 35). 투자 중단과 특별 경계지역 지정(Harvey and Chaterjee, 1974; Boddy, 1980; Bartelt, 1979; Wolfe et al., 1980), 그리고 결국 유기(Sternlieb and Burchell, 1973: xvi)가 이루어지는 과정 에서 국가정책의 효과와 더불어 금융기관의 역할을 강조한 이들도 있다. 은행과 예금·대출 조직, 기타 금융기관의 입장에서 지리적으로 선택적 인 투자 중단의 궁극적 이유는 가치 하락과 경제적 쇠락, 자산 손실의 영 향을 분명히 정해진 지역 내로 제한하고, 이로써 다른 지역 주택담보대 출의 완결성을 보호하는 것이다. 투자 중단의 지리적 경계를 분명히 정 하려는 시도는 그 경제적 영향이 사회적·지리적으로 파급되는 정도를 억제하는 기능을 한다.

투자 중단은 금융기관뿐 아니라 임대업자를 위해서도 일정한 기능이 있다. 쇠락하는 동네의 임대업자들은 하락하는 집세와 증가하는 비용 사 이에서 압박을 받는다는 점에서 투자 중단의 원인 제공자인 동시에 피해 자라는 주장을 펼치는 이들도 있다(Sternlieb and Burchell, 1973: xvi). 하지만 많은 임대업자가 부동산 투자를 중단하고 근린의 가치를 떨어뜨리는 데 자발적으로 참여하는 측면이 있다. 피터 샐린스Pater Salins에 따르면 "이런 부동산의 현재와 미래의 소유주들은 대부분 선택에 의해 그 길에 들어섰으며, 그런 식으로 돈을 벌고 있다." 국가정책과 시장 합리성은 "주택 사업가들이 주택의 파괴에 간여해 돈을 벌도록 유도했다"(Salins, 1981: 5-6). 뉴욕시의 맥락에서 샐린스는 "점진적인 투자 중단" 과정에서 건물주들이 "부동산을 갈수록 착취하게" 된다고 지적한다. 건물주가 부채 상환, 보험료와 재산세, 유지·보수 비용, 수도와 난방, 엘리베이터 같은 필수 서비스 제공에 들어가는 비용을 조금씩 줄이다가, 심지어는 이 비용을 하나도 지불하지 않는 상태에서도 건물은 임대료를 짜낸다. 십중팔구는 쇠락의 단계가 이 정도에 이르면, 흔히 공식적 대출원에게는 아무런 이익도 없이 건물 주인이 수차례 바뀌다가 결국 '끝내기'를 전문으로 하는 임대업자 손에 넘어가게 된다. 이 마지막 주자는 붙박이 세간, 구리 보일러와 파이프, 가구까지 들어내 다른 곳에서 사용하거나 판매하는 방식으로 건물의 경제적 가치를 최종적으로 파괴한다(Stevenson, 1980: 79). 이 단계의 투자 중단에 도가 튼 일부 임대업자들은 당연히 임대료를 잘 내지 않으려는 세입자들로부터 임대료를 뜯어내는 '집행관'을 고용하기도 하지만, 임대료를 걷는 것보다는 단기간에 건물에서 쓸 만한 물건들을 건져내는 데 더 관심이 많은 임대업자들도 있을 것이다. 물리적·경제적 유기와, 보험금을 노린 건물주가 사주한 방화는 많은 건물들의 최종적인 운명이었고, 뉴욕시는 1960년대부터 1970년대 말까지 이런 식의 투자 중단을 무수하게 겪었다. 이는 뉴욕시의 재정위기뿐 아니라 이보다 더 넓은 일련의 국가적·세계적 경기침체 및 불황과도 겹쳐지는 시기다.

레이크R. W. Lake는 피츠버그 임대업자의 세금 체납을 둘러싼 광범위한 경험적 검토를 통해 이 같은 관점을 제시한다(Lake, 1979). 그는 소유 형태(임대인가 실수요인가), 소유자의 재산 규모, 근린의 부동산가치에 대한 투자자의 인식 등에 따라 전개 양상이 달라지는 다양한 투자 중단 전략들을 지적한다. 레이크는 부동산 관리, 부동산가치, 공실률이 서로 밀접한 관계 속에서 아래로 곤두박질치는 '체납의 순환'을 밝혀내고 있다.

좀 더 종합적인 수준에서 투자 중단은, 젠트리피케이션의 포문을 열기 위한 충분조건까지는 아니더라도 필요조건으로 볼 수도 있다. 3장에서 주장한 대로 현재 사용 중인 부동산의 현재 실현된 지대와, 젠트리피케이션에 대한 재투자를 통해 근린의 건물들을 더 고급스럽고 나은 용도로 전환함으로써 전유할 수 있는 잠재적 지대 간에 '지대격차'를 출현시키는 것은 임대업자와 금융기관의 이렇듯 지속적인 투자 중단이다(Clark, 1987; Badcock, 1989).

따라서 근린의 투자 중단은 얼마나 신랄한지, 명백히 자기실현적인지와 상관없이 뒤집을 수 있다. 투자 중단은 전혀 자연스럽지도, 불가피하지도 않다. '자기실현'론의 오류는 "소유 부문의 기대는 주택 파괴의 …… 동학에 대한 경제적으로 정확한 반응을 대변하지 못한다는 잘못된 가정"에서 비롯된다(Salins, 1981: 7). 투자 중단과 재투자가 그럭저럭 합리적인 투자자들이 주택시장의 기존 조건과 변화에 대응해 수행하는 적극적 과정이듯, 투자 중단의 역전 또한 의도적이다. 방향을 바꿔 투자 중단이 아니라 재투자 과정에 착수하겠다는 한 투자자나 주택개발업자의 개별적 결정은 부동산위원회의 데이터나 점성술사의 예언 등과 같은 무수한 종류의 정보와 인식에서 비롯된 것일 수 있다. 하지만 개별 투자자가 전체 근린의 부동산 시장을 통제하지 못한다고 가정할 경우, 성공적인 재투자는 광범위한 개별 투자자들의 대체로 유사한 행동에 따라 좌우되기도 할 것이다. 어떤 임대업자나 개발업자 혹은 금융대부업자의 개별적 인식이나 선호가 어떻든, 성공적인 근린 재투자는 투자 중단과 지대격차의 출현으로 창출된 수익성 있는 기회에 대한 합리적인 집단적 평가를 반영한다. 아는 게 많고 눈치가 빠르거나, 아니면 그냥 운이 좋은 투자자는 지대격차로 대변되는 기회에 더 재빠르고 정확하게, 혹은 상상력이 훨씬 더 풍부한 방식으로 대응함으로써 최대의 수익을 얻을 수 있지만, 아는 게 적고 운이 나쁘며 상상력이 부족한 투자자는 기회를 오판해 수익을 많이 내지 못하거나 심지어는 손해를 볼 수도 있다. 하지만 시장의 쇠락 논리를 뒤집을 때 이 모든 행위자들은 이미 수년간 혹은 수십 년간 무수한 투자자들의 구조화된 행동에 의해 확립된 상황에 맞서 움직이게 된다.

체납에서 비롯된 뜻밖의 소득: 세금 체납과 전환점

근린의 역사에서는 투자 시기에서 투자 중단의 시기로 넘어가거나, 혹은 그 반대의 상황이 전개되는 급격한 반전 지점이나 전환점이 늘 있었던 것은 아니다. 많은 근린들이 수리와 유지, 건물 양도에 필요한 자금을 어느 정도 꾸준히 공급받고 있으며, 따라서 지속적인 투자 중단과 물리적 쇠락을 경험하지 않는다. 하지만 우리가 여기서 관심을 두는 것은 꾸준한 재투자가 일어나지 않아 건물의 가치가 하락하다가 젠트리피케이션과 관련된 재투자가 시행되는 사례들이다. 이 경우 근린 투자와 투자 중단 패턴이 상대적으로 급격하게 변한다. 따라서 이는 일부 근린의 경제사에서 대단히 특수한 어떤 측면을 나타낸다. 우리는 이를 투자 중단 이후에 재투자가 일어나는 '전환점'으로 일컬을 수 있다. 어떤 근린에서 재투자가 투자 중단을 대체하는 이 전환점의 시점을 추정하는 일은, 젠트리피케이션 관련 활동의 출현을 알리는 상당히 정확한 시간적 지표를 제공할 수 있을 것이다.

젠트리피케이션 프런티어를 지도로 나타내기 위해서는 재투자와 투자 중단의 적절한 지표를 찾아내야 한다. 이 때문에 우리는 몇 가지 방법론적인 고려를 해야 한다. 젠트리피케이션과 관련된 경제적 전환점의 가장 분명한 지표는 건물 재생과 재개발, 그 외 다른 형태의 근린 재투자에 들어가는 주택담보대출 자본의 상당하고 지속적인 증가가 될 수 있다. 우리가 특히 도시공간을 식별 가능한 하부시장으로서 지리적으로 구분할 때, 또 특정한 장소에서 투자를 중단할 때 주택담보대출 자본이 중요한 역할을 한다는 것을 이미 알고 있다(Harvey, 1974; Wolfe et al., 1980; Bartelt, 1979). 적절한 주택담보대출 화폐의 흐름이 마련되어 있지 않은 곳에서도 분명 어떤 근린의 젠트리피케이션이 시작될 수는 있지만, 그렇게 오래가지는 못할 가능성이 높다. 이미 젠트리피케이션 연구자들이 주택담보대출 자료를 널리 사용해 좋은 결과를 얻었기 때문에(P. Williams, 1976, 1978; DeGiovanni, 1983; 6~7장 참고) 주택담보대출 자료는 일반적으로 대단히 풍부한 자료원을 상징한다. 그러나 전환점과 관련된 초기의 재투자를 정확히 알려주는 지표라고 보기는 어려운 측면이 있다.

그 이유는 이 장 첫머리에서 인용한 브루클린 개발업자의 말에 암시되어 있다. 가장 초기의 젠트리피케이션 활동들은, 많은 경우 전통적인 대부업자들이 일반적으로 아직 투자를 꺼리는 경제적 프런티어의 극단적인 가장자리에서 개발업자들이 의해 수행된다. 전통적인 돈줄에 의존하지 않는 실제 자금조달 메커니즘은 다양하기 때문에 흔히 일종의 파트너십 형태를 띤 다양한 자금과 엮여 있으며, 추적이 극도로 어렵다. 이런 종류의 일반적인 방법 중 하나는 건축가, 개발업자, 건물 관리인, 변호사, 브로커 등 여러 사람을 하나의 파트너십으로 묶는 것이다. 건축가, 개발업자, 건물 관리인의 경우 건물을 개조할 때 적극적으로 참여하고, 변호사는 재산 양도증서, 대출업무 처리, 국가 보조금, 과세 경감, 기타 세입자들을 퇴거시키는 데서 비롯되는 법적 문제들을 처리한다. 나머지는 건물 관리인의 몫이다. 모든 파트너들은 프로젝트 초기에 재정적으로 기여하고, 이렇게 모인 종잣돈을 밑천 삼아 추가적인 민간 시장 대출을 확보하는 것은 브로커의 역할이다. 이런 점에서 브로커는 더 상위의 기여자가 될 수도 있다. 건물 재생이 이런 식으로 조직되는 곳에서는 전통적인 주택담보대출 자료로 초기 재투자의 타이밍이나 중요한 측면들을 밝히지 못할 수도 있다.

런던의 중앙정부 개선보조금(Hamnett, 1973)이나 뉴욕시의 J-51 프로그램(Marcuse, 1986; Wilson, 1985) 같은 국가 후원 프로그램을 초기 재투자 시기를 추정하는 수단으로 사용해온 연구자들도 있다. 이런 자료들은 소규모의 분석에서는 분명 유용하지만, 주택담보대출 자금의 흐름보다 훨씬 더 거친 지표이기에 근린 규모에서 전환점을 감지하는 데는 상당히 조야한 수단일 수 있다. 건물 상태에 대한 자세한 조사와 건물 악화 수준에 대한 평가로도 재투자의 시작에 관련된 중요한 정보를 밝혀낼 수 있지만, 재투자는 건물의 물리적 개선보다 상당히 앞서 시작될 수도 있음을 기억할 필요가 있다. 실제로 로어이스트사이드의 강제이주 압력에 대한 세밀한 연구에서는 물리적 악화가 사실상 "재투자 과정의 핵심 요소"일 수 있다는 강력한 증거가 발견되었다(DeGiovanni, 1987: 32, 35). 일부 임대업자들은 대대적인 정비나 재판매를 이행하기 전에 사실상 물리적 조건들을 악화시켜 "현재의 세입자들을 건물에서 몰아내기" 때문이다. 어떤 건물의 물리적 조건의 변화는 경제 전략의 원인이 아니라 경제 전략에 대한 대응으로 이해하는 것이 더 타당하며, 따라서 이는 기껏해야 재투자에 대한 개략적인 대용물이 될 뿐이다. 마지막으로, 암스테르담에서 유용하게 사용되는(Cortie et al. 1989) 건물 허가 자료가 이상적일 수도 있지만, 특히 뉴욕시에서 이 자료는 믿을 수 없기로 유명하다. 도심지 재생과 보수의 3분의 1이 허가받지 않고 이루어진다는 추정이 폭넓게 퍼져 있으며, 행정적 처리를 앞두고 있는 사안들과 관련해 입수 가능한 자료들은 질이 대단히 고르지 못하고 사용하기가 어렵다.

젠트리피케이션과 관련된 초기 재투자를 가장 민감하게 알려주는 지표는 세금 연체 자료일 수 있다. 그럴 경우 임대업자의 세금 체납 자료는 연구자에게 대단히 요긴해진다. 쇠락해가는 근린에서 임대업자와 건물 소유주의 부동산세 미납은 일반적인 형태의 투자 중단이다. 세금 체납은 부동산 소유주들에게 세금을 납부했다면 '상실'했을 자본에 대한 접근을 보장해준다는 점에서 사실상 투자 전략의 하나다. 심각한 연체는 압류절차를 이행하겠다는 시의 위협을 통해 건물 소유주를 위험에 빠뜨릴 수 있기 때문에, 근린의 체납 정도는 투자경관의 역전에 대단히 민감하리라고 예상할 수 있다. 상당한 재투자가 가능하다는 확신이 있는 곳에서 임대업자와 소유주는 판매가격이 상승할 것으로 예상되는 건물의 소유권을 유지하려 할 것이다. 어떤 건물의 체납이 심각할 경우에는 최소한 일부 체납액을 상환해 시의 압류를 예방하려 할 것이다. 따라서 체납된 세금의 상환은 초기적인 재투자 형태로 기능할 수 있다. 피츠버그에 대한 레이크의 연구 결과는 이런 입장을 경험적으로 뒷받침해준다. 감정가격이 낮거나 중간 정도인 건물의 소유주들 사이에서는, 증가한 부동산가치에 대한 이들의 인식과 체납을 청산하려는 의도 간에 분명한 상관관계가 있다(Lake, 1979: 192; Sternlieb and Lake, 1976).

샐린스 역시 비슷한 판단이다(Salins, 1981: 17). 그는 세금 체납은 "체납으로 인한 압류의 다양한 단계에 놓인 부동산의 양과 체납 기간의 관점에서 보았을 때, 분명 적극적이고 초기적인 주거 파괴를 알려주는 대단히 민감한 지표"라고 밝히고 있다. 그렇다면 같은 맥락에서 체계적인 체납금의 상환은 똑같이 민감한 재투자의 지표가 될 수 있다. 그러나 체납이든 상환이든 간에 이 자료는 도시나 (뉴욕시의) 자치구보다 더 작은 지리적 단위 수준에서 분석된 적이 없었다. 그리고 레이크(Lake, 1979: 207)의 지적처럼 "부동산세 체납은" 도시 개발이라는 더 넓은 과정에 내재한 "뿌리 깊은 반목의 피상적인 표출일 뿐"이다. 그는 발전과 변화하는 지리적 패턴의 관계뿐만 아니라 도시의 쇠락과 재정위기의 경험까지 염두에 두고 있었다. 실제로 체납은 성장과 쇠락, 확장과 축소, 그리고 이 두 가지 사이의 균형에서 비롯된 모든 것을 떠받치는 축을 맡고 있으며, 1970~1980년대에 젠트리피케이션에 의한 도시의 급격한 재구조화는 체납 흐름의 중추적 중요성을 더욱 강화하고 있다. 피터 마르쿠제Peter Marcuse는 최초로 세금 체납 데이터를 통해 젠트리피케이션의 위협이 닥친 한 근린의 투자 패턴 변화를 설명하려고 시도하면서, 뉴욕시 헬스 키친Hells Kitchen 지역의 몇몇 인구조사 표준단위에서 전환점의 상당한 증거를 찾아냈다(Marcuse, 1984). 지금의 연구는 이 연구를 발판으로 삼는다.

세금 체납을 밝혀내고, 체납액이 어떤 임계점을 넘어선 건물을 공공 소유물로 전환시키는 것과 관련해 도시마다 구체적 절차가 있을 것이다. 실제로 모든 도시에는 세금 체납과 관련된 고유한 정치적 문화가 있다. 가령 대부분의 북유럽 도시에서는 강력한 국가 통제와 엄정한 징계 때문에 주택시장에서 세금 체납이 잘 일어나지 않는다. 국가 차원의 입법을 통해 일반적으로 부동산세 체계를 관리하는 대부분의 유럽 도시에서도 상황이 크게 다르지 않다. 세금 미납이 중범죄로 인식되는 곳도 있다. 하지만 미국에서 징세 기관은 대단히 분권화되어 있고, 지자체에 따라 절차가 근본적으로 다를 수도 있다.

1978년까지 뉴욕시에서 압류절차는 체납이 12분기(3년 이상)인 건물을 대상으로 시작될 수 있었다. 압류절차가 성공적으로 이루어지면 해당 건물은 공공 소유로 넘어가 '대물' 지위를 갖는다. 하지만 1973~1975년의 불황과 뉴욕시 재정위기에 연관된 대대적인 주거 지역 투자 중단의 물결 때문에 체납률이 급증했고, 걷잡을 수 없는 유기와 투자 중단을 막기 위해 빔A. Beame 시장은 건물 세금이 4분기만 연체되어도 대물 절차에 들어갈 수 있도록 하는 안을 제출했다(1~2세대 건물과 아파트는 이런 변화에서 면제되었다). 이는 1978년 법으로 제정되었다. 이제는 건물 소유주가 세금을 4분기 동안 연체할 경우, 세금을 상환할 수 있는 1분기의 유예기간이 주어진 뒤 대물 절차에 들어갈 수 있다. 이후 2년간 소유주는 건물을 되찾아올 수 있지만, 이는 시의 재량에 달려 있다.

뉴욕시의 금융부와 주택보존개발국은 이런 법적 권한에도 불구하고, 관행적으로 연체가 12분기 미만인 건물에 대해서는 압류절차를 개시하지 않았다. 이 절차는 관료적이고 번잡해서 임대업자들로부터 많은 불평을 사기도 했고(W. Williams, 1987), 1980년대 뉴욕시 행정부는 압류해둔, 그리고 흔히 비어 있는 건물들이 차고 넘치는 상황에서 관리해야 할 건물을 늘리고 싶지 않은 것이 분명했다. 시 행정부는 건물주들이 건물에 대한 소유권을 유지할 수 있게 해주는 다양한 상환제도를 늘어놓았다. 압류당하지 않고 12분기 동안 체납했다가 되찾은 건물들도 많았고, 개별적인 분할 상환 계획에 따라 되찾은 건물들도 있었으며, 구매가격에 상당히 많은 양의 세금 체납액 상환을 포함시킨 상태로 소유주가 바뀌는 건물들도 있었다. 사실 뉴욕시는 1978년 법의 제정과 동시에 이를 후회했고, 1년간 체납되면 압류한다는 규정을 결코 진지하게 이행하지 않았다(Salins, 1981: 18). 그리고 1990년대 초, 대대적으로 경기가 침체되고, 주요 주택 재생 프로그램 때문에 시가 보유한 주택의 양이 감소했음에도 불구하고 딩킨스 행정부와 줄리아니R. Giuliani 행정부는 건물을 대물로 전환하려는 어떤 적극적인 노력도 기울이지 않았다. 하지만 1980년대에는 임대업자에게 '안전한' 체납 수준과 '안전하지 않은' 체납 수준의 경계가 완전히 정해지지 않았음에도, 시 행정부는 과거의 12분기 기준을 철저히 고수했다.

제2차 세계대전 이후 뉴욕시 전체의 부동산세 체납 수준은 1976년에 절정에 달했다. 1976년 뉴욕시의 주거용 건물 중 부동산세를 체납한 비중은 7% 이상으로 비정상적인 수치였다. 하지만 그 이후 체납 수준은 꾸준히 떨어져 1986년에는 70년 만에 최저치인 2%까지 내려갔다가, 다시 경기가 침체되면서 1980년대 말부터 재상승하기 시작했다. 쉽게 생각하면, 1980년대에 전체 체납액이 급감한 것은 1970년대의 재정위기와 경기침체가 완화되었기(그리고 더 엄격해진 1978년 법의 효과) 때문으로 볼 수도 있다. 하지만 이는 대체로 1970년대 말부터 진행된 부동산 가격의 급격한 인플레이션 때문이다. 더 넓게 보면 연체 수준의 하락은 투자회수 수준의 대단히 큰 감소와, 과거 쇠락한 부동산에 대한 재투자로의 전환을 의미한다. 1960~1970년대에 비해 1980년대에는 부동산을 유기하는 건물주가 거의 없었다. 이는 다시 도시 재구조화라는 더 큰 과정에, 그리고 특히 젠트리피케이션에 직접적으로 연결된다.

　　투자 중단은 주택시장에 불균등하게 분포되어 있어 실수요자가 거주하는 건물보다는 임대용 건물에 큰 영향을 미친다. 실제로 많은 임대업자에게 투자 중단은 하나의 전략이라는 발견과 맞닿아 있다. 1980년 뉴욕시의 주거용 부동산 중 3.5%가 부동산세 체납 상태였다. 이 수치에는 뉴욕시 전체 임대용 건물의 26%인 약 33만 채의 임대용 아파트가 포함되었다(Salins, 1981: 17). 1980년대에 전체적인 투자 중단의 비율은 감소했지만, 부동산세 체납은 대규모 공동주택과 다세대 임대주택이 밀집한 오래된 근린에 지리적·경제적으로 점점 집중되었다. 할렘, 로어이스트사이드, 베드퍼드스테이베선트, 브라운스빌, 이스트뉴욕, 사우스 브롱크스 등 30~70년에 걸친 대대적이고 체계적이며 지속적인 투자 중단 때문에 참혹한 상태에 이른 가장 가난한 동네들이 여기에 해당한다.

로어이스트사이드

예술과 젠트리피케이션의 우호적인 관계가 막 싹트던 무렵, 지역의 한 예술비평가는 이렇게 말했다. "이스트빌리지 혹은 로어이스트사이드 는 단순한 지리적 장소가 아니라 마음의 상태임을 자각해야 한다" (Moufarrege, 1981:73). 실제로 1980년대에 이 지역은 뉴욕시 최신의 예술 적인 해방구로 각광받으며, 파리의 좌안이나 런던의 소호와 호들갑스럽 게 비교되었다. 로어이스트사이드의 젠트리피케이션에서 근린 재투자 의 선봉에는 아트갤러리, 댄스클럽, 스튜디오가 있었다. 젠트리피케이션 에 의해 자행된 사회적 파괴와 예술계의 기이하고 때로 양면적인 공모에 대한 관심은 거의 찾을 수 없었다(그러나 Deutsche and Ryanm, 1984 참고). 이 지역은 예술계와 젠트리피케이션계에서 의도적으로 고안해낸 '네오프 런티어'라는 이미지로 재빨리 홍보되기 시작했고(Levin, 1983:4), 메디슨 가와 57번 스트리트의 고루한 부유층 갤러리들과, 심지어 한때는 진보적 이었지만 이제는 젠트리피케이션이 완료된 인근의 기업형 예술계라고 할 수 있는 소호를 치고 나갔다. 예술 계통의 언론에서 로어이스트사이 드의 매력은 "가난과 펑크록, 마약과 방화, 헬스앤젤스[오토바이 폭주족], 술 에 취한 부랑자, 매춘, 아방가르드하고 모험적인 분위기를 더해주는 노 후 주택들의 독특한 혼합"에서 비롯된다며 열변을 토하기도 했다 (Robinson and McCormick, 1984:135).

1970년대 말부터 시작된 예술적인 유입은 수많은 갤러리가 왁자지 껄하게 문을 열면서 1981년 이후로 갈수록 제도화되었다(Goldstein, 1983; Unger, 1984). 1980년대 말까지 무려 70개에 달하는 갤러리가 문을 열었 다. 불과 몇 마일 떨어진 곳에 있는 월스트리트에서 1987년에 주식시장 붕괴가 일어난 뒤, 재정 상황이 악화되기 전까지 로어이스트사이드 갤러리들은 기성 사회의 아방가르드라는 명망 덕에 언제까지나 선망의 대상이 될 듯했다. 이 지역은 말 그대로 수십 권에 달하는 1980년대 소설과 몇 편의 영화에 주제와 배경도 제공했는데, 젠트리피케이션 문제를 가볍게 건드린, 스필버그 제작의 영화 〈8번가의 기적Batteries Not Included〉도 그중 하나다. 영화에서는 외계인들이 젠트리피케이션으로 로어이스트사이드에서 강제이주를 당한 피해자들을 구출한다. 하지만 빈곤과 결핍의 낭만화(이 지역의 '독특한 혼합')는 항상 제한적일 수밖에 없고, 시크한 미학이 흘러넘치는 네온과 파스티셰 기법의 현란함은 "젠트리피케이션이라는 예술"에 의해 새로운 프런티어로 전환된 근린의 강제이주와 노숙, 실업과 박탈이라는 더 가혹한 현실을 완전히 감추지 못한다(Deutsche and Ryan, 1984).

북쪽으로는 14번 스트리트, 서쪽으로는 바워리가, 그리고 남쪽과 동쪽으로는 이스트강 드라이브를 경계로 하는 로어이스트사이드는 그리니치빌리지와 소호의 동쪽, 차이나타운과 금융지구의 북쪽에 위치해 있다(그림 1-1 참조). 이 지역은 맨해튼 커뮤니티보드 3에 속한다. 동쪽 끝에 있는 몇몇 공공주택단지를 제외하면 로어이스트사이드의 주택들은 19세기 말에 지어진 4~6층의 '레일웨이'와 '아령형' (구 법률상의) 공동주택이 대부분이다. 이들 공동주택은 수십 년간의 투자 중단으로 심각하게 낙후되어 있거나, 아니면 최근에 젠트리피케이션을 거치며 복구되어 촌스럽게 번쩍거리고 있다. 그 사이사이에는 제2차 세계대전 직후에 세워진 10층 이상의 공공주택단지와 20세기 초에 지어진 몇몇 아파트 구역, 19세기 후반 이전에 건축된 몇몇 오래된 공동주택과 타운하우스가 간간이 끼어 있다. 1980년대의 로어이스트사이드는 여피와 펑크 문화, 폴란드 출신 주민들과 푸에르토리코 출신 주민들, 우크라이나와 아프리카계 미국인 노동계급, 키시[프랑스식 파이의 일종] 식당과 친환경을 콘셉트로 한

레스토랑, 노숙자 쉼터, 간신히 살아남은 소수민족 교회와 불타버린 건물 등이 조각보처럼 이어져 물리적 측면에서뿐 아니라 사회적 측면에서 하나의 멋진 예술작품을 이루고 있었다. 20세기 초부터 제2차 세계대전이 끝날 때까지 이 지역은 유럽 이민자들이 미국으로 들어올 때 이들을 맞아주는 최상의 지역사회였을뿐 아니라 강력한 사회주의, 공산주의, 트로츠키주의, 무정부주의 운동이 조직된 지역이었으며, 뉴욕 지식인들의 중요한 산실인 동시에 소기업인들과 회사들의 보기 드문 온상이었다. 이 놀라울 정도로 다채로운 역사와 지리 때문에 우리는 이 지역의 젠트리피케이션 과정에서 더 깊은 규칙성을 찾아 재투자의 지리적 패턴을 파악할 수 있을지도 모른다는 생각에 고무된다.

뉴욕시의 다른 빈민 지역과 마찬가지로 로어이스트사이드의 인구는 1970년대에 급락했다가 1980년대에 점점 안정세에 접어들었다. 1980년대의 인구는 이전 10년에 비해 30% 이상 줄어들었음에도, 이 지역의 인구조사 표준구역에서 임대료는 128%에서 172%까지 치솟았다. 이는 같은 기간 시 전체의 증가율인 125% 보다도 더 높은 수치다. 1980년 빈곤선 이하의 가구는 전체 4분의 1에 달했지만, 인구조사 표준구역에 따라 (14.9%부터 64.9%까지) 상당한 편차가 있었다(US Department of Commerce, 1972, 1983). 1970년대의 인구 감소가 1980년대에는 되풀이되지 않았다. 가스와 전기 이용자에 대한 상당히 정확한 기록을 보유하고 있는 지역 가스·전기회사인 콘에디슨Con Edison의 자료에 따르면, 해당 지역의 가구별 가스·전기 연결 건수는 급락하다가 1982년을 기점으로 다시 증가했는데, 이는 젠트리피케이션의 결과로 추정된다. 인구조사에 따르면 1990년 주민 수는 16만 1617명으로 1980년대보다 4.3% 늘어났다.

투자 중단 문제와 관련해 1976~1977년에 절정에 달했던 로어이스트사이드의 전체 체납은 1986년에 이르면 50% 줄었고, 이후에도 1988

표 9-1 이스트빌리지(뉴욕) 북부 지역의 공실률과 최고 공실 연도

순위	지역	최고 공실률(%)	연도	1984년 공실률(%)
1	26.01	25.06	1978	11.87
2	26.02	24.87	1978	10.53
3	22.02	21.11	1976	11.48
4	28.0	20.78	1976	5.59
5	34.0	16.24	1978	6.40
6	30.02	11.77	1976	5.20
7	36.02	11.77	1976	5.20
8	32.0	9.27	1976	3.77
9	38.0	6.98	1976	3.30
10	40	5.77	1976	2.88
11	42	4.50	1976	1.49

자료: MISLAND, Con Edison File.

년까지 꾸준히 줄어들었다. 334쪽의 그림 9-1은 1974~1986년 연도별 투자 중단의 역사(전체 민간 시장의 주거세 체납)와 인구 수준(콘에디슨 이용자)을 보여준다.[1] 이에 따르면 1976년부터 일부 체납에 대한 상환이 시작되긴 했지만, 이러한 재투자가 가구 수의 증가 속에서 인구학적으로 분명해지는 것은 1982년 이후부터임을 알 수 있다. 표 9-1은 이스트빌리지 북부 지역의 공실률에 대해서도 비슷한 자료를 보여준다. 이 지역의 모든 인구조사 표준구역들은 1976~1978년에 공실률이 최고조에 달했다가, 1984년에 이르러 사실상 모든 표준지역의 공실률이 절반 이하로 줄었다. 이는 최초의 재투자와 인구 재유입 사이에는 약 6년에 달하는 시차가 있음을 시사하며, 경제변동은 젠트리피케이션 과정에서 인구학적 변화와 연결된다는 주장을 경험적으로 뒷받침한다.

젠트리피케이션을 지도에 나타내기

그림 9-1이 시사하듯, 재정위기와 경제불황이 어느 정도 완화된 뒤인 1976년 이후 투자 철회의 감소는 로어이스트사이드에 대한 재투자를 촉발시켰다. 이는 1980년대 초의 불황 속에서도 지속되었으며, 1980년대 말에 불황이 시작되고 나서야 사그라들었다. 하지만 자료는 투자 중단과 재투자 과정에 지리적·역사적으로 상당한 내적 차이가 있음을 보여주며, 여기서 우리는 젠트리피케이션에 연결된 '수익성의 프런티어'라는 그림을 만들어낼 수 있다.

세금 체납 자료는 재무부에서 수집한 것으로, 뉴욕시의 MISLAND 데이터베이스에서 구할 수 있다. 체납 정도를 알려주는 각각의 인구조사 표준구역에 대한 요약도 구할 수 있다. 체납된 세금의 양은 심각도에 따라 '낮음'(3~5분기 체납), '중간'(6~11분기 체납), '심각'(12분기 이상 체납)으로

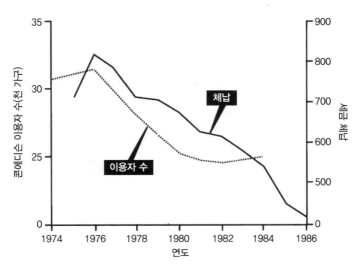

그림 9-1 1974~1986년 뉴욕 로어이스트사이드의 투자 중단(체납)과 인구 변화(이용자수)

표 9-2 뉴욕 이스트빌리지의 주거세 체납 추세

인구조사 표준구역	체납 분기의 수	체납 중인 조세구역의 수											
		1975	1976	1977	1978	1979	1980	1981	1982	1983	1984	1985	1986
전체	12분기 이상	241	369	402	344	244	417	385	352	338	324	79	107
22.02	12분기 이상	16	24	34	27	12	33	34	30	28	28	8	9
26.01	12분기 이상	39	72	87	66	53	88	76	71	73	73	10	11
26.02	12분기 이상	37	67	74	80	50	96	77	72	71	72	15	17
28	12분기 이상	40	57	64	49	34	50	44	43	42	38	5	14
30.02	12분기 이상	11	12	19	15	9	16	21	22	20	16	3	4
32	12분기 이상	22	27	30	26	24	44	44	37	35	39	19	23
34	12분기 이상	32	54	49	46	31	54	52	42	42	39	8	17
36.02	12분기 이상	14	18	16	15	11	14	14	12	10	8	5	3
38	12분기 이상	20	26	22	18	16	17	15	14	10	6	5	6
40	12분기 이상	9	12	7	2	4	5	8	9	7	5	1	3
42	12분기 이상	1	0	0	0	0	0	0	0	0	0	0	0

자료: Manhattan MISLAND report: New York Department of City Planning; New York Property Transaction File; Real Property File.

나눌 수 있다. 표 9-2는 1975~1984년 이스트빌리지 구역(휴스턴가 북쪽)의 심각한 주거세 체납에 대한 자료를 담고 있다. 대물 절차에 들어가는 실질적 기준은 12분기라는 점을 고려했을 때, '낮음'은 체납과 상환의 급격하고 중대한 변화를 반영하지 못한다고 볼 수 있다. 하지만 '중간'과 '심각' 범주의 체납은 역사적으로 흥미로운 추세를 분명히 보여준다(그림 9-2 참조). 1980년을 전후로 중간 범주에 속하는 건물 수와 '심각' 체납에 속하는 건물 수의 관계가 분명히 역전된다. 건물주들은 분명한 전략을 취해왔던 것으로 보인다. 아마도 새로운 체납법과, 1978년 도시 전체에 걸친 연금수령권을 동원한 압류 위협을 피하기 위해 1978~1979년에 부

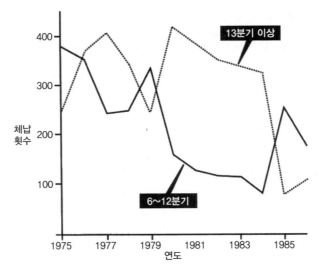

그림 9-2 1975~1986년 로어이스트사이드의 심각한 체납과 중간 체납의 순환

분 상환이 이루어졌다고 볼 수 있다(그래서 '심각' 체납에 속한 건물들이 '중간' 체납 상태로 범주가 바뀌었다). 1980년에 약 170개 부동산이 '중간' 체납에서 '심각' 체납으로 돌아서면서 새로운 체납의 물결이 시작되었다. 하지만 1980년 이후 두 범주 모두 상당히 감소하면서 양자 간에 역전된 관계가 상당 기간 이어졌다. 1980~1982년에는 전국적인 침체로 주택 건설이 심각한 타격을 입었지만, 투자 중단의 감소는 1980년대 말까지 꾸준히 이어졌다. 두 범주의 관계는 1985년 대대적인 압류와 연금수령권 절차라는 위협이 있고 나서야 다시 뒤집혔지만, 이는 전체적인 투자 중단의 하락이라는 더 큰 흐름에서 작은 파문에 불과했다. 이는 지역 전체적으로 '심각' 체납이 최고조에 달했던 1980년 이후 진지한 재투자가 시작되었음을 뜻한다.

우리는 이를 입증할 증거를 판매가격 자료에서 얻을 수 있다. (물가상승률이 100%를 초과했던) 1968~1979년에 전체 로어이스트사이드에서 단위 판매가격당 중앙값은 겨우 43.8% 증가했지만, 1979~1984년의 가격은 146.4%(물가상승률의3.7배) 늘어났다(DeGiovanni, 1987: 27).

체납 자료를 지리적으로 분해한 뒤 젠트리피케이션의 프런티어를 규명하기 위해서는 먼저 각 인구조사 표준구역의 '전환점'을 규명할 필요가 있다. 전환점이란 각 지역별로 '심각' 체납이 최고조에 달한 연도를 말한다. 그림 9-3은 이와 관련된 네 개의 사례를 보여준다. 그림 a, b, d에서 전환점은 각각 1980년, 1982년, 1976년이다. 34지역에서처럼 두 번 이상에 걸쳐 고점이 나타날 때는 시간상 뒤에 있는 고점을 전환점으로 처리

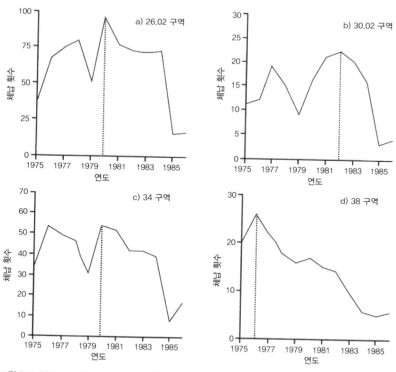

그림 9-3 인구조사 표준구역 네 곳의 전환점

했다. 여기서 우리의 관심사는 투자 중단에서 지속적인 재투자로 넘어가는 시점에 있기 때문이다.

여기서는 공간상 제약 때문에 '중간' 체납 자료를 그래프에 나타내지 못하지만, '중간' 체납과 '심각' 체납의 관계 역전은 이 시기에도 꾸준히 지속되는 것으로 보인다. '중간' 체납의 수가 너무 적어 합리적인 통계 비교를 할 수가 없는 인구조사 표준구역 42를 제외하면, 모든 경우 '중간' 체납은 '심각' 체납이 최고조에 달하기 전에 절정에 이른다. 즉, '중간' 체납의 절정기는 항상 '심각' 체납의 전환점보다 먼저 나타난다. 8개의 지역에서는 '중간' 체납의 절정이 1975~1976년에 나타났고, 남동부 쪽의 나머지 두 지역은 그보다 더 뒤인 1979년에 나타났다. 이는 1970년대에 많은 부동산이 12분기 이상이라는 임계점을 오락가락했다는 앞선 해석을 재확인해주는 듯하다. 실제로 이들 부동산은 '중간' 체납에서 '심각' 체납으로 넘어간 뒤 체납액 청산을 통해 다시 '중간' 체납으로 되돌아가는 순환을 거쳤다. 이 순환의 타이밍은 뉴욕시의 압류 진행 타이밍과 맞아떨어졌다.

젠트리피케이션의 프런티어를 지도로 나타낸다는 목적을 위해 로어이스트사이드 전체에서 민간주택이 있는 27개의 인구조사 표준구역의 자료를 분석했다. 최초의 전환점은 1975~1976년에 일반적으로 서쪽 끝에서 나타났고, 가장 최근의 전환점은 동쪽에서 1983~1985년에 일어났다. 모든 지역은 1985년경에 전환점을 경험했다. 이렇게 확인된 전환점의 지리적 패턴은 극단적인 통계적 자기상관autocorrelation을 보여준다. 그러고 난 뒤 전환점을 지도에 표현하고, 최소자승법least-squares method을 통해 자료를 젠트리피케이션 개발의 지형도에 일반화시켰다.[2] 그림 9-4에서 연도가 표기된 등고선은 시간적으로 전환점이 동일한 지점들을 연결하고 있으며, 음영은 재투자가 서로 다른 시기에 시작되었음을 강조한

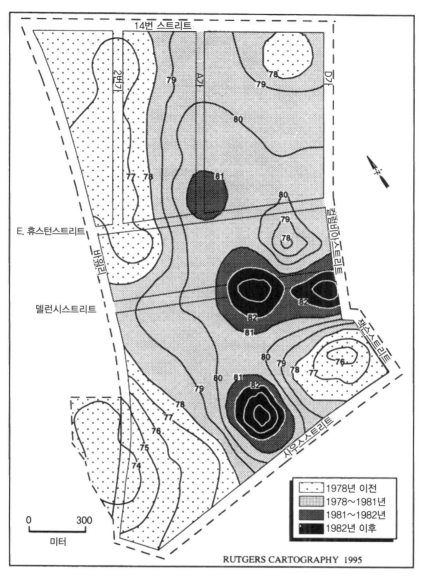

그림 9-4 1974~1986년 로어이스트사이드의 젠트리피케이션 프런티어

다. 시간의 등고선 사이에 상당한 공간이 있는 곳에서는 재투자가 빠르게 확산되고 있으며, 반대로 등고선의 경사가 가파른 곳에서는 재투자에 상당한 장애물이 있는 것으로 해석할 수 있다. 프런티어가 가장 분명한 곳은 완전히 닫힌 등고선이 전혀 없는 곳이다(즉, 정점도, 함몰지도 없는 곳). 나중에 닫힌 등고선의 중심에 놓이게 될 정점은 재투자에 대한 저항이 가장 큰 지역을 뜻하는 반면, 과거에 닫힌 등고선의 중심이었던 함몰지는 주위 지역들보다 먼저 재투자될 수 있는 지역을 의미한다. 전체적인 양상은 로어이스트사이드의 북서쪽과 남서쪽 지역이 가장 먼저 잠식된 가운데, 프런티어의 경계가 서쪽에서 동쪽으로 상당히 분명하게 뻗어나가고 있다. 재투자의 프런티어는 동쪽으로 뻗어나가다가 동쪽과 남동쪽에 있는 국지적 장애물에 막혀 더뎌지고 있다.

　지리적 맥락에서 젠트리피케이션 프런티어는 분명 로어이스트사이드에서 그리니치빌리지, 소호, 차이나타운, 금융지구를 향해 동쪽으로 나아갔다. 그리니치빌리지는 항상 보헤미안적인 색채가 강한 동네였지만, 1930~1940년대에 다소 쇠락하고 난 뒤 1950~1960년대에는 초기적인 젠트리피케이션을 경험하기 시작했다. 소호의 젠트리피케이션은 한두 해 뒤에 시작되었지만, 1970년 말경 본질적으로 완벽해졌다. 차이나타운의 경우 1970년대 중반에 대만 자본이 유입되고, 뒤이어 홍콩 자본이 유입되면서 차이나타운의 범위가 북쪽과 동쪽으로 급격하게 팽창되었는데, 이 중 젠트리피케이션이라고 부를 수 있는 현상은 일부에 국한된다. 게다가 남쪽에 있는 차이나타운 경계에서 1975년 이전에 진행된 재투자의 규모는 통계 분석상의 경계효과border effects 때문에 과장되었을지 모른다. 델런시스트리트 동쪽과 사우스스트리트 남쪽 끝에 나타난 몇 개의 국지적인 정점에서는 프런티어의 전진이 분명하게 가로막혀 있다. 맨해튼과 브루클린을 연결하는 윌리엄스버그 다리로 이어지는 넓은 간선도로인 델런시스트리트는 전체적으로 상업 지역이며, 교통 혼잡과 소음, 통행상 어려움 때문에 재투자에 장애가 초래되었다고 볼 수 있다. 좀 더 일반적으로 이 정점들은 젠트리피케이션의 한계를 나타낸다고 해석할 수도 있다. 이 지역의 동쪽 끝과 남쪽 끝에는 대규모 공공주택 프로젝트가 진행 중인데, 이 공공주택 프로젝트가 상당한 장애물 역할을 했다고 볼 수 있기 때문이다. 게다가 재투자에 대한 이런 저항의 결절점들은 1980년대 경제 회복이 한참 진행되고 난 뒤인 1985년까지도 투자 중단이 지속된 로어이스트사이드의 전통적 중심부와도 일치한다. 이는 가장 빈곤한 지역이자 라틴계 인구의 마지막 근거지이며, 1985년부터 젠트리피케이션 때문에 촉발된 길거리 마약에 대한 경찰의 단속인 '프레셔포인트 작전'의 중심지이기도 하다. 1985년은 마지막 전환점이다. 342쪽의 그림 9-5는 '젠트리피케이션 표면'을 3차원으로 나타낸 그림이다. 높이가 가장 낮은 지역들은 재투자를 가장 먼저 경험했고, 높은 지역은 그 뒤에 경험했다. 여기서 젠트리피케이션은 투자 중단과 반대로 위를 향해 흘러간다.

로어이스트사이드 주택에 대한 재투자는 서로 다른 두 시기에 걸쳐 일어난 것으로 보인다. 첫 번째 시기에는 특히 서쪽과 북쪽 블록에서 1977~1979년에 재투자가 일어났고, 두 번째 시기는 1980년 이후에 나타났다. 두 번째 국면은 첫 번째 시기에 이미 재자본화된 지역뿐 아니라 남쪽과 동쪽 블록까지 아우른다. 세금 체납을 상환하는 형태의 재투자가 꼭 젠트리피케이션과 도시 재구조화의 전조가 되는 건물 보수와 재개발에 대한 생산적 재투자를 의미하는 것은 아니며, 그저 투기적인 시장을 보여줄 뿐일 수도 있지만, 1970년대 후반 서쪽과 북쪽 블록의 재투자는 경기가 침체된 1980~1982년에 투자 중단이 재발하지 않도록 막을 만큼 충분히 지속된 것으로 보인다. 그리고 실제로 1번가 서쪽 지역의 재투자

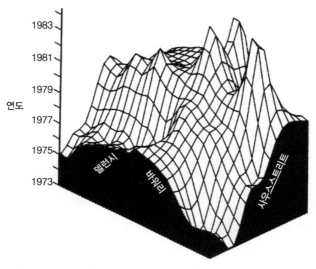

연도

1983
1981
1979
1977
1975
1973

델런시

바워리

사우스스트리트

그림 9-5 로어이스트사이드의 젠트리피케이션 현황

는 지속 시간이 더 길고 꾸준했으며, 폭넓은 기반을 갖추고 있었다. 동쪽
과 남동쪽에 있는 인구조사 표준구역에서는 1970년대 내내 인구가 가장
크게 하락했고(58~74%), 1980년대가 시작된 지 한참 지나서야 경제 상황
이 호전되기 시작했다.

　　예술비평가 월터 로빈슨과 카를로 매코믹(Robinson and McCormick,
1984)의 표현처럼 젠트리피케이션은 "D가를 향해 느릿느릿 움직이지"
않고 적당한 속도로 전체를 휩쓸며 동쪽으로 이동했다. 1975~1981년에
이 수익의 프런티어는 연간 평균 100~200미터 속도로 움직였다. 여기서
시장이 대단히 불안정했던 시기의 평균이라는 단서를 붙일 필요가 있을
것 같다. 1976~1977년에는 투자 중단이 심각해서 수익의 프런티어가
느리게 확산했지만, 그 이후 1980년까지는 이동이 더 빨라졌다가, 다시
1980~1982년에 대대적인 투자 중단으로 재투자의 프런티어가 느리게

확산되었다. 게다가 이 자료에는 재투자와 투자 중단으로 구성된 두 개의 짧은 순환만이 담겨 있기 때문에 결론을 일반화할 때는 주의가 필요하다. 근린의 젠트리피케이션이 일어날 때 '수익성의 프런티어'의 확산은 당연히 외부의 경제적·정치적 힘에 민감하고, 자체적으로 블록 단위의 미시지리를 갖고 있다. 따라서 부드럽게 진척될 수도 있지만, 가다 서다를 반복하는 과정이 될 수도 있다.

로어이스트사이드에서 이 같은 재투자 패턴은 지역의 관찰과 정확히 일치한다. 일요판 《뉴욕 타임스》 부동산란이 열변을 토하듯, "젠트리피케이션은 A가에서부터 B가와 C가, D가를 향해, '알파벳 도시'에서 거침없는 행진을 지속했다"(Foderaro, 1987). 많은 관찰자에게 젠트리피케이션은, 좀 더 확고부동한 그리니치빌리지가 가까운 곳에서 추동력을 제공하는 가운데, 이스트빌리지의 서쪽 경계에서 조금씩 잠식해 들어온 것으로 보였다. 그래머시 공원과 서쪽 끝에 있는 유니온스퀘어를 포함한 14번 스트리트 북쪽 지역은 초기 재개발 활동의 목적지였고, 그 결과 젠트리피케이션이 이루어진 로어이스트사이드의 북서쪽 모퉁이에는 제켄도르프타워 콘도미니엄이 1987년 건설되었다. 또한 (14번 스트리트의 동쪽 끝에 있는 중산층용 고층 주거단지인) 스타이베선트타운이 처음에는 더 높은 지가가 남쪽으로 확산되는 데 방해가 되었을 수도 있지만, 이 과정이 한번 시작되자 이스트빌리지의 젠트리피케이션을 북쪽에서 안정시켜 주는 역할을 했을 수 있다. 반면 기이할 정도로 높은 공실률이 암시하듯(표 9-1 참조), 남쪽과 동쪽의 구역들은 더욱 심각한 투자 중단을 겪었다. 할렘을 제외하면 맨해튼에서 주택조건이 최악인 휴스턴가 남쪽은 재투자가 전체적으로 더딘 편에 속했다. 따라서 로어이스트사이드의 재투자는 투자 중단과 유기가 가장 심했던 지역이 아니라 경계borders에서 시작되었다 (Marcuse, 1986: 166). 이른바 머리 가죽이 벗겨질 위험이 거의 없이 일확천금을 벌 수 있는 곳은 바로 이 경계지역이었던 것이다.

결론

재투자의 전환점에 대한 앞의 분석과 수익성의 프런티어를 나타내는 지도는 대단히 시사적이다. 패턴의 국지적 복잡성과 직선적 확산 과정을 벗어난 일탈은 전혀 놀라워할 필요가 없다. 실제로 19세기 '프런티어의 종말' 이론의 창시자인 프레더릭 잭슨 터너는 바로 이 지점과 관련해 공격을 받았다. 즉, 프런티어의 큰 선들은 한바탕 소란을 일으켰다가 사라질 수 있지만, 그 뒤에는 프런티어의 존재감이 서린 작은 지역들이 남게 된다는 것이다. 서부개척 시절의 프런티어와 마찬가지로, 젠트리피케이션의 선은 동질적이고 연속적인 개발의 '담'이라기보다는 대단히 불균등하고 차별화된 과정이다. 그럼에도 젠트리피케이션의 프런티어를 지도로 표현할 경우, 이는 대중매체에서 그토록 많은 젠트리피케이션을 해석할 때 사용한 프런티어라는 상징적 언어의 신비감을 크게 없애줄 수 있고, 나아가 우리가 이 언어에 현실감을 부여하는 도시 변화의 경제지리를 포착할 수 있게 해준다. 이 지도화 작업이 젠트리피케이션의 경제적 프런티어를 감지하는 일이라면, 프런티어의 정치적 문화와 문화정치는 이와 상당히 다른 양상을 띨 것이다.

10장

젠트리피케이션에서
보복주의적 도시로

1980년대의 낙관주의라는 확장형 리무진이 1987년 금융 붕괴에서 후방 접촉사고를 당하고, 그로부터 2년 뒤에 시작된 경제불황 때문에 형체를 알아볼 수 없을 정도로 파손된 뒤, 부동산 중개인들과 도시 해설자들은 1990년대에 나타난 명백히 역진적인 도시 변화를 표현하기 위해 잽싸게 '역逆젠트리피케이션'이라는 표현을 사용하기 시작했다. 한 신문 기자는 이렇게 썼다.

> 한때 젠트리피케이션이 일어났던 근린에서 부동산붐이 꺼지면서 골목 골목을 쥐락펴락하던 주택조합 전환업자들과 투기꾼들이 …… 힘든 시기를 맞게 되었다. 이 때문에 일부 주민들은 불안한 치안과 조악한 관리에 대한 불평을 늘어놓았고, 은행에 저당 잡힌 건물에 사는 사람들은 한때 값나가던 자신들의 아파트를 팔 수도 없는 상황에 놓였다.

뉴욕의 한 부동산 사업자는 "역젠트리피케이션은 젠트리피케이션

과정이 역전된 것"이라고 설명한다. 1980년대와는 달리 1990년대에는 "최근에 발견된, 선구적이고 과도기적인 입지에 대한 요구가 전혀 없다." 그나마 거래되는 몇 안 되는 부동산 거래도 '최상급 지역'으로 축소되었다고 그는 말한다(Bagli, 1991에서 인용). "1970년대에는 일부 젠트리피케이션을 경험한 지역들이 전염을 일으켜 주변 지역들까지 같이 끌어올린다는 이론이 일반적이었지만, 이제 그런 일은 없다"고 또 다른 논평가는 지적한다. 노골적으로 말해, 인구조사국의 인구통계학자 래리 롱Larry Long의 말을 빌리면 "젠트리피케이션은 나타났다가 사라졌다"(Uzelac, 1991에서 인용).

젠트리피케이션의 종말에 대한 이 같은 미디어의 선언은 학계의 문헌에서도 광범위한 지지를 얻기 시작했다. 젠트리피케이션에 대한 진부한 수사로는 아무도 학계의 논평가들을 능가할 수 없다. 래리 본Larry Bourne은 캐나다 사례연구를 근거 삼아 명료한 주장을 담은 한 에세이에서, 이미 1980년대부터 젠트리피케이션의 의미가 대단히 미미했던 몇몇 도시에서 '젠트리피케이션의 종말'을 예측한다. 젠트리피케이션이 "사회변화의 공간적 표현으로서 갖는 의미는 가까운 과거에 비해 1990년대에 더 적어질 것이다"(Bourne, 1993: 103). 그의 주장에 따르면 지난 15년은,

전후 북미의 도시 개발에서 미증유의 시기였다. 베이비붐과 교육수준 향상, 서비스업의 고용과 실질수입의 빠른 증가, 빠른 속도로 늘어나는 세대수, 주택가치 상승, 공공 부문의 후한 부조, 건조 환경에 대한 폭넓은 (그리고 투기적인) 민간투자, 높은 수준의 해외 이민이 동시에 나타났던 시기였기 때문이다. 하지만 높은 수준의 해외 이민을 제외한 나머지 조건들은 더이상 폭넓게 나타나지 않고 있다(Bourne, 1993: 105-106).

'포스트젠트리피케이션 시대'에는 "젠트리피케이션의 속도와 영향"이 훨씬 누그러지는 가운데 도시의 불균등 발전과 양극화, 차별이 심화될 것이다.

　'역젠트리피케이션'이라는 조어의 등장과 젠트리피케이션의 종말에 대한 예측은, 특히 미국에서 1990년대에 도시성urbanism의 공적 재현을 재탈환한 '도시쇠락 담론'(Beauregard, 1993)이라는 더 넓은 현상의 일부에 해당한다. 보러가드에 따르면 역사적으로 이 쇠락의 담론은 "분명한 현실에 대한 객관적인 보도 이상"을 의미했다. 이 담론은 "우리의 관심을 결정하고, 우리가 어떤 식으로 대응해야 하는지에 대한 이유를 마련하며, 20세기 미국 도시의 운명에 대한 강렬하고도 알기 쉬우며 안도감을 주는 이야기를 전달하는 이데올로기적 기능을 한다"(Beauregard, 1993: xi). 1990년대에 이 담론은 극적으로 재등장했다. 대체로 백인 '개척자'의 이름으로 '도시의 새로운 프런티어'를 되찾으려 했던 백인 중산층의 젠트리피케이션 낙관론은, 즉 1970년대와 특히 1980년대에 쇠락의 담론을 크게 바꿔놓았던 그 낙관론은 종적을 감추었다.

보복주의적 도시

1990년대에는 범죄와 폭력, 마약과 실업, 이민과 타락에 공포감을 덧씌운 구구절절한 설명들이 도시의 후안무치한 보복주의로 이어진다. 19세기 말 프랑스의 보복주의자들은 프랑스인들을 상대로 복수심에 가득 찬 반동적 교전에 착수했고(Rutkoff, 1981), 이는 오늘날 미국의 도시성에 가장 걸맞은 역사적 구실을 마련해주었다. 이 보복주의적인 반도시성은 이른바 도시의 '절도'에 대항하는 반작용이자, 도전에 직면한 기득권 패거리의 처절한 방어이며, 시민의 도덕성, 가족이라는 가치, 근린의 안전이라는 대중주의적인 언어 속에 몸을 숨긴다. 무엇보다 보복주의적 도시는 황폐해진 부동산 시장, 위협이자 현실인 실업, 사회복지 사업의 대대적축소, 여성·소수자·이민자 집단이 힘 있는 도시 행위자로서 출현하는현상 때문에 갑자기 자리에서 오도 가도 못하게 된 중산층과 지배층 백인이 느낀 인종·계급·젠더 공포를 나타낸다. 그것은 소수자, 노동계급, 노숙자, 실업자, 여성, 게이와 레즈비언, 이민자에 대한 악의적인 반동의 전조와도 같다. 보복주의적 도시를 아주 분명하게 재확인시켜준 것은 텔레비전 프로그램이다. 1980년대의 '황금시간대 젠트리피케이션'(B. Williams, 1988: 107)은 일상생활의 명백한 위험과 폭력을 강박적으로 묘사했다. 토크 라디오, 군 라디오, 러시 림버Rush Limbaugh 같은 진행자가 잔혹함을 가십처럼 다루는 심야시간대 프로그램들, 지역 뉴스, 〈캅스〉, 〈하드카피〉, 〈911〉, 〈법정 TV〉 전용 케이블 채널 등은 모두 불안한 정체성에대한 해독제로서 과도한 열정과 복수심을 키우고 있다. 장장 16개월 동안 매일 같이 O. J. 심슨 재판이 보도되었고, 결국 그는 무죄 선고를 받았지만, 복수심에 불타는 반동적 움직임의 인종적 지형만 더 단단해졌을뿐이다. 이 사건이 전달한 실질적인 메시지는 계급과 돈이 인종보다 더막강하고, 여성은 어떤 경우에든 패자라는 점이었다. 어쨌거나 분명한사실은 복수의 욕망이 워낙 극에 달해서 캘리포니아에서는 변호사와 투자자가 유료 텔레비전에 '이달의 처형'을 방송하겠다는 분명한 목적을품고 모일 정도였다는 점이다("Production Group …", 1994).

　도시성에 대한 반동인 보복주의적 도시는 통제 불가능한 타락한 열정을 원동력으로 끊임없는 위험과 야만성이 반복해 밀려오는 현상이라고 정의할 수 있다. 이는 사실, 사회적 관계의 재생산은 심각하게 틀어져버렸지만(Katz, 1991c), 애초 문제를 야기한 것과 동일한 억압과 처방을 가혹하게 다시 밀어붙이는 방식으로 대응하는 장소다. 길모어R. Gilmore는 아미리 바라카Amiri Baraka를 인용해 이렇게 말한다. "실제 사회적 관계와 상상 속의 사회적 관계가 인종·젠더 위계에서 가장 완고하게 표현되는 미국에서 '재생산'은 사실상 생산이며, 그 부산물인 두려움과 공포는 미국 국가주의의 인종차별적 로컬이라는 '변화하는 동질성'을 위해 기능한다"(Gilmore, 1993: 26).

서구에서는 오랫동안 제3세계 도시들을 '보복주의적 도시'와 유사한 어떤 것, 즉 자연과 인간이 방탕하고 타락한 서민들에게 상습적으로 악의에 찬 복수를 하는 도시로 그려왔다. (오늘날 다시 유행하는) '협력하는 대중teaming masses'이나 인구 폭탄 같은 생태 반동적이고 우생학적인 언어가 행간의 인과응보 개념들과 엮이게 된다. 그러므로 서구 언론에서 이런 도시들을 규정하는 전염병, 지진, 대량 인명 살상은 치명적 우를 범한 인류에 대한 자연의 (혹은 인간의) 복수로 제시된다. 리우데자네이루에서 조직적으로 자행된 거리 아이들 살해, 뭄바이에서 자행된 무슬림의 힌두교도 학살, 더반에서 선거를 앞두고 일어난 남아프리카공화국인들의 학살(부족 간 전쟁의 양상을 띠었지만, 여기에 불을 지핀 것은 남아프리카공화국 보안대였다), 1991년과 1993년 미군의 야만적인 폭격 이후 바그다드 거리의 대혼란, 르완다의 참혹한 폭력을 비롯한 많은 드라마들은 서구 청중들에게 제3세계 도시를 기이하고 때로는 이해할 수 없는 폭력의 장소로, 또 태생적으로 복수심에 가득 차고, 한탄스러울 수 있지만 흔히 정당한 폭력의 장소로 제시한다. 하지만 1990년대의 보복주의적 도시는 내부의 적을 재발견하는 것 이상의 의미가 있다.

지금 와서 생각해보면 1990년대에 등장한 보복주의적 도시는 뉴욕을 적나라하게 묘사한 1987년 톰 울프Tom Wolfe의 책《허영의 모닥불 Bonfire of the Vanities》에서 가장 극적으로 표현되지 않았나 싶다. 이 책과 이후 발표된 할리우드 영화는 과거 '우주 지배자'의 영락, 즉 어느 월스트리트 거래인의 몰락을 다루고 있다. 1980년대 말 급격히 변모한 뉴욕을 배경으로 실제 사건들과 인물들을 상당히 수정해 각색했지만 식별하는 데 큰 어려움이 없는 이 이야기에서, 상류층 앵글로색슨계 백인 신교도 중 파크가Park Avenue 출신인 가상인물 셔먼 맥코이는 자신과 자신의 계급이 잃어버렸다고 느끼는 세계의 의도치 않은 피해자처럼 그려진다. 외딴 브롱크스에서 일어난 교통사고로 한 10대의 흑인이 넘어져 사망한 후, 맥코이는 이민자, 새롭게 권력을 쥐게 된 소수 인종 정치인과 설교자, 브롱크스 법원의 부조리한 법적 관료주의를 맞닥뜨리게 된다. 그의 계급권력과 연줄, 재력에도 불구하고(어쩌면 울프는 이런 것들 때문이라고 말하고 싶었을 것이다) 맥코이는 자신이 저지르지도 않은 범죄의 여파에서 빠져나오지 못한다. 이 책에서 울프는 어느 할렘교회의 아프리카계 미국인 목사에 대한 각별한 증오를 표현하는데, 이는 실제 인물을 모델로 삼은 것임이 쉽게 드러난다. 울프가 맥코이의 계급적 거만함을 아무리 날카롭게 꼬집고 있어도,《허영의 모닥불》은 더 이상 완벽하게 통제하지 못하는 세상으로부터 불합리하게 피해를 당한 어느 백인 상류층 남성의 이야기다.

지난 몇 년간 보복주의적 도시의 무수한 변형들이 나타났다. 스칸디나비아 항공사의 한 잡지는 '마이애미 범죄'를 선정적으로 그리는 마이애미의 범죄소설가 칼 하이어센Carl Hiaasen을 특집으로 다루었다. 노르웨이 이민자 2세대인 하이어센에게 마이애미 범죄의 근원은 바로 인구과잉이다.

어느 정도 휴식의 거처가 우리 손에 있는 한, 이 인구가 관리 가능한 규모에 머물러 있는 한, 우리는 이 장소를 결코 구하려 하지 않을 것이다. 이는 400만 명을 부양하는 생태계가 아니다. 물도, 땅도 충분하지 않다. 우리가 워낙 밀집해서 살다 보니 이제 이 끔찍하고 난폭한 범죄가 분출하고 있다. 어떤 여름에는 인종폭동의 형태를 띨 수도 있고, 묻지마 살인으로 나타날 수도 있다.

나는 10년이나 15년 전에 이곳으로 이주한 많은 사람들이 창문에 쇠창살을 설치해야 할 거라고는, 청과물가게에 갈 때 철퇴를 가져가야 할 거라고는, 공항에서 집으로 돌아오는 길에 차량을 탈취당하거나 강도를 당할까 봐 걱정해야 할 거라고는 상상이라도 했겠는가 묻지 않을 수 없다. 이 모두가 너무 많은 사람들이 몰려 살아서 생긴 결과다(Rudbeck, 1994: 55에서 인용).

주로 (아이티, 쿠바, 콜롬비아 등 카리브해와 라틴아메리카 등지 출신의) 소수 인종 이민자들이 하이어센의 주요 먹잇감이긴 하지만, 그는 일관된 인종주의자는 결코 못될 성싶다. 그는 카리브해 지역 사람들과 라틴아메리카 사람들뿐 아니라 유럽, 캐나다, 미국 중서부 관광객들이 좋아하는 멕시코만의 '마르코'라는 한 리조트를 일컬어 이렇게 말한다. "최소한 내가 보기에 그곳은 전략적인 핵 공격에 딱 맞는 장소인 것 같다"(Rudbeck, 1994: 54에서 인용).

범죄와 이민, 그리고 '과잉인구' 간의 이 같은 히스테리컬한 인과관계는 저급한 황색신문의 카피로는 어울릴지 몰라도, 과학으로서는 분명 형편없다. 특히 범죄는 보복주의적 도시의 핵심 지표가 되었고, 범죄에 대한 공포와 현실이 점점 무관해지면서 사태는 더욱 심각해지고 있다. "오늘날 대중들이 걱정하는 1순위는 의료도 '경제'도 아닌 범죄"라고 길모어는 지적한다.

최근 몇 년간 평균범죄율은 하락했음이 익히 보도되었는데도 말이다. 현대 미국에서 범죄는 이중적인 위치 이동을 뜻한다. 첫째, 이는 임금-화폐를 획득하기 어려운 시기에 삶의 무질서를 나타내는 징후와 같다. … 둘째, 이는 안전을 회복하기 위해 정복해야 할 적을 규명함으로써 경제적 불안이라는 혼란으로 야기된 사람들의 공포를 조직한다(Gilmore, 1994: 3; Ekland-Olson et al., 1992도 참조).

1990년대 초에 발생한 두 사건은 미국 도시에 새롭게 등장하는 보복주의를 구체적으로 보여주었다. 이 두 사건은 서로 다른 해안가에서 벌어졌지만, 인종과 국가주의, 그리고 계급과 젠더가 암호처럼 뒤얽혀 있었다는 점에서는 차이가 없었다. 1980년대에 새로운 세기를 위한 가공되지 않은 새로운 태평양의 도시성이 시작되었음을 널리 알렸던 로스앤젤레스에서, 로드니 킹Rodney King이라는 택시기사를 난폭하게 폭행한 경찰관 4명이 무죄 선고를 받은 뒤 발발한 1991년의 봉기는, 이 '폭동'을 흑인들의 단순한 백인 폭행으로 설명하는 미디어의 습관적 행태에 저항했다. 이 봉기를 인종적인 고정관념으로 설명하는 시도가 신물이 날 만큼 쇄도했고, 결과적으로는 성공하지 못했다. 마이크 데이비스Mike Davis의 표현대로 이 봉기는 "대단히 혼종적인 봉기이며, 어쩌면 현대 미국 봉기 중에서 최초의 다인종적 봉기"였는지도 모르기 때문이다(Katz and Smith, 1992에서 데이비스가 인용: 19; Gooding-Williams, 1993도 참조). 마찬가지로 그로부터 1년이 채 지나기 전에 발생한, 1970년대 도심 재생(과 이로 인한 대대적인 강제이주)의 상징이자 1980년대 글로벌 도시성의 상징이었던 뉴욕시 세계무역센터 폭발물 사고는 실제로 영화 〈타워링Towering Inferno〉의 이미지를 생생하게 환기시켰고, '외국 아랍 테러리스트'에 대한 언론의 외국인 혐오적 사냥을 촉발시켰다(Ross, 1994). 건물 보안 시스템의 완전한 실패 때문에 '병든 도시'의 '병든 건물'이라는 묘사가 이루어지기도 했지만, 세계무역센터 폭발물 사고를 계기로 국제적 현장에서 미국 도시의 삶과 명백히 자의적이고도 야만적인 폭력(테러)의 관계가 공고해졌다. 심지어 평상시에는 냉정하기 이를 데 없는 비평가 폴 비릴리오Paul Virilio마저 세계무역센터 폭발물 사고는 '테러리즘의 새 시대'가, 어쩌면 지금보다 더 나은 과거 '테러의 균형'을 능가하는 "불균형의 시대가 도래했음을 알리고 있다"고 평가하는 입장에 동조했다(Virilio, 1994: 62). (사족이지만 고전경제학에서는 균형을 맞추는 데 중점을 두었다. 다시 말해 균형과 불균형의 차이는 당신이 서 있는 곳이 어디인지에 따라 크게 좌우된다.) 어쨌든, 뒤이은 외국인 혐오적 히스테리에는《뉴욕 타임스》마저 가담했다. "뉴욕시를 날려버릴 음모에 가담한 죄로 기소된 한 집단" 운운하며 외국인 공모자 수색 과정을 보도할 때 그 안일한 과장의 언어는 의문의 여지없는 사실로 통했다(Blumenthal, 1994). 가히 원자폭탄을 개발한 맨해튼 프로젝트에 맞먹는 대우다.

이후 추가적인 두 사건은 미국 도시에서 새롭게 출현한 보복주의뿐 아니라 이러한 보복주의가 형성되는 국제적 맥락을 더욱 공고하게 만들었다. 서안 출신의 미국계 유대인 정착자 바루크 골드스타인Baruch Goldstein 박사가 1994년 2월 25일 헤브론의 모스크에 기관총을 난사해 라마단 기도회에 참석 중이던 팔레스타인인 29명을 살해하자,《뉴욕 타임스》는 많은 이스라엘인들이 이 학살에 대해 느낀 감정적 혼란과 당혹감을 살피는 방식으로 대응했다(Blumenthal, 1994). 이 사건을 통해 시스템의 본질을 진단하기보다는, 전체적으로 골드스타인의 '불안정'과 안타까운 심리상태로 책임을 돌리는 분위기였다. 반면 살해당한 팔레스타인인들은《뉴욕 타임스》와 대부분의 미국 독자들에게 익명으로, 따라서 별로 중요하지 않은 사람들로 남았다. 이들 이름은 일부 미국 언론에서 마치 뒤늦게 생각이 나기라도 한 듯 보고되었다. 사망자 수도 불명확했다(며칠간 사상자 수는 22명에서 43명으로 보도되었고, 몇 주가 지나서야 미국 언론들은 겨우 정신을 차린 듯 29명을 공식 숫자로 굳혔다).

그 후 1주일도 채 되지 않아 총을 든 한 남자가 백주대낮에 브루클린 다리 위에서 정통 루바비치 유대교도들이 타고 있던 승합차에 총을 쏴 한 명이 사망하자, 어떤 점에서 놀라울 정도로 유사한 반응 패턴이 또 한 번 반복되었다. 이 경우에는 정반대 방식으로 폭력성을 드러냈다는 차이가 있긴 하지만 말이다. 줄리아니 시장의 행정부와 뉴욕시 언론들은 이번에도 뉴욕 정통 유대교도들의 '분노와 고통'에 초점을 맞추었다. 이들은 "공격은 헤브론에서 학살당한 수십 명의 무슬림에 대한 다소 성급한 보복행위였는지도 모른다"고 짐작하기도 하고, 그런 짐작을 거부하기도 했다. 《뉴욕 타임스》가 '외국인 체류자'라고 신분을 밝힌 라샤드 바즈Rashad Baz(사실 그는 비자가 만료된 레바논 시민이었다)가 뉴욕 경찰에게 체포되어 살인죄로 기소되자, 이런 짐작은 더욱 증폭되었다. 나중에 바즈와 살인사건은 아무 관계가 없다고 확인되었지만, 그가 외국인이라는 사실에 대한 조롱의 논조는 이미 어떤 식으로든 연결고리를 만들어냈다. "그의 소지품 중에는 레바논 폭발사건에 대한 기사뿐 아니라 이슬람 묵주와 그 외 종교적인 물건들이 있었다"고 《뉴욕 타임스》는 보도했다. 레바논이나 헤브론이나 거기서 거기라는 식이다.

이 사건은 곧바로 민족적 잔혹행위로 묘사되었다. 여기서 두 단어는 모두 중요하다. 사건이 만일 베드퍼드스테이베선트의 브루클린 지역에서 밤중에 일어났다면 경찰 컴퓨터에는 그저 또 하나의 지역 '차량 총격사건'으로 기록되었을 가능성이 높다. 그리고 피해자와 가해자 양측에 아프리카계 미국인들이 관련되어 있었다면, 《뉴욕 타임스》가 언급할 만한 가치도 없었을 것이고, '잔혹행위'라며 국민적 관심을 받지도 못했을 것이다. 그저 또 하나의 게토 지역 살인사건일 뿐이니까. 당사자들이 완전히 동화된 백인 미국인들이었다면, 특히 피해자(혹은 가해자)가 다른 지역에서 뉴욕시를 방문한 꽤 평판 좋은 중상계급 교외 지역 출신이었다면 언론의 관심과 불안이 좀 더 확대되었을 것이다. 그렇다면 브루클린 다리 살해사건이 그토록 큰 상징성을 띠게 된 것은 무엇 때문일까? 국제적인 정치 투쟁이 베이루트에서만큼이나 뉴욕 거리에서 흔한 일이 되었다는 사실을 굳이 들먹이지 않더라도, 이 총격사건은 내부의 '적'(아랍 이민자들)을 외부인으로 다시 밀어내는 일이 곳곳에서 벌어지고 있음을 확인시켜 준다. 둘째, 루바비치교도에 대한 이번 공격은 헤브론 학살의 껄끄러운 잡음들에 맞서 좀 더 일반적으로 유대인들을 희생자로 재설정할 수 있는 간편한 수단이 되었다.

세간에서는 이 사건을 2년 전에 벌어진 크라운하이츠 사건과 재빨리 비교했다. 크라운하이츠 사건이란 루바비치교도 젊은이가 정지신호를 무시하고 차량을 몰고 가다 어린 흑인 아이를 치어 숨지게 한 일을 말한다. 뒤이은 소요에서 호주의 한 젊은 루바비치교도가 살해당했다. 이 사건에서 지역사회의 흑인들은 경찰이 아이를 병원에 데려가는 것보다 오히려 운전자를 보호하는 데 더 신경 썼다며 비난했고, 루바비치교도들은 경찰이 뒤이은 소요를 고의적으로 진압하지 않았다며 고소했다. 루바비치교도들의 고소는 당시 시장이었던 데이비드 딩킨스와 경찰청장을 겨냥한 것이었고, 1993년 시장선거에서 핵심 이슈가 되었다. 이 선거에서 새 시장으로 선출된 줄리아니는 백인인데다가 1960년대 말의 로버트 린지Robert Lindsay 이후 최초의 공화당원 시장이었고, 1990년대 중반에는 특히 보복주의적인 도시 정치를 진두지휘했다.

두 번째 사건, 1995년 4월 19일 오클라호마시 연방건물 폭발사건은 다른 종류의 이면을 상징한다. CNN은 뉴욕과 로스앤젤레스만 국제테러리즘에 취약한 것은 아니라고 지적이라도 하듯, 168명의 사망자가 발생한 이 폭발사건을 '심장부에서의 테러'라고 발 빠르게 묘사했다. 폭발이 있은 후 몇 시간 만에 FBI는 현장 도주가 목격되었다는 "두 명의 중동 남성"을 찾기 위해 대대적인 범인 수색을 펼쳤다. 언론은 이 폭발사건에 '중동 테러리즘'의 모든 특징이 나타난다고 떠들어대는 다양한 종류의 친절한 '전문가들'을 발굴했고, 이 증언을 이용해 갈피를 잡을 수 없을 만큼 다양한 음모론 시나리오들을 쏟아냈다. 미국 내 무슬림들은 괴롭힘을 당했고, '이슬람민족Nation of Islam'['블랙무슬림'이라는 이름의 미국 내 흑인조직] 이 원리주의 성향의 범인일 수 있다며 내부의 누군가가 밀고하기도 했으며, 이민귀화국Immigration and Nationalization Service, INS에서 이민 서류를 더 빨리 받을 수 있다는 희망으로 오클라호마에 차를 몰고 가던 두 남성이 구금되었다. 런던발 비행기에서 막 내린 '중동 혈통'의 한 젊은 남성은 잘못된 시기에 잘못된 장소에 있었던 이유로 며칠간 억류되었다.

이 같은 반유대주의적이고 인종주의적인 반응은, 며칠 뒤 티머시 맥베이Timothy McVeigh라는, 한때 사관생도였지만 그 후 가끔 반정부 성향의 민병대 회원으로 활동하던 극우 성향 유럽계 미국인이 용의자로 구금되었다는 뉴스가 충격을 던지면서 모두 뒤덮였다. 두 번째 용의자가 체포되면서 이들은 그저 이용당했을 뿐이고 실제 배후에는 '중동 테러리스트들'이 있을지 모른다는 필사적인 추측에도 불구하고, 오클라호마시 폭발사건의 책임은 중동이 아닌 미국 중서부에, 그것도 백인 소년들에게 있다는 사실이 갈수록 분명해졌다. '심장부에서의 테러'는 잠시나마 더 사악한 의미를 띠게 되었다. 실제로 잠시 동안 그 의미는 완전히 이해하기 어려워 보였다. 오클라호마에서부터 워싱턴 DC에 이르기까지 많은 사람들에게 미국 역사상 최악의 테러행위로 널리 알려진 사건이 "국내에서 성장한 아메리칸 키드"에 의해 자행되었다는 사실은 그 무엇보다도 나쁜 상황이었다. '외국 아랍인들'이 미국을 증오해서 폭발물을 터뜨리는 것은 이해할 수 있지만, 많은 관료와 언론인, 인터뷰 대상자가 부지불식간에 말하듯 그것이 "우리 스스로 만들어낸 것"이었다는 사실은 불가해한

미스터리와도 같았다. 하룻밤 사이 담론은 민병대 회원들의 심리상태와 반정부 공격의 불합리로 넘어갔다. 특히 지독한 반정부적 수사를 동원해 빈민과 노동계급, 여성, 소수자와 이민자에 대해 자체적으로 사나운 공격을 이끌고 있던 대다수 공화당원은 이상할 정도로 침묵하긴 했지만 말이다. 이들은 나중에 (신흥종교 다윗교를 상대로 한) 웨이코와 (백인우월주의자들을 상대로 한) 루비리지에서의 치명적인 정부 폭력을 둘러싼 떠들썩한 공청회가 열리자, 그제야 핏대를 올리며 성토하고 나섰다.

오클라호마시 폭발사건에서 만연한 이 같은 프레임에는 몇 가지 분명한 문제들이 있다. 무엇이 '테러리즘'으로 간주되고, 무엇이 망각되는가? 미국 역사에서 이보다 더 야만적이고 더 장기적이었던 테러리즘은 노예제와 사형私刑 아닌가? 그리고 누가 '우리'라고 인식되는가? 용의자가 백인이 아니라 흑인이었다면 '우리'와 '그들'이라는 표현이 달라졌을까? 하지만 이를 넘어 의회가 갑자기 입법 과정으로 테러리즘에 대한 조치를 취하리라고는 가장 냉소적인 논평가조차도 예상하지 못했으리라. 오클라호마시 사건에 대한 대응에서 클린턴 행정부가 제시한(그리고 의회가 열정적으로 받아들인) 반테러리즘 법안에는 1970년대 이전 FBI의 폭넓은 감시 권한을 복원시키는 전면적인 조항들이 분명 들어 있었다. 하지만 '해외 테러리즘'에 대한 폭넓은 조항들은 행정부와 입법가들에게 생각보다 훨씬 소중했다. 무엇보다 미국 정부는 (사실상 마음대로) 어떤 '해외' 조직을 태생적으로 테러리스트라고 지목하고, 미국 시민이 이런 조직에 가담하거나 재정 지원을 할 경우 이를 범죄로 몰 수 있는 힘을 얻으려 했다. 메시지는 분명했다. 당연히 오클라호마시의 살인사건은 사실상 국내 테러리즘에서 비롯된 것으로 볼 수 있는 상황이었지만, 이는 예외로 인식되었다. 실제 위협은 해외 테러리스트들이며, 따라서 새로운 반테러리스트 법안의 적절한 타깃은 그들이었다.

여기서 메나헴 베긴Menachem Begin을 떠올릴 수 있다. 그는 1983년 베이루트의 미 해군 시설에서 일어난 폭발사건에 대해 미국 내에서 반유대인 정서가 일자, 이를 꼬집으며 "이교도가 이교도를 죽였는데, 아직도 유대인 탓만 한다!"고 말한 것으로 알려져 있다. 오클라호마시에서는 미국인이 미국인을 죽였는데 아직도 '외국인' 탓을 하는 형국이었다.

1990년대 오클라호마시에서 일어난 이 같은 보복주의적 반응은 1980년대 말 실패한 도시 낙관론에 대한 대응을 상징한다. 지난 10년간 여피로 성공한 많은 이들에게, 1990년대는 종종 비현실성을 드러내곤 했던 열망들의 우울한 패배와 경제적 퇴조의 시기였다. 1988~1992년에 경제불황이 진행되면서, 여피 문화에 범접하지는 못해도 열망한 대다수에게 이러한 절망은 좀 더 현실적으로 다가왔다. 경제불황은 일자리와 임금에 악영향을 미쳤을 뿐만 아니라, 경제 호황의 많은 부분을 주도하고 활황의 중심적 상징이 된 부동산 산업마저 침체시켰다. 전후 호황에서 교외주택이 그랬던 것처럼 젠트리피케이션과, 좀 더 일반적으로 도시의 빠른 삶은 1980년대 여피적 열망의 상징이 되었다.

물론 이는 새로운 주제가 아니다. 반도시성은 미국 대중문화의 저변에 흐르고 있다(White and White, 1977). 카스텔은 도시를 '와일드시티'라고 불렀는데(Castells, 1976), 이처럼 도시를 정글과 야생으로 묘사하던 전후의 표현은 젠트리피케이션이 구원의 힘을 가졌다는 식의 서사를 끌고 오는 동시에, 이와 모순을 일으키면서 1980년대 내내 한 번도 완전히 종적을 감추지 않았다. 새로워진 부분은 '공포와 분노'(Gilmore, 1993: 26)의 이 같은 집합이 다시금 도시 생활을 둘러싼 대중매체의 비전을 독점하게 된 정도와, 보복주의적인 미국 도시가 이제 선천적으로 국제적인 산물이라고 인식하게 된 정도에 있다. 나프타NAFTA부터 세계무역센터에 이르기까지, 현실에서든 상상에서든 미국 국경의 안전은 해체되었다. 유럽에서 이주한 사회주의자들이 도시민주주의의 구조를 공격한다고 지목당했던 1910년대와 1920년대 초에도 도시는 악당의 소굴로 그려지긴 했지만, 그렇다고 미국의 반도시성이 이렇게까지 명시적으로 국제적 인식과 연결되지는 않았다. 핵 공격이라는 극한의 수단도, 냉전의 매카시즘도 내부에 있는 외부자의 공격에 취약한 미국 도시라는 관점과 비교될 만한 상을 만들어내지는 못했다. 아울러 그들 입장에서 '화이트플라이트white flight'[백인 중산층의 교외 이주를 의미함]라는 인종주의적 용어를 만들어낼 정도로 도시 구조에 영향을 미친 1960년대의 시민권 봉기는, 베트남전 반대운동과 관련이 있긴 했지만 대체로 국내 문제로서 재현되었다.

어쩌면 놀라야 할 대목은, 새로운 반도시성이 지난 20년간 지역적 사회경제가 국제화되었다는 사실을 마지못해 인정한 것을 포함한다는 사실이 아닐지도 모른다. 그보다는 미디어의 도시 재현 방식(최소한 자본과 문화, 상품과 정보의 흐름이라는 관점에서 가장 코즈모폴리턴한 도시들에 대한)이 일반적인 국제 사건들로부터, 그중에서도 특히 미국의 군사와 정치·경제정책의 결과들로부터 대단히 체계적으로 미국 도시 생활의 성공과 위기를 단절시키고, 사실상 고립시킬 수 있었던 점이 놀랍다. 대체로 미국 도시의 국제주의는 자본과 시장의 관계를 인정하지만, 다른 한편으로는 도시 경관에 섬처럼 흩어져 있는 리틀 이탈리아와 리틀 타이완, 리틀 자메이카, 리틀 산후안과 같이 향수와 현실이 공존하는 공간들을 인정하는 데 한정된다고 말해도 무리는 아니다. 마치 도시 전체 수준에서는 아메리카주의에 집착하면서도 근린(노동계급) 규모에서는 형식적인 국제주의를 허용한다는 듯이 말이다. 하지만 보복주의적 도시는 더 이상 과거처럼 고립되거나 단절되지 않으며, 전 지구적인 성격과 지역적인 성격을 동시에 갖는다.

톰킨스스퀘어 공원 이후: 뉴욕의 홈리스 전쟁

1980년에는 전체적으로 부동산 시장이 뜨겁게 달아올랐지만, 1989년에 이르자 뉴욕의 로어이스트사이드와 마찬가지로 어퍼웨스트사이드 역시 젠트리피케이션이 크게 위축되었다. '역젠트리피케이션' 개념이 만들어진 것도 이 동네에서였던 것 같다. 젠트리피케이션이 둔화되면서 퇴거 속도와 임대료 증가세가 한풀 꺾였다. 또 실제 수에 대해서는 의견이 분분하긴 하지만, 대부분의 논평가들은 1990년대 초 이후 뉴욕시 전체적으로 노숙 인구가 안정되었다고 주장한다. 하지만 1980년대에 노숙자가 급증하던 시기에 처음으로 불붙었다가 어퍼웨스트사이드 같은 동네를 거점으로 지속된, 노숙자에 대한 자유주의적인 우려 역시 확산하기 시작했다.

한 근린 활동가는 '어퍼웨스트사이드의 쇠락'에 대해《뉴욕》1면에서 "우리는 더 이상 자멸적인 자유주의자들이 아니"라고 역설한다. 전통적으로 고루한《뉴요커》와 대비되며 진보주의적 성향을 내세운《뉴욕》은 다양한 진보주의적 대의들을 옹호했고, 따라서 1960년대 이후 다양한 젠트리피케이션 물결을 경험한 어퍼웨스트사이드에서 자연스럽게 많은 고객을 확보했다. 하지만《뉴욕》은 분명 노숙자 문제에 신물 나 있다. 젠트리피케이션의 침체와 소기업들의 파산이 늘어나는 현실을 애통해하던 작가 제프리 골드버그Jeffrey Goldberg는 지난 몇 년간 사회 서비스 때문에 노숙자가 동네로 유입되었다고 지적한다. "이제 어퍼웨스트사이드의 지배업종은 소기업이 아니라 노숙이다"(Goldberg, 1994: 38). 인종차별주의자로 비칠까 두려웠던 그는 노숙자와 여러 사회 서비스 시설들이 빈곤한 동네에 몰리도록 만든 도시정책의 '환경적 인종주의'를 언급하면서 이런 시설들을 절대 공급해서는 안 된다고 효과적으로 주장한다. 그리고 그는 굳이 흑임임을 강조한 공화당 쪽의 한 '공동체 지지자'가 그의 주장을 뒷받침한다고 밝힌다.

> 멍청한 진보주의적 태도를 가진 사람은 노숙자를 보고 "여기에 이 사람들의 거처를 마련해주어야 한다"고 말한다. 그러고 나서 다음날 아침에 일어나보면 길거리에는 더 많은 노숙자들이 와 있다. 우리가 더 많은 사람들을 받아들일수록 도시에서는 더 많은 사람들이 쏟아져 나오기 때문이다. 얼마 안 가 이 동네는 사회 서비스 시설과 비싼 협동조합형 주택에 들어앉은 사람들로 가득 찰 것이다(Goldberg, 1994: 39).

하지만 뉴욕의 '노숙자 전쟁'이 지리적으로 겨냥하는 곳이 있다면 그곳은 로어이스트사이드, 더 구체적으로 말하면 톰킨스스퀘어 공원임이 분명하다. 그리고 톰킨스스퀘어 공원을 정말로 밀어버린 건, 뉴욕시의 최근 역사 속 반동적 성향이 강한 시장들이 아니라 데이비드 딩킨스였다. 진보 성향의 민주당원이자 미국 사민당의 당원이기도 했던 딩킨스는 뉴욕시의 주택운동과 노숙자 지원운동 세력들로부터 강력한 지지를 받아 선출되었지만, 처음으로 1989년 12월 공원에서 노숙자들을 퇴거시키라며 발 빠르게(당선된 지 몇 주 만에, 취임식도 하기 전에) 허가를 내주었다. 이 사건은 딩킨스와 그를 선출해준 대중들의 지지가 4년 동안 점점 멀어지는 시작점이 되었다.《빌리지 보이스》가 1991년의 퇴거에 대해 언급했듯, "공원 주위 공터에 흩어져 지내는 집 없는 공원 거주자들에게 공원 폐쇄는 빈민의 권리를 옹호하리라고 여겨졌던 행정부가 감행한 또 한 번의 배신이었다"(Ferguson, 1991a: 16). 마침내 공원 문을 닫게 되었을 때 딩킨스는 주택운동가나 노숙운동가의 말이 아니라 '공원'에 대한 웹스터 사전의 정의를 인용하며, 톰킨스스퀘어는 공원이 아니라고 판단한《뉴욕 타임스》의 사설을 들먹였다. "공원은 판자촌이 아니다. 캠프장도, 노숙자 쉼터도, 마약중독자들을 위한 마약 복용 장소도, 정치적인 문제도 아니다. 맨해튼 이스트빌리지의 톰킨스스퀘어가 아니라면 말이다."《뉴욕 타임스》에 따르면 공원에서 지내던 노숙자 주민들은 "공원을 대중들로부터 빼앗"았고 공원은 "재탈환되어야" 했다. 공원이 폐쇄되기 불과 사흘 전《뉴욕 타임스》는 다른 부분적인 해법에 대해서는 독설을 퍼붓는 한편, "깨끗하게 쓸어내는 것"은 "정치적으로 더 위험할 수는 있지만 더 현명한 처사"라며 추켜세웠다. "공원에 거주하는 일부 진정한 노숙자들"이 있는 것 같고, 이 때문에 "잘못된 동정심이 넘쳐난다"("Make Tompkins Square …", 1991). 공원관리국장 베시 곳바움Betsy Gotbaum은 내셔널퍼블릭라디오와의 인터뷰에서 똑같은 글을 인용하며, 도시의 새로운 프런티어라는 자신의 급진적 관점을 투영했다. "그곳에는 텐트가 가득했어요. 원주민 천막까지 있더군요. …… 정말로 역겨웠어요."

1991년 6월 3일 톰킨스스퀘어 공원이 폐쇄되고 300여 명의 노숙자들이 공원에서 쫓겨나자, 로어이스트사이드 전역에 노숙 문제가 전면으로 부각되었다. 또 동네 전체가 경합 구역이 되고 주변 거리가 움직이는 비무장지대가 되면서 공원 바깥으로 정치행동의 장소가 확산되었다. 1991년 여름, 공원에 즉각 울타리가 세워지자 '돼지 산책시키기'라는 야간 행사가 이어졌다. 보복주의적 도시 이면의 힘을 적나라하게 드러낸다는 점에서, 길더라도 이 사건을 직접 목격한 사람의 글을 인용해볼 만할 것 같다.

　6월 3일 경찰이 공원을 장악한 이후, 공동체 저항의 중심지인 B가(공원 남동쪽에 있는)의 세인트브리지드 교회 계단에서 야간 집회가 열리고 있다. 금요일에 수십 명의 부모들이 아이들과 함께 펑크족과 아나키스트들 사

공원이 사라진 뒤(The Shadow)
"먼저 그들은 나를 거의 죽을 지경으로 팬 뒤 공원에서 쫓아냈다. 그리고는 '새 질서'를 축복하라고 요구한다"

이에 모여들더니 "공원을 개방하라!"고 외치면서 진로를 막고 있던 폭동 진압 경찰의 저지선을 뚫고 행진을 시도했다. 이들이 다시 인도로 밀려났을 때는 800여 명의 주민들이 거리로 나와 드럼과 쓰레기통 뚜껑을 두들겼고, 그러자 (공원 보호용) 경찰저지선은 로이사이다부터 웨스트빌리지, 그리고 다시 D가에서 떨어진 주택단지까지 이들을 충실히 따라다녔다. 지역 주민들은 이를 두고 야간의 '돼지 산책시키기' 행사라고 부른다.

이들은 세인트브리지드 계단에서 군중들을 향해 눈을 뜰 수 없을 만큼 밝은 고강도 조명을 쏘아대는 최소 100여 명의 경찰과 대치했다. 두 명의 위장경찰이 지붕에서 병을 던지는 사람들이 있는지 확인해봐야겠다며 B가에서 교회 입구로 밀치며 들어오기 전까지 시위대는 평화로웠다. 교구 주민 마리아 토르닌은 경찰 한 명에게 얼굴을 맞아 계단에 쓰러졌고, 나사로 커뮤니티의 팻 맬로니 신부는 벽으로 떠밀렸다. 세인트브리지드의 목사 쿤은 교구민들의 호위 속에 위장경찰들을 문밖으로 몰아냈다.

"법이 멈출 때 독재가 시작됩니다. 이 인간들은 독재자들입니다." 맬로니 신부는 성난 군중들을 위장경찰들이 몸을 숨긴 호송차로 이끌며 이렇게 외쳤다. ……

마지막 토요일, 불도저가 (통제선이 쳐진 공원 안에서) 부서진 벤치 위를 굉음을 내며 지나가고, 체스용 테이블을 산산조각 내자 1000여 명의 로어이스트사이드 주민들이 모여 스크럼을 짜고 공원을 에워싸며 시위를 벌였다. 세인트브리지드 교회의 종이 울리자 군화를 신고 코걸이를 한 레게 머리의 아나키스트들이 날염 원피스에 플라스틱 진주 장신구를 한 유대인 할머니들과 손을 잡았다. 1988년 경찰 폭동 이후 한 번도 보지 못했던 평화로운 단결의 풍경이었다(Ferguson, 1991b: 25).

1991년 6월 톰킨스스퀘어 공원의 폐쇄는 이미 보복주의적 도시의 정신이 물씬 풍기는 뉴욕시 전역에서 완고한 반노숙·반무단점유 정책의 개시를 알렸다. 로어이스트사이드에서 '복원 작전'을 진두지휘했던 새로운 반노숙정책은 시 행정부가 1991년에 착수한 것으로, 공원과 거리, 동네를 '대중들'로부터 '빼앗았다'고 지목된 사람들로부터 '탈환한다'는 의도를 담고 있었다. 로어이스트사이드의 무단점유자들에 대한 공격이 처음으로 고조된 것은 1989년이었지만, 2년 후인 1992년 초에 500~700명에 달하는 무단점유자들이 아직도 로어이스트사이드에 있는 30~40채의 건물에 머물고 있는 상태에서 시가 이 무단점거자들을 모두 퇴거시키기란 대단히 어려운 일로 판명이 났다. 브롱크스뿐 아니라 그 동네의 몇몇 건물들은 정리가 되기도 했지만 말이다. 그 대신《뉴욕 타임스》가 '노숙자 단속'이라고 표현한 큰 캠페인으로 관심이 모아졌다(Roberts, 1991a).

노숙자들은 대체로 푸에르토리코인들이 살고 있는 공원 동쪽 가난한 동네의 몇몇 공터에 판자촌과 텐트도시를 다시 세움으로써 공원 폐쇄에 즉각 대응했다. '딩킨스빌'이라는 이름이 붙은 이곳이 점점 커져가자 감시의 대상이 되었고, 결국 1991년 10월부터 불도저가 들이닥쳐 세 곳의 공터를 밀어버리고 200명을 다시 퇴거시켰다(Morgan, 1991). 공원과 마찬가지로, 이 현장에도 노숙자들이 빈 공간을 공개적으로 무단점거하지 못하도록 재빨리 울타리가 세워졌다. 그러자 퇴거당한 사람들은 다시 한번 동쪽으로 이동해 브루클린 다리와 맨해튼 다리, 윌리엄스버그 다리 아래나 FDR 고속도로 아래, 혹은 대중의 시선과 경찰의 공격, 악천후를 피할 수 있는 장소라면 어디든지 캠프장을 차리거나 기존 캠프장에 합류했다. 그러던 중 화재가 발생해 이스트강 다리 아래에 있던 캠프장을 집어삼켰고, 한 명이 사망했다. 그리고 1년 뒤인 1993년 8월에 뉴욕시는 50~70명이 거주하는 잘 지어진 판자촌으로서 "맨해튼에서 가장 눈에 띄는 노숙의 상징 중 하나"(Fisher, 1993)로 묘사되던 또 다른 다리 아래의 '더 힐the

뉴욕 C가와 D가 사이 3번 스트리트와 4번 스트리트에 있던 딩킨스빌이 불도저에 철거되고 있다
(John Penley)

Hill'을 불도저로 밀어버렸다. 퇴거당한 많은 이들이 다시 한번 동쪽으로 떠밀려 이스트강 수변 아래위로, 그리고 사라델라노루즈벨트 공원으로 흩어졌지만, 1994년에 수변의 일부를 재건하는 공사가 시작되자 다시 한번 움직여야 했다. 로어이스트사이드에 있던 노숙자들이 맨해튼 전역과 그 외 다른 지역의 잘게 쪼개진 임시 거처로 흩어지는 움직임은 결국 1994년에 이르러서야 마무리되었다.

　　뉴욕시의 다른 곳에서도 노숙자들에 대한 공격이 탄력을 받았다. 웨스트사이드 고속도로 아래, 콜럼버스 서클, 그리고 펜Penn역에 있던 판자촌이 1991년 가을이 시작되면서 동시다발적으로 철거되었다. 그리고 기차역과 지하철역에서 살던 '두더지 인간들'이 색출되었다. 경찰의 소탕 작전과 화재 사건으로 다리 아래나 대중교통 시설, 지하 공동배관 시설에 있던 몇몇 캠프장을 비롯해, 과거에는 "알려지지 않았던" 노숙자들의 삶이 지역 언론을 통해 백일하에 드러났다. 매체 보도에서 이러한 장기 캠프장의 사람들을 기이하고 비인간화된 존재로 다루는 경우도 있었다. 이들이 '지하에서' 생활한 기간이 길면 길수록, 특히 일정한 직업까지 있는 사람일수록 언론인들은 더 군침을 흘렸다. 매체들은 이런 노숙자들이 스스로에게 냉소적으로 붙인 '두더지 인간'이라는 표현을 야만적인 실증적 설명과 함께 다시 사용했다(Toth, 1993 참조).

야외의 공공장소를 둘러싼 새로운 강경 정책들에 발맞춰, 교통 당국은 노숙자들이 실내 공공장소에 접근하지 못하게 할 목적으로 주요 중심지에 대한 새로운 반노숙정책을 만들었다. 그랜드센트럴역에서는 좀 더 참신한 접근법을 시도했다. 석유회사 모빌이 맨해튼의 본사를 다른 곳으로 옮기면서, 교외에 사는 한 백인 중역이 성가신 노숙자 군중을 헤치며 출근하는 시련을 묘사한 고별 영화를 남겼는데, 그 직후 '이 문제'를 해결하기 위해 '그랜드센트럴 파트너십'이 형성된 것이다. 그랜드센트럴 파트너십은 지역 상공인들로부터 돈을 걷어 조성한 기금으로 민간 순찰대를 조직했고, 노숙자들을 이 지역 바깥으로 꾀어내기 위해 근처 교회가 음식과 잠자리를 제공했다. 이 '비즈니스 개선 지구' 모델은 메트로폴리탄 지역 곳곳에서 복제되어 시행되었다. 다른 한편 그랜드센트럴 파트너십은 노숙자들과 판잣집들을 1번가에서 '소탕'하는 데 참여했는데, 현재 일부 퇴거자들을 동원해 다른 퇴거자들을 강제로 내쫓았다는 혐의로 조사받는 중이다.

실제로 1990~1993년에 딩킨스 행정부의 진정한 노숙정책은 퇴거밖에 없었다. 아니, 반노숙정책이라고 하는 것이 더 적절하겠다. 1991년 말 '단속'이 시작되면서 뉴욕시 노숙관리청Office on Homelessness 청장은 점점 좌절감에 시달렸다. 처음에는 좋은 의도를 갖고 시작했지만, 점점 시 행정부의 유일한 전략, 즉 집이 없는 것을 노숙인들 탓으로 돌리는 일에 끌려들어가던 청장은 결국 사임했다. 1993년 노숙자 수백 명이 야간에 시청사에서 잠을 자는 사태가 벌어지자, 노숙정책이 부재하고 국회가 명령한 쉼터를 제공하지 못했다는 이유로 시 행정부와 일부 관료들이 국회모독죄로 고발당했다.

레이건주의에 대한 대응이 사실상 부재했던 1980년대에는 전국적인 수준에서 진보적 노숙정책의 파산이 분명해졌다. 1980년대 말에 이르자 진보적인 도시정책의 실패가 지역 수준에서 나타나게 되었다. 단순히 재정적 측면이나 기술적 측면에서는 이 실패를 설명하지 못한다. 대단히 현실적인 재정적 한계들이 어떤 식으로 가해졌든지 간에(사회적 지출에 대한 레이건과 부시의 공격에 의해서든, 쉼터의 수용인원은 약 2만 4000명 정도인데 노숙자는 그 네 배에 달하기 때문이든, 아니면 그 어떤 도시의 관료주의도 쉼터를 안전한 장소로 만들 능력이 없기 때문이든), 진보주의의 실패는 일차적으로 정치적 의지의 실패이며, 이는 시 행정부뿐 아니라 많은 노숙인을 상대하는 동네에도 악영향을 미쳤다. 진보적 도시정책의 실패는 사회적 재생산 시스템 역시 조직적으로 흔들어놓았다(Susser, 1993).

로어이스트사이드에서는 캠프장이 점점 고립되고, 시가 아무런 해법도 제시하지 않으면서 톰킨스스퀘어 공원 거주자들을 위한 공동체의 지원이 확실히 약화되었다. 공원은 수백 명의 사람들에게 작업장이자 놀이터였고, 거실이자 욕실이었으며, 그 결과로 벌어진 상황은 긴급주택 등 사회적 필요를 둘러싼 건전한 해법과는 거리가 멀었다. 공원이 폐쇄되자 동정적이던 어느 관찰자마저 이런 결론을 내리지 않을 수 없었다.

인내하던 로어이스트사이드의 분위기마저 더 이상 유지될 수 없을 정도로 상황은 위기를 향해 치달았다. …… 대부분의 주민들 역시 노숙자와 공원 때문에 너무 지쳐서 또 다른 싸움을 엄두도 내지 못하고 있다. 그리고 공원 주변의 공동체는 이미 변해버렸다(Ferguson, 1991a).

딩킨스 행정부는 어퍼웨스트사이드와 로어이스트사이드의 절망에 빠진 주민들(노숙자들이 계속 눈앞에서 얼쩡대자 자기이익이 급격히 돌출된 주민들)과 마찬가지로, 노숙이 불행한 사건이고, 시스템과 아무리 관련이 있어도 도덕적 잘못을 의미하며, 특별한 노숙정책으로 해결할 수 있다고 생각했다. 이런 생각의 순수함은 노숙정책이 집 있는 사람들에게 비용을 전혀 혹은 거의 요구하지 않을 경우에 한해서만 유지될 수 있었다. 노숙문제가 집 있는 사람들에게 어떤 식으로든 피해를 주기 시작할 경우, 모든 사람에게 살 집을 마련해주겠다는 정치적 의지는 도덕적인 공감보다 더 강력한 정치적·분석적 토대를 근거로 삼아야 한다.

경기침체가 집이 있든 없든 많은 사람들의 생계와 정체성을 위협하는 상황에서, 공감에 기반을 둔 (시 행정부와 도시 거주자 모두의) 지원과 실천이 약화되었다. '집 없는 사람들'(모두를 싸잡아 대상화하고 거리를 두며 익숙하게 만드는 표현법이다)에 대한 동정은 갈수록 소수의 사람들이 향유하는 사치품이 되었다. 이렇듯 진보적인 도시정책이 노숙 문제를 해결하지 못하고 비참하게 실패한 상태에서, 새로 선출된 줄리아니 시장은 1994년에 보복주의적 도시를 강화하고 나섰다. 뉴욕 시장으로서는 25년 만에 최초의 공화당원이었던 줄리아니는 노숙인들에 대한 공격을 결집시키며 시장직을 시작했다. 항간에 떠도는 이야기에 따르면 줄리아니가 집무를 시작한 지 며칠 뒤 한 기자가 뉴욕시를 엄습한 한파에 대해 질문을 던진 날, 그는 노숙자에 대한 공격이 시작되었음을 알리는 공세를 퍼부었다. 거리에 있는 노숙자 수를 염두에 두고 누군가 "시장은 뭘 할 생각인지" 묻자 시장은 "우리는 날씨 때문에 바쁘다"고 대답한 것으로 전해진다.

하지만 줄리아니 행정부는 실제로는 날씨보다 훨씬 많은 것 때문에 바빴다. 그는 뉴욕시 안에서의 구걸 행위뿐 아니라 노숙자들이 자동차 창문을 닦아주고 돈을 요구하는 행위를 불법화하는 계획을 즉각 발표했고, 노숙자 걸인에게 굴욕감을 주고 다른 승객을 위협하려는 목적이 분명한 모욕적인 지하철 포스터 캠페인을 시작했다. 포스터는 천박하거나 위협적으로 그려진 노숙자 이미지를 배경으로 "그들에게 돈을 주지 말라"고 요란을 떨었다. 줄리아니의 첫 번째 예산안에는 노숙자들이 시영 쉼터에서 밤을 보낼 경우 '임대료'를 지불해주는 항목이 포함되어 있었는데, 만일 의료, 마약, 알코올 재활 등의 위탁 사회 서비스를 거부할 경우 쉼터에 들어갈 수 없었다.

줄리아니가 선출되고 나서 몇 주 뒤 공공공간에서 점점 경찰의 '소탕' 작전이 심해지는 가운데, 노숙자동맹Coalition for the Homeless이라는 비영리 단체 활동가들은 노숙자들 사이에서 비슷한 패턴의 부상이 늘어나고 있음을 감지하고, 스트리트와치Streetwatch라는 조직을 결성해 노숙자에 대한 경찰의 처우를 감시하는 한편, 노숙자들의 증언을 수집했다. 몇 달 뒤 스트리트와치는 50여 건의 혐의를 근거로 줄리아니 행정부 아래 펜역에서 자행된 경찰의 괴롭힘과 학대, 만행을 고발하는 수백만 달러짜리 소송을 제기했다. 《빌리지 보이스》는 "고발 내용은 마치 공상과학소설 《시계태엽 오렌지》에서 몇 장을 찢어낸 것 같다"고 지적했다(Kaplan, 1994a). 스트리트와치가 수집한 한 문제제기에는 이런 주장이 실려 있었다.

나는 (펜역의) 대합실에 앉아 있었다. …… 두 명의 백인 남성 경찰관이 …… 내게 다가왔다. 그들은 "지금 당장 일어나서 나가지 않으면 우리가 당신이 떠나도록 도와줄 것 ……"이라고 말했다. 난 (가방을) 집어들기 위해 몸을 굽혔다. 이들은 내 팔꿈치를 비틀더니 의자 옆의 콘크리트 기둥으로 나를 밀쳤다. 이들은 내 앞니를 가격했고, 오른쪽 눈썹에 커다란 자상을 만들었으며, 거기서 피가 뿜어져 나왔다. 또한 내 코도 탈구되었고, 안경도 박살이 났다. …… 이들은 내게 더 이상 꼴 보기 싫다고, 자신들의 눈에 띄면 "한동안 기어 다니게 될 것"이라고 했다. 그러고 나서 이들은 …… 나를 문밖으로 거칠게 떠밀었고, 난 인도에서 넘어져 뒤통수를 찧었다. 그 부상으로 여덟 바늘을 꿰매야 했다. …… 그 사건 이후로 어지럼증과 일시적인 기억상실 증세가 생겼다(Kaplan, 1994b에서 인용).

공공장소에서 노숙자들을 내쫓기 위한 경찰의 교전은, 노숙자의 광범위한 활동을 도시 근린에서 '삶의 질'을 해치는 행위로 범죄화하기로 한 줄리아니의 결단이라는 측면에서 대체로 정당화되었다. '삶의 질' 저해라는 명목은 뉴욕시 경찰청에게 노숙자들을 거리에서 내쫓고, 이들을 안전하지 못한 쉼터에 주저앉히거나, 노숙자들이 그저 숨을 수밖에 없게 만드는 미증유의 권력을 쥐어주었다. 시 당국은 또한 노숙자들을 위한 무료급식소 재정도 중단시켰다. 뉴욕시는 1995년 5월에 13번 스트리트에 있는 몇몇 건물로 진격해 로어이스트사이드의 버려진 건물에서 무단점유자들을 쓸어내려는 시도를 다시 감행했다.

1990년대 초 뉴욕에서 노숙자에 대한 지지가 약화된 것은, 그렇게 진보적이지 않은 동네뿐 아니라 진보적인 동네에서마저 "노숙자에 대한 국민적인 양가적 태도"가 점점 만연하고 있다는 폭넓은 발견이 전국의 매체에서 보도되는 와중이기도 했다(Roberts, 1991b). 공공장소에서의 취침과 캠핑, 인도에 주저앉는 행위, 구걸, 자동차 창문 닦기에 대한 엄격한 조치들은 마이애미나 애틀랜타 같은 보수적인 도시에서 시작되어 시애틀이나 샌프란시스코 같은 진보의 요새 같은 곳에서도 발 빠르게 채택되었다(Egan, 1993). 그리고 "로스앤젤레스 시내를 비즈니스에 우호적인 곳으로 만들려는" 노력에서 "시 행정부는 노숙자들을 산업 지역의 울타리가 둘러진 캠프장으로 실어 나를 계획으로 분주하다"("Los Angeles plans a camp …", 1994). 보복주의적 도시는 뉴욕을 넘어 확장되고 있으며, 노숙자들의 일상생활에서 많은 측면을 범죄화하는 조치들이 점점 만연하고 있다. 그러는 한편 미국 언론들은 노숙의 참혹한 현실을 새로운 시각으로 조명하지 못하고 있으며, 신문들은 점점 뻔하고 예측 가능한 길거리 이야기들을 쏟아놓거나, 아니면 아예 이 문제를 나 몰라라 하고 있다.

학계의 많은 논평가들 사이에는 신자유주의적 수정주의 역시 싹트고 있다. 전국적인 차원뿐 아니라 지역 차원에서 노숙 문제를 해결하기 위한 의미 있는 주택계획이 부재한 상태에서 원인에 대한 논의는 갈수록 사회적 변동보다는 개별 행위로 퇴행했고, 피해자를 탓하는 관행은 이제까지 진보적인 성향이었던 집단 내에서마저 소리 없이 신빙성을 얻게 되었다(Rossi, 1989 참조). 1980년대의 노숙이 새로운 위기라는 생각을 토대로 기존의 정책들은 잘못되었다는 명백한 암시와 더불어, 1980년대에 노숙은 전혀 큰 문제가 아니라고 주장하려는 시도마저 이루어졌다(White, 1991). 크리스토퍼 젠크스Christopher Jencks는《더 홈리스The Homeless》(Jencks, 1994c)라는 책과, 전통적으로 진보적 성향의《뉴욕 리뷰 오브 북스New York Review of Books》에 실린 두 편의 논문(Jencks, 1994a, 1994b)에서 이러한 수정주의와 부분적으로만 거리를 유지한다. 젠크스는 훨씬 적은 노숙자 추정치를 옹호하며(그는 1990년에 전국적으로 32만 4000명이라고 했지만, 이보다 더 열 배 많다고 보는 것이 일반적인 추정이다), 길거리에 노숙이 크게 증가했다는 시각적 근거는 잘못일 수 있다고 주의를 준다.

하지만 우리가 길거리에서 보는 것은 궁핍의 빈도보다는 경찰 행위에 더 많이 좌우되곤 한다. 가령 구걸 행위자의 수는 주로 체포의 위험, 그리고 다른 행위와 비교했을 때 구걸을 통해 얼마나 벌 수 있는지에 좌우된다. 대부분의 구걸 행위자들은 일반적인 집에 거주하는 것으로 보이며, 노숙자 중 소수만이 구걸을 인정한다. 겉모습은 노숙의 신뢰할 만한 지표가 아니다. 로시의 인터뷰 진행자들은 응답자 중 절반 이상이 "깔끔하고 청결했다"고 평가했다(Jencks, 1994a: 22).

노숙자의 규모를 추정하는 '숫자놀음'마저 '겉모습'에 대한 중간계급의 고정관념과 구걸 행위의 도덕성, 경제선택이론에서 나온 합리적 행위를 둘러싼 신빙성 없는 가정들에 지배당하고 있다.

"그 어떤 부유한 나라도" 미국만큼 "정신질환자들을 나 몰라라 하지 않는다"(Jencks, 1994a: 24)고 인정했고, 정신질환은 노숙에서 큰 역할을 한다는 결론을 내리기도 했던 젱크스가 경제적 합리성을 근거로 분석을 했다는 점은 아이러니하다. 사실 그는 1980년대에 노숙 증가에 기여한 몇 가지 행태 요인과 구조적 요인을 규명하고 있다. 젊은 엄마들의 결혼률 하락, 마약의 일종인 '크랙'의 만연, 정신질환의 비제도화, 미숙련노동자 수요 감소, 길거리에 대한 개인적 선호, 민간 시장이 분명한 필요를 제공하지 못하도록 막는 한편 사람들에게 노숙자가 되도록 '용기를 심어주는' 지역 주택과 쉼터 법안의 다양한 변화 같은 것들 말이다(Jencks, 1994a, 1994b, 1994c). 이런 주장에 아무리 보수성이 깔려 있다 해도 젱크스는 노숙자에게 거처를 제공해야 한다는 진보적 책임감을 갖고 있으며, 지금의 쉼터 시스템은 무엇보다 사생활을 방해한다며 비판한다. 그는 대단히 실용주의적인 입장에서 유일한 현실적 해법은 "칸막이형 호텔을 짓는 것"이라고 제안한다(Jencks, 1994b: 44). 젱크스는 1950년대 시카고 모델, 즉 "침대, 의자, 갓 없는 전등이 붙박이로 설치되어 있고 창문이 없는 가로 1.5미터 세로 2미터의 방"(Jencks, 1994b: 44)을 대안으로 제시하면서, 주거

기준을 완화하고 필요할 경우 이런 칸막이형 호텔을 짓는 기업가들에게 보조금을 제공해야 한다고 주장한다. 이 일에 참여하는 사람들에게는 바우처 시스템을 통해 사회적 서비스를 제공할 수도 있다. 여기서 이 모델은 다시 한번 "합리적인 선택"이다.

> 1958년에는 맥주 여섯 개들이 한 팩보다 칸막이 비용이 더 싼 덕에, 사람들은 인사불성이 될 정도의 비용보다 더 적은 비용으로 프라이버시를 지켰다. 1991년에 이르자 맥주 여섯 개들이 한 팩보다 칸막이 비용이 더 비싸지면서 프라이버시를 유지하는 것보다 더 적은 비용으로 인사불성이 되는 것이 가능해졌다. 칸막이 가격과 코카인 가격을 비교해보아도 마찬가지다(Jencks, 1994b: 39).

젱크스의 비전은 노숙자에 대한 전형적인 신자유주의적 보복주의로 볼 수 있다. 얄팍하게 위장한 증오와 적개심이 마지막 남은 동정심을 움직인 것이다.

1990년대에 노숙과 노숙자에 대한 대응은 처음으로 고개를 들기 시작한 보복주의적 도시의 한 측면만을, 그중에서도 특히 끔찍한 측면만을 대변한다. 노숙자에 대한 정치적 지원이 완전히 사라졌거나, 노숙에 대한 비판적 논의가 이제 종적을 감춘 것은 아니다(가령 Hoch and Slayton, 1989; Wagner, 1993 참조). 그보다 노숙의 지배 담론은 노숙자를 깔보는 듯해도 공감에 기초했던 1980년대 말의 태도에서, 노숙자에 대한 파렴치한 비난으로 확실히 이동했다. 그들의 고난뿐 아니라 더 넓은 사회문제마저 이들의 책임이라는 것이다. 이 고전적인 복수심에 기초한 보수성 안에는 사회적 과정과 개인의 고난 사이의 관계가 역전되어 있다.

보복주의적 도시는 "이 도시를 잃은 자들은 누구인가? 그리고 누구를 상대로 복수가 이루어져야 하는가?"라고 외친다. 계급, 인종, 젠더, 국적, 성적 취향으로 규정된 희생양을 상대로 육체적·법적·수사적 교전을 통해 표현되는 이런 반응은 현대 미국 도시의 일상생활과 정치 행정부, 미디어의 재현을 나날이 강력하게 지배하고 있다. 분명 보복주의적 도시는 빈부로 나뉜 이중도시이며(Mollenkopf and Castells, 1991; Fainstein et al., 1992), 데이비스(Davis, 1991)가 예측하고 로스엔젤레스 폭동에서 현실화된 도시 균열에 대한 종말론적 상이 날로 현실성을 획득하는 가운데 이러한 성격의 보복주의적 도시도 지속될 것이다. 하지만 이게 전부가 아니다. 보복주의적 도시는 승자들이 점점 자신들의 특혜를 방어하고 나서는, 그리고 방어의 방식도 점점 공격성을 띠게 되는, 그런 갈라진 도시다. 보복주의적 도시는 인종과 계급의 측면에서 단순한 이중도시가 아니다. 1950~1960년대의 진보적 수사에서 지배적으로 나타났던 '또 다른 절반'에 대한 악의 없는 무시는 개별적으로 정의된 광범위한 '행위'를 범죄시하고, 도움이 필요한 인구집단에게 오히려 1968년 이후 도시정책이 실패한 책임을 전가하려는 좀 더 적극적인 간악함으로 대체되었다.

역젠트리피케이션?

1989년 이후 도시 부동산을 강타한 위기가 심각하다는 점에 대해서는 의문의 여지가 없다. 1991년 뉴욕시에서는 제2차 세계대전 이후 그 어느 해보다 신규 주택 건설이 적게 이루어졌다(7639호). 주택 가격은 급락했고, 심지어 임대료마저 일부 하락했다. 주택 압류는 늘었고(Ravo, 1992a, 1992b), 1988~1992년에 세금 체납이 약 71% 증가하면서 투자 중단이 위력적으로 재개되었다(Community Service Society, 1993). 로어이스트사이드에서는 1988~1993년에 5분기 이상 세금이 체납된 건물의 수가 세 배 가까이 증가했고, 수많은 소규모 임대업자들은 활동가들이 부동산 시장의 '밑바닥 포식자'라고 부르는 치들에게 건물을 팔지 않을 수 없었다(벤저민 둘친Benjamin Dulchin과의 개인적 소통, 1994년 9월 30일). 이런 큰 규모의 투자자들은 현금이 쪼들리는 소규모 임대업자에게 돈을 주고 임대업에서 물러나도록 만드는 데 전문이다. 이런 이야기들이 신문 상단을 장식하면서 역젠트리피케이션에 대한 공포가 나타난 것이다. 이는 부동산 전문가들을 부들부들 떨게 만들었지만, 최소한 어느 논평가는 공개적으로 안도감을 표현했다. 피터 마르쿠제(Marcuse, 1991)는 "젠트리피케이션의 죽음은 그저 의사가 선고만 한 것일지도 모른다"고 주장했다. "젠트리피케이션이 썰물 빠지듯 가라앉고 나면 투기적 욕심 때문이든 양질의 주택에 대한 정직한 탐색에서든 시장이 (지금까지) 감히 발을 내딛지 못했던 곳으로 돌진하는 몇몇 사람들이 오도 가도 못하게 될 수 있다." 하지만 여기에 천재일우의 기회가 있다. 마르쿠제는 시가 부동산을 저렴하게 취득해서 이를 절실히 필요로 하는 저소득층을 위한 주택으로 전환해야 한다고 결론짓는다. 심지어 그는 가격이 크게 하락한 톰킨스스퀘어 공원의 악명 높은 크리스토도라를 이런 목적으로 개조하자고 제안하기도 했다.

안타깝게도 마르쿠제의 낙관론도, 부동산 산업계의 비관론도 당장은 보장하지 못한다. 일단 1989~1993년의 부동산 시장 붕괴는 대단히 불균등했다. 1991년에 건설된 신규 주택의 대부분이 맨해튼에 위치했는데, 이는 전보다 작은 규모이긴 해도 부동산 활동이 꾸준히 재집중되고 있다는 뜻이며, 젠트리피케이션이 지속된다는 의미와도 같다. 반면 교외에서는 전례가 없을 정도로 많은 압류가 진행되고 있는 듯하다(Ravo, 1992b). 둘째, 가격과 임대료가 가장 크게 하락해 타격을 받은 곳들은 투기가 가장 극심한 시장 최상위의 부동산들이었다. 이 시기에는 최상층 시장에서 30~40%의 가격 하락은 예삿일이었지만, 시장 밑바닥에서는 그에 비할 수 없을 정도로 임대료가 크게 올랐다. 저소득층 대상 주택의 부족은 상당히 개선되었고, 가격도 안정되었지만, 1990년대 초에는 저렴한 주택들이 이전과는 크게 다른 동학에 휩쓸리게 되었다. 경기침체는 기껏해야 가난한 세입자들의 숨통을 눈곱만큼 틔워주었을 뿐이었다. 가령 로어이스트사이드에서는 퇴거가 크게 줄었는데, 이는 부동산 위기가 아파트 전체를 집어삼켜, 임대시장에서 집주인들이 더 이상 자신들이 가질 수 있는 것을 마냥 빼앗기지 않기로 했기 때문이다.

이 같은 이른바 '역젠트리피케이션'은 중심도시 특정 지구에서 가열찬 재건축이 진행되던 중 잠시 끼어든 일탈일 가능성이 높다. 어쨌든 재건축은 다시 진행될 것이고, 그러면 이 도시는 더욱 분열되는 동시에 보복주의 정치가 나타나게 될 것이다. 역시나 1994년에 이르러 임대시장은 특히 어퍼웨스트사이드에서 다시 활기를 띠게 되었다. 임대업자들은 임대료를 올리고 있을 뿐 아니라 임대료가 통제·안정되었던 아파트에서 세입자들을 쫓아내려고 다시 기를 쓰고 있다. 로어이스트사이드에서는 1993년 말에 이르자 급격히 치솟았던 압류가 잠잠해졌다. 세금 체납은 꾸준히 증가했지만, 이는 뉴욕시가 이제 더 이상 대물로 건물을 압류하지 않겠다는 정책을 공공연하게 천명했기 때문이다.

문화적 전선에서도 다시 젠트리피케이션을 진행하기 위한 만반의 준비가 이루어지고 있었다. '역젠트리피케이션'의 수사가 젠트리피케이션의 폭력성을 재빨리 지워버리자, 1990년대에 재再젠트리피케이션 regentrification 논의가 등장해 이를 더 확실히 말소시켜 버렸다. 1992년 톰킨스스퀘어 공원이 재개장하면서 매체들은 톰킨스스퀘어의 역사·지리·문화를 다 알 만한 방식으로 매끄럽게 다듬고 있다. 《뉴욕 타임스》는

1930년대의 센트럴파크와 비슷한 점을 지적하면서(즉, 1988~1991년은 잊으라는 뜻이다), 재건된 톰킨스스퀘어는 "빛나는 에메랄드"라고 즉각 보도했다(Bennet, 1992). 실제로 1년 만에 이 동네는 공원에서 여유를 만끽하는 젊은 백인 중간계급 가정을 담은 신문 속 사진 등으로 한창 미화되었다. 《뉴욕 타임스》패션란에 실린 한 기사는 과거의 갈등에 대해서는 일언반구도 없이, 이 공원이 복구된 뒤 전면적인 '패션 복구'가 이어졌다고 언급하면서 이 동네를 도심 지역의 "우연히 발견한 특별 쇼핑몰"이라고 찬양했다. 채 가시지 않은 경기침체가 아직도 이 지역에 영향을 미치고 있었지만, 공원이 재개장한 그 다음해에 25개가 넘는 새 점포들이 다시 한번 "젊은 전문직들에게 거부할 수 없는 손길을 뻗을" 준비를 갖추고 문을 열었다. "톰킨스스퀘어 공원 개·보수가 끝난 뒤부터 …… 이 지역은 …… 상업적인 관점에서 극도로 바람직해졌다. …… 임대료가 0.1 제곱미터당 20~30달러(이는 오르는 중이다)임에도 '이전을 바라는 웨스트빌리지와 소호의 성공한 업체들'로부터 갑작스럽게 관심을 받고 있다"고 한 지역브로커는 전한다(Servin, 1993에서 인용).

이런 상황에서 '역젠트리피케이션'을 주장하는 것은 아무리 좋게 봐도 섣부르다(Badcock, 1993, 1995; Lees and Bondi, 1995). 젠트리피케이션이 종언을 고하리라는 예언은 본질적으로 젠트리피케이션에 대한 소비 측 설명을 전제로 하는데, 이런 설명에서는 경제적 수요가 조금이라도 호전되기만 하면 곧바로 이를 장기적인 흐름으로 해석한다. 하지만 자본투자와 투자 중단의 패턴 역시 젠트리피케이션의 기회와 가능성을 창출하는 데 그만큼 중요하다고 볼 경우, 소비 측 설명과는 관점이 사뭇 달라지게 된다. 1989년 이후 주택토지가격이 하락함과 동시에 낡은 주택에 대한 투자가 중단되었고(수리와 관리 미비, 건물 유기), 바로 이런 조건 아래 일차적으로 중심지에 있는 비교적 값싼 주택을 활용할 수 있는 길이 열렸다. 1980

년대 말과 1990년대 초의 경기침체는 젠트리피케이션을 중단시킨 게 아니라 오히려 재투자의 가능성을 강화했다고 보는 것이 타당할 것이다. 젠트리피케이션이 경기침체 이후에 부활했는지 여부는 이제 생산 측 이론과 소비 측 이론의 타당성을 검증할 중요한 기회가 될 것으로 보인다. 적어도 1987년 주식시장 붕괴 이후, 젠트리피케이션 활동의 위축은 토지주택시장에서 경제학이 다시 한 번 극적으로 존재감을 과시하는 계기로 보아야 한다.

물론 '역젠트리피케이션'이라는 표현은 보복주의적 도시 이면의 정치운동을 정당화할 뿐만 아니라 부동산 개발업자들과 토건업자들의 배를 채워준다. '젠트리피케이션'이 정말로 '추잡한 단어'가 된 것이다. 이는 최근 도심 지역에서 벌어지는 변화의 계급적 측면들을 잘 표현하고 있다. 그리고 부동산 전문가들이 실제로 젠트리피케이션의 둔화를 이용해 이 단어와 이 단어의 정치에 대한 기억을 대중 담론에서 말소시키려 시도했던 것은 어찌 보면 당연할 수 있다. 하지만 젠트리피케이션의 기억도, 젠트리피케이션이 가져다준 이익도 그렇게 빨리 지워지지는 않을 것이다. 사실 오늘날 젠트리피케이션의 종말을 선언하는 것은 1933년에 교외화의 종말을 예언하는 것과 유사하다고 볼 수 있다.

1989~1993년 경기침체 이후 젠트리피케이션이 다시 기세등등해지고, 이 때문에 노숙이 창궐하게 되었다고 해서 보복주의적 도시가 막을 내리고 더 친절하며 신사적인 도시성의 막이 오르지는 않을 것이다. 그보다는 도시의 양극화가 더욱 심화되고, 시민사회에 대한 백인 중간계급의 가설은 자신들을 제외한 모든 집단이 위험할 정도로 결핍된 상태라고 파악하는 협소한 사회규범들로 굳어질 가능성이 더 크다. 그러면 당연하게도 폭력, 마약, 범죄를 뒤섞은 각본을 통해 도시의 노동계급, 소수 인종, 노숙자, 그리고 숱한 이민자 주민을 더욱 악당으로 몰아가게 될 것이다.

그러므로 31억 달러의 예산적자에 직면한 줄리아니 시장은 1995년 봄, 서비스와 예산을 삭감하려는 오랜 의도를 노골적으로 표출했다. 시장은 서비스를 삭감함으로써 대부분 공공 서비스에 의존하는 뉴욕시의 최하층 빈민들이 이 도시 밖으로 이주해가기를 희망한다고 몇몇 신문 편집자들이 모인 자리에서 이야기했다. 빈민 인구가 줄어드는 것은 뉴욕시를 위해 '좋은 일'이라고 시사한 것이다. "그건 우리 전략 중에서 입을 닫고 있어야 하는 부분이 아닙니다," 그는 이렇게 덧붙였다. "우리 전략이 맞거든요"(Barrett, 1995에서 인용).

도시 프런티어 재탈환하기

조지 커스터George Custer[남북전쟁에서 활약했던 미국 군인. 서부 원정과 원주민 토벌에 참여하다 1876년 인디언 연합군에 패배해 전사했다]는 다코타에서 최후의 결전을 치르기 11년 전인 1865년에 "(수족Sioux) 봉기의 정치 지도자에 대해 우리가 채택할 수 있는 진정한 정책은 몰살뿐"이라고 선언했다. 그리고 이렇게 결론을 맺었다. "그때야 비로소 복수의 사자가 칼집에 칼을 꽂고, 우리나라는 투쟁에서 벗어나 재생의 길에 접어들 것이다"(Slotkin, 1985: 385에서 인용). 한 번의 천년이 끝나가는 도시의 '재생'도 몰살이라는 유사한 의제를 전제로 한다. 이제는 공격이나 방화를 당하는 노숙자에 대한 보도가 너무 넘쳐나서 더 이상 무뢰한의 기이한 공격으로 꼽히지도 못할 정도다. 커스터식의 몰살은 지금 보면 대단히 파렴치하지만, 보복주의적 도시에서도 마찬가지로 노숙자들은 목숨은 부지할지언정 조금이라도 나은 삶을 위해 매일 같이 투쟁하게 만드는 상징적인 몰살과 말소에 시달리고 있다. 젠트리피케이션도, 역젠트리피케이션도 이들의 문제를 해결

1991년 12월 22일 뉴욕 파크가에서 벌어진 퇴거 반대 시위(The Shadow)

해주지 못한다.

　피터 마르쿠제(Marcuse, 1991)의 표현처럼, "젠트리피케이션의 반대는 쇠락과 유기(역젠트리피케이션)가 아니라 주택의 민주화여야 한다." 그리고 주택의 민주화는 "말뿐인 보조금" 프로그램이나 "예방적인 근린 개발", 또는 딩킨스 같은 진보적인 도시 정부의 선출이 의미하는 개발의 향상을 통해서는 이루어지지 않을 것이다. 진정한 변화의 힘은 보복주의적 도시 전체에 퍼져 있다. 진보주의는 전공이 따로 없다. 뉴욕시는 "부글부글 끓는 가마솥"이 되었고 (M. Smith and Feagùr, 1996), 젠트리피케이션을 막기 위한 저항 역시 솥이 끓는 데 일조하고 있다(McGee, 1991). 하지만 톰킨스스퀘어 공원이든, 함부르크의 하펜슈트라세든 전투적인 무단점유자들의 공동체가 1990년대 중반까지, 이들의 구호를 빌리면 "개·보수, 파시즘, 경찰국가"에 저항하는 곳에서 프런티어 신화는 삐딱한 방식으로 좀 더 직접적인 대안을 지원한다.

국가의 재생이라는 강력한 애국주의적 수사가 어떤 형태를 띠든 간에 모든 프런티어에는 양면이 있다. 그렇지 않다면 경제적·문화적·정치적·지리적 프런티어가 아닐 것이다. 그리고 수족에 맞섰던 커스터의 사례에서 나는 20세기 말의 우리는 대부분 수족의 편을 택해야 하리라고 장담한다. 어린 시절부터 할리우드 영화를 통해 세뇌를 당하긴 했지만 말이다. 커스터의 몰살 발언은 서부 '개척자들'에게 토지에 대한 권리를 부여한 홈스테딩법이 만들어진 지 불과 3년 만에 나온 것이었다. 이 법은 사랑스러운 정부의 은혜로운 행동이 아니었다. 개척자들의 다부진 개인주의라는 최상의 수사로 장식된 이 법은, 정부가 패자의 입장에서 요구할 수 있는 최상의 타협이었다. 1862년 이전에는 영웅적인 개척자들 대부분이 사실상 스스로를 위해 토지를 민주화하는 불법적인 무단점유자들이었다. 이들은 생존에 필요한 땅을 취했고, 투기꾼들과 토지수탈자들로부터 토지에 대한 권리를 지키기 위해 동호회를 조직했으며, 기본적인 복지를 위한 모임을 결성했고, 수를 불려 세를 넓히기 위해 다른 무단점유자들에게 정착을 권했다. 무단점유자들의 조직은 이들의 정치적 권력에서 핵심이었고, 1862년 홈스테딩법이 통과된 것은 바로 프런티어에 있는 이런 조직들과 걷잡을 수 없는 무단점거 행위 때문이었다.

지금껏 이 신화는 개인주의와 애국주의라는 낭만적인 치장으로 완전히 덮어버림으로써 프런티어에 각인된 계급적 측면들을 무디게 만들고, 프런티어가 권위에 가하는 중대한 위협을 지우는 것이 고작이었다. 만일 우리가 진정으로 이 도시를 오늘날의 새로운 프런티어로 품어 안으려 한다면, 역사적 엄밀성을 기할 때 가장 먼저 해야 할 가장 애국적인 개척 행위는 무단점거가 될 것이다. 미래의 세상에서 사람들은 오늘날의 무단점거자들을 도시 프런티어에 대해 좀 더 깨친 시각을 지닌 사람들로 인식하게 될 수도 있다. 이 도시가 새로운 황야의 서부가 되어버린 것은 개탄의 대상일 수도 있지만, 어떤 종류의 황야 서부를 투쟁의 대상으로 삼아야 할지는 무척 자명하다.

주

1장

1 시인 앨런 긴스버그Allen Ginsberg는 한 중국 교환학생의 입을 빌려 이 상황을 전달한다. 이 중국 학생은 그해 6월 학생들이 경찰과 대치할 때 천안문광장에 있었다. 중국에서는 경찰들이 "다른 사람들과 비슷하게 옷을 입었다. 그는 그 대비가 **놀라웠다**고 말했다. 중국에서는 경찰이 이리저리 휩쓸려 다녔고, 가끔 경찰봉 같은 걸 들고 있기도 했지만, 여기서는 헬멧을 쓴 채 마치 외계에서 온 사람들처럼 보였기 때문이다. 이곳의 경찰들은 외계에서 갑자기 도로 한 중간에 뚝 떨어져 사람들, 행인들, 주민들, 그냥 길에 있는 아무나 때리는 것 같았다. 완전히 딴 세상에서 온 완벽한 외계인들이었다"('A Talk with Allen Ginsberg', 1988. 강조는 원저자).

2 오웬은 이런 비판에도 불구하고 끝에 가서 이렇게 꽁무니를 뺀다. "예술가들은 물론 '젠트리피케이션'에 책임이 없다. 오히려 이들은 종종 그 피해자다." 도이치와 라이언의 논평처럼 "예술가들을 젠트리피케이션의 피해자로 묘사하는 것은 해당 동네에서 곤경에 빠진 진짜 피해자들을 모욕하는 것이다"(OWENS, 1984: 164, 104).

3 제켄도르프는 오랫동안 젠트리피케이션에 간여해온 주요 부동산 가문의 자손이다. 그의 아버지 윌리엄 제켄도르프 시니어는 필라델피아 소사이어티힐 배후의 거물 개발업자였다(218~220쪽 참조).

4 인용된 표현의 출처는 Moufarrege(1982)다.

2장

1 이 문헌들은 너무 방대해 여기서 완전히 다 늘어놓을 수도 없다. 가장 최근에 벌어진 논쟁에 대해서는 Hamnett(1991), Bondi(1991a, 1991b), Smith(1992, 1995c), van Weesep(1994), Lees(1994), Clark(1994), Boyle(1995b) 참조. 이 연구들은 15년간의 논쟁에서 중요했던 참고문헌들을 대부분 거론한다.

2 다음 설명을 음미해보자. "작가협회의 대표인 한국 교수가 일어나서 자신이 이야기
  하려는 바를 이해시키려면 자기 자신에 대해 조금은 이야기해야 한다고 말했다. '보
  통은 전 이런 종류의 일을 끔찍할 정도로 당황스러워하죠.' 그가 말했다. '그렇지만
  미국에선 대단히 쉬운 방법을 찾아냈어요. 그걸 주체 위치성 드러내기라고 부르더군
  요.'"(Haraway and Harvey, 1995).

3장

1 여기서 '교외'는 당시 정의에 따라 도시경계 밖에 있지만 표준대도시지구 안에 있는
  지역을 뜻한다. 따라서 이후의 병합 결과 도시 안에 들어오게 된 과거의 교외는 도
  시의 일부로 간주한다. 젠트리피케이션의 큰 장점 중 하나인 시에 세수를 추가해주
  리라는 점을 근거로 여기서는 이런 정의를 정당화한다. 병합된 교외들은 이미 시에
  세금을 내고 있다.
2 생산적인 자본은 전혀 투자하지 않는다는 분명한 이유에서 투기꾼들은 제외한다.
  이들은 더 높은 가격으로 개발업자들에게 판매하고 싶다는 희망 아래 부동산을 구
  매할 뿐이다. 투기꾼들은 도시 구조를 바꾸는 데 어떤 식으로도 간여하지 않는다.
3 《쇠락의 목소리Voices of Decline》(Beauregard, 1993)를 펴내기 위한 연구 과정에서 내
  관심을 유도해준 밥 보러가드에게 감사의 말을 전한다.

6장

1 이 재생계획의 목표는 다음 자료에 분명히 명시되어 있다. *Redevelopment Authority
  of Philadelphia*, Final Project Reports for Washington Square East Urban Renewal
  Area, Units 1, 2, and 3(미출간, 날짜 없음). 이 장의 많은 경험연구들과 마찬가지로,
  이 문서는 소사이어티힐 프로젝트의 공식 명칭이었던 '워싱턴스퀘어이스트 도시
  재생지역'에 관한 필라델피아 재개발청 문서들에 대한 연구와 함께 이루어졌다.
2 구필라델피아개발공사는 소사이어티힐을 전국적으로 홍보하기 위해 매디슨가의 한
  전문가를 고용했다(OPDC Annual Report, 1970).
3 재개발청의 또 다른 상임이사 어거스틴 살비티Augustine Salvitti는 57만 5000달러짜리
  재개발청 계약의 대가로 2만 7500달러의 뇌물을 받았다는 이유로 16건의 고소에
  휘말려 기소되었다. 고소 사유 중 "하나는 공갈, 다른 하나는 강탈, 14건은 우편사
  기"였다. *Philadelphia Inquirer*, 1977.10.29.
4 *Redevelopment Authority Monthly Project Balance for Washington Square East*,
  1976.7.31.
5 I. M. Pei and Associates, "Society Hill, Philadelphia: a plan for redevelopment,"
  prepared for Webb and Knapp, undated.

7장

1 1989년 해럴드 월리스Harold Wallace가 할렘 중심부 도보 투어를 안내하면서 했던 논평. Monique Michelle Taylor, "Home to Harlem: black identity and the gentrification of Harlem," Ph. D. dissertation, Department of Sociology, Harvard University, 1991, p.7.

2 챌은 젠트리피케이션의 규모를 사실상 과소평가한다. 그는 교외화 추이의 절대적 역전을 결코 보여주지 못하는 시 규모의 데이터(최소한 1980년까지)를 이용하기 때문에 젠트리피케이션의 규모를 대단찮게 여긴다. 사실 가계소득보다는 1인당 소득변화를 살펴볼 경우, 그리고 공간적으로 인접한 인구조사 표준구역 집단과 이들의 내적 변화를 검토할 경우, 젠트리피케이션의 윤곽이 훨씬 분명하게 드러난다. 이런 측면에서 1980년 통계의 가장 중요한 측면은 바로 젠트리피케이션이 처음으로 인구조사 표준구역 수준에서 나타난다는 점이다. 이는 맨해튼의 1인당 소득과 중위계약 임대료 증가분을 지도로 나타내보면 바로 알 수 있는데, 맨해튼섬의 남부와 서부에서 극적인 증가세를 확인할 수 있기 때문이다. 이런 결과는 젠트리피케이션 과정이 1970년 이후로 상당히 확산·확장되었음을 보여준다. Marcuse(1986)도 참조.

3 할렘공동체개발근린보존사무소Harlem Office of Community Development and Neighborhood Preservation 소장 로이 밀러Roy Miller와의 인터뷰, 1984년 4월 13일.

4 할렘도시개발공사 사장 도널드 코그스빌Donald Cogsville과의 인터뷰, 1985년 4월 20일.

5 도널드 코그스빌과의 인터뷰, 1985년 4월 20일.

8장

1 미국에서 콘도미니엄으로의 전환, 그리고 영국에서 민간 임대주택으로부터 민간 소유 주택으로의 보유권 전환은 항상은 아니지만 젠트리피케이션과 관계 있는 경우가 많다. 반면 네덜란드에서는 이러한 관계 설정에 조심성을 기해야 한다. 과거 임대시장이 엄격하게 규제되었다는 점을 감안했을 때, 1980년대 초 콘도미니엄으로의 전환은 젠트리피케이션 전략이기도 하지만, 동시에 젠트리피케이션 회피 수단(사실상 투자 중단 수단)이 되었다(van Weesep and Maas, 1984: 1153). 콘도미니엄으로의 전환이 미국이나 영국에서 소유자의 투자 중단을 위한 수단(1987년 이후의 경험에는 이런 경우가 많았다)이었기 때문이 아니라, 네덜란드는 역설적으로 그 정반대 극단을 상징하기 때문이다. 사실 콘도미니엄과 주택 가격이 뉴욕과 런던에서는 1987~1989년에 대단히 증가했고, 암스테르담에서는 그보다 정도는 덜했지만 역시 꾸준히 증가했기 때문에, 콘도미니엄과 보유권 전환에서 비롯된 젠트리피케이션과 이득은 대체로 투자 중단보다 더 컸다. 그럼에도 투자 중단은 1990년대 전반부에 다시 두드러지긴 했지만 말이다.

2   이 올드시티 동쪽 지역에 있는 주택의 약 3분의 1이 1980년 이후에 지어졌다(van
     Weesep and Wiegersma, 1991: 102).

3   뉴욕의 로어이스트사이드에 대한 유사한 주장은 Lees(1989) 참조.

9장

1   뉴욕시 도시계획부는 뉴욕시를 둘러싼 광범위한 정보를 포괄하는 중앙화된 컴퓨터
     데이터베이스MISLAND를 모아놓았다. 이 정보는 일련의 별도 파일로 제공된다. 체납
     자료는 부동산 거래와 부동산 파일에서, 공실률 자료는 콘에디슨 파일에서 가져왔
     다. 공실률의 경우 그 수치는 현 고객, 공급대기 고객, 빈집 고객이라는 세 가지 고객
     범주가 있다. 마지막 범주는 활동 고객 범주에 포함된다. 콘에디슨은 다세대건물의
     경우 빈집이 40%가 넘으면 비었다고 규정한다.

2   지도 작업은 골든소프트웨어가 만든 서퍼Surfer 추세 면 분석 패키지를 통해 이루어
     졌다.

참고문헌

"A talk with Allen Ginsberg"(1988), *The New Common Good*, September.

Abrams, C.(1965), *The City Is the Frontier*, New York: Harper and Row.

Adde, L.(1969), *Nine Cities: Anatomy of Downtown Renewal Washington*, DC: Urban Land Institute.

Advisory Council on Historic Preservation(1980), *Report to the President and the Congress of the United States*, Washington, DC: Government Printing Office.

"After eviction, Paris homeless battle police"(1993), *New York Times*, December 14.

Aglietta, M.(1979), A Theory of Capitalist Regulation, London: New Left Review.

AKRF, Inc.(1982), "Harlem area redevelopment study: gentrification in Harlem," prepared for Harlem Urban Development Corporation.

Allen, I. L.(1984), "The ideology of dense neighborhood redevelopment," in I. J. Palen and B. London(eds.), *Gentrification, Displacement and Neighborhood Revitalization*, Albany: State University of New York Press.

Allison, J.(1995), "Rethinking gentrification: looking beyond the chaotic concept," unpublished Ph. D. dissertation, Queensland University of Technology, Brisbane.

Alonso, W.(1960), "A theory of the urban land market," *Papers and Proceedings of the Regional Science Association*, 6: 149-157.

＿＿＿＿(1964), *Location and Land Use*, Cambridge, Mass.: Harvard University Press.

Anderson, J.(1982), *This Was Harlem: A Cultural Portrait. 1900-1950*, New York: Farrar Straus Giroux.

Anderson, M.(1964), *The Federal Bulldozer: A Critical Analysis of Urban Renewal, 1949-1962*, Cambridge, Mass.: MIT Press.

Aparecida de Souza, M. A.(1994), *A Identidade da Metropole*. Sao Paulo: Editora da Universidade de Sao Paulo.

Aronowitz, S.(1979), "The professional-managerial class or middle strata," in P. Walker(ed.), *Between Labor and Capital*, Boston: South End Press.

Bach, V. and West, S. Y.(1993), "Housing on the block: disinvestment and abandonment risks in New York City neighborhoods," New York: Community Service Society of New York.

Badcock, B.(1989), "Smith's rent gap hypothesis: an Australian view," *Annals of the Association of American Geographers*, 79: 125—145.

_____(1990), "On the non-existence of the rent gap: a reply," *Annals of the Association of American Geographers*, 80: 459-461.

_____(1992a), "Adelaide's heart transplant, 1970-88: 1 creation, transfer, and capture of 'value' within the built environment," *Environment and Planning A*, 24: 215-241.

_____(1992b), "Adelaide's heart transplant, 1970-88: 2 the 'transfer' of value within the housing market," *Environment and Planning A*, 24: 323-339.

_____(1993), "Notwithstanding the exaggerated claims, residential revitalization really is changing the form of some Western cities: a response to Bourne," *Urban Studies*, 30: 191-195.

_____(1995), "Building upon the foundations of gentrification: inner city housing development in Australia in the 1990s," *Urban Geography*, 16: 70-90.

Bagli, C. V.(1991), "'De-gentrification' can hit when boom goes bust," *New York Observer*, August 5-12.

Bailey, B.(1990), "The changing urban frontier: an examination of the meanings and conflicts of adaptation," *MA thesis*, Edinburgh University.

Baker, H. A., Jr.(1987), *Modernism and the Harlem Renaissance*, Chicago: University of Chicago Press.

Ball, M.A.(1979), "Critique of urban economics," *International Journal of Urban and Regional Research*, 3: 309-332.

Baltimore City Department of Housing and Community Development (1977),
　　　Homesteading: The Third Year, 1976, Baltimore: Department of Housing and
　　　Community Development.

Baltzell, D. (1958), *Philadelphia Gentleman*, Glencoe: The Free Press.

Banfield, E, C. (1968), *The Unheavenly City: The Nature and Future of Our Urban
　　　Crisis*, Boston: Little, Brown.

Barrett W. (1995), "Rudy's shrink rap," *Village Voice*, May 9.

Barry, J. and Derevlany, J. (1987), *Yuppies Invade My House at Dinnertime*, Hoboken:
　　　Big River Publishing.

Bartelt, D. (1979), "Redlining in Philadelphia: an analysis of home mortgages in the
　　　Philadelphia area," mimeograph, Institute for the Study of Civic Values,
　　　Temple University.

Barthes, R. (1972), *Mythologies*, New York: Hill and Wang.

Baudelaire, C. (1947), *Paris Spleen*, New York: New Directions.

Beauregard, R. (1986), "The chaos and complexity of gentrification," in N. Smith and
　　　P. Williams (eds.), *Gentrification of the City*, Boston: Allen and Unwin.

＿＿＿(1989), "Economic Restructuring and Political Response," *Urban Affairs
　　　Annual Reviews*, 34, Newbury Park, Calif.: Sage Publications.

＿＿＿(1990), "Trajectories of neighborhood change: the case of Gentrification,"
　　　Environment and Planning A, 22: 855-874.

＿＿＿(1993), *Voices of Decline: The Postwar Fate of US Cities*, Oxford: Basil
　　　Blackwell.

Bell, D. (1973), *The Coming of Post-industrial Society*, New York: Basic Books.

Beluszky, P. and Timar, J. (1992), "The changing political system and urban
　　　restructuring in Hungary," *Tijdschrift voor Economische en Sociale Geografie*,
　　　83: 380-389.

Bennet, J. (1992), "One emerald shines, others go unpolished," *New York Times*,
　　　August 30.

Bennetts, L. (1982), "16 tenements to become artist units in city plan," *New York
　　　Times*, May 4.

Berman, M. (1982), *All That Is Solid Melts into Air: The Experience of Modernity*,

New York: Simon and Schuster.

Bernstein, E. M. (1994), "A new Bradhurst," *New York Times*, January 6.

Bernstein, R. (1990), "Why the cutting edge has lost its bite," *New York Times*, September 30.

Berry, B. (1973), *The Human Consequences of Urbanization*, London: Macmillan.

———(1980), "Inner city futures: an American dilemma revisited," *Transactions of the Institute of British Geographers*, NS 5, 1: 1–28.

———(1985), "Islands of renewal in seas of decay," in P. Paterson (ed.), *The New Urban Reality*, Washington, DC: Brookings Institution.

Blumenthal, R. (1994), "Tangled ties and tales of FBI messenger," *New York Times*, January 9.

Boddy, M. (1980), *The Building Societies*, Basingstoke: Macmillan.

Bondi, L. (1991a), "Gender divisions and Gentrification: a critique," *Transactions of the Institute of British Geographers*, 16: 290—298.

———(1991b), "Women, gender relations and the inner city," in M. Keith and A. Rogers (eds.), *Hollow Promises: Rhetoric and Reality in the Inner City*, London: Mansell.

Bontemps, A. (1972), *The Harlem Renaissance Remembered*, New York: Dodd, Mead and Co.

Bourassa, S. (1990), "On 'An Australian view of the rent gap' by Badcock," *Annals of the Association of American Geographers*, 80: 458–459.

———(1993), "The rent gap debunked," *Urban Studies*, 30: 1731–1744.

Bourne, L. S. (1993), "The demise of gentrification? A commentary and prospective view," *Urban Geography*, 14: 95–107.

Bowler, A. E. and McBurney, B. (1989), "Gentrification and the avante garde in New York's East Village: the good, the bad, and the ugly," paper presented at the annual conference of the American Sociological Association, San Francisco, August.

Boyle, M. (1992), "The cultural politics of Glasgow, European City of Culture: making sense of the role of the local state in urban regeneration," unpublished Ph.D. dissertation, Edinburgh University.

_____(1995), "Still top our the agenda? Neil Smith and the reconciliation of capital and consumer approaches to the explanation of gentrification," *Scottish Geographical Magazine*, 111: 120-123.

Bradford, C. and Rubinowitz, L.(1975), "The urban-suburban investment-disinvestment process: consequences for older neighborhoods," *Annals of the American Academy of Political and Social Science*, 422: 77-86.

Bridge, G.(1994), "Gentrification, class and residence: a reappraisal," *Environment and Planning D: Society and Space*, 12: 31-51.

_____(1995), "The space for class? On class analysis in the study of gentrification," *Transactions of the Institute of British Geographers*, NS 20, 2: 236-247.

Bronner, E.(1962), *William Penn's Holy Experiment*, Philadelphia: Temple University Publications.

Brown. J.(1973), "The whiting of Society Hill: black families refuse eviction," *Drummer*, February 13.

Brown, P. L.(1990), "Lauren's wink at the wild side," *New York Times*, February 8.

Bruce-Briggs, B.(1979), *The New Class?*, New Brunswick, N. J.: Transaction Books.

Bukharin, N.(1972 edn.), *Imperialism and World Economy*, London: Merlin.

Burt, N.(1963), *The Perennial Philadelphians*, London: Dent and Son.

Butler, S.(1981), *Enterprise Zones: Greenlining the Inner City*, New York: Universe Books.

Caris, P.(1996), "Declining suburbs: disinvestment in the inner suburbs of Camden County, New Jersey," unpublished Ph.D. dissertation, Rutgers University.

Carmody, D.(1984), "New day is celebrated for Union Square Park," *New York Times*, April 20.

Carpenter, J. and Lees, L.(1995), "Gentrification in New York, London and Paris: an international comparison," *International Journal of Urban and Regional Research*, 19: 286-303.

Carr, C.(1988), "Night clubbing: reports from the Tompkins Square Police Riot," *Village Voice*, August 16.

Carroll, M.(1983), "A housing plan for artists loses in Board of Estimates." *New York Times*, February 11.

Castells, M.(1976), "The Wild City," *Kapitalistate*, 4-5: 2-30.

_____(1983), *The City and the Grassroots*, Berkeley: University of California Press.

_____(ed.)(1985), *High Technology, Space and Society*, volume 28, Urban Affairs Annual Reviews, London: Sage Publications.

Castillo, R.(1993), "A fragmentato da terra. Propriedade fundisria absoluta e espago mercadoria no municipio de Sao Paulo," unpublished Ph. D. dissertation, Universidade de Sao Paulo.

Castrucci, A. et al.,(1992), *YOUR HOUSE IS MINE*, New York: Bullet Space.

Caulfield, J.(1989), "'Gentrification' and desire," *Canadian Review of Sociology and Anthropology* 26, 4: 617-632.

_____(1994), *City Form and Everyday Life: Toronto's Gentrification and Critical Social Practice*, Toronto: University of Toronto Press.

Chall, D.(1984), "Neighborhood changes in New York City during the 1970's: are the gentry returning?" *Federal Reserve Bank of New York Quarterly Review*, Winter: 38-48.

Charyn, J.(1985), *War Cries over Avenue C*, New York: Donald I. Fine, Inc.

Checkoway, B.(1980), "Large builders, federal housing programmes, and postwar suburbanization," *International Journal of International and Regional Research*, 4: 21-44.

Chouinard, V., Fincher, R. and Webber, M.(1984), "Empirical research in scientific human geography," *Progress in Human Geography*, 8, 3: 347-380.

City of New York, Commission on Human Rights(1983), "Mortgage activity reports."

City of New York, Department of City Planning(1981), "Sanborn vacant buildings file."

_____(1983), "Housing database: public and publicly aided housing."

City of New York, Harlem Task Force(1982), "Redevelopment strategy for Central Harlem."

Clark, E.(1987), *The Rent Gap and Urban Change: Case Studies in Malmo 1860-1985*, Lund: Lund University Press.

_____(1988), "The rent gap and transformation of the built environment: Case studies in Malmo 1860-1985," *Geografiska Annaler*, 70B: 241-254.

_____(1991a), "Rent gaps and value gaps: complementary or contradictory," in J. van Weesep and S. Musterd (eds.), *Urban Housing for the Better-off: Gentrification in Europe*, Utrecht: Stedelijke Netwerken.

_____(1991b), "On gaps in Gentrification theory," *Housing Studies*, 7: 16-26.

_____(1992), "On blindness, centrepieces and complementarity in gentrification theory," *Transactions of the Institute of British Geographers*, NS 17: 358-362.

_____(1994), "Toward a Copenhagen interpretation of Gentrification," *Urban Studies*, 31, 7: 1033-1042.

_____(1995), "The rent gap reexamined," *Urban Studies*, 32: 1489-1503.

Clark, E. and Gullberg, A. (1991), "Long swings, rent gaps and structures of building provision: the postwar transformation of Stockholm's inner city," *International Journal of Urban and Regional Research*, 15, 4: 492-504.

Claval, P. (1981), *La logique des villes*, Paris: Librairies Techniques.

Clay, P. (1979a), *Neighborhood Renewal Lexington*, Mass.: D. C. Heath.

_____(1979b), *Neighborhood Reinvestment without Displacement: A Handbook for Local Government*, Cambridge, Mass.: Department of Urban Studies and Planning, Massachusetts Institute of Technology.

Connell, J. (1976), *The End of Tradition: Country Life in Central Surrey*, London: Routledge.

Coombs, O. (1982), "The new battle for Harlem," *New York*, January 25.

Cortie, C. and van de Ven, J. (1981), "'Gentrification': keert de woonelite terug naar de stad?" *Geograflsch Tijdschrift*, 15: 429-446.

Cortie, C. and van Engelsdorp Gastelaars, R. (1985), "Amsterdam: decaying city, gentrifying city," in P. E. White and B. van der Knaap (eds.), *Contemporary Studies of Migration*, Norwich: Geo Books, International Symposia Series.

Cortie, C., van de Ven, J. and De Wijis-Mulkens (1982), "'Gentrification' in de Jordaan: de opkomst van een nieuwe birinenstadselite," *Geograflsch Tijdschrift*, 16: 352-379.

Cortie, C., Kruijt, B. and Musterd, S. (1989), "Housing market change in Amsterdam: some trends," *Netherlands Journal of Housing and Environmental Research*, 4:

217-233.

Counsell, G.(1992), "When it pays to be a vandal," *Independent on Sunday,* June 21.

Crilley, D.(1993), "Megastructures and urban change: aesthetics, ideology and design," in P. Knox(ed.), *The Restless Urban Landscape*, Englewood Cliffs, NJ: Prentice-Hall.

Cybriwsky, R.(1978), "Social aspects of neighborhood change," *Annals of the Association of American Geographers,* 68: 17-33.

_____(1980), "Historical evidence of Gentrification," unpublished MS, Department of Geography, Temple University.

Dangschat, J.(1988), "Gentrification: der Wandel innenstadtnaher Nachbarschaften," *Kolner Zeitschrift ftir Soziologie und Sozialpsychologie*, Sonderband.

_____(1991), "Gentrification in Hamburg," in J. van Weesep and S. Musterd(eds.), *Urban Housing for the Better-Off: Gentrification in Europe*, Utrecht: Stedelijke Netwerken. Daniels, L.(1982), "Outlook for revitalization of Harlem," *New York Times,* February 12.

_____(1983a), "Hope and suspicion mark plan to redevelop Harlem," *New York Times,* February 6.

_____(1983b), "Town houses in Harlem attracting buyers," *New York Times,* August 21.

_____(1984), "New condominiums at Harlem edge," *New York Times,* February 19.

Davis, J. T.(1965), "Middle class housing in the central city," *Economic Geography*, 41: 238-251.

Davis, M.(1991), *City of Quartz*, London: Verso.

DeGiovanni, F.(1983), "Patterns of change in housing market activity in revitalizing neighborhoods," *Journal of the American Planning Association,* 49: 22-39.

_____(1987), *Displacement Pressures in the Lower East Side*, working paper, Community Service Society of New York.

DePalma, A.(1988), "Can City's plan rebuild Lower East Side?," *New York Times,* October 14.

Deutsche, R.(1986), "Krzysztof Wodiczko's Homeless Projection and the site of urban 'revitalization'," October 38 : 63-98.

Deutsche, R. and Ryan, C. G.(1984), "The fine art of gentrification," October 31 : 91-111.

Dieleman, F. M. and van Weesep, J.(1986), "Housing under fire : budget cuts, policy adjustments and market changes," Tijdschrift voor Economische en Sociale Geografle.

"Disharmony and Housing"(1985), *New York Times*, October 22.

Douglas, C. C.(1985), "149 win in auction of Harlem houses," *New York Times*, August 17.

_____(1986), "Harlem warily greets plans for development," *New York Times*, January 19.

Douglas, P.(1983), "Harlem on the auction block," *Progressive*, March : 33-37.

Dowd, M.(1993), "The WASP descendancy," *New York Times Magazine*, October 31 : 46-48.

Downie, L.(1974), *Mortgage on America*, New York : Praeger.

Downs, A.(1982), "The necessity of neighborhood deterioration," *New York Affairs*, 7, 2 : 35-38.

Dunford, M. and Perrons, D.(1983), *The Arena of Capital*, London : Macmillan.

Edel, M. and Sclar, E.(1975), "The distribution of real estate value changes : metropolitan Boston, 1870-1970," *Journal of Urban Economics*, 2 : 366-387.

Egan, T.(1993), "In 3 progressive cities, stern homeless policies," *New York Times*, December 12.

Ehrenreich, B. and Ehrenreich, J.(1979), "The professsional-managerial class," in P. Walker(ed.), *Between Labor and Capital*, Boston : South End Press.

Ekland-Olson, S., Kelly, W. R. and Eisenberg, M.(1992), "Crime and incarceration : some comparative findings from the 1980s," *Crime and Delinquency*, 38 : 392-416.

Engels, B.(1989), "The gentrification of Glebe : the residential restructuring of an inner Sydney suburb, 1960 to 1986," unpublished Ph. D. dissertation, University of Sydney.

Engels, F.(1975 edn.), *The Housing Question*, Moscow : Progress Publishers.

Fainstein, N. and Fainstein, S.(1982), "Restructuring the American city: a comparative perspective," in N. Fainstein and S. Fainstein (eds.), *Urban Policy under Capitalism*, Beverly Hills: Sage Publications.

Fainstein, S.(1994), *The City Builders: Property, Politics and Planning in London and New York*, Oxford: Basil Blackwell.

Fainstein, S., Harloe, M. and Gordon, I.(eds.)(1992), *Divided Cities: New York and London in the Contemporary World*, Oxford: Basil Blackwell.

Ferguson, S.(1988), "The boombox wars," *Village Voice*, August 16.

_____(1991a), "Should Tompkins Square be like Gramercy?," *Village Voice*, June 11.

_____(1991b), "The park is gone," *Village Voice*, June 18.

Filion, P.(1991), "The gentrification-social structure dialectic: a Toronto case study," *International Journal of Urban and Regional Research*, 15, 4: 553-574.

Firey, W.(1945), "Sentiment and symbolism as ecological variables," *American Sociological Review*, 10: 140-148.

Fisher, I.(1993), "For homeless, a last haven is demolished," *New York Times*, August 18.

Fitch, R.(1988), "What's left to write?: media mavericks lose their touch," *Voice Literary Supplement*, May 19.

_____(1993), *The Assassination of New York*, New York: Verso.

Fodarero, L.(1987), "ABC's of conversion: 21 loft condos," *New York Times*, March 22.

Foner, P. S.(1978), *The Labor Movement in the United States*, volume 1, New York: International Publishers.

"$14.5 million arts project for Harlem"(1984), *Amsterdam News*, January 21.

Franco, J.(1985), "New York is a third world city," *Tabloid*, 9: 12-19.

Friedrichs, J.(1993), "A theory of urban decline: economy, demography and political elites," *Urban Studies*, 30, 6: 907-917.

Gaillard, J.(1977), *Paris: La Ville*. Paris: H. Champion.

Gale, D. E.(1976), "The back-to-the-city movement ⋯ or is it?," occasional paper, Department of Urban and Regional Planning, George Washington University.

_____(1977), "The back-to-the-city movement revisited," occasional paper, Department of Urban and Regional Planning, George Washington University.

Galster, G. C.(1987), *Homeowners and Neighborhood Reinvestment*, Durham, N.C.: Duke University Press.

Cans, H.(1968), *People and Plans*, New York: Basic Books.

Garreau, J.(1991), *Edge City: Life on the Frontier*, New York: Doubleday.

Gertler, M.(1988), "The limits to flexibility: comments on the post-Fordist vision of production and its geography," *Transactions of the Institute of British Geographers*, 16: 419-422.

Engels, F.(1975 edn.), *The Housing Question*, Moscow: Progress Publishers.

Fainstein, N. and Fainstein, S.(1982), "Restructuring the American city: a comparative perspective," in N. Fainstein and S. Fainstein(eds.), *Urban Policy under Capitalism*, Beverly Hills: Sage Publications.

Fainstein, S.(1994), *The City Builders: Property, Politics and Planning in London and New York*, Oxford: Basil Blackwell.

Fainstein, S., Harloe, M. and Gordon, I.(eds.)(1992), *Divided Cities: New York and London in the Contemporary World*, Oxford: Basil Blackwell.

Ferguson, S.(1988), "The boombox wars," *Village Voice*, August 16.

_____(1991a), "Should Tompkins Square be like Gramercy?," *Village Voice*, June 11.

_____(1991b), "The park is gone," *Village Voice*, June 18.

Filion, P.(1991), "The gentrification-social structure dialectic: a Toronto case study," *International Journal of Urban and Regional Research*, 15, 4: 553-574.

Gevirtz, L.(1988), "Slam dancer at NYPD," *Village Voice*, September 6.

Giddens, A.(1981), *A Contemporary Critique of Historical Materialism. Volume 1: Power, Property and the State*, Berkeley: University of California Press.

Gilmore, R.(1993), "Terror austerity race gender excess theater," in B. Gooding-Williams(ed.), *Reading Rodney King/Reading Urban Uprising*, New York: Routledge.

_____(1994), "Capital, state and the spatial fix: imprisoning the crisis at Pelican Bay," unpublished paper, Rutgers University.

Glass, R.(1964), *London: Aspects of Change*, London: Centre for Urban Studies and MacGibbon and Kee.

Glazer, L.(1988), "Heavenly developers building houses for the poor rich?," *Village Voice*, October 11.

Goldberg, J.(1994), "The decline and fall of the Upper West Side: how the poverty industry is ripping apart a great New York neighborhood," *New York*, April 25: 37–42.

Goldstein, R.(1983), "The gentry comes to the East Village," *Village Voice*, May 18.

Gooding–Williams, R.(ed.)(1993), *Reading Rodney King/Reading Urban Uprising*, New York: Routledge.

Goodwin, M.(1984), "Recovery making New York city of haves and have–nots," *New York Times*, August 28.

Gottlieb, M.(1982), "Space invaders: land grab on the Lower East Side," *Village Voice*, December 14.

Gould, A.(1981), "The salaried middle class in the corporatist welfare state," *Policy and Politics*, 9: 4.

Gramsci, A.(1971 edn.), *Prison Notebooks*, New York: International Publishers.

Grant, L.(1990), "From riots to riches," *Observer Magazine*, October 7.

Greenfield, A. M. and Co., Inc.(1964), "New town houses for Washington Square East: a technical report on neighborhood conservation," prepared for the Redevelopment Authority of Philadelphia.

Gutman, H.(1965), "The Tompkins Square 'riot' in New York City on January 13, 1874: a re–examination of its causes and consequences," *Labor History*, 6: 44–70.

Hamnett, C.(1973), "Improvement grants as an indicator of gentrification in inner London," *Area*, 5: 252–261.

_____(1984), "Gentrification and residential location theory: a review and assessment," in D. T. Herbert and R. J. Johnston (eds.), *Geography and the Urban Environment: Progress in Research and Applications*, vol. VI, New York: Wiley.

_____(1990), "London's turning," *Marxism Today*, July, 26–31.

_____(1991), "The blind men and the elephant: the explanation of gentrification," *Transactions of the Institute of British Geographers*, NS 16: 173-189.

_____(1992), "Gentrifiers or lemmings? A response to Neil Smith," *Transactions of the Institute of British Geographers*, NS 17: 116-119.

Hamnett, C. and Randolph, W.(1984), "The role of landlord disinvestment in housing market transformation: an analysis of the flat break-up market in central London," *Transactions of the Institute of British Geographers*, NS 9: 259-279.

_____(1986), "Tenurial transformation and the flat break-up market in London: the British condo experience," in N. Smith and P. Williams(eds.), *Gentrification of the City*, Boston: Allen and Unwin.

Hampson, R.(1982), "Will whites buy the future of Harlem?," *Record*, July.

Haraway, D. and Harvey, D.(1995), "Nature, politics and possibilities: a discussion and debate with David Harvey and Donna Haraway," *Environment and Planning D: Society and Space*, 13: 507-528.

Harlem Urban Development Corporation(1982), "Analyses of property sales within selected areas of the Harlem UDC task force area," revised edition.

Harloe, M.(1984), "Sector and class: a critical comment," *International Journal of Urban and Regional Research*, 8, 2: 228-237.

Harman, C.(1981), "Marx's theory of crisis and its critics," *International Socialism*, 11: 30-71.

Harris, N.(1980a), "Crisis and the core of the world system," *International Socialism*, 10: 24-50.

_____(1980b), "Deindustrialization," *International Socialism*, 7: 72-81.

_____(1983), *Of Bread and Guns: The World Economy in Crisis*, New York: Penguin.

Hartman, C.(1979), "Comment on 'Neighborhood revitalization and displacement: a review of the evidence'," *Journal of the American Planning Association*, 45, 4: 488-491.

Harvey, D.(1973), *Social Justice and the City*, Baltimore: Johns Hopkins University Press.

_____(1974), "Class monopoly rent, finance capital and the urban revolution,"

Regional Studies, 8: 239-255.

_____(1975), "Class structure in a capitalist society and the theory of residential differentiation," in M. Chisholm and R. Peel (eds.), *Processes in Physical and Human Geography*, Edinburgh: Heinemann.

_____(1977), "Labor, capital and class struggle around the built environment in advanced capitalist societies," *Politics and Society*, 7: 265-275.

_____(1978), "The urban process under capitalism: a framework for analysis," *International Journal of Urban and Regional Research*, 2, 1: 100-131.

_____(1982), *The Limits to Capital*, Oxford: Basil Blackwell.

_____(1985a), *Consciousness and the Urban Experience: Studies in the History and Theory of Capitalist Urbanization*, Oxford: Basil Blackwell.

_____(1985b), *The Urbanization of Capital: Studies in the History and Theory of Capitalist Urbanization*, Oxford: Basil Blackwell.

_____(1989), *The Condition of Post-modernity*, Oxford: Blackwell.

Harvey, D., Chaterjee, L., Wolman, M. and Newman, J. (1972), *The Housing Market and Code Enforcement in Baltimore*, Baltimore: City Planning Department.

Harvey, D. and Chaterjee, L. (1974), "Absolute rent and the structuring of space by governmental and financial institutions," *Antipode*, 6, 1: 22-36.

Hegediis, J. and Tosics, I. (1991), "Gentrification in Eastern Europe: the case of Budapest," in J. van Weesep and S. Musterd (eds.), *Urban Housing for the Better-Off: Gentrification in Europe*, Utrecht: Stedelijke Netwerken.

_____(1993), "Changing public housing policy in central European metropolis: the case of Budapest." Paper presented to European Network for Housing Research Conference, Budapest, September 7-10.

Heilbrun, J. (1974), *Urban Economics and Public Policy*, New York: St. Martin's Press.

Henwood, D. (1988), "Subsidizing the rich," *Village Voice*, August 30.

Hoch, C. and Slayton, R. A. (1989), *New Homeless and Old: Community and the Skid Row Hotel*, Philadelphia: Temple University Press.

"Home sales low in '82, but a recovery is seen" (1983), *New York Times*, February 1.

Hoyt, H. (1933), *One Hundred Years of Land Values in Chicago*, Chicago: University of Chicago Press.

Huggins, N. R.(1971), *Harlem Renaissance*, London: Oxford University Press.

Ingersoll, A. C.(1963), "A Society Hill restoration," *Bryn Mawr Alumnae Bulletin*, Winter.

International Labour Organisation(1994), *Year Book of Labour Statistics*, Geneva: ILO.

Jack, I.(1984), "The repackaging of Glasgow," *Sunday Times Magazine*, December 2.

Jackson, P.(1985), "Neighbourhood change in New York: the loft conversion process," *Tijdschrift voor Economische en Sociale Geografle*, 76, 3: 202-215.

Jacobs, J.(1961), *The Life and Death of Great American Cities*, New York: Random House.

Jager, M.(1986), "Gass definition and the aesthetics of gentrification: Victoriana in Melbourne," in N. Smith and P. Williams(eds.), *Gentrification of the City*, Boston: Allen and Unwin.

James, F.(1977), "Private reinvestment in older housing and older neighborhoods: recent trends and forces," Committee on Banking, Housing and Urban Affairs, US Senate, July 7 and B, Washington, DC.

Jencks, C.(1994a), "The homeless," *New York Review of Books*, April 21: 20-2 7.

_____(1994b), "Housing the homeless," *New York Review of Books*, May 12: 39-46.

_____(1994c), *The Homeless*, Cambridge, Mass.: Harvard University Press.

Jobse, R. B.(1987), "The restructuring of Dutch cities," *Tijdschrift voor Economische en Sociale Geografle*, 78: 305-311.

Kaplan, E.(1994), "Streetwatch, redux," *Village Voice*, June 21.

Kary, K.(1988), "The Gentrification of Toronto and the rent gap theory," in T. Bunting and P. Filion(eds.), *The Changing Canadian Inner City*, Department of Geography Publication 31, University of Waterloo.

Katz, C.(1991a), "An agricultural project comes to town: consequences of an encounter in the Sudan," *Social Text*, 28, 31-38.

_____(1991b), "Sow what you know: the struggle for social reproduction in rural Sudan," *Annals of the Association of American Geographers*, 81: 488-514.

_____(1991c), "A cable to cross a curse," unpublished paper.

Katz, C. and Smith, N.(1992), "LA intifada: interview with Mike Davis," *Social Text*,

33:19-33.

Katz, S. and Mayer, M.(1985), "Gimme shelter: self-help housing struggles within and against the state in New York City and West Berlin," *International Journal of Urban and Regional Research*, 9:15-17.

Katznelson, I.(1981), *City Trenches: Urban Politics and the Patterning of Class in the United States*, Chicago: University of Chicago Press.

Kay, H.(1966), "The industrial corporation in urban renewal," in J. Q. Wilson (ed.), *Urban Renewal*, Cambridge, Mass.: MIT Press.

Kendig, H.(1979), "Gentrification in Australia," in J. J. Palen and B. London (eds.), *Gentrification, Displacement and Neighborhood Revitalization*, Albany: State University of New York Press.

Kifner, J.(1991), "New York closes park to homeless," *New York Times*, June 4.

Knopp, L.(1989), "Gentrification and gay community development in a New Orleans neighborhood," Ph. D. dissertation, Department of Geography, University of Iowa.

_____(1990a), "Some theoretical implications of gay involvement in an urban land market," *Political Geography Quarterly*, 9:337-352.

_____(1990b), "Exploiting the rent gap: the theoretical significance of using illegal appraisal schemes to encourage gentrification in New Orleans," *Urban Geography*, 11:48-64.

Koptiuch, K.(1991), "Third-worlding at home," *Social Text*, 28:87-99.

Kovacs, Z.(1993), "Social and economic transformation in Budapest," paper presented to European Network for Housing Research Conference, Budapest, September 7-10.

_____(1994), "A city at the crossroads: social and economic transformation in Budapest," *Urban Studies*, 31:1081-1096.

Kraaivanger, H.(1981), "The Battle of Waterlooplein," *Move*, 3:4.

Kruger, K.-H.(1985), "Oh, baby. Scheisse. Wie ist das gekommen?" *Der Spiegel*, March 11.

Lake, R. W.(1979), *Real Estate Tax Delinquency: Private Disinvestment and Public Response*, Piscataway, N. J.: Center for Urban Policy Research, Rutgers

University.

Lamarche, F.(1976), "Property development and the economic foundations of the urban question," in C. G. Pickvance(ed.), *Urban Sociology: Critical Essays*, London: Methuen.

Laska, S. and Spain, D.(eds.)(1980), *Back to the City: Issues in Neighborhood Renovation*, Elmsford, N.Y.: Pergamon Press.

Laurenti, L.(1960), *Property Values and Race*, Berkeley: University of California Press.

Lauria, M. and Knopp, L.(1985), "Toward an analysis of the role of gay communities in the urban renaissance," *Urban Geography*, 6: 152-169.

Lee, E. D.(1981), "Will we lose Harlem? The symbolic capital of Black America is threatened by gentrification," *Black Enterprise*, June: 191-200.

Lees, L.(1989), "The gentrification frontier: a study of the Lower East Side area of Manhattan, New York City," unpublished BA dissertation, Queen's University, Belfast.

_____(1994), "Gentrification in London and New York: an Atlantic gap?" *Housing Studies*, 9, 2: 199-217.

_____(1994), "Rethinking gentrification: beyond the positions of economics or culture," *Progress in Human Geography*, 18, 2: 137-150.

Lees, L. and Bondi, L.(1995), "De/gentrification and economic recession: the case of New York City," *Urban Geography*, 16: 234-253.

"Les Africains sont les plus mal loges"(1992), *Liberation*, September 12.

"Les sans-abri du XHIe vont etre deloges"(1991), *Journal du Dimanche*, September 1.

"Les sans-logis de Vincennes laissent le camp aux mal-loges"(1992), *Liberation*, September 5-6.

Levin, K.(1983), "The neo-frontier," *Village Voice*, January 4.

Levy, P.(1978), "Inner city resurgence and its societal context" paper presented at the annual conference of Association of American Geographers, New Orleans.

Lewis, D.(1981), *When Harlem Was in Vogue*, New York: Random House.

Ley, D.(1978), "Inner city resurgence and its social context," paper presented at the annual conference of the Association of American Geographers, New Orleans.

_____(1980), "Liberal ideology and the postindustrial city," *Annals of the Association of American Geographers*, 70: 238-258.

_____(1986), "Alternative explanations for inner-city gentrification," *Annals of the Association of American Geographers*, 76: 521-535.

_____(1992), "Gentrification in recession: social change in six Canadian inner cities, 1981-1986," *Urban Geography*, 13, 3: 230-256.

Limerick, P. N.(1987), *The Legacy of Conquest: The Unbroken Past of the American West*, New York: Norton.

Linton, M.(1990), "If I can get it for f 148 why pay more?" *Guardian*, 16 May 1990.

Lipton, S. G.(1977), "Evidence of central city revival," *Journal of the American Institute of Planners*, 43: 136-147.

Long, L.(1971), "The city as reservation," *Public Interest*, 25: 22-38.

"Los Angeles plans a camp for downtown homeless"(1994), *International Herald Tribune*, October 15-16.

LowenthaL D.(1986), *The Past Is a Foreign Country*, Cambridge: Cambridge University Press.

Lowry, I. S.(1960), "Filtering and housing costs: a conceptual analysis," *Land Economics*, 36: 362-370.

"Ludlow Street"(1988), *New Yorker*, February 8.

MacDonald, G. M.(1993), "Philadelphia's Penn's Landing: changing concepts of the central river front," *Pennsylvania Geographer*, 31, 2: 36-51.

McDonald, J. F. and Bowman, H. W.(1979), "Land value functions: a reevaluation," *Journal of Urban Economics*, 6: 25-41.

McGhie, C.(1994), "Up and coming but never arrived," *Independent on Sunday*, March 27.

McKay, C.(1928), *Home to Harlem*, New York: Harper and Row.

"Make Tompkins Square a park again"(1991), *New York Times*, May 31.

Mandel, E.(1976), "Capitalism and regional disparities," *South West Economy and Society*, 1: 41-47.

Marcuse, P.(1984), "Gentrification, residential displacement and abandonment in New York City," report to the Community Services Society.

_____(1986), "Abandonment, gentrification and displacement: the linkages in New York City," in N. Smith and P. Williams(eds.), *Gentrification of the City*, Boston: Allen and Unwin.

_____(1988), "Neutralizing homelessness," *Socialist Review*, 88, 1: 69-96.

_____(1991), "In defense of gentrification," *Newsday*, December 2.

Markusen, A.(1981), "City spatial structure, women's household work, and national urban policy," in C. Stimpson, E. Dixler, M. J. Nelson and K. B. Yatrakis(eds.), *Women and the City*, Chicago: University of Chicago Press.

Martin, D.(1993), "Harlem landlord sees dream of affordable housing vanish," *New York Times*, November 7.

Marx, K.(1963 edn.), *The 18th Brumaire of Louis Bonaparte*, New York: International Publishers.

_____(1967 edn.), *Capital*(three volumes), New York: International Publishers.

_____(1973 edn.), *Grundrisse*, London: Pelican.

_____(1974 edn.), *The Civil War in France*, Moscow: Progress Publishers.

Massey, D.(1978), "Capital and locational change: the UK electrical engineering and electronics industry," *Review of Radical Political Economics*, 10, 3: 39-54.

Massey, D. and Meegan, R.(1978), "Industrial restructuring versus the cities," *Urban Studies*, 15: 273-288.

McGee, H. W., Jr.(1991), "Afro-American resistance to gentrification and the demise of integrationist ideology in the United States," *Urban Lawyer*, 23: 25-44.

Miller, S.(1965), "The 'New' Middle Class," in A. Shostak and W. Gomberg(eds.), *Blue-Collar Worker*, Englewood Cliffs, N. J.: Harper and Row.

Mills, C. A.(1988), "'Life on the upslope': the postmodern landscape of gentrification," *Environment and Planning D: Society and Space*, 6: 169-189.

Mills, E.(1972), *Studies in the Structure of Urban Economy*, Baltimore: Johns Hopkins University Press.

Mingione, E.(1981), *Social Conflict and the City*, Oxford: Basil Blackwell.

Mitchell, D.(1995a), "The end of public space? People's Park, definitions of the public, and democracy," *Annals of the Association of American Geographers*,

85,1: 108-133.

_____(1995b), "There's no such thing as culture: towards a reconceptualization of the idea of culture in geography," *Transactions of the Institute of British Geographers*, NS 20: 102-116.

Mollenkopf, J. and Castells, M.(eds.)(1991), *Dual City*, New York: Russell Sage Foundation.

Morgan, T.(1991), "New York City bulldozes squatters' shantytowns," *New York Times*, October 16.

Morris, A. E. J,(1975), "Philadelphia: idea powered planning," *Built Environment Quarterly*, 1: 148-152.

Moufarrege, N.(1982), "Another wave, still more savagely than the first: Lower East Side, 1982," *Arts*, 57, 1: 73.

_____(1984), "The years after," *Flash Art*, 118: 51-55.

Mullins, P.(1982), "The 'middle-class' and the inner city," *Journal of Australian Political Economy*, 11: 44-58.

Musterd, S.(1989), "Upgrading and downgrading in Amsterdam neighborhoods," Instituut voor Sociale Geografie, Universitet van Amsterdam.

Musterd, S. and van de Ven, J.(1991), "Gentrification and residential revitalization," in J. van Weesep and S. Musterd(eds.), *Urban Housing for the Better-Off: Gentrification in Europe*, Utrecht: Stedeli]ke Netwerken.

Musterd, S. and J. van Weesep(1991), "European gentrification or gentrification in Europe?," in J. van Weesep and S. Musterd(eds.), *Urban Housing for the Better-Off: Gentrification in Europe*, Utrecht: Stedelijke Netwerken.

Murray, M. J.(1994), *The Revolution Deferred: The Painful Birth of Post-apartheid South Africa*, London: Verso.

Muth, R.(1969), *Cities and Housing*, Chicago: University of Chicago Press.

New York City Partnership(1987), "New homes program", announcement of the application period for the Towers on the Park.

Nicolaus, M.(1969), "Remarks at ASA convention," *American Sociologist*, 4: 155.

Nitten(1992), *Christina Tourist Guide*, Nitten: Copenhagen.

"Notes and comment"(1984), *New Yorker*, September 24.

Nundy, J.(1991), "Homeless pawns in a party political game," *Independent on Sunday*, August 11.

O'Connor, J.(1984), *Accumulation Crisis*, Oxford: Basil Blackwell.

Old Philadelphia Development Corporation(1970), "Annual report."

Old Philadelphia Development Corporation(1975), "Statistics on Society Hill," unpublished report.

Oreo Construction Services(1982), "An analysis of investment opportunities in the East Village."

Oser, A. S.(1985), "Mixed-income high-rise takes condominium form," *New York Times*, June 30.

_____(1994), "Harlem rehabilitation struggle leaves casualties," *New York Times*, December 4.

Osofsky, G.(1971), *Harlem: The Making of a Ghetto*, second edition, New York: Harper and Row.

Owens, C.(1984), "Commentary: the problem with puerilism," *Art in America*, 72, 6: 162-163.

Park, R. E., Burgess, E. W. and McKenzie, R.(1925), *The City*, Chicago: University of Chicago Press.

Parker, R.(1972), *The Myth of the Middle Class*, New York: Harper and Row.

Pei, I. M. and Associates(undated.), "Society Hill, Philadelphia: a plan for redevelopment," prepared for Webb and Knapp.

Perlez, J.(1993), "Gentrifiers march on, to the Danube Banks," *New York Times*, August 18.

Pickvance, C.(1994), "Housing privatisation and housing protest in the transition from state socialism: a comparative study of Budapest and Moscow," *International Journal of Urban and Regional Research*, 18: 433-450.

Pinkney, D. H.(1957), *Napoleon III and the Rebuilding of Paris*, Princeton, N.J.: Princeton University Press.

Pitt, D. E.(1989), "PBA leader assails report on Tompkins Square melee," *New York Times*, April 21.

Pitt, J.(1977), *Gentrification in Islington*, London: Peoples Forum.

Poulantzas, N.(1975), *Classes in Contemporary Capitalism*, London: New Left Books.

"Production group wants to air 'execution of month' on pay-TV"(1994), *San Francisco Chronicle*, April 4.

"Profile of a winning sealed bidder"(1985), *Harlem Entrepreneur Portfolio*, Summer.

"Profiles in brownstone living"(1985), *Harlem Entrepreneur Portfolio*, Summer.

Purdy, M. W. and Kennedy, S. G.(1995), "Behind collapse of a building, an 80's investment that did, too," *New York Times*, March 26.

Queiroz Ribeiro, L. C. and Correa do Lago, L.(1995), "Restructuring in large Brazilian cities: the centre/periphery model," *International Journal of Urban and Regional Research*, 19: 369-382.

Ranard, A.(1991), "An artists' oasis in Tokyo gives way to gentrification," *International Herald Tribune*, January 4.

Ravo, N.(1992a), "New housing at lowest since '85," *New York Times*, August 30.

_____(1992b), "Surge in home foreclosures and evictions shattering families," *New York Times*, November 15.

Real Estate Board of New York, Inc., Research Department(1985), "Manhattan real estate open market sales, 1980-1984," mimeo.

Reaven, M. and Houk, J.(1994), "A hisotyr of Tomkins Square Park," in J. Abu-Lughod(ed.), *From Urban Village to East Village*, Cambridge, Mass.: Blackwell.

Redevelopment Authority of Philadelphia(undated.), "Final project reports for Washington Square East urban renewal area, units 1,2, and 3," unpublished, Philadelphia: Redevelopment Authority.

Regional Plan Association of America(1929), *New York Regional Plan*, New York: Regional Plan Association.

Reid, L.(1995), "Flexibilisation: past, present and future," *Scottish Geographical Magazine*, 111, 1: 58-62.

Reiss, M.(1988), "Luxury housing opposed by community" *New Common Good*, July.

Rex, J. and Moore, R.(1967), *Race, Community and Conflict*, London: Oxford University Press.

Rickelfs, R.(1988), "The Bowery today: a skid row area invaded by yuppies," *Wall Street Journal*, November 13.

Riesman, D.(1961), *The Lonely Crowd*, New Haven, Conn.: Yale University Press.

Riis, J.(1971), *How the Other Half Lives*, New York: Dover Publications.

Roberts, F.(1979), "Tales of the pioneers," *Philadelphia Inquirer*, August 19.

Roberts, S.(1991a), "Crackdown on homeless and what led to shift," *New York Times*, October 28.

_____(1991b), "Evicting the homeless," *New York Times*, June 22.

Robinson, W. and McCormick, C.(1984), "Slouching toward Avenue D." *Art in America*, 72, 6: 135-161.

Rodger, R.(1982), "Rents and ground rents: housing and the land market in nineteenth century Britain," in J. H. Johnson and C. G. Pooley (eds.), *The Structure of Nineteenth-Century Cities*, London: Croom Helm.

Rose, D.(1984), "Rethinking gentrification: beyond the uneven development of Marxist urban theory," *Environment and Planning D: Society and Space*, 2: 47-74.

_____(1987), "Un apergu feministe sur la restructuration de 1'emploi et sur la gentrification: le cas de Montreal," *Cahiers de Geographie du Quebec*, 31: 205-224.

Rose, David(1989), "The Newman strategy applied in 'frontline' tactics," *Guardian*, August 31 1989.

Rose, H. M.(1982), "The future of black ghettos," in G. Gappert and R. Knight (eds.), *Cities in the 21st Century*, Urban Affairs Annual Reviews 23. Beverly Hills: Sage Publications.

Rose, J. and Texier, C.(eds.)(1988), *Between C & D: New Writing from the Lower East Side Fiction Magazine*, New York: Penguin.

Ross, A.(1994), "Bombing the Big Apple," in *The Chicago Gangster Theory of Life: Nature's Debt to Society*, London: Verso.

Rossi, P.(1989), *Down and Out in America: The Origins of Homelessness*, Chicago: University of Chicago Press.

Rothenberg, T. Y.(1995), "'And she told two friends …': lesbians creating urban social space," in D. Bell and G. Valentine (eds.), *Mapping Desire*, London: Routledge.

Routh, G.(1980), *Occupation and Pay in Great Britain 1906-1979*, London: Macmillan.

Roweis, S. and Scott, A.(1981), "The urban land question," in M. Dear and A. Scott (eds.), *Urbanization and Urban Planning in Capitalist Society*, New York: Methuen.

Rudbeck, C.(1994), "Apocalypse soon: how Miami nice turned to Miami vice in the eyes of crime writer Carl Hiaasen, who uncovers the dark side of the Sunshine State," *Scanorama*, May: 52-59.

Rutherford, M.(1981), "Why Labour is losing more than a deposit," *Financial Times*, November 28.

Rutkoff, P. M.(1981), *Revanche and Revision: The Ligue des Patroites and the Origins of the Radical Right in France, 1882-1900.* Athens: Ohio University.

Salins, P.(1981), "The creeping tide of disinvestment," *New York Affairs*, 6, 4: 5-19.

Samuel, R.(1982), "The SDP and the new political class," *New Society*, April 22: 124-127.

Sanders, H.(1980), "Urban renewal and the revitalized city: a reconsideration of recent history," in D. Rosenthal (ed.), *Urban Revitalization*, Beverly Hills: Sage Publications.

Sassen, S.(1988), *The Mobility of Labour and Capital*, Cambridge: Cambridge University Press.

_____(1991), *The Global City*, Princeton, N. J.: Princeton University Press.

Saunders, P.(1978), "Domestic property and social class," *International Journal of Urban and Regional Research*, 2: 233-251.

_____(1981), *Social Theory and the Urban Question*, London: Hutchinson.

_____(1984), "Beyond housing classes: the sociological significance of private property rights and means of consumption," *International Journal of Urban and Regional Research*, 8, 2: 202-227.

_____(1990), *A Nation of Homeowners*, London: Allen and Unwin.

Sayer, A.(1982), "Explanation in economic geography," *Progress in Human*

Geography, 6:68-88.

Schemo, D. J.(1994), "Facing big-city problems, L. I. suburbs try to adapt" *New York Times*, March 16.

Scott, A.(1981), "The spatial structure of metropolitan labor markets and the theory of intra-urban plant location," *Urban Geography*, 2, 1:1-30.

Scott, H.(1984), *Working Your Way to the Bottom: The Feminization of Poverty*, London: Pandora.

Seguin' A.-M.(1989), "Madame Ford et respace: lecture feministe de la suburbanisation," *Recherches Feministes*, 2, 1:51-68.

Servin, J.(1993), "Mall evolution," *New York Times*, October 10.

Shaman, D.(1988), "Lower East Side buildings rehabilitated," *New York Times*, April 1.

Slotkin, R.(1985), *Fatal Environment: The Myth of the Frontier in the Age of Industrialization 1800-1890*, New York: Atheneum.

Smith, A.(1989), "Gentrification and the spatial contribution of the state: the restructuring of London's Docklands," *Antipode*, 21, 3:232-260.

Smith, M. P.(ed.)(1984), *Cities in Transformation: Class, Capital and the State*, Urban Affairs Annual Reviews 26, Newbury Park, Calif.: Sage Publications.

Smith, M. P. and Feagin, J.(eds.)(1996), *The Bubbling Cauldron*, Minneapolis: University of Minnesota Press.

Smith, N.(1979a), "Toward a theory of gentrification: a back to the city movement by capital not people," *Journal of the Ameriom Planning Association*, 45: 538-548.

_____(1979b), "Gentrification and capital: theory, practice and ideology in Society Hill," *Antipode*, 11, 3:24-35.

_____(1982), "Gentrification and uneven development," *Economic Geography*, 58: 139-155.

_____(1984), *Uneven Development: Nature, Capital and the Production of Space*, Oxford: Basil Blackwell.

_____(1986), "Gentrification, the frontier, and the restructuring of urban space," in N. Smith and P. Williams(eds.), *Gentrification of the City*, Boston: Allen and Unwin.

_____(1987), Gentrification and the rent gap," *Annals of the Association of American Geographers*, 77: 462–465.

_____(1991), "On gaps in our knowledge of gentrification," in J. van Weesep and S. Musterd(eds.), *Urban Housing for the Better-Off: Gentrification in Europe*, Utrecht: Stedelijke Netwerken.

_____(1992), "Blind man's bluff or, Hamnett's philosophical individualism in search of gentrification," *Transactions of the Institute of British Geographers*, NS 17: 110–115.

_____(1995a), "Remaking scale: competition and cooperation in pre/postnational Europe," in H. Eskelinen and F. Snickars(eds.), *Competitive European Peripheries*, Berlin: Springer–Verlag.

_____(1995b), "Gentrifying Theory," *Scottish Geographical Magazine*, 111: 124–126.

_____(1996a), "After Tompkins Square Park: degentrification and the Revanchist city," in A. King(ed.), *Re-presenting the City: Ethnicity, Capital and Culture in the 21st Century Metropolis*, London: Macmillan.

_____(1996b), "The production of nature," in G. Robertson and M. Mash(eds.), *Future Natural*, London: Routledge.

_____(1996c), "The revanchist city: New York's homeless wars," *Polygraph* (forthcoming).

Smith, N. and LeFaivre, M.(1984), "A class analysis of gentrification," in B. London and J. Palen(eds.), *Gentrification, Displacement and Neighborhood Revitalization*, Albany: State University of New York Press.

Smith, N. and Williams, P.(eds.)(1986), *The Gentrification of the City*, Boston: Allen and Unwin.

Sohn–Rethel, A.(1978), *Intellectual and Manual Labor*, London: Macmillan.

Soja, E.(1980), "The socio–spatial dialectic," *Annals of the Association of American Geographers*, 70: 207–225.

Squires, G. D., Velez, W. and Taeuber, K. E.(1991), "Insurance redlining, agency location and the process of urban disinvestment," *Urban Affairs Quarterly*, 26, 4: 567–588.

414

Stallard, K.t Ehrenreich, B. and Sklar, H.(1983), *Poverty in the American Dream: Women and Children First*, Boston: South End Press.

Stecklow, S.(1978), "Society Hill: rags to riches," *Evening Bulletin*, January 13.

Stegman, M. A.(1972), *Housing Investment in the Inner City: The Dynamics of Decline*, Cambridge, Mass.: MIT Press.

_____(1982), *The Dynamics of Rental Housing in New York City*, New Brunswick, NJ: Center for Urban Policy Research, Rutgers University.

Steinberg, J., van Zyl, P. and Bond, P.(1992), "Contradictions in the transition from urban apartheid: barriers to gentrification in Johannesburg," in D. M. Smith(ed.), *The Apartheid City and Beyond: Urbanization and Social Change in South Africa*, London: Routledge.

Sternlieb, G.(1971), "The city as sandbox," *Public Interest*, 25: 14-21.

Sternlieb, G, and Burchell, R. W.(1973), *Residential Abandonment: The Tenement Landlord Revisited*, Piscataway, N. J.: Center for Urban Policy Research, Rutgers University.

Sternlieb. G. and Hughes, J.(1983), "The uncertain future of the central city," *Urban Affairs Quarterly*, 18, 4: 455-472.

Sternlieb, G. and Lake, R. W.(1976), "The dynamics of real estate tax delinquency," *National Tax Journal*, 29: 261-271.

Stevens, W. K.(1991), "Early farmers and sowing of languages," *New York Times*, May 9.

Stevenson, G.(1980), "The abandonment of Roosevelt Gardens," in R. Jensen(ed.), *Devastation/Reconstruction: The South Bronx*, New York: Bronx Museum of the Arts.

Stratton, J.(1977), *Pioneering in the Urban Wilderness*, New York: Urizen Books.

Sumka, H.(1979), "Neighborhood revitalization and displacement: a review of the evidence," *Journal of the American Planning Association*, 45: 480-487.

Susser, I.(1993), "Creating family forms: the exclusion of men and teenage boys from families in the New York City shelter system, 1987-1992," *Critique of Anthropology*, 13: 266-283.

Swart, P.(1987), "Gentrification as an urban phenomenon in Stellenbosch, South

Africa," *Geo-Stell*, 11: 13-18.

Swierenga, R. P.(1968), *Pioneers and Profits: Land Speculation on the Iowa Frontier*, Ames, IA: Iowa State University Press.

Sykora, L.(1993), "City in transition: the role of rent gaps in Prague's revitalization," *Tijdschrift voor Economische en Sociale Geografie*, 84: 281-293.

Taylor, M. M.(1991), "Home to Harlem: Black identity and the gentrification of Harlem," unpublished Ph. D. dissertation, Harvard University.

Toth, J.(1993), *The Mole People: Life in the Tunnels beneath New York City*, Chicago: Chicago Review Press.

Turner, F. J.(1958), *The Frontier in American History*, New York: Holt, Rinehart and Winston.

Unger, C.(1984), "The Lower East Side: there goes the neighborhood," *New York*, May 28, 32-41.

United States Department of Commerce, Bureau of the Census(1972), *Census of Population and Housing. Census tracts. New York, NY SMSA, 1970*, Washington, DC.

_____(1983), *Census of Population and Housing. Census Tracts, New York, NY-NJ SMSA, 1980*, Washington, DC.

_____(1993), *Census of Population and Housing. Census Tracts, New York, NY-NJ PMSA, 1990*, Washington, DC.

_____(1994), *Statistical Abstract of the United States, 1994*, 114th Edition, Washington, DC.

United States Department of Commerce, Economic and Statistics Administration, Bureau of the Census(1993), *Money Income of Households, Families, and Persons in the United States: 1992*, Series P60-184, Washington, DC.

Urban Land Institute(1976), *New Opportunities for Residential Development in Central Cities*, Report no. 25, Washington, DC: Urban Land Institute.

Uzelac, E.(1991), "'Out of choices': urban pioneers abandon inner cities," *Sun*, September 18.

Vance, T. N.(1951), "The permanent war economy," *New International*, January-February.

van Kempen, R. and van Weesep, J.(1993), "Housing policy, gentrification and the urban poor: the case of Utrecht, the Netherlands," paper presented at the ENHR Conference on Housing Policy in Europe in the 1990s: Transformation in the East, Transference in the West, Budapest, September 7-10.

van Weesep, J.(1984), "Condominium conversion in Amsterdam: boon or burden," *Urban Geography*, 5: 165-177.

_____(1986), *Condominium: A New Housing Sector in the Netherlands*, The Hague: CIP-Gegevens Koninklijke Bibliotheek.

_____(1988), "Regional and urban development in the Netherlands: the retreat of government," *Geography*, 73: 97-104.

_____(1994), "Gentrification as a research frontier," *Progress in Human Geography*, 18: 74-83.

van Weesep, J. and Maas, M. W. A.(1984), "Housing policy and conversions to condominiums in the Netherlands," *Environment and Planning A*, 16: 1149-1161.

van Weesep, J. and Wiegersma, M.(1991), "Gentrification in the Netherlands: behind the scenes," in J. van Weesep and S. Musterd(eds.), *Urban Housing for the Better-Off: Gentrification in Europe*, Utrecht: Stedelijke Netwerken.

Vazquez, C.(1992), "Urban policies and gentrification trends in Madrid's inner city," *Netherlands Journal of Housing and Environmental Research*, 7, 4: 357-376.

Vervaeke, M. and Lefebvre, B.(1986), *Habiter en Quartier Ancien*, Paris and Lille: CNRS.

Virilio, P.(1994), "Letter from Paris," *ANY Magazine*, 4: 62.

Wagner, D.(1993), *Checkerboard Squares: Culture and Resistance in a Homeless Community, Boulder*, Colo.: Westview Press.

Walker, R.(1977), "The suburban solution," unpublished Ph. D. dissertation, Johns Hopkins University.

_____(1978), "The transformation of urban structure in the nineteenth century and the beginnings of suburbanization," in K. Cox(ed.), *Urbanization and Conflict in Market Societies*, Chicago: Maaroufa Press.

_____(1981), "A theory of suburbanization: capitalism and the construction of urban space in the United States," in M. Dear and A. J. Scott (eds.), *Urbanization and Urban Planning in Capitalist Society*, London: Methuen.

Walker, R. and Greenberg, D. (1982), "Post industrialism and political reform: a critique," *Antipode*, 14, 1: 17-32.

Warde, A. (1991), "Gentrification as consumption: issues of class and gender," *Environment and Planning D: Society and Space*, 9: 223-232.

Warner, S. B. (1972), *The Urban Wilderness: A History of the American City*, New York: Harper and Row.

Watson, S. (1986), "Housing and the family: the marginalization of non-family households in Britain," *International Journal of Urban and Regional Research*, 10: 8-28.

Webber, M. (1963), "Order in diversity: community without propinquity," in L. Wingo (ed.), *Cities and Space: The Future Use of Urban Land*, Baltimore: Johns Hopkins University Press.

_____(1964a), "Culture, territoriality and the elastic mile," *Papers of the Regional Science Association*, 13: 59-69.

_____(1964b), *The Urban Place and the Non-place Urban Realm: Explorations into Urban Structure*, Philadelphia: University of Pennsylvania Press.

Weinberg, B. (1990), "Is gentrification genocide? Squatters build an alternative vision for the Lower East Side," *Downtown*, 181, February 14.

White, M. and White, L. (1977), *The Intellectual versus the City*, New York: Oxford University Press.

White, R. (1991), *Rude Awakenings: What the Homeless Crisis Tells Us*, San Francisco: Institute for Contemporary Studies Press.

Whitehand, J. (1972), "Building cycles and the spatial form of urban growth," *Transactions of the Institute of British Geographers*, 56: 39-55.

_____(1987), *The Changing Face of Cities*, Oxford: Basil Blackwell.

Wiebe, R. (1967), *The Search For Order, 1877-1920*, New York: Hill and Wang.

Willensky, E. and White, N. (1988), *AIA Guide to New York City*, third edition, New York: Harcourt Brace Jovanovich.

Williams, B.(1988), *Upscaling Downtown: Stalled gentrification in Washington, DC*, Ithaca and London: Cornell University Press.

Williams, M.(1982), "The new Raj: the gentrifiers and the natives," *New Society*, 14(January): 47-50.

Williams, P.(1976), "The role of institutions in the inner-London housing market: the case of Islington," *Transactions of the Institute of British Geographers*, NS 1: 72-82.

_____(1978), "Building societies and the inner city," *Transactions of the Institute of British Geographers*, NS 3: 23-34.

_____(1984a), "Economic processes and urban change: an analysis of contemporary patterns of residential restructuring," *Australian Geographical Studies*, 22: 39-57.

_____(1984b), "Gentrification in Britain and Europe," in J. J. Palen and B. London(eds.), *Gentrification, Displacement and Neighborhood Revitalization*, Albany: State University of New York Press.

_____(1986), "Class constitution through spatial reconstruction? A re-evaluation of gentrification in Australia, Britain and the United States," in N. Smith and P. Williams(eds.), *Gentrification of the City*, Boston: Allen and Unwin.

Williams, W.(1987), "Rise in values spurs rescue of buildings," *New York Times*, April 4.

Wilson, D.(1985), "Institutions and urban revitalization: the case of the J-51 subsidy program in New York City," Ph. D. dissertation, Department of Geography, Rutgers University.

Wines, M.(1988), "Class struggle erupts along Avenue B," *New York Times*, August 10.

Winters, C.(1978), "Rejuvenation with character," paper presented to the Association of American Geographers Annual Conference, New Orleans.

Wiseman, C.(1981), "Home sweet Harlem," *New York*, March 16.

_____(1983), "The housing squeeze – it's worse than you think," *New York*, October 10.

Wolf, E.(1975), *Philadelphia: Portrait of an American City*, Harrisburg, Pa.: Stackpole

Books.

Wolfe, J. M., Drover, G. and Skelton, I.(1980), "Inner city real estate activity in Montreal: institutional characteristics of decline," *Canadian Geographer*, 24: 349–367.

Wolfe, T.(1988), *Bonfire of the Vanities*, New York: Bantam.

Wright, E. 0.(1978), *Class, Crisis and the State*, London: New Left Books.

Wright, G.(1981), *Building the Dream: A Social History of Housing in America*, Cambridge, Mass.: MIT Press.

Wright, H.(1933), "Sinking slums," *Survey Graphic*, 22, 8: 417–419.

Wright, P.(1985), *On Living in an Old Country*, London: Verso.

Yates, R.(1992), "Guns and poses," *Time Out*, January 8–15, 20—21.

Yeates, M. H.(1965), "Some factors affecting the spatial distribution of Chicago land values, 1910–1960," *Economic Geography*, 42, 1: 57–70.

Zukin, S.(1982), *Loft Living: Culture and Capital in Urban Change*, Baltimore: Johns Hopkins University Press.

_____(1987), "Gentrification: culture and capital in the urban core," *American Review of Sociology*, 13: 129–147.

Zussman, R.(1984), "The middle levels: engineers and the 'working middle class'," *Politics and Society*, 13, 3: 217–237.

찾아보기

<인명>

\<용어\>

알리는 글

이 책의 많은 장들이 다른 곳에서 먼저 빛을 본 논문들을 수정·개선·편집한 것들이다. 여기에는 그 편집자들과 출판사들의 허락을 받아 실었다. 1장은 커트 홀랜더Kurt Hollander가 편집한 *Portable Lower East Side*의 6호(1989)에 실렸던 〈톰킨스스퀘어: 폭동, 임대료, 레드스킨Tomkins Square: riots rents redskins〉과 마이클 소킨Michale Sokin이 편집한 *Variations on a Theme Park: The New American City and the End of Public Space*에 실린 〈새로운 도시, 새로운 프런티어: 황야의 서부로서의 로어이스트사이드 New York: Hill and Wang〉(1992) 이 두 에세이를 최근 상황을 반영해 각색한 것이다. 3장은 *Journal of the American Planning Association*의 45호(1979)에 실렸던 〈젠트리피케이션 이론을 향하여: 사람이 아닌 자본에 의한 도시로의 회귀 움직임Toward a theory of gentrification: a back to the city movement by capital not people〉에서 가져온 것이다. 4장의 원글은 *Economic Geography*의 58호(1982)에 〈젠트리피케이션과 불균등 발전Gentrification and uneven development〉이라는 제목으로 발표되었다. 5장은 *Environment and Planning D: Society and Space*의 5호(1987)에 발표된 〈여피와 주거에 관하여: 젠트리피케이션, 사회적 재구조화, 도시의 꿈Of yuppies and housing: gentrification, social restructuring and the urban dream〉을 좀 더 상세히 풀어쓴 것이다. 6장의 원글은

*Antipode*의 11권 3호(1979)에 실린 〈젠트리피케이션과 자본: 소사이어티 힐에서의 이론, 실제, 그리고 이데올로기Gentrification and capital: theory, practice and ideology in Society Hill〉였다. 리처드 셰퍼Richard Schaffer와 함께 쓴 7장의 원 글은 *Annals of the Association of American Geographers*의 76호(1986)에 실린 〈할렘의 젠트리피케이션?The gentrification of Harlem?〉이다. 9장은 로라 리드Laura Reid, 베치 덩컨Betsy Duncan과 함께 쓴 *Housing Studies*의 4호 (1989)의 〈투자 중단에서 재투자까지: 이스트빌리지의 세금 체납과 전환 점From disinvest&#65534;ment to reinvestment: tax arrears and turning points in the East Village〉에서 뽑아낸 것이다. 그리고 10장은 두 논문 〈톰킨스스퀘어 공원 이후: 역젠트리피케이션과 보복주의적 도시After Tompkins Square Park: degentrification and the revanchist city〉[A. King(ed.), *Re-presenting the City: Ethnicity, Capital and Culture in the 21st Century Metropolis*, London: MacMillan(1995)]과 〈사 회정의와 새로운 미국 도시성: 보복주의적 도시Social justice and the new American urbanism: the revanchist city〉[Eric Swyngedouw and Andrew Merrifield(eds.) *The Urbanization of Injustice*, London: Lawrence and Wishart(1996)]의 주제를 발전시 킨 것이다.

옮긴이 해제

2015년의 한국. 용산 참사를 겪고 나서도 도시 곳곳에서 쫓겨나는 사람들은 늘어나기만 했다. 홍대, 가로수길, 경리단길, 서촌, 김광석거리 …… '힙플레이스hip place'라는 명성이 생길라 치면 곧 떠나지 못하는 사람들의 안타까운 기사가 이어졌다. 개중에는 '두리반'처럼 승리의 아이콘이 된 곳도 있지만, 그렇지 못한 곳이 대부분이었다. 젠트리피케이션gentrification. 이 논쟁적 키워드가 한국 사회를 막 달구기 시작하던 그때, 우리는 닐 스미스Neil Smith의 《도시의 새로운 프런티어: 젠트리피케이션과 도시강탈The new urban frontier: Gentrification and the revanchist city》를 떠올렸다. 하루가 멀다 하고 들려오는 젠트리피케이션 소식 때문인지 번역 준비는 빨랐다. 먼저 서울대학교 아시아도시사회센터를 중심으로 번역진을 구성하고, 번역 프로젝트를 총괄할 책임자로는 그동안 많은 도시 연구서를 번역했던 황성원 번역가를 모셨다.

이 책의 저자인 닐 스미스는 1979년 *Journal of the American Planning Association*에 발표한 논문 〈젠트리피케이션 이론을 향하여: 사람이 아닌 자본에 의한 도시로의 회귀 움직임Toward a theory of gentrification: a back to the city movement by capital not people〉을 통해 젠트리피케이션의 고전이론인 지대격차론Rent Gap theory을 주장하며 젠트리피케이션 연구를 이끈 학자다. 지대격차론은 자본주의의 순환적 본성에 기초해 저개발과 재개발을 설명한다. 도시 내 여러 구역 간에 발생하는 지대격차를 통해 슬럼가의 발생과 방치, 그리고 뒤이은 재개발을 간단한 도식으로 추상화한다. 그는 이후 15년 이상 도시의 자본운동과 젠트리피케이션에 대해 지속적으로 강의하며 논문을 발표했고, 그간 수집한 사례와 이론적 성취를 집대성하여 1996년에 이 책을 출판하게 된다.

"스미스는 여러 에세이를 잘 엮어내어, 15년 동안의 강의 자료를 집대성하는 놀라운 작업을 해냈다. …… 《도시의 새로운 프런티어》는 에세이 하나하나를 훨씬 뛰어넘는다. …… 이 책은 우리 도시를 조형하고 재조형하는 프로세스에 젠트리피케이션을 연결했다는 점에서 뛰어난 작업이다."(*The Professional Geographer*)

출판 당시 한 저널의 소개처럼 이 책의 미덕은 다양한 논의를 통합한 데 있다. 요즘 '한국형 젠트리피케이션'이라는 말이 나올 정도로 우리가 목격하는 것과 서구의 경험에는 차이가 있다. 서구라 해도, 스미스 본인이 책에서 밝히듯이 미국과 유럽 사이, 프랑스와 네덜란드 사이에는 차이가 있다. 지리적 맥락에 따른 차이는 행성적 도시화가 진행되는 지금에 와서 보면 새삼스러운 일도 아니다. 어디 그뿐인가. 젠트리피케이션의 원인과 효과를 정치적·경제적·사회적·문화적 차원에서 접근하는 수많은 논의가 있다. 부동산 자본의 운동과 공간 재편, 예술가의 이주와 지대 문제, 도시 재개발에 연결된 정치 과정, 젠트리피케이션에 따른 공동체 파괴, 개발 행위를 정당화하는 담론 실천 등 하나하나 쉽지 않은 이슈가 젠트리피케이션에 연결되어 있다. 따라서 이 책을 통해 스미스가 이룩한 중요한 성과는 젠트리피케이션이 포괄하는 복잡다단한 도시의 변동을 프런티어와 보복주의, 두 개념으로 종합한 것이다.

각각 책의 제목과 부제를 대표하는 '프런티어'와 '보복주의'는 이 책의 시작이자 끝이다. 스미스는 책의 서두에 '프런티어'라는 미국적 기표에 대해 깊게 논구한다. 일반적인 의미에서 '프런티어'란 경계로 정하지는 않았지만 어떤 내부적 목표를 달성하기 위해 필요한 곳이다. 지정학자 크리스토프Ladis Kristof는 프런티어와 국경을 비교하면서 프런티어를 내부 지향적인 점이지대라고 말한 바 있다. 프런티어는 내부 권력의 시선을 통해 의미를 얻는 땅이다. 온전한 영토는 아니지만, 권력의 시선에서 유익한 지대다. 그것은 경계가 확실한 선이 아니다. 따라서 프런티어의 위치와 형태는 권력의 이해관계에 따라 바뀐다. 거기에 완성이나 종결은 없다. 프런티어로 규정되었다가 하나의 영토로 획정된 공간이라 해도, 사회의 변동, 가치체계의 변화, 기술의 발달에 따라 언제든 프런티어가 될 수 있다.

이 책에서 도시의 새로운 프런티어는 젠트리피케이션이 일어나는 도심부 낙후 지역을 뜻한다. 스미스는 프레더릭 잭슨 터너의 에세이 〈미국사에서 프런티어의 의미〉를 인용하며 논의를 시작한다. 미국사에서 '프런티어'는 한편으로 광활한 황야를 연상시키는 낭만적 테마지만, 다른 한편으로는 번영과 진보를 위한 정복의 대상이다. 프런티어 비유의 탁월함은 미국적인 동시에 세계적이라는 점에 있다. 자본주의의 공간 생산 논리를 이만큼 간명하게 보여주는 경우도 드물다. 그가 그려낸 프런티어는 미국 금융권의 저 유명한 '레드라이닝'(특별경계지역 지정)처럼 경제적 현실이기도 하고, 정화해야 할 타락을 상징하는 문화정치적 공간이기도 하다.

1960년대 말 시카고 대학의 사회학자 존 맥나이트John McKnight가 발견한 레드라이닝은 은행에 걸린 지도에서 대출 제한을 의미하는 빨간 선을 말한다. 은행은 실업률이 높고 소득이 낮은 동네를 빨간 선으로 구획해 특별히 관리했는데, 대체로 대출 거부나 고액 이자의 형식이었다. 정부의 미온적 대응 속에서 빨간 선 안의 동네 주민들은 훨씬 높은 은행 문턱을 경험해야 했고, 동네는 적절한 재투자 시점을 놓쳐 더 깊은 쇠락의 길로 들어섰다. 경제적 현실로서 프런티어는 이렇게 만들어졌다. 스미스는 한 논문에서 이러한 자본의 움직임을 시소에 비유한다. 도시 곳곳에서 부동산 자본이 솟아올라 이익을 취하고 사라지는 듯 보이지만, 지면 아래에서는 불균등 발전의 논리에 따라 거대한 부동산 기계를 움직이는 자본운동이 있다는 것이다. 하지만 그것으로는 충분하지 않다. 가난한 자들의 땅에 부동산 자본이 흘러들 때는 그만한 명분과 논리가 필요했다. 저항하는 이들을 고립시키고 개발을 정당화할 담론의 장이 열리는 이유다.

프랑스 철학자 미셸 푸코는 《광기의 역사Histoire de la folie a l'age classique》에서 질병과 비정상에 대해 질문한다. 그는 중세의 광인이 근대의 정신질환자로 정의되는 과정을 추적해, 변한 것은 광인이 아니라 진리체계라고 주장했다. 이른바 지식권력이다. 스미스가 선언한 도시의 프런티어 역시 지식권력의 작동과 무관하지 않다. 마이크 데이비스는 그의 책 《슬럼, 지구를 뒤덮다Planet of slums》에서 슬럼이 어떻게 구획되는지, 어떤 과정을 거쳐 제거 대상이 되는지 설명한다. '사기'나 '불법거래'처럼 사회의 해악을 뜻하던 단어 '슬럼slum'은 19세기 중반을 지나며 빈민 거주지를 뜻하기 시작했다. 빈민들이 사는 동네의 열악한 환경은 곧잘 전염병 같은 문제를 일으켰는데, 이를 좋지 않게 보던 지배 체제가 빈민의 동네를 슬럼으로 규정한 것이다. '슬럼 = 타락'이라는 도식, 그리고 그 타락을 제거함으로써 구원으로 이끈다는 논리는 그렇게 탄생했다. 1960년대 한국에서도 슬럼에 찍힌 비슷한 낙인을 발견할 수 있다. 불량, 사회병리, 도시발전 저해요소, 전염병의 온상, 범죄지역 등 슬럼은 도시 전체의 발전을 위해 사라져야 하는 대상이 되었다.

이처럼 도시의 소외된 공간은 도시를 지배하는 권력에 의해 개발 지체에 빠지고, 급기야 제거할 대상이 된다. 그리고 종국에는 번화한 도시 가운데 나타난 새로운 황무지, 새로운 프런티어로 규정된다. 이제 자본주의 도시화의 힘은 이 프런티어에 구원자로 등장한다. 야만으로부터 주민을 구하며, 그 야만으로부터 도시를 살려내라고 신이 주신 사명처럼 말이다. 스미스의 비유에서 19세기 제국주의의 '문명화 사명civilizing mission'을 떠올리는 건 오랜 습관처럼 자연스럽다. 1898년 미국이 필리핀을 점령하자 영국의 작가 러디어드 키플링Rudyard Kipling은 미국인에게 '백인의 의무White Man's Burden'(1899)를 웅변했는데, 이는 지난 세기 동안 세계 도처의 프런티어에서 원주민을 개명시켰고, 서구의 근대 도시가 지구를 장악한 지금에는 도시 내부의 새로운 프런티어를 찾아다니고 있다. 과거 제국주의가 행성 지배를 위해 뻗어나가는 서구 도시의 외파外破라면, 스미스가 발견한 새로운 프런티어는 20세기 후반 전 지구를 장악한 자본주의 도시의 내파內破라 하겠다.

따라서 프런티어가 상징하는 것은 한편으로 자본주의 공간 생산에 필수적인 원료이고, 다른 한편으로는 거리낌 없이 개발할 수 있는 야생이다. 공유지를 사유화하고 거기서 부를 창출한다는 자본주의의 진부한 서사는 이렇게 재현되고 있는 것이다. 그런가 하면 다른 한편으로는 '불량'한 주거환경에 살아가는 저소득 계층을 구원한다는 온정주의 시각도 있었다. 백인의 의무가 원주민의 소멸이 아니라 원주민에 대한 구원에 있듯이 말이다. 특히 이런 시각은 젠트리피케이션 지역을 바라보는 국가의 시선에서 두드러진다. 미국의 도시 운동가 제인 제이컵스의 견해를 빌리면, 온정주의는 도시의 프런티어를 바라보는 국가의 기본적인 시각이다. 프런티어 주민의 입장과는 무관하게 전문가적 시각은 늘 쇠퇴를 문제시했다. 쇠퇴한 곳에서는 정상적인 삶이 불가능하니 크게 개선해야 한다는 도시 당국의 사명이 온정주의다.

　그러나 선의를 배신당한 권력은 무서울 정도로 잔인할 수 있다. 스미스는 도시의 사회적 약자에게 불관용 원칙을 고수하는 도시 당국의 대응과, 그들이 점유한 공간을 되찾는다는 탈환의 논리를 '보복주의revanchism'라고 규정한다. 온정주의는 저항하지 않을 때만 유효하다. 저항하는 약자들은 그 땅의 병폐와 동일시된다. 프런티어의 땅과 자연에는 시민권이 없다. 특히 이들은 자신의 공간에서 퇴출당한 후 공공공간을 점유하며 투쟁을 벌이는 탓에 "공공공간을 빼앗은 자"로 규정되곤 했다. 저항하는 사람들이 자신의 것이 아닌 남의 것을 빼앗은 자로 그려지면서 그들은 이제 배려할 대상이 아니라 제거할 야만이 된다. 스미스가 목격한 신체는 공원을 차지한 노숙자나 게토에서 추방당한 이민자이지만, 한국을 살아가는 우리 눈앞에는 또 다른 약자들의 모습이 선명하다. 과거 국가가 주도한 재개발에서 목숨을 내던지며 저항하던 상계동 주민들, 날벼락 같은 재건축 소식에 수년간 피땀으로 일군 가게에서 쫓겨난 상인들이 보복주의 도시의 희생자들이다.

　이처럼 스미스는 '프런티어'와 '보복주의', 이 두 가지 키워드를 통해 젠트리피케이션 논의를 종합했다. 그 와중에도 비판지리학자라는 직업 정체성을 잃지 않고 젠트리피케이션의 다중 스케일 속성을 책의 구성에 잘 담고 있다. 하나의 사건이나 행위자로부터 로컬·도시·국가·글로벌 스케일의 다층적인 전략과 사회관계를 발견할 수 있다는 다중 스케일 관점은 젠트리피케이션에서도 적절한 틀을 제공해준다. 이 책의 미덕은 이 정도로 하고, 어쩔 도리 없이 드는 아쉬움도 말해야겠다. 단적으로 책의 번역 시기다. 시간이 지났어도 젠트리피케이션은 여전하다. 스미스가 목격한 젠트리피케이션은 지구 곳곳에서 출몰하고 있다. 대규모 재개발 시절에도 수용하지 않았던 젠트리피케이션이라는 말을 우리도 적극적으로 검토하는 상황이다. 그래서 조금 더 이른 시기에 번역되었으면 좋았을 것이라는 생각을 지울 수가 없다. 스미스의 탐구가 근원에서 표피까지 두루 걸쳐 있어 쉽게 퇴색하는 것은 아니지만, 그동안 변한 세상을 모두 담을 수도 없는 일이다.

인스타그램을 포함한 각종 SNS가 새로운 '젠트리파이어gentrifier'(젠트리피케이션을 일으키는 자)로 불리는 시대다. 그만큼 장소를 소비하는 패턴이 변화했고, 젠트리피케이션의 형태도 분화했다. 심미적 기호, 관광 상품, 취향 소비 등이 주요 연구 테마로 떠올랐다. 관광산업의 성장이 '에어비앤비' 같은 신종 숙박사업을 이끌었으며, 이는 임대사업의 지리와 경관을 크게 뒤바꿨다. 과거 도시의 병폐나 질병으로 불리던 낡은 건조 환경이 이제는 목가적 경관으로 상찬받기도 한다. 젠트리피케이션은 스미스가 지적한 것 이상으로 은밀하게, 그리고 빠르게 이루어진다. 이러한 변화는 스미스가 남긴 유산의 한계인 동시에, 우리에게 남겨진 과제이기도 하다.

우리에게 '젠트리피케이션'은 번역이 어려워서 영단어 그대로 표기해야 할 만큼 낯선 단어였다. 한편에서는 날을 세워 비판했고, 반대편에선 발전의 다른 이름으로 묘사했다. 이득을 얻는 사람과 쫓겨나는 사람의 엇갈린 표정처럼 이 기표에 담는 의미도 대조적이다. 젠트리피케이션 담론과 함께 유행하기 시작한 "조물주 위에 건물주"라는 표현은 젠트리피케이션을 바라보는 시각만큼 분열적인 욕망을 드러낸다. 약육강식의 냉혹함을 조롱하면서도 건물주가 되길 바라는 이중성은 젠트리피케이션을 바라보는 우리의 내면이기도 했다. 프런티어와 보복주의 도시는 이런 우리에게 스미스가 던지는 강력한 경고다. 점점 더 심해지는 양극화 경향에서 도시의 약자들에게 보내는 메시지다. 어디나 프런티어가 될 수 있고, 누구나 원주민이 될 수 있다. 이런 맥락에서 최근 서울의 경의선 공유지 운동은 우리 도시의 미래를 가늠할 중요한 분기점이다. 공공공간을 점유한 그들에게 보내는 대답은 연대인가, 보복인가? 그렇게 우리는 프런티어가 될 것인가, 프런티어를 되찾을 것인가? 닐 스미스의 조언이 이 책에 있다.

옮긴이들을 대표하여
김동완

안티 젠트리피케이션
무엇을 할 것인가?

젠트리피케이션의 폐해가 날로 증가하는 가운데 어떻게 효과적으로 저항할 것인가? 이러한 재난의 당사자이거나 당사자들과 연대해온 이들이 '어떻게 저항할 것인가'에 초점을 두고 재난 현장과 운동에 대한 깊은 이해와 함께 그 폐해를 멈추기 위한 해법을 제시한다.

신현방 엮음 | 359쪽

공공공간을 위하여
어떻게 우리의 공적 공간을 회복·지속·확장할 것인가

공공공간은 언제부터 '국민'과 '소비자'의 전유물이 되었는가? 이 책은 공공공간의 공공성 상실에 이의를 제기하며 현재의 공공공간이 정치 과정을 통해 만들어졌다는 전제하에 다시 공공공간을 되찾고, 지속하며, 확장하기 위한 관점과 실천을 제안한다.

서울대학교 SSK동아시아도시연구단 기획 | 327쪽

강남 만들기, 강남 따라 하기
투기 지향 도시민과 투기성 도시개발의 탄생

강남이라는 표상으로 한국의 도시 전체를 관통하는 도시화 메커니즘을 이해하고자 시도하는 책. 강남화의 과정은 한국의 도시 중산층을 부동산 투기의 주체로 구성했고, 이러한 투기 지향적 도시개발이 한국의 지배적 도시 패러다임이 되었음을 비판적으로 분석한다.

서울대학교 SSK동아시아도시연구단 기획 | 576쪽